Italienische Meistererzählungen

Italienische Meistererzählungen

Von Boccaccio bis Cioni

Herausgegeben von Rudolf Besthorn

Anaconda

Die Erzählungen dieses Bandes wurden übersetzt von Rudolf Besthorn,
Adelbert von Keller, Felix Liebrecht, E.-A. Nicklas, Alfred Semerau,
Karl Simrock, Albert Wesselski, Egon Wiszniewsky und Christine Wolter.
Eine genaue Aufstellung ist dem Inhaltsverzeichnis am Schluß
des Bandes zu entnehmen.

Die Deutsche Nationalbibliothek verzeichnet diese Publikation
in der Deutschen Nationalbibliographie; detaillierte bibliographische
Daten sind im Internet unter http://dnb.d-nb.de abrufbar.

Lizenzausgabe mit freundlicher Genehmigung
© 2011 Anaconda Verlag GmbH, Köln
© Aufbau Verlag GmbH & Co. KG, Berlin 1984, 2008
(Die vorliegende Ausgabe erschien erstmals 1984 als Band 319
der Sammlung Dieterich, Leipzig. Sammlung Dieterich ist eine Marke
der Aufbau Verlag GmbH & Co. KG.)
Alle Rechte vorbehalten.
Umschlagmotiv: „Artist in an Italian City"
(19. Jh., Private Collection / bridgemanart.com)
Umschlaggestaltung: www.katjaholst.de
Redigitalisierung: paquémedia, Ebergötzen
Printed in Czech Republic 2011
ISBN 978-3-86647-611-0
www.anacondaverlag.de
info@anaconda-verlag.de

EINLEITUNG

von

Rudolf Besthorn

Die Gattung der Novelle ist in ihrem Entstehen eng verknüpft mit dem Namen Boccaccios, dessen ›Dekameron‹ als unübertreffliches Meisterwerk die Weiterentwicklung dieser Gattung über Jahrhunderte nachhaltig bestimmt hat. Der Name dieses Dichters überstrahlt die vielen anderen, die ihn nachahmten, und noch mehr diejenigen, die schon vor ihm Novellen schrieben und von denen wir meist nicht einmal die Namen kennen.
Die wichtigsten Texte der ältesten italienischen Erzählungsliteratur sind die sogenannten ›Cento novelle antiche‹ (Hundert alte Novellen). Ihre Verfasser sind unbekannt geblieben. Sie gehören – zumindest zu einem großen Teil – sicher noch ins 13. Jahrhundert, sind jedoch erst in Handschriften und Ausgaben des 16. Jahrhunderts nach dem Vorbild des Dekameron mit der runden Zahl Hundert erschienen, während eine Handschrift aus dem 14. Jahrhundert 156 Stücke umfaßt.
Das dem Provenzalischen entlehnte Wort ›novella‹ kommt innerhalb dieser ›Novelle antiche‹ etwa zwanzigmal vor, darunter nur in zwei Fällen als Bezeichnung einer Erzählform, und zwar in der Novelle vom ›Langatmigen Erzähler‹ sowie als Titel einer weiteren Erzählung, die ihr Autor eine ›novella d'amore‹ (Liebesno-

velle) nennt. In allen anderen Fällen bedeutet das Wort
›novella‹ Neuigkeit, Nachricht bzw. Vorfall, Begebenheit.
Aus der Häufigkeit des Gebrauchs in diesem Sinn
geht hervor, daß dieses die ursprüngliche Bedeutung
des Wortes ist. Ein weiterer Schritt war dann der, daß
man einen Vorfall des täglichen Lebens oder eine sonstige
Neuigkeit, das heißt eine ›novella‹ im ursprünglichen
Sinn, in irgendeiner Form weitererzählte. In welche
Form die betreffende Begebenheit gekleidet wird,
darüber besagt das Wort ›novella‹ nichts. Dieses hatte
demnach zunächst einen rein stofflichen Sinn und
wurde erst später zur formellen Bezeichnung solcher
Berichte und Erzählungen. Von einer literarischen Gattung
der Novelle kann demnach in den ›Novelle antiche‹
noch keine Rede sein; sie wurde erst ein halbes
Jahrhundert später durch Boccaccio begründet.
Groß ist die Zahl der Versuche einer Begriffsbestimmung
der Novelle, wobei vielfach von der hier skizzierten
Grundbedeutung von ›novella‹ ausgegangen wird:
Goethe* bezeichnete die Novelle als ›eine sich ereignete
unerhörte Begebenheit‹ (›unerhört‹ im Sinne von: noch
nicht gehört, für den Hörer neu), nach Tieck wird in
der Novelle ›ein kleiner oder großer Vorfall ins rechte
Licht gestellt‹. A. Jolles versteht unter Novelle ›die Darstellung
einer Begebenheit oder eines Ereignisses von
eindringlicher Bedeutung‹. Nach H. H. Borcherdt steht
›eine bestimmte Begebenheit im Mittelpunkt des
Werks‹; A. Hirsch spricht von ›einer interessanten, ungewöhnlichen
Situation, in der ein menschliches
Schicksal entschieden wird‹. W. Kosch bezeichnet die
Novelle als ›eine neue Geschichte oder eine alte zumindest
mit neuen Gesichtspunkten‹, v. Wiese als eine ›Prosaerzählung
meist geringen Umfangs, die ein unge-

*Quellennachweise im Anhang der Ausgabe.

wöhnliches, neues Ereignis berichtet‹. Alle diese Versuche einer Definition, denen man noch weitere ähnliche hinzufügen könnte, beschränken sich auf ein inhaltliches Kriterium, sagen aber über die Novelle als literarische Form nichts aus. Einer befriedigenden Definition näher kommt J. Müller: ›Ein das Ganze organisierender Konflikt bildet den Mittelpunkt der Novelle, die in einsträngiger Handlung auf das Wesentliche und innerlich Notwendige der Begebenheit zielt.‹
Auch für die Abgrenzung der Novelle von anderen Erzähltypen (Anekdote, Kurzgeschichte, Schwank usw.) sind bisher keine überzeugenden Lösungen gefunden worden. So wurde die Novelle von den einen gleich Anekdote, von den anderen gleich Erzählung gesetzt. Vor allem ist mit Pabst darauf hinzuweisen, daß das Wort Novelle ›von Fall zu Fall einen anderen Inhalt hat‹. Gerade die Vielgestaltigkeit der novellistischen Inhalte und die bewußte Loslösung der Novellisten von Theorien jeder Art läßt Pabst zu dem Ergebnis gelangen, daß die Novelle sich einer klaren und allgemeingültigen Begriffsbestimmung entzieht. So erscheinen in der älteren Novellistik des öfteren die Bezeichnungen ›favole‹ (Fabeln) oder ›istorie‹ (Geschichten), und schon Boccaccio erklärt in der Vorrede zum ›Dekameron‹, er wolle ›cento novelle, o favole o parabole o istorie‹ (hundert Novellen, Fabeln, Parabeln oder Geschichten) erzählen. Den gleichen Bezeichnungen begegnet man auch bei manchen seiner Nachfolger, die demnach ebenso wie Boccaccio die Festlegung auf einen Novellenbegriff verschmäht haben.
Alles das ändert jedoch nichts an der Tatsache, daß sich für die Novelle eine Reihe von Merkmalen aufzeigen lassen, die zu ihrer Charakterisierung beitragen können, wenn sie auch einerseits Ausnahmen zulassen und an-

dererseits keine absolute Abgrenzung gegenüber anderen Genres der Erzählungsliteratur bedeuten. Die im Sinn Goethes ›unerhörte Begebenheit‹, ihre Auswirkung auf die beteiligten Personen, die Auslösung von Konflikten und ihre Entwirrung werden in der Novelle meist in einer mehr oder weniger knappen und gedrängten Form abgehandelt. Die als ›neu‹ erzählte Begebenheit steht im Mittelpunkt des Ganzen, sie hat den Vorrang vor den Personen, für deren Charakterentwicklung auf dem engen Raum der Novelle ebensowenig Platz bleibt wie etwa für Umweltschilderungen, episodische Einschübe und sonstige Ausschmückungen. So verzichtet der Novellist auf alles, was für den Fortgang der Handlung nicht unbedingt notwendig ist, und führt diese straff auf ein bestimmtes Ziel hin. Daß manche Novellisten aber auch verwickeltere Handlungen mit romanhaften Elementen wie retardierenden Momenten und eindringlichen Wiederholungen wählen, zeigen solche Novellen von Giovanni Fiorentino, Bandello oder Giraldi, die dem großen englischen Dramatiker Shakespeare als Vorlage dienten.
Von besonderer Bedeutung ist der gesellschaftliche Charakter der Novelle. Sie entstand in der frühbürgerlichen Gesellschaft der italienischen Stadtstaaten, wie sie sich besonders in Florenz, aber auch in Venedig, Genua und anderen Städten herausgebildet hatten. Durch die an der Schwelle zur Neuzeit sich häufenden Erfindungen und Entdeckungen war die Entwicklung der Produktivkräfte und damit die Herausbildung kapitalistischer Produktionsverhältnisse sehr gefördert worden. Schiffahrt und Handel, Manufakturen und Bankwesen erlebten einen bedeutenden Aufschwung, sie entsprachen den Interessen eines jungen Bürgertums, wie der Erwerb von Grund und Boden denen des Feudaladels

entsprochen hatte, und bedeuteten eine beträchtliche Stärkung dieser sich allmählich entwickelnden Gesellschaftsklasse. In dieser Hinsicht war Italien im 14. Jahrhundert weiter fortgeschritten als solche Länder wie Spanien und England, die erst später die wirtschaftliche Führung in Europa übernahmen. Das Bürgertum blieb allerdings nicht lange alleiniger Kulturträger, es verband sich bald mit dem in der Stadt ansässig gewordenen Adel, was im 15. Jahrhundert zu einem ›allmählichen Prozeß der Aristokratisierung‹ (Buck) führte.
Diese frühe städtische Gesellschaft erlebt einen regelrechten Befreiungsprozeß, indem das überlieferte Wissen des Mittelalters nicht mehr kritiklos hingenommen, sondern mit neuen Methoden überprüft wird. Der Mensch läßt sich nicht mehr in mittelalterliche Dogmen einspannen; die Autorität der Kirche, die dem Feudalismus seine ideologische Rechtfertigung geliefert hatte, verliert an Gewicht. Die Menschheit löst sich vom Bisherigen, sie sieht die Natur mit anderen Augen und gewinnt Freude am Naturgenuß. Es ist eine sinnenfrohe Welt, die sich in der Novellistik widerspiegelt. Während das Ideal des Mittelalters der religiöse Mensch gewesen war, der die höchste Vollkommenheit in der Askese suchte, entwickelt sich nunmehr ein neues Menschenbild. Den Bedürfnissen des aufstrebenden Bürgertums, das unter neuen Lebensbedingungen tätig ist, kann das mittelalterliche Ideal christlicher Demut nicht mehr entsprechen, der Unternehmergeist der Kaufleute und Bankiers setzt Menschen voraus, die an ihre eigene Kraft glauben.
Bezeichnend für die italienischen Novellen seit Boccaccio ist, daß sie von den meisten Autoren in einen gesellschaftlichen Rahmen eingefügt werden. Boccaccio läßt in der Rahmenerzählung des ›Dekameron‹ während der

furchtbaren Pest von 1348 in Florenz sieben junge Damen und drei junge Herren sich zusammenfinden, die, um vor der Seuche zu flüchten, sich aufs Land (gemeint: Fiesole) begeben, wo sie ihre Tage mit allerlei Kurzweil, mit Tanz, Gesang und insbesondere mit dem Erzählen von Novellen verbringen. Boccaccio betont, daß die genannten jungen Leute alle ›di sangue nobile‹ (vornehmer Herkunft) waren, wobei ›vornehm‹ nicht im Sinn eines Adelsprädikats zu verstehen ist, sondern auch jene oberen bürgerlichen Schichten einbegriffen, die in Wirtschaft und Kultur zunächst führend waren. Die Novellen erzählende Gesellschaft ist somit ein Abbild der führenden Gesellschaftskreise ihrer Zeit (vgl. Buck).
Boccaccio hat die Rahmenerzählung des ›Dekameron‹ nach dem Vorbild orientalischer Erzählungssammlungen wie des ›Pantschatantra‹ und der ›Sieben Weisen Meister‹ geschaffen, die ihren Ursprung in Indien haben und von dort über zahlreiche Übersetzungen (ins Persische, Syrische, Arabische, Hebräische, Griechische, Lateinische) im Abendland bekannt wurden (vgl. Löhmann). Anknüpfend an das ›Dekameron‹, wurde die Rahmenerzählung in der folgenden Zeit zu einer beliebten Kompositionsform, auf die zahlreiche Nachfolger Boccaccios, oft in enger Anlehnung, zurückgegriffen haben.
Als künstlerische Methode, mit der die Gesellschaft gezeichnet wird, entwickelt sich in der Renaissance der Realismus. Allenthalben zeigt sich gerade in der Novellistik das Streben nach wahrheitsgetreuer Darstellung von Begebenheiten aus der Wirklichkeit. Zwar sind in den mittelalterlichen Fabliaux, Fabeln, Fuchsschwänken und anderen Genres, ja auch schon in den Literaturen der Antike, mancherlei realistische Elemente zu finden, doch von Realismus als künstlerischer Methode

kann man erst in der Renaissance sprechen, vornehmlich in deren Novellenproduktion.
Wenn Friedrich Engels unter Realismus ›außer der Treue des Details die getreue Wiedergabe typischer Charaktere unter typischen Umständen‹ versteht, so läßt sich das auf die Renaissanceliteratur noch nicht anwenden. Während Engels sich dabei auf die typischen Umstände der bürgerlichen Gesellschaft des 19. Jahrhunderts bezieht, mit denen sich die Literatur jener Zeit kritisch-realistisch auseinandersetzt, richten die Novellisten der Renaissance ihre Kritik, soweit sie eine solche überhaupt beabsichtigen, gegen feudale, insbesondere kirchliche Einrichtungen. Allerdings ist nicht zu verkennen, daß in Ansätzen auch Erscheinungen des Kapitalismus, wie etwa die Geldbeziehungen, die Wucherer und dergleichen, in die Kritik einbezogen werden.
Immer wieder sind die Novellisten um die Wiedergabe unmittelbarer Wirklichkeit bemüht, und wenn sie als Quellen ältere Erzählungen, zum Beispiel aus orientalischen Sammlungen, benutzten, die in einer exotischen, phantastischen Welt angesiedelt waren, so verlegten sie sie meist in die unmittelbare Gegenwart, bezogen sie auf bekannte italienische Persönlichkeiten ihrer Zeit und brachten sie damit dem Hörer oder Leser näher, ja steigerten dadurch deren Interesse noch. In ihren Vorworten und Widmungsbriefen erklären die Novellisten immer wieder, daß es sich in ihren Erzählungen um wirklich vorgefallene Begebenheiten handle. Sie erfaßten die zeitgenössische Wirklichkeit in ihrer ganzen Breite und erreichten einen hohen Grad von Anschaulichkeit und Lebenswahrheit.
Nach den hier gegebenen grundsätzlichen Betrachtungen seien nun die Hauptlinien der Entwicklung der italienischen Novelle skizziert.

Schon die ›Novelle antiche‹ weisen eine außerordentliche Mannigfaltigkeit an Stoffen auf. Eine große Zahl von Novellen behandelt Vorfälle, bei denen Persönlichkeiten der damaligen Zeit eine Rolle spielen oder zumindest gewisse Vorfälle auf sie bezogen werden. Diese Tatsache hängt mit dem ursprünglichen Wesen der italienischen Novelle eng zusammen, die etwas Neues mitteilen wollte und den für den Hörer oder Leser besonderen Reiz nutzte, von solchen Vorfällen oder Personen zu berichten. Man braucht nur an den üblichen Stadtklatsch aller Zeiten zu denken, der auch immer ›etwas Neues‹ bieten möchte, um zu sehen, daß eine Novelle, die dasselbe Ziel hatte, mit einer ganz besonderen Vorliebe zu solchen Stoffen greifen mußte. Damit gewann die Novelle ein aktuelles Interesse und konnte zu einer beliebten Gattung werden. Erst ein weiterer Schritt konnte es sein, auch fremde Helden, sei es aus dem bretonischen Sagenkreis (z. B. Tristan und Isolde), aus dem klassischen Altertum, aus dem Orient oder anderen Bereichen, heranzuziehen. Diejenigen Novellen, die von italienischen Persönlichkeiten handeln, dürften daher die ersten und ursprünglichsten gewesen sein. Diese Annahme wird dadurch gestützt, daß die Kennzeichen der Novelle vor Boccaccio, die Verachtung der Form, völliges Fehlen von Umweltschilderung und psychologischer Motivierung sowie des lehrhaften Elements und die auffallend häufige Verwendung der direkten Rede in diesen Novellen am deutlichsten ausgeprägt sind. Die italienische Novellistik kann daher ihren Anfang nur in diesen Novellen genommen haben. Erst als solche vorhanden und beliebt geworden waren, griff man zu fremden Vorbildern, die man in den verschiedensten Literaturen fand.

Zahlreich sind die von den Verfassern der ›Novelle an-

tiche‹ benutzten Quellen. Die nordfranzösische Literatur des Mittelalters hat den Stoff für etwa dreißig Novellen geliefert, etwa zehn sind provenzalischen Ursprungs, wieder andere leiten sich von klassisch-lateinischen bzw. mittellateinischen Vorlagen her. In einigen Fällen liegen griechische, hebräische und andere Quellen zugrunde.
In stilistischer Hinsicht sind die ›Novelle antiche‹ nicht einheitlich. Viele von ihnen muten wie einfache, anekdotenhafte Skizzen an, in denen nur das unbedingt Notwendige einer ohnehin sehr einfachen Handlung in kurzen, knappen Aussagesätzen mitgeteilt wird. Daneben gibt es allerdings, wenn auch sehr in der Minderzahl, solche, deren Handlung weit ausgesponnen wird und in langen Satzperioden abläuft.
Der Abstand der Novellen Boccaccios von den ›Novelle antiche‹ ist beträchtlich. Da einige der ›Novelle antiche‹, darunter die von den drei Ringen, bei Boccaccio wiederkehren, kann ein Vergleich beider Fassungen den gewaltigen Unterschied verdeutlichen. In der alten Novelle stehen sich ein namenloser Sultan und ein ebenfalls namenloser Jude gegenüber; bei Boccaccio hingegen ist aus dem Sultan der bekannte mittelalterliche Herrscher Saladin geworden, der es mit dem Juden Melchisedech zu tun hat. Durch diese Namengebung werden beide Personen individualisiert und gewinnen an Konkretheit, zumal Boccaccio eine kurze Charakteristik Saladins voranstellt und dessen Geldknappheit mit Kriegen und Prachtliebe begründet. Der alte Novellist hat auf eine solche Begründung verzichtet, da es ihm lediglich um die Begebenheit zu tun war. Auch sonst finden sich in Boccaccios Erzählung mancherlei neue Elemente: Die Überlegungen Saladins, die Charakteristik des Juden, die Vorgeschichte des Ringes, das gute

Einleitung

Verhältnis des Vaters zu den Söhnen und vor allem die Entstehung eines echten Vertrauensverhältnisses zwischen den ursprünglichen Gegnern sind Motive, die in der Fassung der ›Novelle antiche‹ noch nicht vorhanden sind, durch die aber Boccaccio diese Novelle sehr bereichert hat. Aus dem knappen, schmucklosen Bericht der ›Novelle antiche‹ ist bei ihm eine psychologisch wohldurchdachte und in ihren Bestandteilen harmonisch durchkomponierte, lebensnahe Novelle geworden, aus der dann später Lessing die Anregung für die bekannte Ringparabel im ›Nathan‹ schöpfte.

Mit dem ›Dekameron‹ hat Boccaccio ein echtes Renaissancewerk geschaffen, durch das er sich weit von mittelalterlicher Askese entfernt, denn seine Erzählungen sind in einer wirklichen, sinnenfrohen Welt angesiedelt. Der Mensch, insbesondere die Frau, hat bei ihm ein Recht auf Selbstverwirklichung und Eigendasein, die Liebe ihre eigene Moral, sie hat ein Recht gegenüber der Bindung der Ehe, die damals ohnehin eine Konvenienzehe war. Die in den Novellen auftretenden Ehemänner, deren Geiz, Eifersucht oder Beschränktheit dem Glücksanspruch ihrer Frauen im Wege stehen, verdienen es, überlistet und betrogen zu werden, und wenn dann die Frauen ihr Glück außerhalb der Ehe suchen, so ist das für Boccaccio ein Akt ausgleichender Gerechtigkeit. Die Frau wird im ›Dekameron‹ zur eigentlich handelnden Person, die die Fäden der Handlung in der Hand hat und deren Geistesgegenwart über die Einfalt des Ehemannes triumphiert. Tofano zum Beispiel, der seine Frau mit unbegründeter Eifersucht verfolgt, erhält dafür die verdiente Strafe.

Äußerst mannigfaltig und vielschichtig ist die Schar der in Boccaccios Novellen auftretenden Personen. Sie gehören besonders den bürgerlichen Schichten an, unter denen der Autor in Florenz lebte: Kaufleute, Ärzte, Notare, Künstler, Handwerker. Aber auch Edelleute und vornehme Damen haben ihren Platz in seinem Werk gefunden, wie zum Beispiel in der Geschichte vom Falken oder in der ›Herzmäre‹. Und schließlich steigt Boccaccio auch des öfteren in die Niederungen der Kuppler und Dirnen, der Gauner und Diebe herab und gelangt unter anderem in der abenteuerlichen Geschichte von Andreuccio zu einer treffenden realistischen Schilderung des Milieus in den Gassen von Neapel, in einer Welt, die er von seinem dortigen mehrjährigen Aufenthalt aus eigener Erfahrung kennt. Mit besonderer Vorliebe läßt er Priester, Nonnen und Mönche auftreten, deren Sittenlosigkeit und Heuchelei er zwar schildert, für deren Schwächen er aber Verständnis zeigt.

Fast alle seine Novellen spielen in Italien, meist in Florenz oder zumindest in der Toscana. Nur wenige überschreiten den geographischen Rahmen Italiens. Boccaccio hat die Gesellschaft seiner Zeit in ihrer ganzen Breite erfaßt. So ist das ›Dekameron‹ zu einem Spiegel des italienischen Lebens im Trecento geworden.

Der Aufbau der Novellen ist meisterhaft: Nach einer Exposition, die den Leser mit den Personen und ihrer Umwelt bekannt macht, wird die Handlung schnell zum Höhepunkt geführt, der Knoten geschürzt und nach Einführung retardierender Momente in ganz natürlicher Weise, doch oft unerwartet, gelöst. So wird der Jude Abraham gerade durch die ungeheure Sittenverderbnis am Hofe des Papstes veranlaßt, sich zum Christentum zu bekehren. Auf diesen Schluß ist der Leser nicht gefaßt, und um so größer ist die Wirkung.

Boccaccio ist Meister im Erfinden komischer Situationen, in die er seine handelnden Personen hineinstellt.

Einleitung

Die Mehrzahl der Novellen verraten eine beschwingte Heiterkeit und übermütige Ausgelassenheit, eine Freude an derben Späßen, weswegen der Autor Boccaccio schon zu Lebzeiten vielfach der Obszönität beschuldigt wurde. Es ist jedoch zu bedenken, daß vieles, was in den Augen des Moralapostels damals und später anstößig wirkte, in jener sinnenfreudigen Zeit harmloser aufgenommen wurde.

Neben den vielen heiteren Geschichten sind im ›Dekameron‹ auch einige wenige zu finden, auf die die hier angegebenen Charakteristika nicht zutreffen und die dem realistischen Charakter der bei weitem meisten Novellen fernstehen. So wirkt die Erzählung von der Dulderin Griselda unglaubhaft. Boccaccio hat hier unter Verzicht auf die Wahrscheinlichkeit der Handlung die Tugenden der Griselda durch unglaubwürdige Übertreibungen ins Unmenschliche gesteigert, so daß seine Heldin nicht mehr lebenswahr wirkt. Daß er aber auch bei tragischen Themen Hervorragendes zu leisten vermochte, zeigen zum Beispiel die in der Literatur als ›Herzmäre‹ bezeichnete Novelle vom gegessenen Herzen des Geliebten und die Falkennovelle, wohl die schönste in Boccaccios Werk.

Die Stoffe seiner Novellen hat der Autor meist nicht selbst erfunden; von ihnen sind vielmehr im allgemeinen in den verschiedensten Literaturen auch ältere Fassungen zu finden, die Boccaccio direkt oder indirekt (in Form verlorener Zwischenglieder oder auf dem Wege mündlicher Überlieferung) als Quellen gedient haben. Dabei stehen wie in den ›Novelle antiche‹ Entlehnungen aus der nordfranzösischen Literatur an erster Stelle. Allein für etwa zwanzig seiner Novellen lassen sich französische Schwänke (Fabliaux) als Quellen nachweisen. Andere stammen aus orientalischen Erzählungssammlungen (Pantschatantra, Sieben Weise Meister), aus provenzalischer und älterer italienischer Erzählungsliteratur, aus mittelalterlichen Exemplasammlungen, aus klassisch-lateinischer Literatur (Apuleius) oder auch aus griechischen Liebesromanen. Diese vielfältigen Quellen lieferten Boccaccio aber lediglich die Anregung zu seinen Novellen, die er durchaus selbständig in einer Form ausgestaltet, die er selbst geschaffen hat. Die meisterhafte künstlerische Gestaltung des Werks ist sein persönliches Eigentum.

Die Novellenliteratur bis zum 16. Jahrhundert steht weithin im Zeichen Boccaccios, dies allerdings nicht nur in Italien, wo keiner seiner Nachfolger an Bedeutung auch nur entfernt an ihn herankommt, wenn auch einige von ihnen (Sacchetti im 14., Masuccio im 15. und Bandello im 16. Jahrhundert) sich über das Mittelmaß der anderen erheben. Auch die französische Renaissancenovelle ist in ihrer Entwicklung dem großen Florentiner verpflichtet. Auf eine von Sacchetti bezeugte, heute verlorene französische Übersetzung des 14. Jahrhunderts folgten weitere im 15. und 16. Jahrhundert. Um 1460 erschienen die ›Cent nouvelles nouvelles‹ (Hundert neue Novellen), die bereits im Titel auf die hundert Novellen des ›Dekameron‹ anspielen und deren Verfasser sich in einem vorangestellten Widmungsbrief ausdrücklich auf Boccaccio bezieht: Er bezeichnet seine Novellen als ›cent histoires assez semblables en matière, sans atteindre le subtil et très orné langage du livre des Cent Nouvelles‹ (hundert Geschichten, im Stoff dem Buch der hundert Novellen ziemlich ähnlich, ohne dessen feine und schmuckreiche Sprache zu erreichen). Die bedeutendste französische Novellensammlung dieser Epoche, das ›Heptameron‹ (Siebentagewerk, so genannt nach dem Zehntagewerk

›Dekameron‹) der Margarete von Navarra, Nicolas de Troyes' ›Grand parangon de nouvelles nouvelles‹ (Großes Muster neuer Novellen), Jeanne Flores ›Comptes amoureux‹ (Liebesgeschichten) und eine ganze Reihe weiterer ähnlicher Werke erinnern deutlich an Boccaccio.

In England wurde noch im 14. Jahrhundert Geoffrey Chaucer durch das ›Dekameron‹ angeregt, seine ›Canterbury Tales‹ (Canterbury-Geschichten) in eine Rahmenerzählung zu kleiden; auch einige seiner Geschichten, vor allem die ›Knightes Tale‹ (Erzählung des Ritters), zeigen die Spuren Boccaccios.

In Deutschland dagegen ist Boccaccio lange nicht recht heimisch geworden. Erst die Klassiker und besonders die Romantiker gewinnen wieder ein engeres Verhältnis zu ihm. Für die deutschen Novellisten des 19. Jahrhunderts war nicht Boccaccio, sondern der Spanier Cervantes mit seinen ›Novelas ejemplares‹ (Musternovellen) das große Vorbild.

In Spanien beginnt der Einfluß Boccaccios erst um die Mitte des 16. Jahrhunderts. Es erscheinen zwar auch dort bis ins 18. Jahrhundert hinein eine ganze Reihe nach dem Vorbild des ›Dekameron‹ in Rahmenerzählungen eingekleideter Novellensammlungen, doch haben diese die weitere Entwicklung der Novelle nicht beeinflußt und sind heute vergessen. Der größte Novellist Spaniens, Miguel de Cervantes, ist zwar auch seinerseits von Boccaccio ausgegangen, aber dabei nie in Nachahmung verfallen und hat eine eigenständige spanische Novellistik geschaffen. Mit seinen ›Novelas ejemplares‹ hat er dem ›Dekameron‹ ein ihm ebenbürtiges Werk gegenübergestellt.

In Italien schließen sich noch im 14. Jahrhundert Boccaccios Nachahmer, Sacchetti, Giovanni Fiorentino und Sercambi, an. Alle drei sind Toskaner: Sacchetti und

Giovanni Fiorentino stammen aus Florenz, Sercambi aus Lucca. Keiner von ihnen hat das Vorbild Boccaccio annähernd erreicht; nur Sacchetti kann Anspruch darauf erheben, wirklich Bedeutendes geschaffen zu haben, aber auch seine Novellen halten in künstlerischer Hinsicht einem Vergleich mit dem Meister nicht stand. Es fehlt der gesellschaftliche Rahmen, dem das ›Dekameron‹ seine einzigartige Geschlossenheit verdankt; es fehlt auch die Liebe als das zentrale Thema Boccaccios. Während die Frauen bei Boccaccio die Hauptträger der Handlung gewesen waren, spielen sie bei Sacchetti kaum noch eine Rolle. Es fehlt auch die durch Boccaccio so meisterhaft gehandhabte psychologische Durchdringung der Charaktere; Sacchetti beschränkt sich auf die Darstellung der jeweiligen Begebenheit, die ihm wie den ältesten italienischen Novellisten wichtiger ist als die auftretenden Personen. Insofern bedeutet Sacchetti in der Entwicklung der Novelle einen Rückschritt. Neben den in unserer Ausgabe berücksichtigten ohnehin relativ kurzen Novellen schrieb Sacchetti auch solche anekdotenhafter Art von lapidarer Kürze. Im ursprünglichen Sinn des Wortes ›novella‹ berichtet er ›Neuigkeiten‹ aus seiner Umgebung und erinnert auch in seiner einfachen, schmucklosen und natürlichen Sprache an die ›Novelle antiche‹. Im Gegensatz zu Boccaccio hat er fast keine schriftlichen Quellen benutzt; er berichtet selbst Beobachtetes und Erlebtes, soweit er nicht den einen oder anderen Stoff auf dem Wege mündlicher Überlieferung kennengelernt hat. Mit Boccaccio teilt er die Vorliebe für Florenz und andere Orte der Toscana. Bei weitem die meisten seiner Novellen handeln von Zeitgenossen, von Toskanern, insbesondere Florentinern des 14. Jahrhunderts, gelegentlich auch von solchen des 13. Jahrhunderts, also aus einer nur wenig zu-

Einleitung

rückliegenden Vergangenheit. Es treten Personen aller Gesellschaftskreise auf, insbesondere solche aus dem Bürgertum. Sacchetti wendet sich auch gern den untersten Volksschichten zu und dürfte der volkstümlichste unter den Novellisten des 14. Jahrhunderts sein. Er ist ein liebenswürdiger, humorvoller Erzähler, unter den unmittelbaren Nachfolgern Boccaccios der beste.
Sacchettis Zeitgenosse Giovanni Fiorentino schließt sich ebenfalls an Boccaccio an. Im Gegensatz zu Sacchetti übernimmt er von Boccaccio das Prinzip des Rahmens, vereinfacht ihn aber sehr, indem er einen Mönch und eine Nonne auftreten läßt, von denen jeder dem anderen täglich eine Novelle erzählt, wodurch sich ein Gesamtwerk von fünfzig Novellen ergibt. Während Sacchetti in der Stoffwahl durchaus selbständig gewesen war und auf die Benutzung schriftlicher Quellen verzichtet hatte, stammen Giovannis Novellen zum größten Teil aus der von dem Florentiner Giovanni Villani vor 1348 verfaßten und von dessen Verwandten Matteo und Filippo Villani bis 1364 ergänzten Chronik ihrer Vaterstadt. Als weitere Quellen hat die Motivforschung zwei Novellen Boccaccios sowie orientalische (Sieben Weise Meister) und antike Texte (Livius, Apuleius) nachgewiesen. Giovanni mangelt es an Originalität; er hat sich meistens sklavisch an seine Quellen gehalten und kaum etwas Eigenes hinzugetan. So ist der größte Teil seines Werks heute vergessen. Trotzdem finden sich darin einige wenige Novellen, in denen Giovanni seine erzählerischen Qualitäten in einem günstigen Licht unter Beweis stellt, wie die Geschichte von ›Galganos Entsagung‹ oder die ›Kunst zu lieben‹, wo ein Professor das Opfer seiner eigenen Unterweisungen wird, und schließlich die Novelle vom ›Kaufmann von Venedig‹, die voller Bewegung und Dramatik ist und

Shakespeare als Vorlage für seinen ›Merchant of Venice‹ diente.

Der am wenigsten Bedeutende unter den unmittelbaren Nachfolgern Boccaccios ist Giovanni Sercambi. Dessen ›Novelliere‹ entbehrt ebenfalls der Originalität. Seine Rahmenerzählung trägt das Gepräge einer starken Abhängigkeit von Boccaccio: Während der Pest von 1374 in Lucca läßt er eine Reisegesellschaft sich zusammenfinden, die auf der Flucht vor der Seuche ganz Italien durchzieht, wobei der an dieser Gesellschaft selbst beteiligte Autor Geschichten zu erzählen hat. Die Erzählungen sind mannigfachen Inhalts: Neben eigentlichen Novellen realistischen Inhalts finden sich solche, die mehr in mittelalterlicher Romantik und Phantastik als in der Wirklichkeit wurzeln. Auch Märchen, Fabeln und christliche Legenden, wie etwa die von ›Amicus und Amelius‹, hat Sercambi vielfach aufgegriffen. Etwa fünfundzwanzig Novellen hat er dem ›Dekameron‹ entnommen, sie aber trotz enger Anlehnung an das Vorbild so vergröbert und verzerrt, daß sie kaum wiederzuerkennen sind. Es fehlt Sercambi ein echtes Erzählertalent. In der sprachlichen Gestaltung, besonders im Satzbau und in der Führung der Dialoge, ist der weite Abstand zu Boccaccio erkennbar. Trotzdem ist es Sercambis Verdienst, durch die Vielfalt seiner Stoffe ein reichhaltiges Material zusammengetragen und damit der vergleichenden Motivforschung ein wertvolles Untersuchungsobjekt geliefert zu haben.

Im 15. Jahrhundert gelangte die Weiterentwicklung der italienischen Novelle durch den Humanismus zu einem vorübergehenden Stillstand, indem die italienische Literatursprache zugunsten des Lateins zurückgedrängt wurde. So hatte für die Humanisten die vorhergehende volkssprachige Literatur und damit auch das Werk Boccaccios an Prestige verloren. Das Latein hatte gegenüber dem Italienischen zunächst einen absoluten Vorrang und galt allein als literaturfähige Sprache. Soweit die Humanisten Novellen oder novellenähnliche Dichtungen verfaßten, wie vor allem Aeneas Silvius Piccolomini, der spätere Papst Pius II., mit seiner ›Historia duorum amantium‹ (Geschichte zweier Liebender, 1444) und Poggio Bracciolini (1380–1459) mit seinen Anekdoten und Schwänken (Fazetien), die postum 1470 unter dem Titel ›Libri facetiarum‹ erschienen, bedienten sie sich der lateinischen Sprache.

Als italienischer Novellist aus der ersten Hälfte des 15. Jahrhunderts ist nur Gentile Sermini zu nennen, der jedoch für die weitere Entwicklung der Novelle ohne Bedeutung ist. Namhafte Novellensammlungen erscheinen erst wieder im letzten Viertel des Jahrhunderts.

Gegen Ende des Jahrhunderts geht die Pflege der Literatur und damit die der Novelle, nachdem die italienischen Kommunen ihre Vorrangstellung eingebüßt hatten, an die Fürstenhöfe über: Masuccio Salernitano lebt am Hof der Aragonesen in Neapel, Sabadino degli Arienti an den Höfen von Bologna und Ferrara. Das bedeutet zugleich, daß die Pflege der Novelle nicht mehr auf die Toscana beschränkt bleibt, sondern Novellendichter auch anderer Regionen sich den toskanischen zugesellen.

Masuccio ist der einzige Novellenautor des 15. Jahrhunderts, der die italienische Novellenliteratur mit seinen ›Novellino‹, einer Sammlung von fünfzig Novellen, wesentlich bereichert hat, wenn er auch die hohe Stilkunst seines Vorbilds Boccaccio nicht erreicht. Auf eine Rahmenerzählung hat er verzichtet und dafür jeder Novelle einen Widmungsbrief vorausgeschickt, den er jeweils an eine hohe Persönlichkeit seiner höfischen Umgebung richtet. Außerordentlich vielseitig sind die Themen seiner Geschichten, in denen ähnlich wie bei Boccaccio ein breiter Personenkreis einbezogen ist. Mit besonderer Vorliebe nimmt er die Vertreter der Geistlichkeit aufs Korn (als Beispiele mögen in unserer Sammlung die Novellen ›Der unschuldige Mörder‹ und ›Die Reliquien des heiligen Greif‹ gelten) und brandmarkt deren unsittlichen Lebenswandel. Dabei verwendet auch er gern Schwankmotive. Wenn auch Masuccios Sprache im Gegensatz zu Boccaccio oft etwas grob wirkt, so ist er doch ein ausgesprochenes Erzählertalent; denn immer versteht er es, seinen Novellen eine natürliche und lebhafte Form zu geben.

Sabadino degli Arienti kleidet die Novellen seiner Sammlung ›Le Porretane‹ ganz nach dem Vorbild des ›Dekameron‹ in einen gesellschaftlichen Rahmen. In dem Badeort Porretta im Apennin nahe Bologna trifft sich eine Gesellschaft von sechzig Personen, die die Zeit mit allerlei Kurzweil wie Spielen und Tänzen verbringen und von denen jede eine Novelle zu erzählen hat. Bei dieser Gesellschaft handelt es sich – und das ist das Neue bei Sabadino – vornehmlich um historische Personen aus dem unmittelbaren Bekanntenkreis des Novellisten. Der Graf Andrea Bentivoglio, dessen Sekretär Sabadino damals war, Mitglieder der gräflichen Familie und Personen seiner näheren Umgebung, dazu auch solche aus anderen Gegenden Italiens, bilden den Erzählerkreis. Die Sammlung enthält vorwiegend Liebesgeschichten, aber auch Anekdoten und Schwänke, witzige Wortspiele und anderes. Es fehlt dem Autor jedoch an schöpferischer Phantasie und echter Gestaltungskraft, so daß viele seiner Erzählungen farblos wirken. Die meisten seiner Novellen spielen in und um Bologna und vermitteln trotz ihrer kompositorischen

Schwächen ein farbiges Bild dieser Stadt und seiner Zeit.

Wesentlich günstiger waren die Voraussetzungen für die weitere Entwicklung der Novellenliteratur im 16. Jahrhundert. 1525 erschienen die ›Prose della volgar lingua‹ (Prosaschrift über die Volkssprache) von Pietro Bembo, mit denen er jahrhundertelange Diskussionen über die ›questione della lingua‹ (Frage der Sprache) einleitet. In dieser Schrift wies Bembo die Berechtigung der italienischen Muttersprache als Literatursprache nach. Doch nur das Florentinische betrachtete er als literaturfähig und ließ als Vorbild für die Prosaliteratur allein Boccaccio gelten. Dadurch bekam die Nachahmung Boccaccios und damit die Novellistik überhaupt neuen Auftrieb. Wie die Vielzahl der im 16. Jahrhundert erschienenen Sammlungen zeigt, wurde die Novelle zu einer beliebten Gattung. Die Autoren jener Zeit haben jedoch Boccaccio trotz seiner Vorbildwirkung meist nicht sklavisch nachgeahmt, sondern sind vielfach eigene Wege gegangen. Einige Novellisten haben sich von der Forderung, florentinisch zu schreiben, frei gemacht. Ähnlich wie bereits Masuccio gern Gebrauch von neapolitanischen Dialektwörtern gemacht hatte, scheut sich auch Bandello, der hervorragendste Novellist des 16. Jahrhunderts, nicht, den Lehren Bembos zum Trotz Elemente seiner heimatlichen ›lombardischen‹ Mundart – ›lombardisch‹ umfaßte nach dem damaligen Sprachgebrauch das ganze Gebiet nördlich des Po (vgl. Petronio) – einfließen zu lassen, und im folgenden Jahrhundert verfaßt Giambattista Basile seine Märchensammlung ›Pentameron‹ im neapolitanischen Dialekt.

Auch im 16. Jahrhundert sind also nicht nur Toskaner an der Novellenproduktion beteiligt. Neben den

Florentinern Machiavelli, Firenzuola, Grazzini und Doni stehen der Piemontese Bandello, der Lombarde Straparola und der Ferrarer Giraldi sowie im 17. bzw. 18. Jahrhundert der Neapolitaner Basile, der Römer Magalotti und die Venezianer Loredano, Sagredo und Gozzi, um nur einige zu nennen.

Das 16. Jahrhundert weist eine außerordentlich umfangreiche Novellenliteratur auf, darunter allerdings wiederum nichts Boccaccio Ebenbürtiges. Ebenso beliebt wie die Novellen selbst sind die in der Art Boccaccios gestalteten Rahmenerzählungen, wie sie Firenzuola, Straparola, Grazzini und Giraldi geschaffen haben. Auch Basiles Märchensammlung ist in ihrer Anlage vom Vorbild ›Dekameron‹ geprägt. Dagegen folgt Bandello der Praxis Masuccios, indem er den Novellen Widmungsbriefe voranstellt.

Dem großen Staatstheoretiker Niccolò Machiavelli verdanken wir als seine einzige Novelle die vom Erzteufel Belfagor, eine der besten und schönsten des Jahrhunderts. Von Boccaccio dürfte der Autor unabhängig sein. Das Motiv, das der Autor wahrscheinlich aus mündlicher Überlieferung kennengelernt hat, stammt aus dem Orient und tritt dort bereits in mehreren Erzählungssammlungen auf, hat aber erst durch Machiavelli eine wirklich künstlerische Gestaltung erfahren.

Machiavellis Zeitgenosse Baldassare Castiglione lockert in seinem Werk ›Il cortegiano‹ die am Hof von Urbino geführten Gespräche durch das Erzählen von Geschichten auf, die freilich mehr den Charakter von Schwänken haben, wie etwa der von dem Schurkenstreich, dessen Opfer der ›blinde‹ Spieler wird.

Gianfrancesco Straparolas Verdienst besteht darin, daß er in seine Sammlung ›Le Piacevoli Notti‹ (Die ergötzlichen Nächte) als erster unter den italienischen Erzäh-

Einleitung

lern auch Märchen aufgenommen hat. Zwischen Novellen und Märchen macht er keinen Unterschied, indem er beide als ›favole‹ bezeichnet: wieder einmal ein Beweis dafür, daß von einem festen Novellenbegriff in jener Zeit keine Rede sein kann. Unter ›favole‹ versteht Straparola gleichermaßen Novellen und Märchen. Oft ist beides, wie etwa in der Geschichte vom ›Satyr‹, unmittelbar miteinander verbunden. Obwohl Straparolas Erzählungen denen seiner Zeitgenossen Bandello und Grazzini in mehrerer Hinsicht nachstehen, müssen sie sich vor allem in Frankreich, wo sie vielfach nachgeahmt wurden, einer großen Beliebtheit erfreut haben. Als Quellen lagen Straparola ältere italienische Novellen und französische Fabliaux vor, doch hat er auch vieles aus mündlicher Überlieferung geschöpft. Da er lange in Venedig lebte, das weitreichende Handelsbeziehungen zum Orient hatte, werden ihm sicher die von dort zurückkehrenden Seefahrer manches Märchengut vermittelt haben.

Matteo Bandello, der hervorragendste, wenn auch ebenfalls die Kunst Boccaccios nicht annähernd erreichende Novellist des Jahrhunderts, ersetzt dessen so oft nachgeahmte Rahmenerzählung wie vor ihm Masuccio durch Widmungsbriefe an hochgestellte Persönlichkeiten, an seine fürstlichen Gönner, an Politiker und Schriftsteller, an berühmte Frauen und an Freunde. Die Novellen läßt er in höfischen Gesellschaften vortragen, wobei er als Erzähler alles bemüht, was in seiner Zeit Rang und Namen hat, und unter anderen Machiavelli, Castiglione und Leonardo da Vinci auftreten läßt. So hat er an Stelle der herkömmlichen Rahmenerzählung durch die Widmungsbriefe einen neuen gesellschaftlichen Rahmen geschaffen, der eng auf die Novellen selbst abgestimmt ist und mit ihnen eine harmonische Einheit bildet. Zwar ist der Wahrheitsgehalt dieser Widmungsbriefe mehrfach angezweifelt worden; trotzdem steht ihr kulturhistorischer Wert außer Frage, denn sie vermitteln dem Leser ein buntes Bild der höfischen Renaissancegesellschaft und machen ihn mit den Sitten, den Lebensgewohnheiten und der Mentalität jener Zeit in umfassender Weise vertraut. In den Novellen selbst wird dieses Bild des öfteren durch interessante kulturhistorische Details ergänzt, so zum Beispiel in der Novelle vom ›Witwenleben in Mailand‹, wo die Einrichtung eines aristokratischen Hauses und die Kleidung der vornehmen Dame in allen Einzelheiten geschildert werden.

Bandello hat wenige seiner Novellen selbst erfunden. Die Ergebnisse der Motivforschung haben gezeigt, daß er auf die verschiedensten Vorlagen zurückgegriffen hat. Man könnte eine lange Liste von Quellen zusammenstellen, die Novellen und Geschichtswerke, antike und neuere Literatur, Italien und Frankreich gleichermaßen umfassen. Nur einige davon seien hier genannt. Daß Boccaccio, den er oft als sein Vorbild bezeichnete und in einer seiner Novellen ›il divino Boccaccio‹ (den göttlichen Boccaccio) nannte, mit seinem ›Dekameron‹ einen großen Einfluß auf ihn ausgeübt hat, braucht nicht besonders betont zu werden. Daneben haben ihm jüngere italienische Novellisten wie Ilicino (Anfang des 16. Jahrhunderts) und Molza (1489–1544) sowie der neapolitanische Humanist Pontano (1429–1503) einige Stoffe bzw. einzelne Motive geliefert. Seiner wohl besten und bekanntesten Novelle von ›Romeo und Julia‹ hat er die Fassung seines Vorgängers Luigi da Porto (1485–1529) zugrunde gelegt, der den gleichen Stoff in seiner einzigen uns hinterlassenen Novelle aus dem Jahr 1524 gestaltet hatte. Auch zeitgenössische Geschichtswerke, unter anderen Machiavellis ›Istorie Fiorentine‹ (Geschichte von Florenz), zählen zu seinen Quellen. Zahlreich sind Entlehnungen von antiken Schriftstellern (Herodot, Xenophon, Strabo, Plutarch, Valerius Maximus, Plinius der Ältere). Neun Novellen hat er dem ›Heptameron‹ der Margarete von Navarra entnommen, und schließlich hat er sicher auch Stoffe auf mündlichem Wege kennengelernt. Trotz der vielen Quellen hat er seinen Novellen jedoch ein durchaus eigenes Gepräge gegeben, sie mit Leben erfüllt, mit seinem beachtlichen Erzählertalent ausgestaltet und den Vorlagen gegenüber oft wesentlich verbessert.

Der Vielfalt und Verschiedenartigkeit der Quellen entspricht die außerordentliche Vielseitigkeit des Inhalts der Novellen. Im Vordergrund steht das Thema der Leidenschaft, vor allem der leidenschaftlichen Liebe, deren Gewalt die Personen, die einmal von ihr erfaßt sind, nicht mehr entrinnen können und deren Tragik sie, wie zum Beispiel Romeo und Julia, schicksalhaft bis zum bitteren Ende ausgeliefert sind. Daneben stehen Erzählungen historischen Inhalts, Abenteuernovellen, Anekdoten über Zeitgenossen und schließlich Erzählungen aus dem Bereich der niedersten Komik, deren Schlüpfrigkeit und Plumpheit der anderer Novellisten nicht nachstehen.

Auch der in Bandellos Novellen auftretende Personenkreis ist von großer Mannigfaltigkeit. Neben Königen und Fürsten erscheinen Kaufleute und Gewerbetreibende, neben vornehmen Damen Frauen des Volkes, neben Frauen von hoher Tugend die Kurtisanen. Auch Mönche und Nonnen bezieht Bandello gern ein, wenn er auch seine Satire gegen Vertreter der Geistlichkeit, zu denen er ja selbst gehörte, nicht so unverblümt zum Ausdruck bringt wie vor ihm Masuccio.

Von ähnlicher Vielseitigkeit sind Ort und Zeit der Handlung. Die Schauplätze verteilen sich nicht nur auf ganz Italien, das Bandello auf seinen vielen Reisen gründlich kennengelernt hat und dessen verschiedenste Gegenden er eindrucksvoll zu schildern weiß, sondern greifen darüber hinaus bis auf asiatisches und afrikanisches Gebiet. Neben Novellen, die in der Antike oder im Mittelalter spielen, stehen die anderen – und diese sind bei weitem in der Überzahl –, die sich auf Personen der Renaissancezeit beziehen und unmittelbare Gegenwartsereignisse widerspiegeln.

Tiefgreifende Charakteranalysen sind von Bandello zwar nicht zu erwarten, aber auch er verfügt über ein feines psychologisches Einfühlungsvermögen, das den Leser, etwa in der Geschichte von ›Romeo und Julia‹, auf Schritt und Tritt beeindruckt. Wie diese Novelle und andere (zum Beispiel ›Viel Lärmen um nichts‹) zeigen, liebt Bandello romanhafte Verwicklungen, die er in aller Behaglichkeit ausmalt, so daß damit der normale Umfang von Renaissancenovellen überschritten wird. Durch häufigen Gebrauch von Monologen und Dialogen bringt er viel Bewegung und Lebhaftigkeit hinein. Bandello will seine Novellen als Abbild der Wirklichkeit verstanden wissen. In einem seiner Widmungsbriefe erklärt er, sie seien ›non favole ma vere istorie‹ (nicht Fabeln, sondern wahre Geschichten). Soweit die von ihm benutzten Quellen diesen Wahrheitsgehalt vermissen ließen, war er immer wieder bemüht, den Stoff so zu bearbeiten, daß er zumindest wahrscheinlich wirkte.

Weltliterarische Bedeutung gewann Bandello dadurch, daß zwei seiner Novellen, ›Romeo und Julia‹ und ›Viel Lärmen um nichts‹, Shakespeare als Vorbilder für seine Tragödie ›Romeo and Juliet‹ und sein Schauspiel

›Much Ado about nothing‹ dienten. Während dieser für das letztgenannte Stück seine Vorlage in ziemlich freier Bearbeitung verwendete, fand er in Bandellos Geschichte von ›Romeo und Julia‹ alle wesentlichen Züge der Handlung für seine dramatische Gestaltung. Bandello seinerseits hatte sich sehr eng, ja sogar oft wörtlich an die Novelle da Portos angeschlossen, sie jedoch mit einigen dramatisch wirksamen Elementen (dazu gehören u. a. die Verwendung der Strickleiter bei dem nächtlichen Zusammentreffen der beiden Liebenden und die eindrucksvolle Zwiesprache des sterbenden Romeo mit dem toten Tebaldo) bereichert, die sich bei da Porto noch nicht finden, aber von Shakespeare übernommen wurden. Ob nun Shakespeare der Novelle Bandellos unmittelbar folgte oder sie auf dem Wege über die französischen Übersetzungen von Boisteau und Belleforest oder über vorausgehende englische Bearbeitungen des Stoffes (A. Brookes Gedicht ›The tragical history of Romeo and Juliet‹; Paynters ›Palace of Pleasure‹) kennenlernte, sei dahingestellt.

Auf vorwiegend orientalischen Vorlagen fußen die Erzählungen Agnolo Firenzuolas, dessen ›Prima veste dei discorsi degli animali‹ (Das erste Gewand der Reden der Tiere) eine freie Bearbeitung des Pantschatantra nach einer spanischen Übersetzung darstellt. Desgleichen hat Firenzuola auch äsopische Fabeln in seine Erzählungssammlungen aufgenommen, zu denen die Geschichte vom ›Schneekind‹ zu rechnen ist. Firenzuolas Erzählungen zeichnen sich durch große Natürlichkeit und Schlichtheit aus, können aber mit denen Bandellos ebensowenig konkurrieren wie etwa mit denjenigen Straparolas.

Dagegen steht der Florentiner Anton Francesco Grazzini mit seiner Erzählkunst Bandello kaum nach; seine

Novellen gehören zu den besten, die das 16. Jahrhundert hervorgebracht hat. Im Unterschied zu Bandello schließt er sich in stärkerem Maße an Boccaccio an; er übernimmt dessen Rahmen, indem er seine Novellen in einer vornehmen Gesellschaft erzählen läßt. Der Praxis Boccaccios entspricht es auch, daß er die Handlungen vorwiegend in der Stadt Florenz oder ihrer näheren Umgebung, nur wenige außerhalb der Toscana und keine einzige außerhalb Italiens lokalisiert. Alle seine Novellen spielen in der Zeit des Autors oder höchstens in der jüngsten Vergangenheit. Wenn auch in Grazzinis Werk das Heitere vorherrscht, so versteht er sich doch gleichfalls auf die Gestaltung von Novellen mit tragischem Inhalt. Daß Grazzini ein Meister des Tragischen und Komischen zugleich ist und zuweilen beides miteinander verbindet, zeigt die Erzählung ›Des Fischers Glück und List‹, wo trotz des Ernstes der Handlung (Tod eines Menschen) der Humor des Autors hindurchscheint. Grazzini ist ein liebenswürdiger, humorvoller Erzähler, der spannende Handlungen entwickelt und die Personen anschaulich und treffend charakterisiert. Das im 14. Jahrhundert von Sacchetti gezeichnete Kulturbild der Stadt Florenz ergänzt er eindrucksvoll für das 16. Jahrhundert.

In der zweiten Hälfte des Jahrhunderts, etwa ab 1560, ist ein merkliches Absinken der Novellenproduktion zu beobachten. Als Giambattista Giraldi Cinzio 1565 seine ›Ecatommiti‹ (Hundert Erzählungen, in Wirklichkeit 111) veröffentlichte, war gerade das Tridentiner Konzil zu Ende gegangen, das mit Unterbrechungen von 1545–1563 getagt hatte und die Gegenreformation einleitete. Das Konzil hatte unter anderem ein Verbot aller Bücher verlangt, die ›res lascivas seu obscoenas ex professo tractant, narrant aut docent‹ (unzüchtige oder ob-

Einleitung

szöne Dinge öffentlich behandeln, erzählen oder lehren), und vor allem jede üble Nachrede gegenüber allen Vertretern der Geistlichkeit untersagt. Von diesen Ansprüchen der Kirche wurde in besonderem Maße die Novellistik betroffen. Die sinnenfrohe Welt der Renaissance, die der Nährboden der Novelle gewesen war, hatte damit an Kredit verloren. So findet die heiter-beschwingte, mit Dingen der Religion unbekümmert umgehende Renaissancenovelle zunächst ein Ende. Der erste Novellist, der den Forderungen der Kirche nachkam, war Giraldi. Seine Novellen nehmen einen moralisierenden Charakter an, sie dienen in erster Linie nicht mehr der Unterhaltung, sondern der Belehrung. An Stelle der herkömmlichen Abwertung der Frau als Verführerin oder Lustobjekt des Mannes erscheinen Frauen von hoher Moral, Vorbilder ehelicher Treue wie Disdemona. Tugend und Laster werden einander gegenübergestellt, Tugend in der Gestalt der Disdemona, schurkisches Laster in der des Fähnrichs, des späteren Jago in Shakespeares Tragödie.

Giraldis Novellen sind meist voller Tragik und dramatischer Spannung, einen Teil von ihnen hat er als Tragödien bearbeitet. Und schließlich lieferte er mit seiner Erzählung vom ›Mohren von Venedig‹ Shakespeare die Quelle für seine Tragödie ›Othello‹. Giraldi selbst hat für seine Novellen zum Teil ebenfalls Vorlagen benutzt und sich in einigen Fällen an Boccacios ›Dekameron‹ angelehnt, aber einen größeren Teil der Stoffe auch selbst erfunden und weist in dieser Hinsicht mehr Originalität auf als seine Zeitgenossen. Seine erzählerischen Qualitäten allerdings sind mit denen seiner Vorbilder nicht zu messen.

Der um neun Jahre jüngere Antonfrancesco Doni hat eine große Zahl von meist unbedeutenden Novellen verfaßt, sie aber nie zu einer Sammlung vereinigt. Da sie über Werke verschiedener Abfassungszeit verstreut sind, ist anzunehmen, daß die in unserer Ausgabe abgedruckte Erzählung ›Der Ehemann als Beichtvater‹, die keine Beeinflussung durch die Ansprüche der Gegenreformation zeigt, schon vor dem Ende des Tridentiner Konzils entstanden ist. In der Stoffwahl ist Doni im Gegensatz zu Giraldi wenig originell, seine Vorbilder sind vor allem Boccaccios ›Dekameron‹ und die ›Cent nouvelles nouvelles‹.

Im 17. Jahrhundert nimmt die Erzählungsliteratur – nicht zuletzt durch die Wirkungen der Gegenreformation – an dem allgemeinen Niedergang der italienischen Literatur teil. Von einzelnen Autoren wird zwar die Novelle weiter gepflegt, doch haben sie, wenn man von der Märchensammlung Basiles absieht, wenig Bedeutsames aufzuweisen. Ganz verloren geht die Ausstrahlung der italienischen Novelle nach den Nachbarländern; europäische Geltung hat sie nun nicht mehr. Träger der Novellenliteratur sind in jener Zeit vor allem gelehrte Akademiker wie Magalotti in Florenz und Loredano in Venedig. Doch nur die von Loredano gegründete venezianische ›Accademia degl'Incogniti‹ (Akademie der Unbekannten) betreibt ernsthaft eine intensivere Pflege der Novelle. Auch Loredano und seine Mitarbeiter sind ängstlich darum bemüht, bei Staat und Kirche keinen Anstoß zu erregen; denn die Vorschriften des Tridentiner Konzils galten nach wie vor. So vermeidet Francesco Loredano jede Art antikirchlicher Satire und begnügt sich mit relativ harmlosen Themen, die kaum Anstoß erregen konnten, so in der Novelle ›Der gestohlene Esel‹, wo er schlicht und einfach über ein Gaunerstückchen einiger Diebe berichtet.

Giambattista Basile ersetzt die Novelle durch das Märchen, das in den Augen der Kirche nicht in dem Maße wie jene belastet war. Er schließt sich mit seiner Rahmenerzählung an das ›Dekameron‹ an, verleiht ihr aber in harmonischer Abstimmung auf den Inhalt der Sammlung ebenfalls ein märchenhaftes Gepräge und schafft dadurch ein Werk von großer Geschlossenheit. Basile hat seine Märchen nicht als ›fiabe‹, sondern als ›cunti‹ (Erzählungen) bezeichnet. Einen Unterschied zwischen ›cunto‹ und ›fiaba‹ kennt er nicht. Seine Märchen sind zum Teil tatsächlich keine reinen Volksmärchen, sondern vielfach mit realistischen Elementen durchsetzt. Der große Kritiker Benedetto Croce, der 1925 das für den Leser oft nicht mehr verständliche Werk in die italienische Hochsprache übersetzte und damit erst zu einem echten Bestandteil der italienischen Nationalliteratur machte, hat darauf hingewiesen, daß Basile darin das Märchenhafte dem wirklichen Leben seiner Zeit und seines Neapel genähert habe. Letterio di Francia, der Verfasser der heute naturgemäß überholten, aber nach wie vor gründlichsten und unentbehrlichen Darstellung der italienischen Novellistik bis zum 17. Jahrhundert, bezeichnet Basiles Märchen als ›novelline fantastiche‹ (phantastische kleine Novellen). Auch von neueren italienischen Literaturhistorikern werden diese Märchen gern den Novellen zugerechnet, was noch einmal auf einen sehr weit gefaßten und nicht umgrenzten Novellenbegriff weist. In der Tat sind realistische Elemente bei Basile nicht zu übersehen. Der bekannte italienische Literaturwissenschaftler Sapegno findet in dessen Märchen ein ›continuo trapassare dal mondo fiabesco al realistico‹ (einen beständigen Übergang von der märchenhaften Welt zur realistischen). Die enge Verbindung märchenhafter und realistischer Elemente läßt sich auch in unserer Erzählung vom

›Knoblauchgarten‹ beobachten. Die sieben Töchter des einen und die sieben Söhne des anderen Vaters erinnern an Volksmärchen, in denen die Zahl Sieben eine wichtige Rolle spielt. Auch die drei Prüfungen, denen sich Belluccia unterziehen muß, sind ein märchenhafter Zug. Aber die Geschichte spielt sich nicht zwischen namenlosen Menschen in irgendeinem nicht genannten Land ab, sondern zwischen Personen, die alle ihre Namen und dadurch ihre Individualität haben sowie in einer ganz bestimmten Gegend am Fuß des Vesuvs leben, wodurch die Erzählung Wirklichkeitscharakter erhält. Basile verfügt über hohe Qualitäten als Erzähler und hat mit dem ›Pentameron‹ ein Werk geschaffen, das alle anderen Sammlungen des 17. und 18. Jahrhunderts weit übertrifft.

Aus diesem Zeitraum sind nur wenige Autoren zu nennen. In Venedig gab die ›Accademia degl'Incogniti‹ 1651 eine Novellensammlung unter dem Titel ›Cento novelle amorose dei signori Accademici Incogniti‹ (Hundert Liebesnovellen der Unbekannten Herren Akademiker) heraus mit dem anmaßenden Anspruch, ein dem ›Dekameron‹ gleichrangiges Werk zu schaffen oder es gar zu übertreffen. An dieser Sammlung waren nicht weniger als 44 Autoren beteiligt. Das Werk hatte zwar zu seiner Zeit einigen Erfolg, geriet aber dann bald zu Recht in Vergessenheit. Loredano selbst hatte vorher gesondert unter dem Titel ›Novelle amorose‹ in zwei Bänden seine eigenen sechzig Novellen herausgegeben.

Außerhalb der akademischen Bewegung Venedigs stand der ebenfalls dort lebende Giovanni Sagredo, dessen ›Arcadia in Brenta‹ in seiner Anlage damals dem ›Dekameron‹ Boccaccios am nächsten kommt; denn Sagredo kleidet seine Novellen in einen gesellschaftlichen

Rahmen nach dem Vorbild Boccaccios, indem eine Gesellschaft junger Ritter und Damen sich in ein Landhaus am Ufer der Brenta begibt, wo sie die Zeit mit Rätseln, Liedern und Novellenerzählen verbringen. Neben Novellen normalen Umfangs enthält die Sammlung auch solche, die in kürzester Form irgendwelche Späße, Bubenstreiche oder geistreiche Antworten zum Inhalt haben. Es ist ein heiter-beschwingtes Buch, das auch den heutigen Leser noch zu fesseln vermag.
Der Toskaner Francesco Redi ist nicht eigentlich Novellist zu nennen. Als einzige Erzählung von ihm ist die vom ›Buckligen von Peretola‹ bekannt. Die Handlung ist zwar in Peretola lokalisiert, weist aber mit dem in ihr dargestellten Hexen- und Teufelsspuk, der wunderbaren Krankheitsheilung sowie dem Auftreten namenloser Personen starke Züge des Märchens auf.
Auch die Novellen des Politikers, Naturwissenschaftlers und Mediziners Lorenzo Magalotti, die er wie Redi in Briefe eingefügt hat, sind als Gelegenheitsdichtungen zu werten. Magalotti ahmt wie so viele andere Novellisten Boccaccio nach. Von seinen Novellen sind nicht viele erhalten, die bekannteste ist die mit Humor erzählte Geschichte von den ›Katzen des Herrn Ansaldo‹.
Der Venezianer Gasparo Gozzi, wohl der beste italienische Erzähler des 18. Jahrhunderts, hat seine Novellen nicht in Form einer Sammlung zusammengefaßt, sondern in den von ihm herausgegebenen Zeitschriften ›Gazzetta veneta‹ und ›L'Osservatore‹ veröffentlicht, deren Vorbild die englischen moralischen Wochenschriften aus dem Beginn des 18. Jahrhunderts, besonders Addisons ›Spectator‹ gewesen waren.
Die seit der Gegenreformation bei den Novellisten des öfteren zutage tretende Vorliebe für das Märchenhafte

Einleitung

und Wunderbare ist auch bei Gozzi zu beobachten, der in der Novelle von den ›vertauschten Frauen‹ einen Schwarzkünstler und Wahrsager bemüht, der die beiden Frauen durch Zauberkraft in ihrem Aussehen so verändert, daß sie für die jeweils andere gehalten werden.

Während des ganzen 18. Jahrhunderts wurde die Novellenproduktion fortgesetzt, allerdings nichts hervorgebracht, was sich im entferntesten mit Boccaccio, Bandello oder Basile messen könnte. Allenfalls sind noch Michele Colombo und Gaetano Cioni zu nennen. Colombo, der der damaligen Bewegung der Puristen, das heißt der Sprachreiniger, angehörte, fühlte sich Boccaccio verpflichtet und veranstaltete eine neue Ausgabe des ›Dekameron‹. Ein zusammenhängendes Novellenwerk hat er allerdings nicht geschaffen, sondern seine Novellen einzeln veröffentlicht, so auch die amüsante Geschichte von dem ›Mönch als Esel‹. Auch Cioni knüpfte an die ältere Novellenliteratur an, indem er seine eigenen Novellen als solche älterer Zeit ausgab.

Rückblickend kann gesagt werden, daß die italienische Novellistik vom 13. bis zum 18. Jahrhundert über eine außerordentlich umfangreiche Produktion verfügt. Wenn auch ihre Entwicklung im 15. Jahrhundert durch den Humanismus und etwa ab 1560 durch die Gegenreformation beeinträchtigt wurde, so ist doch die novellistische Tradition nie ganz abgerissen, was die Lebenskraft der Gattung unter Beweis stellt. Allerdings mußte noch eine geraume Zeit vergehen, bis durch die hervorragende Novellenkunst Vergas (ab 1880) und noch mehr Pirandellos (ab 1894) die Novelle eine neue Blüte erlebte.

ITALIENISCHE MEISTERERZÄHLUNGEN

NOVELLE ANTICHE

RAUCH
MIT KLANG BEZAHLT

In Alexandria, das im Gebiet der Romania liegt (denn es gibt zwölf Städte dieses Namens, die Alexander im März vor seinem Tode bauen ließ), befinden sich die Straßen, wo die Sarazenen wohnen, die die Eßwaren verkaufen, und man sucht in der Straße nach den feinsten und leckersten Speisen, so wie man bei uns nach Seidenstoffen sucht.

Als eines Montags ein sarazenischer Koch namens Fabrac in seiner Küche stand, kam dorthin ein armer Sarazene mit einem Brot in der Hand. Geld hatte er nicht, um von jenem etwas zu kaufen. Er hielt das Brot über die Pfanne und empfing den Rauch, der davon aufstieg. Nachdem das Brot von dem Duft der Speise getränkt war, biß er hinein und verzehrte es.

Fabrac hatte an jenem Morgen keine guten Geschäfte gemacht. Er begann ärgerlich zu schimpfen, packte den armen Sarazenen und schrie ihn an: »Bezahl mir das, was du von dem Meinigen genommen hast!« Der Arme antwortete: »Ich habe aus deiner Küche nichts anderes als Rauch genommen.« – »Für das, was du genommen hast, bezahl mich!« entgegnete Fabrac.

Der Streit dauerte so lange, daß wegen des neuen, schwierigen und noch nie vorgekommenen Falles die

Nachricht davon zum Sultan gelangte. Der versammelte aus diesem Grunde seine Weisen und ließ die Streitenden holen. Er legte den Fall vor. Die sarazenischen Weisen begannen spitzfindig zu grübeln. Der eine meinte, der Rauch gehöre nicht dem Koch, und führte viele Gründe dafür an: »Den Rauch kann man nicht festhalten, er löst sich in der Luft auf und hat weder Gehalt noch eine nützliche Eigenschaft: er braucht also nicht bezahlt zu werden.« Andere sagten: »Der Rauch war noch mit der Speise verbunden und gehörte dem Koch, er entstand aus dessen Eigentum. Dieser Mann hat von Berufs wegen zu verkaufen, und wer davon nimmt, muß üblicherweise zahlen.«

Es gab viele Meinungen. Und so lautete schließlich das Urteil: »Da der Koch da ist, um seine Speisen zu verkaufen, der Verklagte aber, um zu kaufen, so sorge du, gerechter Herr, dafür, daß du seine Ware gerecht nach ihrem Wert bezahlen läßt. Wenn er in seiner Küche nützliches Eigentum verkauft hat und dafür nützliches Geld nimmt, nun aber Rauch verkauft, der der nicht greifbare Teil der Küche ist, so laß, Herr, ein Geldstück klingen und die Bezahlung durch den Klang, der daraus hervorgeht, erfolgen.«

Und der Sultan sprach das Urteil, daß es so gehalten werden sollte.

WAS IST DAS LIEBLICHSTE?

Einem König wurde ein Sohn geboren. Die weisen Astrologen sahen voraus, daß er das Augenlicht verlieren würde, wenn er bis zu seinem zehnten Lebensjahr die Sonne sähe. Da ließ er ihn in finsteren Höhlen wohnen, ernähren und beaufsichtigen. Nach der genannten

Zeit ließ er ihn herausholen und ihm viele schöne Juwelen und schöne junge Mädchen vorführen, wobei man alle Dinge mit ihrem Namen nannte, ihm aber sagte, die jungen Mädchen seien Teufel. Dann fragte man ihn, was ihm am meisten gefalle. Er antwortete: »Die Teufel.« Da wunderte sich der König sehr und sagte: »Wie groß sind doch Tyrannei und Schönheit der Frau!«

DER ERZÄHLER AZZOLINOS

Herr Azzolino di Romano hatte einen Erzähler, von dem er sich in den langen Winternächten Geschichten erzählen ließ. Eines Nachts geschah es, daß der Erzähler große Lust zum Schlafen hatte, aber von Azzolino gebeten wurde zu erzählen.
Der Erzähler begann die Fabel von einem Bauern, der hundert Bisante bei sich hatte. Dieser ging auf einen Markt, um Schafe zu kaufen, und bekam zwei je Bisante. Als er mit den Schafen zurückkam, war ein Fluß, den er passiert hatte, durch einen starken Regen sehr angeschwollen. Am Ufer bemerkte er einen armen Fischer mit einem so kleinen Kahn, daß er nur den Bauern und ein Schaf aufnehmen konnte. Der Fluß war breit, der Bauer begann hinüberzufahren; er betrat mit einem Schaf den Kahn und begann zu rudern. Er ruderte und kam hinüber.
Der Erzähler schwieg und sagte kein Wort mehr. Herr Azzolino sagte: »Erzähl weiter!« Der Erzähler entgegnete ihm: »Herr, laßt erst die Schafe hinüberkommen; dann werde ich Euch die Geschichte weitererzählen.«
Nicht in einem Jahr wären die Schafe hinübergekommen, und so konnte er in aller Ruhe schlafen.

TRISTAN UND ISOLDE

Als Herr Tristan von Cornwall die blonde Isolde, die Gattin des Königs Marke, liebte, machten sie untereinander ein Liebeszeichen folgender Art aus: Wenn Herr Tristan sie sprechen wollte, ging er in einen Garten des Königs, wo sich eine Quelle befand, und trübte das Bächlein, das der Quelle entsprang. Dieses Bächlein floß durch den Palast, in dem Isolde sich aufhielt; wenn sie das Wasser getrübt sah, wußte sie, daß Herr Tristan an der Quelle war.

Nun geschah es, daß ein schändlicher Ritter es bemerkte und dem König Marke erzählte. Dieser schenkte ihm Glauben. Er veranstaltete eine Jagd und entfernte sich von seinen Rittern, als wenn er sich verirrt hätte. Die Ritter suchten ihn überall im Wald. Der König kehrte um; er stieg auf die Fichte über der Quelle, wo Herr Tristan mit der Königin zu sprechen pflegte. Er blieb die Nacht über auf der Fichte, und Herr Tristan kam zur Quelle, trübte sie und schaute in Erwartung Isoldes zum Palast. Er sah den Schatten des Königs auf der Fichte und konnte sich denken, wer es war. Isolde kam ans Fenster; Tristan deutete auf die Fichte. Isolde bemerkte es, und Herr Tristan sprach folgendermaßen zu ihr: »Herrin, Ihr habt nach mir geschickt; ungern bin ich hierhergekommen, weil über Euch und über mich soviel geredet wird. Ich bitte Euch, so sehr ich kann, daß Ihr um unserer Ehre willen nicht mehr nach mir schickt: nicht weil ich es ablehne, etwas zu tun, was Euch zur Ehre gereicht, sondern ich sage es, um die Bösen Lügen zu strafen, die aus Neid es nicht lassen können, Übles über uns zu reden.«

Darauf die Königin: »Schändlicher, treuloser Ritter, ich habe dich hierherkommen lassen, um mich bei dir selbst über deine große Missetat beklagen zu können;

denn nie zeigte ein Ritter so viel Unehrlichkeit wie du; durch deine Worte hast du zugleich den König Marke und mich entehrt; du hast unter den fahrenden Rittern mit Dingen geprahlt, die mir nie in den Sinn kommen könnten. Lieber würde ich mich selbst dem Feuertod überantworten, als daß ich einen so edlen König wie meinen Herrn, den König Marke, entehren würde. Daher fordere ich dich mit all meiner Kraft als ehrlosen Ritter heraus.«

Darauf Herr Tristan: »Wenn die ruchlosen Ritter Cornwalls in dieser Weise über mich reden, so sage ich Euch, daß Tristan dessen nie schuldig war noch daß ich etwas gesagt hätte, was meinem Onkel oder Euch Schande brächte. Da Ihr es aber so wollt, werde ich Eurem Befehl gehorchen: ich werde anderswohin gehen, um dort meine Tage zu beenden. Vielleicht werden, ehe ich sterbe, die bösen Ritter von Cornwall mich brauchen, so wie sie mich zur Zeit Amoroldos von Irland brauchten, als ich sie und ihr Land von gemeiner und verhaßter Knechtschaft befreite.«

Dann entfernten sich die beiden, ohne noch mehr zu sagen. König Marke, der sich über ihnen befand, hörte das alles und war außer sich vor Freude.

Am Morgen tat Tristan so, als ob er wegritt. Er ließ Pferde und Saumtiere satteln. Diener kamen von allen Seiten: der eine brachte Zügel, der andere Sättel. Die Verwirrung war groß. Dem König mißfiel Tristans Abschied, denn er glaubte nicht an das, was über Tristan und Isolde geredet worden war. Er versammelte seine Barone und ließ Tristan bei Todesstrafe befehlen, ohne seine Erlaubnis nicht abzureisen. Er wiederholte seinen Befehl, und auch die Königin ließ Tristan sagen, er solle bleiben. So blieb Tristan und wurde bei der weisen Vorsicht, die er übte, weder überrascht noch überlistet.

Novelle antiche

PAPIRIUS

Papirius war ein Römer, ein sehr mächtiger und weiser Mann, der sich im Kampf sehr bewährte. Die Römer glaubten, sich gegen Alexander verteidigen zu können, indem sie der Tüchtigkeit des Papirius vertrauten.
Als Papirius ein Kind war, nahm ihn der Vater mit in den Rat. Eines Tages beschloß der Rat Stillschweigen. Die Mutter drängte ihn sehr; denn sie wollte wissen, worüber die Römer beratschlagt hätten. Als Papirius den Wunsch der Mutter hörte, dachte er sich eine schöne Lüge aus und sagte: »Die Römer haben beraten, was besser sei: ob die Männer zwei Frauen oder die Frauen zwei Männer haben sollten, damit das Volk sich vermehren könne; denn verschiedene Völker lehnten sich gegen Rom auf. Der Rat hat beschlossen, es sei besser und angemessener, daß der Mann zwei Frauen hätte.«
Die Mutter, die ihm versprochen hatte, es geheimzuhalten, erzählte es einer anderen Frau und diese wieder einer anderen. So ging es von einer zur anderen, bis ganz Rom es wußte.
Die Frauen taten sich zusammen und gingen zu den Senatoren, wo sie sich sehr beklagten. Die Senatoren, die noch Schlimmeres befürchtet hatten, verabschiedeten höflich die Frauen, als sie den Anlaß erfuhren, lobten Papirius wegen seiner großen Umsicht und beschlossen, daß niemand mehr seinen Sohn mit in den Rat bringen dürfe.

DER TOD DES NARCISSUS

Narcissus war ein sehr schöner Mann. Eines Tages geschah es, daß er an einer lieblichen Quelle ruhte. Er schaute ins Wasser und sah sein ebenso schönes Spie-

gelbild. Er begann es zu betrachten und freute sich an der Quelle. Und sein Spiegelbild tat dasselbe. So glaubte er, jenes Spiegelbild sei ein lebendiger Mensch, der sich im Wasser befinde, und merkte nicht, daß es nur sein Spiegelbild war. Er begann es zu lieben und verliebte sich so sehr darein, daß er es greifen wollte. Das Wasser trübte sich, und das Spiegelbild verschwand; darüber begann er zu weinen. Das Wasser wurde wieder klar, und er sah das Spiegelbild, das wie er weinte. Da ließ er sich in die Quelle fallen und ertrank.
Es war die Zeit des Frühlings. Frauen kamen, sich an der Quelle zu vergnügen; sie sahen den schönen Narcissus ertrunken, zogen ihn mit großem Wehklagen aus der Quelle und stellten ihn aufrecht an das Ufer. Von dort gelangte die Kunde zum Gott der Liebe, und dieser verwandelte ihn in einen sehr schönen, grünen, üppigen Mandelbaum; und es ist der erste Baum, der zuerst erblüht und die Liebe erneuert.

DER ARZT VON TOULOUSE

Ein Arzt aus Toulouse nahm eine edle Frau dieser Stadt, eine Nichte des Erzbischofs, zur Gattin. Nach zwei Monaten gebar sie ein Mädchen. Der Arzt zeigte keinen Groll darüber; vielmehr tröstete er die Frau und redete ihr Beweisgründe der Medizin ein, daß es durchaus sein eigenes Kind sein könne. Mit diesen Worten und guter Miene erreichte er, daß die Frau das Kind nicht abtrieb. Sehr ehrte er die Frau bei der Entbindung. Nach der Geburt sagte er zu ihr: »Herrin, ich habe Euch geehrt, sosehr ich konnte; ich bitte Euch, aus Liebe zu mir nun zum Hause Eures Vaters zurückzukehren. Eure Tochter werde ich sehr in Ehren halten.«

Es ging so weiter, daß der Erzbischof hörte, wie der Arzt seiner Nichte den Abschied gegeben hatte. Er schickte nach ihm, und da er ein hoher Herr war, sprach er zu ihm von oben herab sehr große Worte, die mit Hochmut und Drohungen gemischt waren. Nachdem er nun lange gesprochen hatte, antwortete der Arzt: »Herr, ich habe Eure Nichte zur Gattin genommen, da ich glaubte, mit meinem Reichtum meine Familie ausstatten und ernähren zu können, und es war meine Absicht, von ihr jedes Jahr ein Kind und nicht mehr zu bekommen. Die Frau hat aber begonnen, in zwei Monaten Kinder zu gebären. Ich bin jedoch nicht so wohlhabend, um sie ernähren zu können, wenn es so weitergeht, und für Euch wäre es keine Ehre, wenn Euer Geschlecht in Armut geraten würde. Deshalb bitte ich Euch um die Gunst, sie einem reicheren Mann zu geben, als ich es bin, einem Mann, der ihre Kinder ernähren kann, so daß es Euch nicht zur Unehre gereicht.«

DIE DREI RINGE

Als der Sultan Geld brauchte, wurde ihm geraten, einen reichen Juden, der in seinem Lande lebte, in einen Streit zu verwickeln und ihm dann seine Habe wegzunehmen, die unermeßlich groß war. Der Sultan schickte nach diesem Juden und fragte ihn, welches der beste Glaube sei. Dabei dachte er: ›Wenn er sagt, der jüdische, so werde ich ihm sagen, daß er gegen den meinigen sündigt, und wenn er sagt, der sarazenische, werde ich sagen: ‚Warum hältst du dann am jüdischen fest?'‹
Als der Jude die Frage des Sultans hörte, antwortete er: »Herr, es war einmal ein Vater, der hatte drei Söhne und einen Ring mit einem kostbaren Stein, dem besten

der Welt. Jeder dieser Söhne bat den Vater, er möge ihm bei seinem Tod den Ring hinterlassen. Als der Vater sah, daß jeder ihn begehrte, ließ er einen guten Goldschmied kommen und sagte: ›Meister, mach mir zwei Ringe genau wie diesen und fasse in jeden einen Stein, der diesem gleicht.‹ Der Meister machte die Ringe so genau, daß keiner den richtigen erkannte außer dem Vater. Dieser ließ nacheinander seine Söhne holen und gab jedem heimlich seinen Ring; und jeder glaubte, den richtigen zu haben, und keiner kannte den wahren außer dem Vater. Und so, Herr, ist es mit dem Glauben, von dem es ebenfalls drei an der Zahl gibt. Der Vater dort oben kennt den besten, und die Söhne, das sind wir, glauben jeder, den guten zu haben.«
Als der Sultan hörte, wie jener sich so aus der Schlinge zog, wußte er nicht, was er ihm antworten sollte, und ließ ihn gehen.

PFARRER UND BISCHOF

Ein Pfarrer namens Porcellino wurde zur Zeit des Bischofs Mangiadore vor diesem angeklagt, er führe seine Pfarre schlecht und gebe sich mit Frauen ab. Der Bischof stellte eine Untersuchung über ihn an und fand ihn sehr schuldig. Als aber der Pfarrer sich in der bischöflichen Residenz befand und für den nächsten Tag seine Absetzung erwartete, lehrten ihn die ihm wohlgesinnten Diener, wie er sich retten könne. Sie versteckten ihn für die Nacht unter dem Bett des Bischofs. In jener Nacht hatte der Bischof eine Freundin kommen lassen. Als sie im Bett lagen und er sie berühren wollte, ließ die Freundin es nicht zu und sprach: »Viele Versprechungen habt Ihr mir gemacht, und keine davon erfüllt Ihr mir.« Der Bischof antwortete: »Mein Leben, ich verspreche es dir und schwöre es.« – »Nein«, sagte jene, »ich will das Geld auf die Hand.« Als der Bischof sich erhob, um das Geld zu holen und es seiner Freundin zu geben, kam der Pfarrer unter dem Bett hervor und sagte: »Herr, kommen die Frauen, um so etwas zu tun, nur zu mir? Nun, wer könnte anders handeln?« Der Bischof schämte sich und verzieh ihm; aber vor den anderen Klerikern richtete er viele Drohungen gegen ihn.

TROST DER WITWE

Der Kaiser Friedrich ließ eines Tages einen vornehmen Edelmann wegen irgendeiner Missetat aufhängen, und um die gerechte Strafe in ein helles Licht zu stellen, ließ er ihn von einem vornehmen Ritter bewachen, mit Androhung schwerer Buße, wenn er ihn abnehmen ließe. Da aber der Wächter etwas unaufmerksam war, wurde der Gehenkte weggetragen. Als jener das merkte, ging er mit sich zu Rate, aus Furcht, er möchte den Kopf verlieren. Es war Nacht, und wie er so nachsann, ging er in eine Abtei, die nahe dabei lag, um zu erfahren, ob er jemand finden könne, der kürzlich gestorben wäre, um diesen aus dem Grabe herauszuziehen und anstelle des Entwendeten an den Galgen zu hängen.
In der Abtei fand er eine Frau, jammernd mit zerrauften Haaren und aufgelösten Kleidern. Sie klagte sehr, war ganz untröstlich und weinte um ihren teuren Gatten, der desselbigen Tages gestorben war. Der Ritter redete sie freundlich an und fragte: »Edle Frau, was ist das für eine Art? Und warum tut Ihr das?«
Die Frau antwortete: »Ich liebte ihn so sehr, daß ich nie mehr Trost empfangen will, sondern in Klagen meine Tage beschließen möchte.«

Trost der Witwe

Da sagte der Ritter zu ihr: »Liebe Frau, was soll das heißen? Wollt Ihr hier vor Schmerz umkommen? Durch Jammer und Tränen könnt Ihr den Toten doch nicht wieder ins Leben rufen. Welche Torheit ist es darum, Euch so zu gebärden! Macht es vielmehr so: Nehmt mich zum Mann! Ich bin unverheiratet. Und rettet mir dadurch mein Leben: denn ich bin in Gefahr und weiß nicht, wo ich mich verbergen soll. Ich habe nämlich auf Befehl meines Herrn einen Ritter bewacht, der gehenkt war, und die Leute seiner Familie haben ihn mir entwendet. Zeigt mir Rettung, wenn's Euch möglich ist: so will ich Euer Gatte werden und Euch in Ehren halten.«

Sobald die Frau solches hörte, verliebte sie sich in den Ritter und sprach: »Ich will tun, was du mir gebietest; so groß ist die Liebe, die ich zu dir trage. Nehmen wir diesen meinen Gatten aus dem Grabe und hängen ihn an die Stelle des Entwendeten!«

Damit hörte sie auf zu klagen, half den Toten aus der Gruft zu ziehen und ihn aufzuhängen.

Der Ritter aber sagte: »Liebe Frau, jener hatte einen Zahn weniger im Munde, und ich fürchte, wenn man wiederkäme, um ihn zu besichtigen, so möchte ich davon große Schande und gar den Tod erleben.«

Als sie das hörte, brach sie ihm einen Zahn aus dem Munde, und wenn noch etwas anderes erforderlich gewesen wäre, so hätte sie es auch getan.

Als der Ritter sah, wie sie mit ihrem Gatten umging, sagte er: »Liebe Frau, da Euch so wenig an dem gelegen war, den Ihr so sehr zu lieben vorgabt, würde Euch noch viel weniger an mir liegen.« Damit verließ er sie und ging seinen Geschäften nach; sie aber hatte die Schmach und die Schande.

GIOVANNI BOCCACCIO

DER JUDE ABRAHAM

In Paris war ein großer Kaufherr und Biedermann, Jeannot de Sevigné mit Namen, der in aller Ehrlichkeit und Rechtschaffenheit einen großen Tuchhandel trieb; ihn verband eine sonderliche Freundschaft mit einem sehr reichen Juden, Abraham genannt, der ebenso Kaufmann und ein gar rechtschaffener und ehrlicher Mann war. Wegen dieser Rechtschaffenheit und Ehrlichkeit des Juden ging es Jeannot sehr zu Herzen, daß die Seele eines so wackeren und weisen und guten Mannes verdammt werden sollte, weil er des Glaubens ermangelte. Und darum begann er ihn freundschaftlich zu bitten, er solle die Irrlehren des jüdischen Glaubens lassen und sich zur christlichen Wahrheit bekehren, die ja, wie er sehn könne, als eine heilige und gute immer gedeihe und wachse, während er im Gegenteile unterscheiden könne, daß sein Glaube abnehme und dem Ende entgegengehe. Der Jude antwortete, er halte sonst keinen Glauben für heilig oder gut als den jüdischen, und in dem sei er geboren und in dem gedenke er zu leben und zu sterben; und es gäbe nichts, was ihn je davon abbringen könnte. Jeannot ließ sich durch diese Antwort nicht abhalten, nach Verlauf einiger Tage mit ähnlichen Worten darauf zurückzukommen, indem er ihm recht und schlecht, wie es die Mehrzahl der Kaufleute versteht, darlegte, warum unser Glaube besser ist als der jüdische. War es nun die große Freundschaft, die ihn mit Jeannot verband, oder ob der Anlaß vielleicht die Worte waren, die der Heilige Geist auf die Zunge des einfältigen Mannes legte, jedenfalls begann der Jude, obwohl er ein trefflicher Gelehrter im jüdischen Gesetze war, an den Darlegungen Jeannots großen Gefallen zu finden; trotzdem aber ließ er sich, starrsinnig auf seinem Glauben beharrend, nicht überreden. Obgleich er aber hartnäckig blieb, ließ Jeannot nicht ab, in ihn zu dringen, bis endlich der Jude, von einer solchen Ausdauer überwunden, sagte: »Schau, Jeannot, du willst, daß ich Christ werde, und ich bin bereit dazu, mit dem Vorbehalte jedoch, daß ich vorerst nach Rom ziehe, um dort den, den du Gottes Stellvertreter auf Erden nennst, zu sehn und seinen Lebenswandel ebenso wie den seiner Brüder, der Kardinäle, zu beobachten: und ist dem so, daß ich daraus im Zusammenhange mit deinen Worten entnehmen kann, daß euer Glaube, wie du dich mir zu beweisen bemüht hast, besser ist als der meine, so werde ich tun, was ich dir gesagt habe; trifft das aber nicht zu, so werde ich Jude bleiben, wie ich es bin.« Als das Jeannot hörte, war er über die Maßen betrübt und sagte sich im stillen: ›Nun ist all die Mühe verloren, die ich in der Meinung, ihn bekehrt zu haben, für gut angebracht gehalten habe; denn kommt er an den Hof nach Rom und sieht er das verworfene, zügellose Leben der Geistlichen, so wird er niemals aus einem Juden ein Christ werden, ja wenn er schon Christ geworden wäre, würde er ohne Fehl zum Judentum zurückkehren.‹ Und zu Abraham gewandt, sagte er: »Ach, Freund, warum willst du eine solche Beschwerlichkeit und so große Kosten auf dich nehmen, wie sie für dich mit einer Reise nach Rom verbunden wären? Abgesehn davon, daß für einen reichen Mann, wie du einer bist, zu Wasser und zu Lande alles voll Gefahren ist. Glaubst du denn hier niemand zu finden, der dir die Taufe spendete? Und wenn du etwa über den Glauben, den ich dir dargelegt habe, noch einige Zweifel hast, wo gäbe es größere Gelehrte und weisere Männer als hier, die dich über das, was du wolltest oder verlangtest, aufklären könnten? Aus diesen Gründen ist diese Reise meiner Meinung nach überflüssig. Bedenke, daß die Prälaten dort geradeso sind, wie du sie hier sehen kannst, und um so besser, je näher sie dem obersten Hirten sind. Darum wirst du dir, wenn du auf meinen Rat hörst, diese Beschwerlichkeit auf ein andermal aufheben, etwa auf einen Ablaß, wo ich dich dann vielleicht begleiten werde.« Und der Jude antwortete ihm: »Ich glaube ja, Jeannot, daß es so ist, wie du sagst; um aber alles mit einem Worte zu sagen, ich bin, wenn du willst, daß ich das tue, worum du mich so sehr gebeten hast, entschlossen hinzureisen, und anderswie werde ich es niemals tun.« Als Jeannot seinen festen Willen sah, sagte er: »So geh denn in Gottes Namen.« Und bei sich dachte er, Abraham werde, wenn er den römischen Hof gesehn habe, wohl niemals Christ werden; weil er aber nichts dabei verlor, so ließ er es damit bewenden. Der Jude stieg zu Pferde und begab sich, so rasch er nur konnte, nach Rom, und als er angelangt war, wurde er von seinen Juden mit Ehren empfangen: er blieb dort und begann, ohne jemand etwas über den Zweck seiner Reise zu sagen, aufmerksam das Betragen des Papstes und der Kardinäle und der andern Prälaten und aller Höflinge zu beobachten; und aus dem, was er als gar scharfsichtiger Mann selbst wahrnahm, und ebenso aus dem, worüber er von andern unterrichtet wurde, fand er, daß sie alle miteinander, vom Obersten bis zum Niedrigsten, in der schändlichsten Art der Wollust frönten, nicht nur der natürlichen, sondern auch der sodomitischen, ohne Gewissensbisse oder Schamgefühl, so daß der Einfluß der Dirnen und der Knaben für jeden, der etwas Wichtiges erlangen wollte, von nicht geringer Bedeutung war. Überdies erkannte er offenbar, daß sie allesamt Schwelger, Säufer und Trunkenbolde und, wie die unvernünftigen Tiere, nächst der Wollust am meisten dem Bauche untertan waren. Und indem er weiter beobachtete, sah er sie alle so geizig und habgierig, daß sie Menschenblut, ja Christenblut ebenso wie kirchliche Dinge, wie immer die beschaffen waren, ob sie den Gottesdienst oder Pfründen betrafen, um Geld verkauften und einhandelten, daß das Gefeilsche darum ärger und die Zahl der Makler größer als in Paris beim Tuchhandel oder in einem andern Geschäfte war und daß sie die offenbare Simonie Prokuration nannten und die Völlerei Refektion, als ob Gott, von der Bedeutung der Worte zu schweigen, aber die Meinung der verworfenen Herzen nicht erkennte und sich wie die Menschen durch die Namen der Dinge täuschen ließe. Alles das und noch viel andres, was verschwiegen bleiben soll, mißfiel dem Juden, der ein enthaltsamer, schlichter Mann war, über die Maßen; und da er genug gesehn zu haben glaubte, beschloß er, nach Paris zurückzukehren, und so tat er. Als Jeannot erfuhr, daß er angekommen war, ging er, obwohl er nichts weniger hoffte, als daß er werde Christ werden, zu ihm, und sie begrüßten einander mit herzlicher Freude; und nachdem Abraham etliche Tage geruht hatte, fragte ihn Jeannot, was ihn über den Heiligen Vater und die Kardinäle und die Höflinge bedünke. Und der Jude antwortete auf der Stelle: »Nichts Gutes, und das möge

Gott ihnen bescheren, so viele ihrer sind: und ich sage dir, daß ich, wenn ich gut zu beobachten verstanden habe, keine Frömmigkeit, keine Andacht, kein gutes Werk, kein gutes Beispiel oder sonst etwas dergleichen an irgendeinem Geistlichen gesehn habe; aber Wollust, Geiz und Völlerei und ähnliche Laster und ärgere, wenn sie noch irgendwie ärger sein können, habe ich bei allen so im Schwange gesehn, daß ich diese Stadt eher für eine Werkstatt teuflischen als göttlichen Wesens halte. Und meine Ansicht geht dahin, daß euer Hirte und, so wie er, jeder andere mit allem Eifer und allem Scharfsinn und aller List danach trachten, die christliche Religion, deren Grundfesten und Stützen sie doch sein sollten, zu vertilgen und aus der Welt zu verjagen. Und weil ich denn sehe, daß das, wonach sie trachten, nicht eintrifft, sondern daß eure Religion stets wächst und an Glanz und Herrlichkeit gewinnt, glaube ich wahrhaftig schließen zu können, daß sie als die wahrste und heiligste von allen den Heiligen Geist zur Grundfeste und Stütze hat. Und darum sage ich dir, so starr und hart ich auch gegen deinen Zuspruch war und sowenig ich Christ werden wollte, jetzt frei und offen, daß mich nichts auf der Welt abhalten könnte, Christ zu werden. Gehn wir also in die Kirche, und dort laß mich nach dem schuldigen Gebrauche eures heiligen Glaubens taufen!« Jeannot, der das gerade Widerspiel dieses Schlusses erwartet hatte, war, als er ihn so reden hörte, der zufriedenste Mensch, den es je gegeben hat. Und er ging mit ihm zur Frauenkirche in Paris und ersuchte die Geistlichen, Abraham die Taufe zu spenden. Als die hörten, was er verlangte, taten sie es auf der Stelle: und Jeannot hob ihn aus dem heiligen Quell und nannte ihn Johannes. Hierauf ließ er ihn von wackern Männern gründlich in unserm Glauben unterweisen; der Bekehrte lernte alles rasch und führte dann als guter, wackerer Mann einen frommen Wandel.

DIE DREI RINGE

Saladin, dessen Trefflichkeit so groß war, daß sie ihn nicht nur aus einem geringen Manne zum Sultan von Babylon gemacht hatte, sondern ihn auch viele Siege über sarazenische und christliche Könige erringen ließ, hatte in verschiedenen Kriegen und durch seine außerordentliche Prachtliebe seinen ganzen Schatz erschöpft, so daß er, als er aus irgendeinem Anlasse eine hübsche Summe Geldes nötig hatte, nicht so schnell, wie es nötig gewesen wäre, wußte, woher sie nehmen, bis er sich eines reichen Juden, Melchisedech mit Namen, erinnerte, der in Alexandria auf Zinsen borgte und, seiner Meinung nach, wenn er gewollt hätte, wohl imstande gewesen wäre, ihm zu dienen. Der Jude war aber so geizig, daß er es freiwillig nimmer getan hätte, und Gewalt wollte er nicht brauchen; da nun die Not drängte, richtete er seinen ganzen Sinn darauf, ein Mittel zu finden, wie ihm der Jude dienen müßte, und entschloß sich endlich, ihm unter einigem Scheine von Recht Gewalt anzutun. Und er ließ sich ihn rufen, empfing ihn freundlich und hieß ihn an seiner Seite niedersitzen und sagte dann zu ihm: »Ich habe, wackerer Mann, von mehrern Leuten vernommen, daß du gar weise bist und trefflich Bescheid weißt in göttlichen Dingen; und darum möcht ich gern von dir wissen, welches von den drei Gesetzen du für das wahre hältst, das jüdische oder das sarazenische oder das christliche.« Der Jude, der wirklich weise war, erriet sofort, daß ihn Saladin in seinen Worten fangen wollte, um ihn in einen schlimmen Handel zu verwickeln, und besann sich, daß er keines von den dreien würde vor den andern loben können, ohne daß Saladin seinen Zweck erreicht hätte. Weil er also einsah, daß er eine unverfängliche Antwort brauchte, nahm er seinen ganzen Scharfsinn zusammen, und schon fiel ihm auch ein, was er zu sagen hatte, und er sagte: »Herr, die Frage, die Ihr mir gestellt habt, ist schön, und um Euch zu sagen, was ich darüber denke, muß ich Euch eine Geschichte erzählen, die Ihr anhören möget. Wenn ich nicht irre, so erinnere ich mich, zu oftem Malen gehört zu haben, daß einmal ein gar reicher Mann gelebt hat, der in seinem Schatze neben andern Kleinodien auch einen herrlichen, kostbaren Ring hatte; weil es nun wegen des Wertes und der Schönheit dieses Ringes sein Wunsch war, daß er in Ehren gehalten werde und immer bei seinen Nachkommen verbleibe, ordnete er an, daß derjenige Sohn, bei dem sich der Ring als sein Vermächtnis finden werde, als sein Erbe gelten und von allen andern als ihr Oberhaupt Ehre und Ehrfurcht genießen solle. Der, dem er ihn hinterließ, hielt es ebenso mit seinen Kindern und tat so wie sein Vorgänger: kurz, der Ring ging mit der Zeit an viele aus seinem Geschlechte über, bis er schließlich in die Hände eines Mannes kam, der drei schöne, tüchtige Söhne hatte, die ihm aufs Wort gehorchten, weshalb er sie denn alle drei gleichmäßig liebte. Die Jünglinge wußten, was es für eine Bewandtnis mit dem Ringe hatte, und darum bat jeder, begierig nach Ehre vor den andern, einzeln den Vater, der schon alt war, daß er den Ring, wann es mit ihm ans Sterben gehe, ihm hinterlasse. Der wackere Mann, der sie alle gleichmäßig liebte und sich selber nicht klarwerden konnte, wem er ihn lieber hinterlassen wollte, versprach ihn allen dreien und gedachte alle drei zufriedenzustellen: darum ließ er heimlich von einem tüchtigen Meister zwei andere machen, die dem ersten so ähnlich waren, daß selbst der, der sie verfertigt hatte, kaum erkannte, welcher der richtige war. Und als es mit ihm ans Sterben ging, gab er jedem Sohn den seinigen; da daher nach dem Tode des Vaters alle drei die Erbschaft und die Ehre beanspruchten und es einer dem andern verweigerte, zeigte endlich jeder zum Beweise, daß er im Rechte sei, seinen Ring vor. Und weil sich nun ergab, daß die Ringe einander so ähnlich waren, daß man den richtigen nicht erkennen konnte, blieb die Frage, wer der wahre Erbe des Vaters sei, in Schwebe und schwebt noch heute. Und so sage ich Euch, Herr, auch von den drei Gesetzen, die Gott, der Vater, den drei Völkern gegeben hat und derentwegen Ihr die Frage aufgeworfen habt: Jedes Volk glaubt seine Erbschaft, nämlich sein wahres Gesetz zu haben und seine Gebote befolgen zu müssen; wer sie aber hat, diese Frage ist so wie bei den Ringen noch immer in Schwebe.« Saladin erkannte, daß es der Jude gar trefflich verstanden hatte, den Schlingen auszuweichen, die er ihm vor die Füße gespannt hatte; darum entschloß er sich, ihm seine Not kundzutun und zu sehn, ob er ihm dienen wolle: und so tat er, indem er ihm auch eröffnete, was er ihm Sinne gehabt, hätte er ihm nicht so verständig geantwortet, wie er getan hatte. Nun diente ihm der Jude bereitwillig mit jeder Summe, die er verlangte; und Saladin erstattete ihm alles treulich wieder und begabte ihn überdies mit ansehnlichen Geschenken und behielt ihn für alle Zeit mit großer Auszeichnung als Freund in seiner Nähe.

ANDREUCCIO

In Perugia war ein junger Pferdehändler, Andreuccio di Pietro mit Namen, der, als er erfuhr, daß in Neapel ein guter Pferdemarkt sei, fünfhundert Gulden in seinen Beutel tat und sich – er war noch nie in der Fremde gewesen – mit einigen Kaufleuten dorthin aufmachte; er kam an einem Samstage gegen Abend an und begab sich am nächsten Morgen, von seinem Wirte unterrichtet, auf den Markt. Obwohl er Pferde die Menge sah und ihm auch etliche gefielen, so daß er oftmals um eines feilschte, konnte er doch nie handelseinig werden; um aber zu zeigen, daß er wirklich des Kaufes halber da sei, zog er als ein unerfahrener und wenig vorsichtiger Mensch zu mehrern Malen vor den Leuten, die da kamen und gingen, seinen Beutel mit den Gulden heraus. Derweil er also handelte, geschah es, daß, als er eben wieder seinen Beutel gezeigt hatte, eine junge Sizilianerin, die zwar sehr schön, aber um geringen Lohn jedermann zu Willen war, an ihm vorbeiging, ohne daß er sie bemerkt hätte; als sie seinen Beutel sah, sagte sie sogleich bei sich: ›Wer wäre froher als ich, wenn dieses Geld mein wäre?‹, ging aber schon wieder weiter. Bei diesem Mädchen war eine Alte, auch eine Sizilianerin, und die ließ, kaum daß sie Andreuccio gesehn hatte, das Mädchen gehn und lief auf ihn zu, um ihn zärtlich zu umarmen; das Mädchen, das das sah, blieb, ohne etwas zu sagen, abseits stehn und beobachtete alles. Andreuccio, der sich zu der Alten gewandt hatte, begrüßte sie, als er sie erkannte, mit großer Herzlichkeit; und nachdem sie ihm versprochen hatte, zu ihm in die Herberge zu kommen, verließ sie ihn, ohne ein langes Gespräch mit ihm geführt zu haben, und er machte sich wieder ans Handeln, kaufte aber diesen Morgen nichts. Das Mädchen, das zuerst den Beutel Andreuccios und dann seine Vertraulichkeit mit der Alten gesehn hatte, gedachte zu versuchen, ob sie nicht ein Mittel finden könne, dieses Geld ganz oder teilweise zu bekommen, begann daher die Alte vorsichtig auszufragen, wer er sei und woher und was er hier mache und wieso sie ihn kenne. Da die Alte lange Zeit bei seinem Vater in Sizilien und später in Perugia gewesen war, so sagte sie ihr alle Verhältnisse Andreuccios vielleicht ebensogenau, wie er es selber getan hätte; und ebenso erzählte sie ihr, wo er herberge und warum er gekommen sei. Weil demnach das Mädchen sowohl über seine Verwandten als auch über deren Namen völlig unterrichtet war, baute sie darauf ihren Plan, ihre Wünsche mit einer durchtriebenen Bosheit zu befriedigen: Nachdem sie heimgekommen war, schickte sie die Alte in Besorgungen für den ganzen Tag weg, damit sie nicht mehr zu Andreuccio gehn könne; dann rief sie eine Magd von ihr, die sie zu derlei Diensten trefflich abgerichtet hatte, und schickte sie gegen Abend in die Herberge, wo sich Andreuccio aufhielt. Die fand ihn, als sie hingekommen war, zufällig ganz allein an der Tür und fragte ihn um ihn selber. Da er ihr sagte, er sei es selbst, zog sie ihn abseits und sagte zu ihm: »Herr, eine edle Dame dieser Stadt möchte gern, wenn es Euch recht wäre, mit Euch sprechen.« Andreuccio, sich betrachtend von oben bis unten, kam dabei, da er sich selber sagte, er sei ein gar wohlgewachsener Bursche, zu dem Schlusse, die Dame müsse in ihn verliebt sein, als ob es damals in ganz Neapel sonst keinen hübschen Jüngling gegeben hätte; und antwortete also augenblicklich, daß er bereit sei, und fragte sie, wo und wann die Dame mit ihm zu sprechen wünsche. Die Magd antwortete ihm: »Wenn es Euch gefällig wäre, zu kommen, so erwartet sie Euch in ihrem Hause.« Alsbald sagte Andreuccio: »So geh denn voraus, ich werde dir nachgehn«, ohne etwas davon in der Herberge zu sagen. Die Magd führte ihn also in das Haus ihrer Herrin, das in dem Viertel Malpertugio lag, und was für eine anständige Gegend das ist, sagt schon der Name, der auf deutsch etwa soviel heißt wie Schandloch. Er aber, der davon nichts wußte oder ahnte, trat in dem Glauben, an den anständigsten Ort und zu einer liebenswürdigen Dame zu kommen, sogleich hinter der Magd in das Haus; die Magd rief alsbald ihre Herrin und sagte: »Andreuccio ist hier!«, so daß er sie, als er die Treppe hinaufstieg, schon auf ihn warten sah. Sie war noch sehr jung, groß von Wuchs und schön von Gesicht und gar vornehm gekleidet und geschmückt. Als Andreuccio nahe bei ihr war, kam sie ihm mit offenen Armen wohl drei Stufen herab entgegen, fiel ihm um den Hals und blieb so eine Weile, ohne ein Wort zu sprechen, wie von allzu großer Rührung übermannt; dann küßte sie ihn weinend auf die Stirn und sagte mit schluchzender Stimme: »Sei mir willkommen, mein lieber Andreuccio.« Voll Verwunderung über diese Zärtlichkeit antwortete er ganz verdutzt: »Madonna, ich bin glücklich, Euch kennenzulernen.« Nun faßte sie ihn bei der Hand und führte ihn hinauf in ihren Saal und von dort, ohne ein Wort mit ihm zu sprechen, in ihr Gemach, das von Rosen, Orangeblüten und andern Wohlgerüchen duftete. Dort sah er ein prächtiges verhängtes Bett und viele Kleider, die nach Landessitte auf den Stangen hingen, und viel schönen und kostbaren Hausrat; diese Dinge nahm er als Neuling für einen zuverlässigen Beweis, daß sie nichts Geringeres als eine vornehme Dame sein müsse. Und nachdem sie sich miteinander auf eine Truhe am Fußende des Bettes niedergesetzt hatten, begann sie also zu ihm zu sprechen: »Ich weiß ganz genau, Andreuccio, daß du dich über diesen zärtlichen Empfang und über meine Tränen sehr verwunderst: du kennst mich ja nicht und hast wahrscheinlich noch nie etwas von mir gehört; aber du sollst etwas hören, was dich vielleicht noch mehr wundern wird; ich bin nämlich deine Schwester. Und ich sage dir, daß ich nun, wo mir Gott eine so große Gnade erwiesen hat, daß ich vor meinem Tode habe einen meiner Brüder sehn dürfen – obwohl meine Sehnsucht dahin ginge, sie alle zu sehn –, zu jeglicher Stunde, wann immer es geschehn soll, gern sterben will; und wenn du etwa nie etwas von mir gehört hast, so will ich dir alles sagen. Dein und mein Vater Pietro hat, wie du, glaube ich, wissen wirst, lange in Palermo gelebt, und wer ihn dort gekannt hat, hat ihn wegen seiner Güte und Liebenswürdigkeit sehr geliebt und liebt ihn noch; unter denen aber, die ihn herzlich liebten, war die, die ihn am herzlichsten liebte, meine Mutter, die eine Edeldame war und damals Witwe gewesen ist, und sie liebte ihn dermaßen, daß sie sich über die Furcht vor dem Vater und den Brüdern und über ihre Ehre hinwegsetzte und sich mit ihm in ein inniges Verhältnis einließ, als dessen Frucht du nun mich vor dir siehst. Als dann Umstände eintraten, um derentwillen Pietro von Palermo scheiden und nach Perugia heimkehren mußte, verließ er mich, die ich damals ein kleines Kind war, samt meiner Mutter, und seither hat er sich nach dem, was ich vernommen habe, weder meiner noch ihrer erinnert; deswegen würde ich ihn, wenn er nicht mein Vater wäre, herb tadeln, nicht nur weil er mir als seiner Tochter, die ihm doch nicht von einer Magd oder einer schlechten Dirne geboren worden ist, Liebe schuldig gewesen wäre, als vielmehr mit Rücksicht darauf, wie undankbar er sich gegen meine Mutter gezeigt hat, die ihr Vermögen und sich selbst, von aufrichtiger Liebe bewogen, seinen Händen anvertraut hat, ohne überhaupt zu wissen, wer er sei. Aber was hülfe es? Das übel Getane und lange Vergangene ist viel leichter zu tadeln als zu verbessern: es war nun einmal so. Er ließ mich also als kleines Kind in Palermo zurück, und als ich dort so groß geworden war, wie ich bin, gab mich meine Mutter, die eine reiche Dame war, einem wackern Edelmanne aus Girgenti zur Gattin, der, meiner Mutter und mir zuliebe, seinen Aufenthalt in Palermo nahm. Weil er aber ein eifriger Welfe war, begann er ein Einverständnis mit unserm König Karl zu pflegen, und das war, weil König Friedrich, noch bevor es hätte einen Erfolg zeitigen können, dahinterkam, der Anlaß, daß wir in einem Augenblicke, wo ich die erste Dame der Insel zu werden hoffte, aus Sizilien fliehen mußten; wir rafften also das wenige, was wir zusammenraffen konnten, zusammen – das wenige sage ich im Hinblicke auf das viele, was wir hatten –, ließen Güter und Paläste im Stich und flüchteten uns hierher, und hier fanden wir König Karl so dankbar gegen uns, daß er uns den Verlust, den wir um seinetwillen erlitten hatten, zum Teile ersetzt und uns Besitzungen und Häuser gegeben hat, und er gibt meinem Manne, deinem Schwager, fortwährend reiche Hilfsgelder, wie du dich wirst überzeugen können. Auf diese Art lebe ich denn hier, wo ich dich, mein süßer Bruder, dank dem Herrgott und nicht dir, zu Gesicht bekommen habe.« Und nach dieser Rede umarmte sie ihn von neuem und küßte ihn unter zärtlichen Tränen auf die Stirn. Als Andreuccio, der sich erinnerte, daß sein Vater wirklich in Palermo gewesen war, hörte, wie zusammenhängend und wohlgeordnet sie diese Fabel erzählte, ohne daß ihr bei irgendeiner Stelle ein Wort versagt oder die Zunge gestockt hätte, und die zärtlichen Tränen, die Umarmungen und die Küsse sah, hielt er, weil er aus eigener Erfahrung den Hang der jungen Leute zur Liebe kannte, alles, was sie ihm sagte, für mehr als wahr; und als sie schwieg, antwortete er ihr: »Daß ich erstaunt bin, Madonna, das darf Euch nicht befremden: denn entweder hat mein Vater, gleichgültig warum, nie von Eurer Mutter oder von Euch gesprochen, oder hat er schon gesprochen, so ist mir wenigstens nie etwas davon zu Ohren gekommen, so daß ich von Euch nicht mehr gewußt habe, als wenn Ihr gar nicht auf der Welt gewesen wäret; um so lieber ist es mir aber, hier eine Schwester gefunden zu haben, je mehr ich hier allein bin und je weniger ich so etwas hoffen konnte. Und fürwahr, ich kenne keinen Mann von noch so hohem Range, dem Ihr nicht teuer sein müßtet, geschweige denn mir, der ich ein geringer Kaufmann bin. Über eines aber bitte ich Euch, mich noch aufzuklären: Wie habt Ihr erfahren, daß ich hier bin?« Und sie antwortete ihm: »Heute morgen hat es mich eine arme Frau wissen lassen, die sich oft bei mir aufhält, weil sie nach dem, was sie mir gesagt hat, lange Zeit bei unserm Vater sowohl in Palermo als auch in Perugia gewesen ist; und hätte ich es nicht für anständiger gehalten, daß du zu mir in mein Haus kämest, als ich zu dir in ein fremdes, so wäre ich schon längst zu dir gekommen.« Nach diesen Worten begann sie ihn im einzelnen um alle seine Verwandten namentlich zu befragen, und Andreuccio, der ihr über alle Auskunft gab, glaubte deswegen immer mehr, was er besser nicht hätte glauben sollen. Da ihre Unterhaltung lange gedauert hatte und die Hitze groß war, ließ sie griechischen Wein und Konfekt bringen und ließ Andreuccio einschenken; als er aber hierauf, weil es Zeit zum Abendessen war, weggehn wollte, litt sie das auf keine Weise, sondern sagte, indem sie ihn mit den

Anzeichen der höchsten Betrübnis umarmte: »O ich Ärmste, nun sehe ich es deutlich, wie wenig lieb du mich hast; wer sollte es denn für möglich halten: Du bist bei deiner Schwester, die du vorher gar nicht gekannt hast, und in ihrem Hause, wo du eigentlich bei deiner Ankunft hättest absteigen sollen, und du willst weggehn, um in der Herberge zu essen! Du muß auf jeden Fall mit mir essen; ist auch mein Mann nicht daheim, was mir sehr leid tut, so werde ich dich doch, wie es eben eine Frau trifft, ein wenig zu bewirten wissen.« Da ihr Andreuccio nichts sonst zu antworten wußte, sagte er: »Ich habe Euch so lieb, wie man eine Schwester haben soll; wenn ich aber nicht gehe, so wird man mich den ganzen Abend zum Essen erwarten, und ich werde eine Unhöflichkeit begehn.« Und nun sagte sie: »Na, Gott sei Dank, vielleicht habe ich denn doch noch jemand im Hause, um dort sagen zu lassen, daß man dich nicht erwarten solle; höflicher wäre es freilich und eigentlich deine Schuldigkeit, deinen Gesellen sagen zu lassen, sie sollten hierher essen kommen, und so könntest du auch, wenn du dann durchaus gehn wolltest, mit allen zusammen gehn.« Andreuccio antwortete, diesen Abend wolle er seine Gesellen nicht haben; da es aber einmal ihr Wunsch sei, so solle sie über ihn nach ihrem Belieben verfügen. Nun tat sie, als ob sie in seine Herberge schickte, daß er zum Abendessen nicht erwartet werden solle; dann setzte sie sich nach vielen Gesprächen mit ihm zu Tische, wo sie mit vielen Gerichten reichlich bedient wurden, und sie dehnte das Essen listig bis tief in die Nacht hinein aus. Und als Andreuccio, nachdem sie sich vom Tische erhoben hatten, weggehn wollte, sagte sie, das werde sie keineswegs leiden, weil Neapel nicht der Ort sei, in der Nacht herumzugehn, sonderlich nicht für einen Fremden; auch habe sie, als sie das Essen habe absagen lassen, das gleiche in der Herberge getan. Er glaubte es, und weil er, von einem Wahne betört, Gefallen daran fand, bei ihr zu sein, so blieb er. Nach dem Essen gab es noch viele und lange Gespräche, die nicht ohne Absicht geführt wurden; und als die Nacht zum Teile verstrichen war, ließ sie Andreuccio mit einem kleinen Knaben, der ihm, was er wünschen werde, zeigen sollte, in ihrem Gemache schlafen, während sie mit ihren Frauenzimmern in ein andres ging. Da die Hitze groß war, entkleidete sich Andreuccio, als er sich allein sah, sofort bis aufs Wams und zog seine Hosen aus und legte sie zu Häupten ins Bett; da ihn nun das natürliche Bedürfnis ankam, seinen Leib der überflüssigen Last zu entledigen, fragte er den Knaben, wo er das tun könne, und der zeigte ihm in einer Ecke des Gemachs eine Tür und sagte: »Da geht hinein.« Andreuccio, der unbesorgt hineinging, setzte von ungefähr den Fuß auf ein Brett, das sich auf der entgegengesetzten Seite vom Balken gelöst hatte, und fiel samt dem Brette hinunter: und Gott war ihm so gnädig, daß er sich trotz der Höhe des Falles keinen Schaden tat; wohl aber besudelte er sich über und über mit dem Unrat, dessen der Ort voll war. Damit ihr aber das Gesagte und das Folgende besser verstehet, will ich euch beschreiben, wie der Ort beschaffen war: Es waren in einem engen Gäßchen auf zwei Balken, die von dem einen Hause zum andern liefen, wie wir oft zwischen zwei Häusern sehn, einige Bretter gelegt, und darauf war der Sitz angebracht; und eines von diesen Brettern war das, mit dem er hinunterfiel. Als sich nun Andreuccio unten in dem Gäßchen befand, begann er, mißmutig über den Fall, den Knaben zu rufen; der aber war, kaum daß er ihn hatte fallen hören, zu der Dame gelaufen, um es ihr zu sagen, und die lief alsbald in das Gemach, um nachzusehn, ob die Kleider da seien. Und als sie die Kleider und damit auch das Geld, das er in törichtem Mißtrauen immer bei sich trug, gefunden hatte und also in dem Besitze dessen war, weswegen sie als Palermitanerin Schwester eines Peruginers gespielt und ihre Schlingen ausgelegt hatte, scherte sie sich nicht weiter um ihn, sondern ging augenblicklich die Tür schließen, aus der er zu seinem Falle hinausgetreten war. Da ihm also der Knabe keine Antwort gab, begann Andreuccio lauter zu rufen; aber das war umsonst. Dadurch etwas argwöhnisch geworden, begann er nachgerade zu ahnen, daß er betrogen worden sei, und erkletterte eine Mauer, die das Gäßchen von der Straße schied, stieg auf den Weg hinab und ging zu der Haustür, die er sehr gut kannte, und dort rief er lange und rüttelte und pochte heftig, aber vergebens. Da er nun sein Unglück klar einsah, begann er weinend: »O ich Ärmster, in wie kurzer Zeit habe ich fünfhundert Gulden und eine Schwester verloren!« Und nach viel andern Worten begann er von neuem an die Tür zu klopfen und zu schreien und tat das so lange, bis viele Nachbarn in der Runde erwachten und, weil sie den Lärm nicht ertragen konnten, aufstanden; und eine von den Dienerinnen der Dame trat, als ob sie ganz verschlafen gewesen wäre, ans Fenster und sagte höhnisch: »Wer pocht denn da unten?« – »Ach«, sagte Andreuccio, »kennst du mich denn nicht? Ich bin doch Andreuccio, der Bruder der Madonna Fiordaliso.« Und sie antwortete ihm: »Wenn du zuviel getrunken hast, Freund, so geh, schlaf dich aus und komme morgen wieder: ich weiß nicht, wer Andreuccio ist, noch was dein Geschwätz heißen soll; geh in Gottes Namen und sei so gut und laß uns schlafen.« – »Was«, sagte Andreuccio, »du weißt nicht, was ich sage? Du weißt es ganz genau! Wenn aber die Verwandtschaften in Sizilien so sind, daß sie in kurzer Frist vergessen werden, so gib mir wenigstens die Kleider wieder, die ich oben gelassen habe, und ich will gerne gehn.« Aber lachend sagte sie zu ihm: »Mir scheint, Freund, du träumst«; und das sagen und sich umdrehn und das Fenster zuschlagen war eins. In Andreuccio, dem also der letzte Zweifel über seinen Schaden geschwunden war, wurde der Schmerz darüber so mächtig, daß sich sein großer Zorn zur Wut steigerte, und er nahm sich vor, sich das, was er mit Worten nicht zurückhaben konnte, auf gewaltsamem Wege zu verschaffen; darum ergriff er einen großen Stein und begann die Tür mit viel heftigern Schlägen als früher zu bearbeiten. Da deswegen viele von den Nachbarn, die früher erwacht und aufgestanden waren, glaubten, er sei irgendein Störenfried, der diese Rede erdichte, um das gute Frauenzimmer zu ärgern, traten sie an die Fenster und begannen, nicht anders als wie alle Hunde einer Straße auf einen fremden Hund losbellen, auf ihn einzureden: »Das ist eine große Ungezogenheit, den Weibern um diese Stunde vors Haus zu laufen und ihnen ein solches Geschwätz vorzureden. Geh mit Gott, Freund, und laß uns gefälligst schlafen, und wenn du etwas mit ihr zu schaffen hast, so komme morgen wieder, aber heute nacht laß uns in Ruh!« Vielleicht durch diese Worte dreist gemacht, trat einer, der im Hause war, ein Zuhälter des guten Frauenzimmers, den Andreuccio weder gesehen noch gehört hatte, ans Fenster und rief mit einer groben, erschrecklichen und wilden Stimme: »Wer ist denn da unten?« Andreuccio, der dieser Stimme halber den Kopf hob, sah einen Menschen, der ihm, obwohl er nur wenig unterscheiden konnte, ein großer Rittersmann zu sein schien, mit einem dicken schwarzen Barte im Gesichte, und sich die Augen rieb und gähnte, als ob er eben aus dem Bette oder von einem tiefen Schlafe aufgestanden wäre; und er antwortete nicht ohne Furcht: »Ich bin ein Bruder der Dame, die hier wohnt.« Aber der andere wartete nicht so lange, bis Andreuccio mit seiner Antwort zu Ende war, sondern schrie viel grimmiger als früher: »Ich weiß nicht, was mich zurückhält, daß ich nicht hinunterkomme und dir so viel Prügel gebe, daß du kein Glied mehr rührst, du widerwärtiger, versoffener Esel, der du sein mußt, weil du uns heute nacht nicht schlafen läßt«; und damit drehte er sich um und schloß das Fenster. Einige Nachbarn, die den Mann besser kannten, sagten freundlich zu Andreuccio: »Um Gottes willen, Freund, mach, daß du weiterkommst, und laß dich hier nicht umbringen; es ist zu deinem Besten, wenn du gehst.« Über die Stimme und das Gesicht des Kerls war Andreuccio so erschrocken, daß er sich durch den Zuspruch dieser Leute, die ihm aus Mitleid so zu reden schienen, bewegen ließ und sich, betrübter als je ein Mensch und seines Geldes wegen verzweifelt, auf den Rückweg in seine Herberge machte und die Richtung einschlug, woher er am Tage vorher, ohne zu wissen, wohin er gehe, hinter der Magd hergekommen war. Und da er sich wegen des Gestankes, der von ihm ausging, selber widerwärtig war, bog er, in der Absicht, ans Meer zu gelangen und sich dort zu waschen, links ein und ging eine Straße hinauf, Ruga catalana genannt. Indem er so dem oberen Teile der Stadt zuschritt, sah er sich von ungefähr zwei Männern, die eine Laterne trugen, entgegenkommen; da er besorgte, sie könnten Häscher sein oder Leute, die etwas Böses im Schilde führten, verbarg er sich still in einem verfallenen Hause, das er in seiner Nähe sah. Aber als ob sie just dorthin auf dem Wege gewesen wären, traten die zwei in ebendieses Haus, und dort lud der eine von ihnen ein Bündel eisernes Werkzeug von der Schulter ab und begann es mit dem andern zu betrachten und mancherlei darüber zu sprechen. Und unter dem Sprechen sagte der eine: »Was soll das bedeuten? Ich rieche den garstigsten Gestank, den ich je gerochen zu haben meine«; und da er nach diesen Worten die Laterne etwas hob, sahen sie den armen Teufel von Andreuccio und sagten ganz betroffen: »Wer ist da?« Andreuccio schwieg; aber sie kamen mit dem Lichte näher zu ihm und fragten ihn, was er hier, also beschmutzt, mache. Nun erzählte ihnen Andreuccio haarklein alles, was ihm begegnet war. Die zwei errieten es, wo ihm das begegnet sein mochte, und sagten zueinander: »Das ist sicherlich bei Scarabone Buttafuoco geschehn.« Und zu ihm gewandt, sagte der eine: »Freund, wenn du auch dein Geld verloren hast, so kannst du doch Gott danken, daß du heruntergefallen bist und nicht wieder hast ins Haus kommen können; denn darüber kannst du ruhig sein: Wärest du nicht gefallen, so wärest du, kaum daß du geschlafen hättest, umgebracht worden und hättest also Geld und Leben zugleich verloren. Aber was helfen dir jetzt die Tränen? Willst du einen Heller zurück haben, so ist das geradesoleicht, wie einen Stern vom Himmel zu holen; umgebracht aber kannst du werden, wenn er erfährt, daß du ein Wort davon sprichst.« Und nach diesen Worten berieten sie sich ein wenig und sagten dann zu ihm: »Schau, wir haben Mitleid mit dir; wenn du darum unser Mann sein willst bei dem, was wir tun wollen, so glauben wir sicher zu sein, daß auf deinen Teil viel mehr kommen wird, als du verloren hast.« In seiner Verzweiflung antwortete Andreuccio, er sei bereit. An diesem Tage war der Erzbischof von Neapel, Messer Filippo Minutolo, begraben worden, und er war in reichem Ornate begraben worden und mit einem Rubin am Finger, der mehr als fünfhundert Gulden wert war; diesen Leichnam wollten sie berauben, und das taten sie Andreuccio als ihre Absicht kund. Andreuccio machte sich, mehr gewinnsüchtig als wohlberaten, mit ihnen auf den Weg; und als sie gegen den Dom zu gingen, sagte der eine, weil Andreuccio zu garstig stank: »Können wir denn keine Gelegenheit finden, daß sich der, wo immer es sein mag, ein bißchen wäscht, damit er nicht so entsetzlich stinkt?« Der andere sagte: »Freilich, wir sind ja bei einem Brunnen, wo man gewöhnlich die Winde und einen großen Eimer vorfindet; gehn wir hin und waschen wir ihn rasch.« Als sie zu dem Brunnen gekommen waren, fanden sie wohl das Seil, aber der Eimer war weggenommen; darum beschlossen sie, Andreuccio an das Seil zu binden und in den Brunnen hinabzulassen: er sollte sich unten waschen und nach dem Waschen das Seil schütteln, worauf sie ihn heraufziehen wollten. Und so taten sie. Als sie ihn aber in den Brunnen hinabgelassen hatten, geschah es, daß einige Leute von der Scharwache, die, sowohl wegen der Hitze als auch, weil sie einem nachgelaufen waren, Durst hatten, zu dem Brunnen kamen, um zu trinken. Kaum sahen die zwei, die beim Brunnen warteten, die Wache kommen, so nahmen sie Reißaus, ohne daß sie von denen, die trinken kamen, gesehn worden wären. Inzwischen hatte sich Andreuccio auf dem Grunde des Brunnens gewaschen und rüttelte das Seil. Die oben, die schon ihre Schilde und Waffen und Panzerröcke abgelegt hatten, begannen das Seil, in dem Glauben, der Eimer voll Wasser sei daran, aufzuwinden. Als Andreuccio sah, daß er nahe dem Brunnenrande war, ließ er das Seil los und schwang sich mit den Händen auf die Mauer. Bei diesem Anblicke packte sie ein so jäher

Schrecken, daß sie, ohne ein Wort zu sagen, das Seil losließen und so rasch, wie sie nur konnten, davonliefen; darob wunderte sich Andreuccio baß, und hätte er sich nicht so festgehalten, so wäre er in den Brunnen gefallen, vielleicht nicht ohne einen schweren Leibschaden oder gar den Tod zu erleiden. Als er dann herausstieg und die Waffen fand, die, wie er wußte, nicht seinen Gesellen gehörten, begann er sich noch mehr zu verwundern. In seiner unbestimmten Angst und betrübt über sein Geschick, entschloß er sich, von dort wegzugehn, ohne etwas von den Sachen anzurühren, und ging weiter, ohne zu wissen, wohin. Indem er so dahinging, begegnete er seinen zwei Gesellen, die zurückkamen, um ihn aus dem Brunnen zu ziehen; als sie ihn sahen, verwunderten sie sich baß und fragten ihn, wer ihn aus dem Brunnen gezogen habe. Andreuccio antwortete, das wisse er nicht, und sagte ihnen der Reihe nach, wie es zugegangen war und was er beim Brunnen gefunden hatte. Die zwei errieten den Zusammenhang und erzählten ihm lachend, warum sie geflohen waren und wer die waren, die ihn hinaufgezogen hatten; und ohne weiter viel Worte zu machen, gingen sie, da es schon Mitternacht war, zum Dome. Sie kamen mit leichter Mühe hinein und langten bei dem Grabmal an, das aus Marmor und sehr groß war; mit ihrem Eisenwerkzeug hoben sie den Deckel, der gar schwer war, so hoch, daß ein Mann hineinkriechen konnte, und stützten ihn ab. Und als das getan war, begann der eine und sagte: »Wer wird denn hineinsteigen?« Und der andere sagte: »Ich nicht.« – »Ich auch nicht«, sagte der erste; »aber Andreuccio wird hineinsteigen.« – »Das werde ich nicht tun«, sagte Andreuccio; aber da kehrten sich beide gegen ihn und sagten: »Du willst nicht hineinsteigen? Gottestreu, wenn du nicht hineinsteigst, so schlagen wir dich mit einem von den Brecheisen da so auf den Kopf, daß du tot liegen bleibst.« Aus Angst stieg Andreuccio hinein, und unterm Hineinsteigen dachte er bei sich: ›Die lassen mich hineinsteigen, um mich zu betrügen; wenn ich ihnen alles gegeben haben werde, so werden sie, während ich zu tun habe, um herauszukommen, ihre Wege gehn, und mir wird das Nachsehn bleiben.‹ Und darum beschloß er, sich vor allem seinen Teil zu nehmen. Und da er sich des kostbaren Ringes erinnerte, wovon er sie hatte reden hören, zog er ihn, kaum daß er unten war, dem Erzbischof vom Finger und steckte ihn sich selber an; nachdem er ihnen dann den Krummstab und die Mitra und die Handschuhe gegeben hatte, kleidete er ihn bis aufs Hemd aus und gab ihnen alles, indem er sagte, es sei nichts mehr da. Die zwei behaupteten, der Ring müsse dasein, und sagten ihm, er solle allenthalben suchen; er aber hielt sie eine Weile in Erwartung, indem er antwortete, er finde ihn nicht, und sich stellte, als suchte er ihn. Nun waren sie nicht minder arglistig als er, und so sagten sie so lange, er solle nur recht gut suchen, bis sie die Zeit ersahen und die Stütze, die den Deckel des Grabmals hielt, wegzogen; dann entwichen sie und ließen ihn also im Grabmal eingeschlossen. Wie Andreuccio zumute war, als er das inneward, das kann sich jedermann vorstellen. Zu mehreren Malen versuchte er, ob er den Deckel mit dem Haupte und den Schultern heben könne, aber alle Anstrengung war umsonst, und so fiel er endlich, von hartem Schmerze überwältigt, ohnmächtig auf den Leichnam des Erzbischofs; und wer die zwei damals gesehn hätte, würde nur schwer herausgefunden haben, in welchem weniger Leben sei, ob im Erzbischof oder in ihm. Als er dann wieder zu sich kam, fing er bitterlich zu weinen an, weil er nicht zweifelte, daß ihm der Tod auf eine von den zwei Arten gewiß sei: entweder daß er in dem Grabmal, wenn es niemand mehr öffnen komme, vor Hunger und Gestank mitten unter den Würmern des Leichnams werde sterben müssen oder daß er, wenn jemand komme und er drinnen gefunden werde, als Dieb werde gehangen werden. Derlei traurigen Gedanken hing er noch immer voll tiefen Kummers nach, als er in der Kirche Schritte und das Gespräch von Leuten hörte, die, wie er vermutete, darangingen, das zu tun, was er mit seinen Gesellen getan hatte; darob wuchs seine Furcht nur noch mehr. Als die aber das Grabmal geöffnet und gestützt hatten, gerieten sie in Streit, wer hineinsteigen sollte, und keiner wollte es tun; endlich sagte nach langem Zanke ein Geistlicher: »Wovor fürchtet ihr euch denn? Glaubt ihr denn, daß er euch beißen wird? Die Toten beißen niemand; ich werde selber hineinsteigen.« Und nach diesen Worten legte er sich mit der Brust auf den Rand des Grabmals, so daß der Kopf draußen blieb, und streckte die Beine hinein, um sich hinunterzulassen. Als das Andreuccio sah, sprang er auf und packte den Geistlichen bei einem Beine, als ob er ihn hätte herunterziehn wollen. Kaum merkte das der Geistliche, so stieß er einen gellenden Schrei aus und schwang sich auch schon aus dem Grabmal. Darüber erschraken alle andern so sehr, daß sie, ohne das Grabmal zu schließen, nicht anders ausrissen, als ob ihnen hunderttausend Teufel auf den Fersen gewesen wären. Andreuccio, der das alles sah, schwang sich alsbald, froher als er je gehofft hätte, heraus und verließ die Kirche auf demselben Wege, wie er gekommen war. Es wollte schon Tag werden, als er, der mit dem Ringe am Finger aufs Geratewohl fortging, ans Meeresufer kam, und von dort kam er wieder in seine Herberge, wo er erfuhr, daß seine Gesellschaft und der

Wirt die ganze Nacht seinetwegen in Ängsten gewesen waren. Nachdem er ihnen alles, was ihm begegnet war, erzählt hatte, schlossen sich seine Gesellen der Meinung des Wirtes an, daß er unverzüglich Neapel verlassen müsse. Das tat Andreuccio augenblicklich und kehrte nach Perugia zurück, nachdem er also sein Geld, wovon er hatte Pferde kaufen wollen, in einem Ringe angelegt hatte.

DER STUMME KLOSTERGÄRTNER

Hier in unserer Gegend war und ist noch ein Nonnenkloster, wohlberufen durch seine Frömmigkeit – nennen werde ich es nicht, um nicht seinen Ruf irgendwie zu schmälern –, dessen hübschen Garten vor gar nicht langer Zeit, als dort nicht mehr als acht Nonnen und ihre Äbtissin, lauter junge Frauen, waren, ein biederer Mann bestellte; da der aber mit seinem Lohne nicht zufrieden war, so rechnete er mit ihrem Verwalter ab und kehrte nach Lamporecchio zurück, wo er daheim war. Unter denen, die ihn freundlich bewillkommten, war ein kräftiger, stämmiger Bauernbursche, der für einen vom Lande wohlgebaut war, Masetto mit Namen, und der fragte ihn, wo er so lange gewesen sei. Der Biedermann, der Nuto hieß, sagte es ihm, und Masetto fragte ihn, worin sein Dienst im Kloster bestanden habe. Und Nuto antwortete ihm: »Ich arbeitete in ihrem hübschen, großen Garten, ging dann und wann um Holz in den Busch, schöpfte Wasser und verrichtete noch andere solcher kleinen Dienste; aber die Nonnen gaben mir so wenig Lohn, daß ich kaum die Schuhe bezahlen konnte. Dazu sind sie allesamt jung, und ich glaube, sie haben den Teufel im Leibe, weil man ihnen nichts recht machen kann; wenn ich zuzeiten im Garten arbeitete, sagte die eine: ›Setz das daher‹, und die andere: ›Setz das dorthin‹, und die dritte nahm mir die Hacke aus der Hand und sagte: ›Das ist nicht gut so‹, und auf diese Art ärgerten sie mich dann so lange, bis ich die Arbeit stehnließ und aus dem Garten ging. So habe ich denn, wegen des einen sowohl als auch wegen des andern, nicht länger bleiben wollen und bin hierhergekommen. Ihr Verwalter hat mich ja wohl bei meinem Weggehn gebeten, wenn mir einer unterkomme, der dazu tauge, ihn ihm zu schicken, und ich habe es ihm auch versprochen; aber da kann er lange warten, daß ich ihm einen besorge oder schicke!« Als Masetto die Erzählung Nutos hörte, überkam ihn eine so große Lust, bei den Nonnen zu sein, daß er fast vergehn wollte; denn aus Nutos Erzählung glaubte er schließen zu dürfen, daß ihm das, wonach ihn gelüstete, glücken könnte. Weil er aber fürchtete, er verderbe es sich, wenn er Nuto etwas davon sage, sagte er zu ihm: »Das war wohlgetan von dir, daß du hergekommen bist! Wie sollte denn ein Mann mit Frauenzimmern auskommen? Leichter käme man noch mit Teufeln aus; von sieben Malen wissen sie ja sechsmal nicht, was sie selber wollen.« Nachdem jedoch ihr Gespräch zu Ende war, begann er nachzudenken, wie er's anfangen sollte, um bei ihnen sein zu können; zwar wußte er, daß er alle Dienstleistungen, die Nuto genannt hatte, trefflich verstand, so daß ihm nicht bange war, deshalb abgewiesen zu werden, aber er besorgte, daß er seiner großen Jugend und seines hübschen Aussehns halber nicht werde aufgenommen werden. Darum folgerte er nach vielem Hinundhersinnen also: Das Kloster ist weit entfernt von hier, und niemand kennt mich dort; wenn ich mich stumm stelle, so werde ich sicherlich aufgenommen. Indem er bei dieser Folgerung stehnblieb, ging er mit einem Beile auf der Schulter, ohne jemand zu sagen, wohin er gehe, in ärmlicher Kleidung zum Kloster; dort angelangt, trat er ein, und von ungefähr traf er den Verwalter im Hofe; dem deutete er mit Gebärden, wie sie die Stummen machen, er möge ihm um Gottes willen zu essen geben, wofür er ihm, wenn es nötig sei, Holz spalten werde. Der Verwalter gab ihm bereitwillig zu essen und stellte ihn dann vor ein paar Blöcke, mit denen Nuto nicht hatte zurechtkommen können; Masetto aber, der ein baumstarker Mensch war, hatte sie im Nu kleingemacht. Nun nahm ihn der Verwalter mit in den Busch, wo er zu tun hatte, und ließ ihn dort Holz schlagen; dann stellte er den Esel vor ihn und gab ihm durch Zeichen zu verstehn, er solle das Holz nach Hause bringen. Das verrichtete der Stumme sehr gut, und so behielt ihn der Verwalter zu einigen Arbeiten, die zu tun waren, mehrere Tage bei sich. Auf diese Art geschah es, daß ihn eines Tages die Äbtissin sah und den Verwalter fragte, wer er sei. Und der sagte zu ihr: »Madonna, das ist ein armer Taubstummer, der dieser Tage um ein Almosen gekommen ist; ich habe es ihm gegeben und habe ihn dann viele Sachen verrichten lassen, die nötig gewesen sind. Wenn er sich darauf verstünde, im Garten zu arbeiten, und hierbleiben wollte, so glaube ich, daß wir an ihm einen trefflichen Knecht hätten, den wir ja brauchten; denn er ist stark, und man könnte mit ihm anfangen, was man wollte, und brauchte außerdem nicht zu fürchten, daß er mit Euern Fräulein schäkerte.« Und die Äbtissin sagte zu ihm: »Gottstreu, du hast recht: Sieh zu, ob er die Gartenarbeit versteht, und trachte, ihn dazubehalten; gib ihm etwa ein Paar Schuhe und einen alten Mantel, tu ihm recht schön und

geh ihm um den Bart und gib ihm genug zu essen.« Der
Verwalter sagte, er werde es tun. Masetto, der nicht weit
davon war, hörte das alles, obwohl er sich stellte, als
hätte er nur darauf acht, den Hof zu kehren, und sagte
sich voller Freude: ›Wenn ihr mich nur dazu anstellt, so
will ich euch den Garten so bearbeiten, wie er noch nie
bearbeitet worden ist.‹ Als nun der Verwalter gesehn
hatte, daß er trefflich zu arbeiten verstand, fragte er ihn
durch Zeichen, ob er bleiben wolle, und Masetto antwortete durch Zeichen, er wolle tun, was man wollen
werde, so daß ihn der Verwalter aufnahm und ihm die
Gartenarbeit übertrug und ihm seine Obliegenheiten
zeigte; hierauf ging er den andern Klostergeschäften
nach und kümmerte sich nicht mehr um ihn. Da also
Masetto jeden Tag im Garten arbeitete, begannen ihn
die Nonnen zu necken und zum besten zu haben, wie es
die Leute oft den Stummen tun, und sagten ihm, in
dem Glauben, er verstehe sie nicht, die unflätigsten
Worte, die es nur gibt; und die Äbtissin, die vielleicht
glaubte, ihm mangle etwas andres geradeso wie die
Sprache, scherte sich darum wenig oder gar nicht. Eines
Tages aber geschah es, daß sich ihm, der sich nach harter
Arbeit ein wenig hingelegt hatte, zwei Klosterfräulein,
die im Garten umhergingen, näherten und ihn zu betrachten anfingen, während er sich schlafend stellte.
Darum sagte die eine, die etwas keck war, zu der andern: »Wenn ich wüßte, daß ich dir vertrauen kann, so
würde ich dir etwas sagen, was mir oft schon in den
Sinn gekommen ist und was vielleicht auch dir frommen könnte.« Die andere antwortete: »Sag es nur dreist;
ich werde es wahrhaftig keiner Seele jemals sagen.«
Nun begann die Kecke: »Ich weiß nicht, ob du schon
darüber nachgedacht hast, wie streng wir hier gehalten
werden und daß sich kein Mann sonst daherein getraut,

außer unserm Verwalter, der ein Greis ist, und diesem Stummen; und zu mehrern Malen habe ich die Frauen, die zu uns gekommen sind, sagen hören, daß alle Wonnen der Welt ein Plunder sind gegen die, die das Weib in dem Umgange mit dem Manne genießt. Darum habe ich es mir schon öfters vorgenommen, es mit diesem Stummen, da ich doch keinen andern haben kann, zu versuchen, ob dem so ist. Und dazu taugt er am allerbesten, weil er es, auch wenn er wollte, nicht wiedersagen könnte; du siehst, er ist ein dummer Bengel, der länger gewachsen ist als sein Verstand. Und nun möchte ich gerne hören, was dich darüber bedünkt.« – »O weh«, sagte die andere, »was sagst du da? Weißt du nicht, daß wir unsere Jungfräulichkeit dem Herrgott gelobt haben?« – »Ach was«, sagte die erste, »wieviel wird ihm nicht den ganzen Tag gelobt, ohne daß ihm etwas gehalten würde; haben wir sie ihm gelobt, so wird sich schon eine oder die andere finden, die sie ihm erhält.« Und ihre Gesellin sagte zu ihr: »Und wenn wir schwanger würden, was sollte dann werden?« Aber die erste sagte: »Du denkst ans Unglück, bevor es da ist: geschieht es wirklich, dann heißt es denken; und da werden sich hundert Mittel finden, daß niemand etwas davon erfährt, wenn wir's nicht selber sagen.« Die andere war nun schon lüsterner als die Anstifterin, zu versuchen, was für ein Tier der Mann sei, und so sagte sie: »Also gut; wie machen wir's denn?« Und sie bekam zur Antwort: »Du siehst, es geht gegen die dritte Nachmittagsstunde, und die Schwestern, glaube ich, schlafen alle außer uns; sehn wir nach, ob jemand im Garten ist, und ist niemand hier, was brauchen wir weiter zu tun, als ihn bei der Hand zu nehmen und in die Hütte da zu führen, wo man bei Regen untersteht? Die eine bleibt dann drinnen bei ihm, und die andere hält Wache; er ist so dumm, daß er sich in alles fügen wird, was wir wollen.« Masetto, der das ganze Gespräch gehört hatte und entschlossen war zu gehorchen, wartete auf nichts sonst, als daß ihn eine von ihnen nehmen werde. Und als sie überall Umschau gehalten und sich überzeugt hatten, daß sie von keiner Seite gesehn werden konnten, trat die, die das Gespräch angefangen hatte, auf ihn zu und weckte ihn, und er sprang augenblicklich auf. Sie nahm ihn unter Liebkosungen bei der Hand und führte ihn, der einfältig lachte, in die Hütte; dort tat er denn, ohne sich lange einladen zu lassen, alles, was sie wollte. Nachdem sie ihren Willen gehabt hatte, machte sie als treue Gesellin der andern Platz, und Masetto, der weiter den Tölpel spielte, tat, was sie wünschten. Darum entschlossen sie sich, bevor sie weggingen, den Versuch, wie der Stumme reiten könne, zu wiederholen; und indem sie dann öfters darüber sprachen, gestanden sie einander, die Wonne sei wirklich so groß, ja noch größer gewesen, als sie gehört hätten, weshalb sie denn auch fortan zu günstiger Zeit die Gelegenheit wahrnahmen und den Stummen oft zu ihrer Lust besuchten. Eines Tages aber geschah es, daß ihnen dabei eine ihrer Gesellinnen vom Zellenfenster aus zusah und sie zwei andern zeigte. Zuerst sprachen sich die drei miteinander dahin aus, daß sie sie bei der Äbtissin verklagen müßten. Dann aber änderten sie ihren Rat und einigten sich mit ihnen und wurden Teilhaberinnen an Masettos Gütchen. Und durch verschiedene Umstände wurden auch die übrigen drei Schwestern zu der Gesellschaft gebracht. Schließlich fand die Äbtissin, die von diesen Dingen noch nichts gemerkt hatte, eines Tages, als sie bei großer Hitze ganz allein im Garten umherging, den armen Masetto, dem die geringe Tagesarbeit wegen der allzu häufigen nächtlichen Ritte hart ankam, im Schatten eines Mandelbaumes langausgestreckt schlafen, und der Wind hatte ihm das Hemd zurückgeschlagen, so daß er völlig entblößt war. Bei diesem Anblicke wurde die Dame, die sich allein sah, von derselben Begierde befallen, die ihre Nönnchen befallen hatte, und sie weckte Masetto und nahm ihn mit sich in ihr Gemach. Und dort behielt sie ihn zum größten Leidwesen der Nonnen, die sich darüber beklagten, daß er nicht zur Gartenarbeit komme, etliche Tage lang, um die Wonnen, derenthalben sie vorher jede verdammt hatte, zu kosten und wieder zu kosten, bis sie ihn endlich in seine Kammer entließ. Da sie ihn aber immer wieder in Anspruch nahm und mehr von ihm wollte, als auf ihren Teil gekommen wäre, sah Masetto, dem es unmöglich war, so viele zu befriedigen, endlich ein, daß ihm aus seinem Stummsein, wenn er dabei bliebe, ein allzu großer Schaden erwachsen könnte. Als er daher eines Nachts bei der Äbtissin war, löste er das Band seiner Zunge und begann also: »Ich habe mir sagen lassen, Madonna, daß ein Hahn gar wohl zehn Hennen genügt, daß es aber zehn Männer nur schlecht oder mühselig vermögen, ein Weib zu ersättigen; und ich soll ihrer neune bedienen! Das kann ich um nichts in der Welt länger mehr aushalten; ich bin ja auch durch das, was ich bisher geleistet habe, so weit heruntergekommen, daß ich nunmehr weder wenig noch viel leisten kann. Und darum laßt mich entweder in Gottes Namen ziehen oder trefft in dieser Sache ein Abkommen.« Da die Äbtissin den Menschen, den sie für stumm gehalten hatte, sprechen hörte, war sie ganz verdutzt und sagte: »Was ist das? Ich habe geglaubt, du seiest stumm.« – »Madonna«, sagte Masetto, »ich war es auch, aber nicht von Geburt, sondern von einer Krankheit, die mir die Sprache genommen hat; und erst heute nacht fühle ich, daß sie mir wiedergegeben ist, und dafür lobe ich Gott von ganzem Herzen.« Die Dame glaubte ihm und fragte ihn, was das heißen solle, daß er neun zu bedienen habe. Masetto erzählte ihr den ganzen Handel. Als das die Äbtissin hörte, ward sie inne, daß sie keine Nonne hatte, die nicht viel klüger gewesen wäre als sie; ohne darum Masetto ziehen zu lassen, entschloß sie sich als verständige Dame, mit ihren Nonnen ein Abkommen zu treffen, damit nicht das Kloster durch ihn in einen schlimmen Leumund komme. Und da in diesen Tagen ihr Verwalter gestorben war, einigten sie sich, nachdem sie einander alles, was unter ihnen vorgegangen war, entdeckt hatten, im Einverständnis mit Masetto dahin, den Leuten in der Umgebung weiszumachen, daß ihm nach langer Stummheit durch ihre Gebete und wegen der Verdienste des Heiligen, dem das Kloster geweiht war, die Sprache wiedergegeben worden sei, und machten ihn zu ihrem Verwalter; und seine Pflichten verteilten sie auf eine Weise, daß er sie ertragen konnte. Obwohl er auf diese Art manches Mönchlein erzeugte, ging doch die Sache so gut vonstatten, daß davon nicht früher etwas ruchbar wurde als nach dem Tode der Äbtissin; um diese Zeit war er schon dem Alter nahe und verlangte danach, mit seinem Reichtum heimzukehren, und dieser Wunsch wurde ihm auch willig gewährt. So kam denn Masetto nach einer klug angewandten Jugend in seinem Alter als reicher Mann und Vater, ohne sich damit geplagt zu haben, die Kinder zu nähren und Geld für sie auszugeben, in die Heimat zurück, die er mit einem Beile auf der Schulter verlassen hatte, und er sagte jedem, der es hören wollte, so verfahre Christus mit denen, die ihm Hörner aufsetzen.

DIE HERZMÄRE

Wie die Provenzalen erzählen, waren in der Provence einst zwei edle Ritter, die beide über Schlösser und Vasallen geboten, und der eine hieß Herr Guiglielmo Rossiglione und der andere Herr Guiglielmo Guardastagno, und weil einer wie der andere gar tapfer im Waffenhandwerk war, liebten sie sich herzlich und hatten die Gewohnheit, zu jedem Turnier oder Tjost oder anderm Waffenspiel gemeinsam und in denselben Farben zu reiten. Und obwohl die Schlösser von ihnen, wo sie hausten, gut zehn Meilen voneinander entfernt waren, geschah es doch, daß sich Herr Guiglielmo Guardastagno, ungeachtet der Freundschaft und Brüderschaft, die zwischen ihnen bestand, in die schöne, liebreizende Gattin des Herrn Guiglielmo Rossiglione über die Maßen verliebte und es durch dies und das zuwege brachte, daß es die Dame merkte; und da ihn die als wackern Ritter kannte, war sie nicht böse darüber und begann ihm eine solche Liebe entgegenzubringen, daß er ihre höchste Sehnsucht und Liebe war und daß sie auf nichts sonst wartete, als von ihm begehrt zu werden: und es dauerte nicht lange, so geschah das, und nun waren sie ein und das andere Mal in heißer Liebe beisammen. Da sie aber in ihrem Umgange wenig vorsichtig waren, geschah es, daß es ihr Gatte bemerkte, und darüber erboste er sich so heftig, daß er die große Liebe, die er zu Guardastagno trug, in einen tödlichen Haß verkehrte; den wußte er aber besser zu verbergen als die beiden Liebenden ihre Liebe, und er nahm sich fest vor, Guardastagno umzubringen. Derweil sich nun Rossiglione mit diesem Vorsatze trug, geschah es, daß ein großes Turnier in Frankreich ausgerufen wurde; das ließ Rossiglione auf der Stelle Guardastagno mitteilen und ließ ihm sagen, wenn es ihm recht sei, solle er zu

Die Herzmäre

ihm kommen, um mit ihm zu beraten, ob sie hinreiten sollten und wie. Vergnügt antwortete Guardastagno, er werde ihn ohne Fehl am nächsten Tage zum Abendessen besuchen. Als das Rossiglione hörte, dachte er, die Zeit sei gekommen, wo er ihn umbringen könne; am nächsten Tage wappnete er sich, stieg mit einigen Knechten zu Pferde und legte sich etwa eine Meile von seinem Schlosse in einem Busche, wo Guardastagno vorbeikommen mußte, in den Hinterhalt. Und nachdem er eine hübsche Weile gewartet hatte, sah er Guardastagno, der sich ja nichts Schlimmes von ihm versah, ungewappnet und von zwei ungewappneten Knechten begleitet, des Weges kommen; und als Guardastagno dort war, wo er ihn haben wollte, drang er als tückischer Verräter mit geschwungener Lanze auf ihn ein mit dem Schrei: »Du bist des Todes!«, und dies sagen und ihm die Lanze in die Brust bohren, war eins. Guardastagno fiel von diesem Lanzenstiche, ohne daß es ihm möglich gewesen wäre, sich irgendwie zu wehren oder auch nur ein Wörtlein zu sagen, und starb nach wenigen Augenblicken. Seine Diener wandten ihre Rosse, ohne den Täter erkannt zu haben, und jagten in wilder Flucht dem Schlosse ihres Herrn zu. Rossiglione stieg ab, öffnete Guardastagnos Brust mit einem Messer, nahm ihm mit eigener Hand das Herz heraus, ließ es in ein Lanzenfähnlein wickeln und befahl es einem seiner Knechte zu tragen; und nachdem er allen befohlen hatte, daß sich niemand unterstehen solle, davon ein Wörtlein verlauten zu lassen, stieg er wieder zu Pferde und kehrte, es war schon Nacht geworden, auf sein Schloß zurück. Die Dame, die gehört hatte, Guardastagno werde zum Abendessen kommen, erwartete ihn mit großer Sehnsucht; und als sie ihn nicht kommen sah, verwunderte sie sich baß und sagte zu ihrem Gatten: »Was ist das, Herr, daß Guardastagno nicht gekommen ist?« Darauf sagte ihr Gatte: »Frau, ich habe von ihm die Nachricht bekommen, daß er nicht vor morgen hier sein kann«; darob wurde sie etwas bestürzt. Rossiglione hatte aber, als er vom Pferde gestiegen war, den Koch rufen lassen und zu ihm gesagt: »Nimm dieses Wildschweinherz und sieh, daß du daraus ein Gericht bereitest, das beste und schmackhafteste, das du weißt; und wenn ich bei Tische bin, so schickst du mir's auf einer silbernen Schüssel.« Der Koch nahm es und bot alle seine Kunst und Sorgfalt auf und machte, indem er's zerhackte und viel gutes Gewürz drantat, einen köstlichen Leckerbissen daraus. Herr Guiglielmo setzte sich, als es an der Zeit war, mit seiner Frau zu Tische. Die Speisen wurden aufgetragen, aber die Missetat, die er begangen hatte, lag ihm so auf der Seele, daß er wenig aß. Der Koch schickte ihm das schmackhafte Gericht, und er ließ es, indem er vorgab, diesen Abend unlustig zu sein, der Dame vorsetzen und lobte es ihr sehr. Die Dame, die nicht unlustig war, begann zu essen und fand es wohlschmeckend; und darum aß sie's völlig auf. Als der Ritter sah, daß sie alles gegessen hatte, sagte er: »Frau, was dünkt Euch von diesem Gerichte?« Die Dame antwortete: »Auf Ehre, Herr, es hat mir sehr behagt.« – »So wahr mir Gott helfe«, sagte der Ritter, »das glaube ich gern und wundere mich auch nicht darüber, daß Euch das, was Euch lebendig über alles behagte, auch im Tode behagt hat.« Als das die Dame hörte, stutzte sie ein wenig; dann sagte sie: »Wieso? Was ist das, was Ihr mich habt essen lassen?« Der Ritter antwortete: »Das, was Ihr gegessen habt, war wirklich und wahrhaftig das Herz von Herrn Guiglielmo Guardastagno, den Ihr, untreues Weib, so sehr geliebt habt; und daß es das war, darüber könnt Ihr ganz sicher sein, weil ich es ihm, kurz bevor ich heimgekommen bin, mit dieser Hand aus der Brust gerissen habe.« Ob die Dame, als sie das von dem gehört hatte, den sie über alles liebte, Schmerz empfand, darüber braucht es keiner Frage; und nach einer Weile sagte sie: »Ihr habt gehandelt wie ein untreuer und schändlicher Ritter; daß ich ihn, ohne daß er mich gezwungen hätte, zum Herrn meiner Liebe gemacht und Euch auf diese Weise gekränkt habe, dafür hätte nicht er, sondern ich Strafe leiden sollen. Aber behüte Gott, daß nach einer so edeln Speise, wie es das Herz dieses wackern und ehrlichen Ritters war, je eine andere Speise über meine Lippen komme.« Und sie sprang auf und ließ sich, ohne sich nur einen Augenblick zu besinnen, durch ein Fenster, das hinter ihr war, rücklings hinunterfallen. Weil das Fenster sehr hoch über der Erde war, brachte ihr der Fall nicht nur den Tod, sondern zerschmetterte ihr auch schier den ganzen Körper. Als das Herr Guiglielmo sah, erschrak er und erkannte, daß er unrecht getan hatte; und da er Furcht hatte vor dem Landvolke und dem Grafen der Provence, ließ er die Pferde satteln und entwich. Am nächsten Morgen war der Hergang der Sache schon in der ganzen Gegend bekannt geworden; und die Leute von Herrn Guiglielmo Guardastagnos Schloß und die von dem Schlosse der Dame holten die beiden Leichname mit bittern Klagen und Tränen ein und setzten sie in der Kirche des Schlosses der Dame in demselben Grabe bei, und darüber wurden Verse geschrieben, wer darin begraben sei und wie und warum sie gestorben seien.

Giovanni Boccaccio

DER FALKE

In Florenz ist einmal ein edler Jüngling gewesen, Federigo di Messer Filippo Alberighi mit Namen, der in Waffentaten und ritterlichem Wesen vor jedem toskanischen Junker gepriesen worden ist. Wie es nun edeln Männern zu geschehn pflegt, verliebte sich auch dieser Federigo, und zwar in eine adelige Frau, Monna Giovanna genannt, die zu ihren Zeiten als eine der schönsten und holdseligsten Damen in ganz Florenz galt; und um ihre Liebe zu erringen, fehlte er bei keinem Turnier und Lanzenbrechen, veranstaltete Feste und machte Geschenke und verschwendete sein Vermögen, ohne sich irgendwie eine Zurückhaltung aufzuerlegen. Sie aber, die nicht minder ehrbar als schön war, kümmerte sich weder um das, was ihretwegen geschah, noch um den, der es tat. Indem also Federigo einen Aufwand trieb, der über seine Verhältnisse ging, und nichts erwarb, schwanden, wie es leichtlich geschieht, seine Reichtümer dahin, und er wurde so arm, daß ihm nichts sonst blieb als ein kleines Gütchen, von dessen Ertrage er in Dürftigkeit lebte, und außerdem noch ein Falke, der kaum in der Welt seinesgleichen hatte. Obwohl seine Liebe stärker war als jemals, begab er sich, weil er sah, daß er als Städter nicht mehr so, wie es sein Wunsch gewesen wäre, hätte leben können, nach Campi auf sein Gütchen. Indem er dort, wann er konnte, auf die Vogelbeize ging, trug er seine Armut mit Ergebung und ohne fremde Hilfe zu begehren. Zu der Zeit, wo Federigo also heruntergekommen war, geschah es eines Tages, daß der Gatte Monna Giovannas erkrankte und, weil er sein Ende herankommen sah, sein Testament machte. Darin setzte er seinen schon ziemlich herangewachsenen Sohn zum Erben seines außerordentlichen Reichtums ein; und weil er Monna

Giovanna herzlich geliebt hatte, bestimmte er, daß die Erbschaft, wenn sein Sohn ohne rechtmäßige Erben sterben sollte, an sie überzugehn habe. Und dann starb er. Monna Giovanna, die also Witwe geworden war, begab sich, wie es bei unsern Damen Brauch ist, zum Sommeraufenthalte auf eine ihrer Besitzungen, die lag ganz in der Nähe von Federigos Gütchen. Auf diese Weise geschah es, daß der Knabe mit der Zeit mit Federigo vertraut wurde und an den Hunden und am Federspiel Vergnügen fand. Und da ihm der Falke Federigos, den er zu oft Malen hatte fliegen sehn, ungemein gefiel, wünschte er ihn sehnlichst zu haben; weil er aber sah, daß ihm der Falke also teuer war, getraute er sich nicht, ihn zu verlangen. Das dauerte eine Weile, bis es geschah, daß der Knabe erkrankte; darüber war die Mutter sehr bekümmert, weil er ihr einziges Kind war und sie ihn nach Kräften liebte, und sie blieb den ganzen Tag bei ihm, um ihm Mut zuzusprechen, und fragte ihn oftmals, ob es etwas gebe, wonach er verlange, indem sie ihn bat, ihr das zu sagen; wenn es nur überhaupt möglich sei, so werde sie es sicherlich zu bekommen trachten. Nachdem der Knabe diese Anerbietung zu oft Malen vernommen hatte, sagte er: »Mutter, wenn Ihr es macht, daß ich den Falken Federigos bekomme, so, glaube ich, werde ich auf der Stelle gesund werden.« Als das die Dame hörte, war sie ein wenig betreten und begann nachzudenken, was sie tun solle. Sie wußte, daß Federigo sie lange geliebt hatte, ohne daß er je auch nur einen Blick von ihr erhalten hätte; darum sagte sie bei sich: ›Wie könnte ich denn zu ihm schikken oder zu ihm gehn, um diesen Falken zu verlangen, wo der Falke, nach dem, was ich gehört habe, der beste ist, der je geflogen ist, und ihm überdies seinen Unterhalt erwirbt? Und wie könnte ich so rücksichtslos sein, einem Edelmanne die einzige Freude zu nehmen, die ihm geblieben ist?« Mit diesen Gedanken beschäftigt, gab sie ihrem Sohne, obwohl sie sicher war, daß sie den Falken bekäme, wenn sie ihn verlangte, keine Antwort, sondern schwieg. Endlich aber trug die Liebe zu ihrem Sohne den Sieg davon, so daß sie sich, um ihn zufriedenzustellen, entschloß, nicht vielleicht um den Falken zu schicken, sondern selber zu gehn und ihn ihm zu bringen, und sie antwortete: »Tröste dich, mein Kind, und sieh zu, daß du gesund wirst; ich verspreche dir, als erstes, was ich morgen früh tun werde, werde ich um ihn gehn und ihn dir sicher bringen.« Darüber freute sich der Knabe und wies noch an demselben Tage eine kleine Besserung auf. Am nächsten Morgen nahm seine Mutter eine Dame als Begleiterin und begab sich lustwandelnd zu dem Häuschen Federigos und ließ ihn rufen. Er war, weil an diesem Tage, so wie überhaupt damals, keine Zeit zur Vogelbeize war, in seinem Garten und ließ einige kleine Arbeiten ausrichten. Als er hörte, daß Monna Giovanna an der Tür um ihn fragte, lief er in hellem Staunen hin. Sie ging ihm, als sie ihn kommen sah, mit frauenhafter Liebenswürdigkeit entgegen und sagte auf seinen ehrfurchtsvollen Gruß: »Guten Morgen, Federigo!« Und dann fuhr sie fort: »Ich bin gekommen, um dir den Schaden zu vergelten, den du um meinetwillen gehabt hast, weil du mich mehr geliebt hast, als du es nötig gehabt hättest; und die Vergeltung ist die, daß ich mit meiner Begleiterin an deinem Mittagessen freundschaftlich teilzunehmen gedenke.« Ehrerbietig antwortete Federigo: »Madonna, ich erinnere mich nicht, jemals um Euch einen Schaden empfangen zu haben, wohl aber so viel Gutes, daß ich, wenn ich je etwas wert war, das nur Euerm Werte verdanke und der Liebe, die ich zu Euch getragen habe. Und wahrlich,

Euer großmütiger Besuch ist mir viel teurer, als wenn ich von neuem in die Lage versetzt würde, so viel zu verschwenden, wie ich verschwendet habe; und daran ändert auch das nichts, daß Ihr zu einem armen Wirte gekommen seid.« Und nach diesen Worten geleitete er sie beschämt in sein Haus und führte sie von dort in seinen Garten; und da er niemand andern hatte, der ihr hätte Gesellschaft leisten können, sagte er: »Madonna, da niemand sonst hier ist, so wird Euch diese gute Frau, das Weib des Bauern da, Gesellschaft leisten, während ich gehe, um den Tisch besorgen zu lassen.« Obwohl seine Armut außerordentlich groß war, hatte er doch bis dahin nie gefühlt, in was für eine Not er dadurch geraten war, daß er seinen Reichtum in maßloser Weise verschwendet hatte; an diesem Morgen jedoch fühlte er es, weil er gar nichts fand, um die Dame zu bewirten, der zuliebe er unzählige Leute bewirtet hatte. In seiner Herzensangst lief er, sein Schicksal verfluchend, wie ein Unsinniger hin und her; aber er fand weder Geld noch etwas, was er hätte verpfänden können, und wollte sich auch, obwohl die Stunde schon spät war und trotz seinem großen Verlangen, die Dame mit irgend etwas zu bewirten, doch, von einem andern gar nicht zu reden, aber nicht einmal seinem Bauer entdecken: da fiel sein Blick auf seinen guten Falken, den er im Vorraume auf der Stange sitzen sah. Und weil er nichts sonst besaß, nahm er ihn und dachte, als er ihn fett fand, das sei eine würdige Speise für eine solche Dame. Darum drehte er ihm, ohne sich länger zu bedenken, den Hals um und ließ ihn rasch durch seine Magd rupfen, zurichten, an den Spieß stecken und sorgfältig braten; und nachdem er den Tisch mit schneeweißen Tüchern, deren ihm noch einige geblieben waren, gedeckt hatte, ging er freudigen Gesichtes wieder in den Garten zu der

Dame und sagte ihr, daß das Mahl, so gut er es habe besorgen können, zubereitet sei. Darum erhoben sich die Dame und ihre Begleiterin und gingen zu Tische und aßen den guten Falken, ohne zu wissen, was sie aßen, und Federigo, der mit ihnen aß, bediente sie treulich. Und nachdem sie vom Tische aufgestanden waren und noch eine Weile in angenehmer Unterhaltung verbracht hatten, schien es der Dame an der Zeit, das zu sagen, weswegen sie hergekommen war, und sie begann zu Federigo liebenswürdig also zu sprechen: »Wenn du, Federigo, an dein vergangenes Leben zurückdenkst und an meine Ehrbarkeit, die du vielleicht für Hartherzigkeit und Grausamkeit gehalten hast, so zweifle ich nicht im mindesten, daß du über meine Vermessenheit wirst staunen müssen, wenn du erst weißt, warum ich eigentlich hergekommen bin; wenn du aber Kinder hättest oder gehabt hättest, so daß es dir bekannt sein könnte, was für eine Gewalt die Liebe hat, die man zu ihnen trägt, so wäre ich sicher, daß du mich zum Teil entschuldigen würdest. Obwohl du nun keine Kinder hast, kann ich mich, die ich einen Sohn habe, doch nicht dem allgemeinen Gesetze der Mutterliebe entziehn, das mich, weil ich seiner Macht nachgeben muß, dazu zwingt, wider meinen Willen und wider alle Schicklichkeit und Pflicht von dir etwas als ein Geschenk zu heischen, was dir, wie ich weiß, überaus teuer ist und mit Recht teuer ist, weil dir dein unseliges Geschick sonst keine Freude, keine Lust, keinen Trost gelassen hat: und dieses Geschenk ist dein Falke, nach dem mein Knabe so lüstern ist, daß ich fürchte, die Krankheit, die er hat, würde sich, wenn ich ihn ihm nicht brächte, so sehr verschlimmern, daß ich ihn gar verlöre. Und darum bitte ich dich, nicht bei deiner Liebe zu mir, die dich ja zu nichts verpflichtet, sondern bei deinem Edelsinn, den du in ritterlichem Tun vor allen andern bewährt hast, daß es dir belieben möge, ihn mir zu schenken, damit ich sagen könne, du habest meinem Sohne durch dieses Geschenk das Leben gerettet und ihn dir auf immer verpflichtet.« Als Federigo hörte, was die Dame verlangte, und bedachte, daß er ihr damit nicht dienen konnte, weil er ihn ihr zu essen gegeben hatte, begann er vor ihr zu weinen, ohne daß er nur mit einer Silbe hätte antworten können. Zuerst glaubte die Dame, dieses Weinen rühre mehr als von anderem von dem Schmerze her, daß er sich von seinem guten Falken trennen sollte, und war schon im Begriffe, zu sagen, sie verzichte darauf; dann aber enthielt sie sich dessen und wartete, bis Federigo zu weinen aufhören und ihr antworten werde, und der sagte: »Seit der Zeit, Madonna, wo es Gott gefallen hat, daß ich meine Liebe auf Euch richtete, habe ich in gar vielen Dingen die Widrigkeit des Schicksals empfunden und über das Schicksal geklagt; aber das waren lauter Kleinigkeiten im Vergleiche zu dem, was es mir jetzt antut und weswegen ich mich wohl nimmer mit ihm aussöhnen kann, wenn ich bedenke, daß es mich jetzt, wo Ihr in mein armes Haus gekommen seid, das Ihr, solange es reich gewesen ist, keines Besuches gewürdigt habt, außerstande gesetzt hat, Euch das kleine Geschenk, das Ihr von mir wollt, zu geben: und warum das nicht sein kann, das will ich Euch in kurzem erzählen. Als ich gehört habe, Ihr wolltet in Euerer Gnade mit mir essen, hielt ich es in Anbetracht Euerer Erhabenheit und Trefflichkeit für würdig und geziemend, Euch nach meinem Vermögen mit einer köstlichern Speise zu bewirten, als es gemeiniglich bei andern Leuten geschieht; da ich mich nun des Falken, den Ihr von mir verlangt habt, und seiner Güte entsann, hielt ich ihn für eine Speise, die Euer würdig sei, und Ihr habt ihn eben gebraten auf dem Teller gehabt. Ich war der Meinung, ihn auf die beste Art verwendet zu haben; da ich aber jetzt sehe, daß Ihr ihn auf eine andere Weise begehrt hättet, ist mir das, daß ich Euch nicht damit dienen kann, so leid, daß ich mich darüber niemals trösten zu können glaube.« Und nach diesen Worten ließ er ihr zum Zeugnis die Federn und die Fänge und den Schnabel bringen. Als das die Dame sah und hörte, tadelte sie ihn zuerst, daß er einen solchen Falken getötet habe, um ihn einer Frau als Speise zu geben; dann aber rühmte sie bei sich selber seine Hochsinnigkeit, die die Armut nicht zu beugen vermocht hatte und vermochte. Da ihr aber keine Hoffnung verblieb, den Falken zu bekommen, und sie daher um die Genesung ihres Sohnes besorgt zu werden begann, ging sie schwermütig weg und kehrte zu ihrem Sohne heim. Und es dauerte nicht viele Tage, als dieser, ob aus Schwermut darüber, daß er den Falken nicht haben konnte; oder weil die Krankheit auch sonst dieses Ende hätte nehmen müssen, zum größten Schmerze seiner Mutter aus dem Leben schied. Nachdem sie nun eine Zeitlang in Tränen und Bitterkeit verbracht hatte, wurde sie, weil sie eine außerordentlich reiche und noch junge Frau war, zu mehrern Malen von ihren Brüdern gedrängt, sich wieder zu verheiraten. Als sie sah, daß sie, obwohl sie nicht wollte, doch immer wieder bestürmt wurde, erinnerte sie sich der Trefflichkeit Federigos und seiner letzten großmütigen Haltung, daß er nämlich, um sie zu bewirten, einen solchen Falken getötet hatte, und sagte zu ihren Brüdern: »Am liebsten bliebe ich ja, wenn euch das recht wäre, unvermählt; wenn ihr aber darauf besteht, daß ich einen Gatten nehme, so werde ich wahrhaftig keinen andern nehmen als Federigo degli Alberighi.« Darob verspotteten sie die Brüder und sagten: »Du Törin, was sagst du da? Warum willst du ihn denn, wo er nichts auf der Welt hat?« Aber sie sagte zu ihnen: »Ich weiß sehr wohl, meine Brüder, daß es so ist, wie ihr sagt, aber ich will lieber einen Mann ohne Reichtum als Reichtum ohne einen Mann.« Als die Brüder hörten, was für eine Gesinnung sie hatte, erfüllten sie ihren Wunsch, weil sie Federigo als einen trotz seiner Armut sehr ehrenwerten Mann kannten, und gaben sie ihm samt allen ihren Reichtümern. Als sich Federigo als Gatte einer solchen und von ihm so heiß geliebten Frau und überdies als Herr eines gar großen Vermögens sah, hielt er nunmehr das Seinige besser zusammen und vollendete seine Jahre in Freuden mit ihr.

TOFANO

Es war einmal in Arezzo ein reicher Mann, der Tofano hieß. Der hatte zur Gattin eine sehr schöne Frau erhalten, Monna Ghita mit Namen, und auf die wurde er alsbald eifersüchtig, ohne daß er gewußt hätte, warum. Als das die Frau merkte, fragte sie ihn voll Unmut zu mehrern Malen um den Grund seiner Eifersucht; da er ihr aber keinen andern nennen konnte als ganz allgemeine und hinfällige, kam ihr der Einfall, ihn an dem Übel sterben zu lassen, vor dem er grundlos Angst hatte. Und weil sie gemerkt hatte, daß ein ihrer Meinung nach vortrefflicher junger Mann um sie buhlte, begann sie sich vorsichtig mit ihm zu verständigen; als dann der Handel zwischen ihm und ihr so weit gediehen war, daß nichts mehr als die Ausführung fehlte, dachte die Frau daran, auch dazu ein Mittel ausfindig zu machen. Unter den schlechten Eigenschaften, die sie an ihrem Manne entdeckt hatte, war auch seine Neigung, viel zu trinken, und nun begann sie ihn nicht nur deswegen zu loben, sondern ihn auch gar listig dazu anzueifern. Und das machte sie sich so zur Gewohnheit, daß sie ihn fast jedesmal, wann es ihr paßte, verleitete, sich einen Rausch anzutrinken; und als sie ihn das erste Mal betrunken sah, brachte sie ihn zu Bette und kam mit ihrem Geliebten zusammen, und diese Zusammenkünfte verschafften sie sich dann noch des öftern in aller Sicherheit. Und so sehr verließ sie sich auf seine Trunkenheit, daß sie nicht nur die Verwegenheit fand, ihren Geliebten zu sich ins Haus zu lassen, sondern auch manchmal auf einen großen Teil der Nacht in sein Haus ging, das nicht weit von ihrem war. Indem die verliebte Frau dieses Treiben fortsetzte, geschah es, daß ihr niederträchtiger Mann endlich merkte, daß sie, obwohl sie ihn zum Trinken aufforderte, niemals auch selber trank; daraus schöpfte er den Argwohn, es könnte so sein, wie es auch wirklich war, nämlich daß ihn die Frau trunken mache, um, während er im Schlafe liege, ihrer Lust nachzugehen. In der Absicht, zu erproben, ob dem so sei, trank er einmal tagsüber nichts und stellte sich des Abends in Reden und Gebärden, als ob er der betrunkenste Mensch wäre, den es je gegeben hätte. Die Frau glaubte es, erachtete nicht für notwendig, daß er weiter trinke, und brachte ihn alsbald zu gutem Schlafe ins Bett. Und hierauf verließ sie das Haus, so wie sie schon zu manchen Malen getan hatte, begab sich zu ihrem Geliebten und blieb bei ihm bis gegen Mitternacht. Als Tofano merkte, daß die Frau nicht mehr da war, stand er auf, ging zur Haustür und verschloß sie von innen und stellte sich ans Fenster, um die Frau heimkommen zu sehn und ihr zu zeigen, daß ihm ihre Aufführung nicht mehr unbekannt sei; und er wartete so lange, bis die Frau daherkam. Als sie sich ausgesperrt fand, war sie über die Maßen bestürzt und begann zu versuchen, ob sie die Tür mit Gewalt öffnen könne. Eine Weile sah ihr Tofano zu, dann aber sagte er: »Frau, du bemühst dich umsonst; du kannst nicht herein. Geh, und geh wieder dorthin, wo du bis jetzt gewesen bist, und laß es dir gesagt sein, daß du nicht eher hereinkommst, als bis ich dir dieses Vorfalls halber vor deinen Verwandten und vor den Nachbarn die Ehre erwiesen habe, die dir gebührt.« Die Frau begann ihn um Gottes willen zu bitten, er möge doch so gut sein und ihr öffnen; sie komme nicht dorther, wo er meine, sondern sie sei bei einer Nachbarin zu Besuch gewesen, weil die Nächte jetzt zu lang seien, als daß sie die ganze Zeit schlafen oder allein wachen könnte. Ihr Bitten half ihr aber nicht das mindeste, weil dieses Vieh durchaus entschlossen war, seine und ihre Schande, von der einstweilen noch niemand etwas wußte, vor ganz Arezzo offenbar zu machen. Als die Frau sah, daß ihre Bitten eitel blieben, nahm sie ihre Zuflucht zu Drohungen und sagte: »Wenn du mir nicht öffnest, so werde ich dir etwas antun, daß du der unseligste Mensch auf Gottes Erdboden sein wirst.« Tofano antwortete: »Was könntest du mir denn antun?« Die Frau, der Amor schon durch seine Eingebungen den Verstand geschärft hatte, antwortete: »Bevor ich diese Schmach ertrage, die du mir ungerechterweise zugedacht hast, stürze ich mich in den Brunnen da, und wenn ich dann dort als Leiche gefunden werde, so wird es keinen Menschen geben, der nicht glauben würde, daß du mich in der Trunkenheit hineingeworfen hast; dann wirst du entweder fliehen und alles, was du hast, im Stiche lassen und im Elend leben müssen, oder man wird dir als meinem Mörder,

der du ja auch wirklich sein wirst, den Kopf abschlagen.« Aber auch diese Worte brachten Tofano nicht dazu, seinen törichten Sinn zu ändern. Darum sagte die Dame: »Nun denn, ich kann diesen Ärger nicht länger mehr ertragen: Gott verzeihe ihn dir; laß meinen Spinnrocken wegnehmen, den ich hier liegenlasse.« Und nach dieser Rede ging sie – die Nacht war so finster, daß auf der Straße keiner den andern hätte sehn können – zu dem Brunnen, nahm einen der größten Steine, die am Fuße der Einfassungsmauer lagen, schrie: »Gott, verzeih mir!« und ließ ihn in den Brunnen fallen. Der Stein machte, als er auf das Wasser traf, ein gewaltiges Geräusch, und so glaubte Tofano fest, sie habe sich hineingestürzt; darum nahm er Eimer und Seil, stürzte aus dem Hause und rannte zum Brunnen, um ihr Hilfe zu bringen. Die Frau, die sich nahe bei der Haustür versteckt hatte, schlüpfte, als sie ihn zum Brunnen rennen sah, ins Haus, schloß sich ein, trat ans Fenster und fing also an: »Den Wein soll man wässern, wenn man ihn trinkt, und nicht hinterdrein in der Nacht.« Als das Tofano hörte, sah er wohl ein, daß er gefoppt worden war, er ging zur Tür zurück und begann der Frau, weil er nicht hineinkonnte, zu sagen, daß sie ihm öffnen solle. Aber die gab es nunmehr auf, leise zu reden, wie sie's bisher getan hatte, und begann schier schreiend also: »Bei Gottes Kreuz, du ärgerlicher Trunkenbold, heute nacht kommst du nicht herein; ich habe dein Leben endlich einmal satt, und ich muß es alle Welt sehn lassen, was für einer du bist und wann du in der Nacht nach Hause kommst.« Tofano wieder begann ihr in seiner Wut Beschimpfungen zuzurufen und zu schreien, und darüber standen die Nachbarn, die den Lärm hörten, auf und kamen, Männer und Frauen, an die Fenster und fragten, was los sei. Die Frau fing weinend an und sagte: »Das ist dieser schlechte Mensch, der mir entweder abends betrunken heimkommt oder in den Kneipen schläft und dann um diese Stunde nach Hause kommt. Lange genug habe ich's ertragen, ohne daß es mir etwas geholfen hätte, aber endlich habe ich's nimmer ertragen können, und deshalb habe ich ihm diese Schande, ihn aus dem Hause zu sperren, antun wollen, um zu sehn, ob er sich bessern wird.« Das Vieh Tofano wieder sagte, wie der Hergang gewesen war, und stieß heftige Drohungen gegen sie aus. Aber die Frau sagte zu ihren Nachbarn: »Nun seht ihr, was er für ein Mensch ist! Was würdet ihr sagen, wenn ich auf der Straße wäre, wie er es ist, und er im Hause, wie ich es bin? Gottstreu, ich zweifle nicht im geringsten, daß ihr sagen würdet, er habe recht. Daraus könnt ihr leicht erkennen, was er im Sinne hat. Just das, was ich glaube, das er getan hat, sagt er, hätte ich getan. Er hat mich zu erschrecken geglaubt, indem er ich weiß nicht was in den Brunnen gestürzt hat; aber wollte nur Gott, er hätte sich wirklich selber hineingestürzt und wäre ertrunken, so hätte er doch den Wein, den er zuviel getrunken hat, ordentlich gewässert.« Die Nachbarn, Männer und Frauen, begannen alle Tofano zu schelten und ihm die Schuld beizumessen und ihm wegen dessen, was er wider die Frau gesagt hatte, Grobheiten zu sagen; und binnen kurzem ging der Lärm von Nachbar zu Nachbar, bis er schließlich auch zu den Verwandten der Frau gelangte. Die kamen hin, ließen sich die Sache von dem einen Nachbar und dem andern erzählen, packten Tofano und prügelten ihn so weidlich durch, daß ihm kein Fleckchen heil blieb am ganzen Leibe. Dann gingen sie ins Haus, nahmen die Sachen der Frau und führten die Frau zu ihnen nach Hause, nicht ohne Tofano noch mit etwas Schlimmerm gedroht zu haben. Da nun Tofano sah, wie schlecht ihm das ausgegangen war und wie schlecht ihn seine Eifersucht beraten hatte, bat er, weil er seine Frau von Herzen liebhatte, einige Freunde um ihre Vermittlung und ruhte nicht eher, als bis er die Frau in gutem Frieden wieder im Hause hatte; und er versprach ihr, fürder nicht mehr eifersüchtig zu sein, und gab ihr überdies die Erlaubnis, all ihrer Lust nachzugehn, weislich jedoch so, daß er davon nichts merke. Und so hat er's gemacht wie der dumme Bauer, der sich nicht verträgt, wenn man ihn nicht schlägt. Und darum lebe die Liebe, und nieder mit dem Joch und was daran hängt!

DIE ÄBTISSIN

In der Lombardei war ein durch Heiligkeit und Frömmigkeit wohlberufenes Kloster, unter dessen Nonnen ein junges Mädchen aus edelm Blute und begabt mit wundersamer Schönheit war, Isabetta mit Namen, und die verliebte sich, als sie eines Tages zu einem Vetter von ihr ans Sprechgitter kam, in einen hübschen jungen Mann, der mit ihm war. Und ebenso entbrannte er für sie, da er ihre Schönheit sah und ihr Begehren in ihren Augen gelesen hatte; und nicht ohne große Pein schmachteten sie beide lange Zeit in dieser Liebe, ohne ihre Frucht zu genießen. Endlich entdeckte der junge Mann bei dem beiderseitigen Verlangen einen Weg, wie er ganz heimlich zu seiner Nonne kommen konnte, und sie war es zufrieden, und so besuchte er sie nicht einmal, sondern oftmals zu beider größtem Vergnügen. Derweil das aber so fortging, geschah es eines Nachts, daß ihn, ohne daß er oder Isabetta sich dessen versehn hätte, eine Klosterfrau bemerkte, als er Isabetta verließ und wegging. Die Klosterfrau teilte es noch einigen mit. Zuerst ging deren Plan dahin, sie bei der Äbtissin zu verklagen, die Madonna Usimbalda hieß und nach der Meinung der Klosterfrauen und aller, die sie kannten, eine gute, heilige Dame war; dann aber verfielen sie auf den Gedanken, Isabetta mit dem Jüngling von der Äbtissin überraschen zu lassen, damit kein Leugnen möglich sei. Und also schweigend, teilten sie sich in die Vigilien und Wachen, um Isabetta zu ertappen. Nun geschah es, daß ihn die, die dessen keine Acht hatte und auch nichts davon wußte, eines Nachts kommen ließ. Sofort wurden das die, die darauf lauerten, gewahr. Als es sie, nachdem ein hübsches Stück der Nacht verstrichen war, an der Zeit deuchte, teilten sie sich in zwei Hälften: die einen stellten sich vor die Tür von Isabettas Zelle auf die Wache, während die andern eilends zur Kammer der Äbtissin gingen; und als die auf ihr Klopfen antwortete, sagten sie zu ihr: »Auf, Madonna, erhebt Euch rasch, wir haben bemerkt, daß Isabetta einen jungen Mann in ihrer Zelle hat.« Diese Nacht leistete der Äbtissin ein Priester Gesellschaft, den sie sich zu often Malen in einer Truhe bringen ließ. Da sie nun, als sie dies hörte, fürchtete, die Nonnen könnten in allzu großer Eile oder aus allzu großem Eifer durch ihr Pochen die Tür gar aufsprengen, erhob sie sich hurtig und kleidete sich, so gut es im Finstern ging, an; dabei kamen ihr, anstatt daß sie, wie sie meinte, das faltige Kopftuch, das sie tragen und das sie Weiel nennen, genommen hätte, die Hosen des Priesters in die Hände, und so groß war ihre Hast, daß sie sich die statt der Haube aufs Haupt warf. Und dann trat sie heraus, verschloß schnell die Tür hinter sich und sagte: »Wo ist diese Gottvermaledeite?« Und sie kam mit den andern, die so hitzig und begierig waren, Isabetta auf der Tat zu ertappen, daß sie gar nicht merkten, was die Äbtissin auf dem Haupte hatte, zur Tür der Zelle, und die brach sie mit Hilfe der anderen auf; und als sie eingetreten waren, fanden sie die beiden Liebenden umschlungen im Bette, und die wußten vor Bestürzung über diese Überraschung nicht, was tun, und blieben, wie sie waren. Unverzüglich wurde das Mädchen von den Nonnen ergriffen und auf Befehl der Äbtissin ins Kapitel gebracht. Der junge Mann blieb zurück; er kleidete sich an und wartete den Ausgang der Sache ab, mit der Absicht, wenn sie ihr etwas zuleide täten, allen, soviel er ihrer habhaft werden könnte, übel mitzuspielen und seine Geliebte mit sich zu nehmen. Die Äbtissin begann ihr, nachdem sie ihren Sitz im Kapitel eingenommen hatte, vor allen Nonnen, die nur auf die Schuldige blickten, die größten Schmähungen zu sagen, die je einem Weibe gesagt worden sind, daß sie die Heiligkeit, die Ehrbarkeit und den guten Leumund des Klosters durch ihr liederliches und schändliches Treiben, wenn es draußen bekannt werde, befleckt habe, und fügte zu diesen Schmähungen die schwersten Drohungen. Beschämt und furchtsam wegen ihrer Schuld, wußte das junge Mädchen nicht, was antworten, und durch ihr Schweigen gewann sie sich das Mitleid der andern; als aber die Äbtissin ihr Ungestüm verdoppelte, hob das Mädchen von ungefähr das Gesicht und sah nun, was die Äbtissin auf dem Kopfe hatte und daß ihr die Hosenbänder rechts und links herunterhingen. Sofort merkte sie, was los war, und sagte ganz getrost: »Madonna, so Euch Gott helfe, bindet Euch doch erst die Haube, und dann sagt mir, was Ihr wollt.« Die Äbtissin, die sie nicht verstand, sagte: »Was Haube, schlechtes Weib? Du hast noch den Mut, Possen zu treiben? Glaubst du, daß nach dem, was du getan, Possen am

Platze sind?« Nun sagte das Mädchen zum andern Male: »Madonna, ich bitte Euch, bindet Euch die Haube, und dann sagt mir, was Euch beliebt.« Darum hoben viele Nonnen den Blick zum Kopfe der Äbtissin, und während sie ebenso hinaufgriff, wurde sie inne, warum Isabetta so sprach. Als die Äbtissin jetzt einsah, daß ihr der gleiche Fehler vorgeworfen wurde, und sah, daß es alle gesehen hatten und kein Verbergen möglich war, änderte sie ihre Predigt und begann in einem andern Tone als früher zu sprechen und kam zu dem Schlusse, es sei unmöglich, sich des Stachels des Fleisches zu erwehren; und darum sagte sie, jede solle sich's in aller Stille, wie es bisher geübt worden sei, nach Möglichkeit gut geschehn lassen. Und nachdem sie das Mädchen prediggesprochen hatte, ging sie zu ihrem Priester schlafen und Isabetta zu ihrem Geliebten. Und Isabetta ließ ihn fürderhin, allen, die ihr neidisch waren, zum Trotz, oftmals kommen. Die andern, die ohne Geliebten waren, versuchten ihr Glück heimlich nach besten Kräften.

GRISELDA

Es ist schon lange her, daß das Haupt des Hauses der Markgrafen von Saluzzo ein junger Mann war, Gualtieri geheißen, der, ohne Weib und Kind hausend, seine Zeit mit nichts anderm verbrachte als mit der Vogelbeize und der Jagd; ein Weib zu nehmen und Kinder zu zeugen, hatte er keinen Gedanken, was nicht so unvernünftig war. Seine Leute, denen das nicht recht war, baten ihn zu oftmals Malen, ein Weib zu nehmen, damit nicht er ohne Erben bleibe und sie ohne Herrn; sie erboten sich auch, ihm ein solches und von solchen Eltern abstammendes Fräulein ausfindig zu machen, daß er alle Zuversicht haben und sich wohl zufriedengeben könne. Gualtieri antwortete ihnen: »Meine lieben Freunde, ihr nötigt mich etwas, was ich nie und nimmer zu tun entschlossen war, in der Überlegung, was für ein schweres Ding es ist, eine ausfindig zu machen, die sich ganz zum eigenen Wesen schickte, und wie häufig das Gegenteil ist und wie hart das Leben dessen ist, der an eine gerät, die sich nicht zu ihm schickt. Und daß ihr sagt, ihr glaubtet, aus der Art der Eltern die der Töchter zu erkennen, woraus ihr ableitet, ihr würdet mir eine solche geben, daß sie mir gefällt, das ist eine Torheit; denn ich wüßte nicht, woher ihr die Väter oder wie ihr die Heimlichkeiten der Mütter kennen könntet; und wenn ihr sie schon kenntet, so sind doch die Töchter gar häufig den Eltern unähnlich. Weil es euch aber beliebt, mich mit diesen Ketten zu fesseln, so schicke ich mich meinetwegen drein; und damit ich mich, wenn es schlimm ausgeht, über niemand sonst zu beklagen habe als über mich, so will ich mir sie selber aussuchen, sage euch aber das eine: Wenn ihr die, die ich nehme, nicht als Herrin ehren werdet, so werdet ihr's zu euerm großen Schaden erfahren, wie schwer es mir ist, gegen meinen Willen auf euere Bitten ein Weib genommen zu haben.« Die wackern Leute antworteten, sie seien es zufrieden, nur möge er sich entschließen, ein Weib zu nehmen. Seit langem hatte Gualtieri sein Wohlgefallen an dem Gehaben eines armen jungen Mädchens, die aus einem Dorfe nahe bei seinem Hause war, und da sie ihn auch sehr schön deuchte, glaubte er, mit ihr recht glücklich leben zu können; ohne daher weiter zu suchen, nahm er sich vor, sie zu heiraten: er ließ ihren Vater rufen und kam mit ihm, der ein ganz armer Mann war, überein, sie zum Weibe zu nehmen. Hierauf versammelte er alle seine Freunde aus der Landschaft um sich und sagte zu ihnen: »Meine lieben Freunde, euer Wille war und ist es, daß ich mich entschlösse, ein Weib zu nehmen, und ich habe mich dazu entschlossen, mehr euch zuliebe, als daß ich ein Verlangen nach einem Weibe gehabt hätte. Ihr wißt, was ihr mir versprochen habt, nämlich mit einer jeden, wer immer die sei, die ich nehme, zufrieden zu sein und sie als Herrin zu ehren; jetzt ist die Zeit da, wo ich im Begriffe bin, euch mein Versprechen zu halten, und ich wünsche, daß ihr mir das eurige haltet. Ich habe hier ganz in der Nähe ein junges Mädchen nach meinem Herzen gefunden, die beabsichtige ich zum Weibe zu nehmen und binnen wenigen Tagen heimzuführen; denkt also daran, wie das Hochzeitsfest prächtig zu rüsten sei und wie ihr sie ehrenvoll empfangen könnet, damit ich mich wegen eures Versprechens ebenso zufriedengeben kann, wie ihr euch wegen des meinigen.« Die guten Leute antworteten alle voller Freude, das sei ihr Wunsch, und sie würden sie, sei sie, wer sie wolle, als Herrin hinnehmen und in allen Stücken als Herrin ehren. Hierauf trafen sie allesamt alle Anstalten, das Fest schön und groß und fröhlich zu machen, und dasselbe tat Gualtieri. Er ließ die Hochzeit gar groß und schön ausrichten und viele Freunde und Verwandte und vornehme Edelleute und andere aus der Umgegend einladen. Und er ließ auch mehrere schöne und reiche Kleider zuschneiden und anfertigen nach dem Maße eines jungen Mädchens, die ihm den Wuchs der Jungfrau zu haben schien, die er sich zu freien vorgenommen hatte; und überdies beschaffte er Gürtel, Ringe und eine köstliche und prächtige Krone und alles, was eine Braut braucht. Und als der Tag gekommen war, den er für die Hochzeit bestimmt hatte, stieg Gualtieri etwa anderthalb Stunden nach Sonnenaufgang zu Pferde und mit ihm alle, die ihm zu Ehren gekommen waren; und nachdem er alles Nötige angeordnet hatte, sagte er: »Ihr Herrn, es ist Zeit, die Braut einzuholen.« Und er machte sich mit seinem ganzen Geleite auf den Weg, und sie ritten in das Dörfchen. Und als sie zu dem Hause ihres Vaters gekommen waren, trafen sie das Mädchen, wie sie eben mit Wasser vom Brunnen zurückkam; sie war in großer Hast, weil sie nachher mit andern Frauenzimmern gehn wollte, um die Braut Gualtieris kommen zu sehn. Kaum sah Gualtieri sie, so rief er sie bei ihrem Namen Griselda und fragte sie, wo der Vater sei; sie antwortete verschämt: »Herr, er ist im Hause.« Nun saß Gualtieri ab, befahl allen, ihn zu erwarten, und trat allein in das armselige Häuschen; dort fand er ihren Vater, der Giannucolo hieß, und zu dem sagte er: »Ich bin gekommen, um Griselda zu freien; vorher möchte ich aber noch von ihr einiges in deiner Gegenwart hören.« Und er fragte sie, ob sie sich, wenn er sie zum Weibe nehme, immerdar befleißigen wolle, ihm willfährig zu sein und sich nichts, was er tun oder sagen werde, verdrießen zu lassen, und ob sie gehorsam sein werde und um viel ähnliche Dinge; sie antwortete immer mit Ja. Nun nahm Gualtieri sie bei der Hand, führte sie hinaus und ließ sie vor seiner Begleitung, und wer sonst noch da war, nackt auskleiden; und nachdem er die auf seinen Befehl angefertigten Kleidungsstücke hatte bringen lassen, ließ er sie alsbald bekleiden und beschuhen und auf ihr Haar, so wirr es war, eine Krone setzen. Darob verwunderte sich jedermann, und er sagte: »Ihr Herren, das ist die, die mein Weib sein soll, wenn sie mich zum Manne haben will.« Dann wandte er sich zu ihr, die, über sich selber verschämt, nicht wußte, wie ihr geschah, und sagte: »Griselda, willst du mich zum Manne?« Sie antwortete:

»Ja, Herr«, und er sagte: »Und ich will dich zum Weibe.« Und er verlobte sich vor allen Leuten mit ihr. Und er ließ sie einen Zelter besteigen und führte sie mit ehrenvollem Geleite heim. Dort wurde mit großem Gepränge Hochzeit gehalten, und die Festlichkeiten waren nicht anders, als wenn er die Tochter des Königs von Frankreich genommen hätte. Die junge Frau schien mit den Kleidern zugleich auch Sinn und Wesen gewechselt zu haben. Sie war, wie wir gesagt haben, schön an Gestalt und Antlitz, und so schön, wie sie war, so einnehmend, so liebenswürdig und so gewandt wurde sie jetzt in ihrem Benehmen, so daß sie nicht eine Schafhirtin und die Tochter Giannucolos, sondern die eines edlen Herrn zu sein schien; das nahm alle wunder, die sie vorher gekannt hatten. Und zudem war sie ihrem Manne so gehorsam und zuvorkommend, daß er sich für den glücklichsten und zufriedensten Menschen auf der Welt hielt; und mit seinen Untertanen war sie so freundlich und leutselig, daß es niemand gab, der sie nicht mehr als sich selbst geliebt und ihr nicht willig alle Ehrerbietung erwiesen hätte: alle beteten für ihr Wohl und ihr Glück und ihre Erhebung, und hatten sie früher zu sagen gepflegt, Gualtieri habe unklug gehandelt, daß er sie zum Weibe genommen habe, so sagten sie nun, daß er der weiseste und scharfsichtigste Mensch auf der Welt gewesen sei, weil es niemand sonst als er vermocht hätte, die hohen Tugenden unter der dürftigen Hülle und der bäuerischen Tracht zu erkennen. Und sie verstand sich so zu benehmen, daß nicht nur in ganz kurzer Frist in ihrer Markgrafenschaft, sondern auch, ehe viel Zeit verstrichen war, allenthalben von ihrer Vortrefflichkeit und ihrer Zucht gesprochen wurde, und was etwa gegen ihren Gatten gesagt worden war, als er sie gefreit hatte, das wandte sich nun in das

Gegenteil. Sie war noch nicht lange in Gualtieris Hause, als sie schwanger wurde; und zu der Zeit gebar sie eine Tochter, und darüber war Gualtieri ganz glücklich. Bald darauf aber kam ihm ein seltsamer Gedanke in den Sinn, nämlich der, ihre Willfährigkeit mit langer Erprobung und harten Prüfungen versuchen zu wollen. Er fing damit an, sie mit Worten zu kränken, indem er in gespielter Erregung zu ihr sagte, seine Leute seien schlecht zufrieden mit ihr wegen ihrer niedrigen Abstammung, und besonders jetzt, wo sie sähen, daß sie ihm Kinder bringe; und wegen der Tochter, die sie geboren habe, täten sie mißvergnügt nichts sonst als murren. Auf diese Worte hin sagte die Frau, ohne ihr Gesicht oder ihre guten Vorsätze irgendwie zu ändern: »Mein liebster Herr, tu mit mir, wie du glaubst, daß es deiner Ehre und deiner Ruhe förderlich ist; ich werde mit allem zufrieden sein, weil ich erkenne, wie gering ich gegen sie bin und daß ich der Ehre nicht wert war, zu der du mich in deiner Gnade erhoben hast.« Diese Antwort freute Gualtieri ungemein, weil er daraus erkannte, daß sie keineswegs stolz geworden war über die Ehre, die er oder andere ihr erwiesen hatten. Kurze Zeit darauf schickte er, nachdem er ihr mit allgemeinen Worten mitgeteilt hatte, seine Untertanen könnten ihr Mägdlein nicht leiden, einen Diener, dem er seine Weisungen erteilt hatte, zu ihr, und der sagte ihr mit gar betrübtem Gesichte: »Madonna, wenn ich nicht sterben will, muß ich tun, was mir mein Herr befiehlt. Er hat mir befohlen, Euer Töchterchen zu nehmen und ...«, und mehr sagte er nicht. Als die Frau diese Worte hörte, das Gesicht des Dieners sah und sich der gesagten Worte erinnerte, begriff sie, daß er den Auftrag hatte, das Kind zu töten; und so nahm sie es schnell aus der Wiege und küßte und segnete es und legte es, ohne, trotz ihrer Herzenspein, das Gesicht zu verändern, dem Diener in den Arm und sagte: »Nimm sie und tu pünktlich, was dir dein und mein Herr aufgetragen hat; laß sie aber nicht so, daß sie die Tiere und die Vögel fressen, es sei denn, er hätte dir das befohlen.« Der Diener nahm das Mägdlein und meldete Gualtieri, was die Frau gesagt hatte; staunend über ihre Standhaftigkeit, schickte ihn Gualtieri mit der Kleinen zu einer Muhme von ihm nach Bologna und ließ sie bitten, sie mit aller Sorgfalt warten und erziehen zu lassen, ohne jemals zu sagen, wessen Tochter sie sei. Darauf geschah es, daß die Frau von neuem schwanger wurde, und zur gehörigen Zeit genas sie eines Knaben, und dessen war Gualtieri herzlich froh. Weil ihm aber das, was er getan hatte, nicht genügte, so verwundete er die Frau mit größerer Kränkung und sagte eines Tages erregten Angesichts zu ihr: »Frau, seit du diesen Knaben geboren hast, kann ich mit meinen Leuten gar nicht mehr auskommen, so bitter beschweren sie sich darüber, daß nach mir ein Enkel Giannucolos ihr Herr sein soll; darum fürchte ich, daß mir, wenn ich nicht des Landes vertrieben werden will, nichts übrigbleibt, als dasselbe zu tun, was ich das andere Mal getan habe, und schließlich noch dich zu lassen und ein ander Weib zu nehmen.« Geduldigen Mutes hörte ihn die Frau an und erwiderte nichts als: »Mein liebster Herr, sorge, deine Ruhe zu gewinnen, und handle nach deinem Wohlgefallen; um mich kümmere dich in keiner Weise, weil mir ja doch nichts teuer ist, außer, soweit ich sehe, daß es dir recht ist.« Nach wenigen Tagen schickte Gualtieri in derselben Art, wie um die Tochter, um den Sohn und schickte ihn, indem er vorgab, er habe ihn in gleicher Weise töten lassen, ebenso wie das Mägdlein zur Erziehung nach Bologna; dazu machte die Frau weder ein andres Gesicht noch andere Worte als wegen des Mägdleins, so daß sich Gualtieri baß verwunderte und sich selber gestand, daß kein andres Weib hätte so handeln können wie sie. Und hätte er nicht gesehn gehabt, wie zärtlich sie mit den Kindern gewesen war, solange ihm das recht war, so hätte er, anstatt die Weisheit ihres Handelns zu erkennen, wie er jetzt tat, geglaubt, sie handle so aus Gleichgültigkeit. Seine Untertanen, die wirklich glaubten, er habe die Kinder töten lassen, tadelten ihn bitter und schalten ihn einen Unmenschen und hatten mit der Frau das größte Mitleid; die aber sagte zu den Frauen, die mit ihr über die also getöteten Kinder wehklagten, nichts sonst, als daß ihr alles recht sei, was dem beliebe, der sie gezeugt habe. Als aber nach der Geburt des Mägdleins eine Reihe von Jahren verstrichen war, deuchte es Gualtieri an der Zeit, mit ihrer Duldsamkeit die letzte Probe anzustellen; und so sagte er gesprächsweise zu vielen von seinen Leuten, er könne es auf keine Weise mehr ertragen, Griselda zur Frau zu haben, und er sehe nun ein, was für eine Jugendtorheit er begangen habe, sie zu nehmen, und daher wolle er's beim Papste nach Kräften betreiben, daß ihm der erlaube, ein andres Weib zu nehmen und Griselda zu lassen. Darob wurde er von vielen ehrlichen Männern hart getadelt; er aber antwortete nur, es müsse so sein. Als die Frau davon vernahm, schien es ihr, sie müsse darauf gefaßt sein, in das Haus des Vaters zurückzukehren und vielleicht wie einst die Schafe zu hüten und den Mann, dem sie nur sein Bestes wünschte, in den Armen einer andern zu sehn, und deshalb härmte sie sich innerlich; so wie sie aber die andern Unbilden des Schicksals ertragen hatte, so beschloß sie, auch diese mit fester Stirn zu ertragen. Nicht lange darauf ließ Gualtieri seine gefälschten Briefe aus Rom kommen und redete seinen

Griselda

Untertanen ein, darin habe ihm der Papst erlaubt, ein andres Weib zu nehmen und Griselda zu lassen. Er ließ sie also vor sich kommen und sagte in Gegenwart einer großen Versammlung zu ihr: »Frau, durch eine Vergünstigung, die mir der Papst gewährt hat, darf ich eine andere Frau nehmen und dich lassen; und weil alle meine Vorfahren große Edelleute und Herren in diesem Lande waren, während die deinigen immer Bauern waren, so will ich, daß du nicht mehr mein Weib seist, sondern in das Haus Giannucolos zurückkehrst mit dem Heiratsgute, das du mir zugebracht hast, und ich werde eine andere heimführen, die ich zu mir passend gefunden habe.« Als die Frau diese Worte hörte, hielt sie nicht ohne die größte Anstrengung, größer, als es sonst die Art der Weiber zuläßt, die Tränen zurück und antwortete: »Herr, ich habe immer erkannt, daß sich mein niedriger Stand in keiner Weise zu Euerm Adel schickt, und das, was ich mit Euch gewesen bin, das habe ich als Eure und Gottes Gabe erkannt, habe es auch nicht wie ein Geschenk mir zu eigen gemacht und so betrachtet, sondern es stets für etwas mir Geliehenes gehalten; es gefällt Euch, es zurückzufordern, und so muß es mir gefallen und gefällt mir, es Euch zurückzugeben: hier ist Euer Ring, womit Ihr Euch mir vermählt habt; nehmt ihn. Ihr befehlt mir, das Heiratsgut, das ich Euch zugebracht habe, mitzunehmen: dazu braucht Ihr keinen Zahlmeister und ich weder einen Beutel noch ein Tragtier; es ist meinem Gedächtnis nicht entfallen, daß Ihr mich nackt genommen habt. Und dünkt es Euch ehrbar, daß der Leib, der die von Euch gezeugten Kinder getragen hat, von allen gesehn werde, so will ich nackt von hinnen gehen; doch ich bitte Euch, laßt es Euch zum Lohne für meine Jungfrauschaft, die ich Euch zugebracht habe und nicht wegtrage, gefallen, daß ich ein einziges Hemd über mein Heiratsgut mitnehmen darf.« Gualtieri, dem das Weinen näher war als sonst etwas, behielt trotzdem sein finsteres Gesicht bei und sagte: »So nimm denn ein Hemd mit.« Alle, so viele ihrer da waren, baten ihn, ihr ein Kleid zu schenken, damit man nicht die, die dreizehn Jahre und noch länger sein Weib gewesen sei, so armselig und so schmählich aus seinem Hause weggehen sehe, wie es zutreffe, wenn sie im Hemde fortgehe; aber ihre Bitten waren eitel: im Hemde, barfuß und barhäuptig ging Griselda, nachdem sie alle Gott befohlen hatte, aus dem Hause und kehrte unter Tränen und Klagen aller, die sie sahen, zum Vater zurück. Giannucolo, der es nie hatte glauben können, Gualtieri werde seine Tochter in Wahrheit als Weib behalten, und dieses Ende tagtäglich erwartete, hatte ihr die Kleider aufbewahrt, die von ihr an dem Morgen ihrer Vermählung mit Gualtieri abgelegt wurden; die brachte er ihr, und sie zog sie wieder an und machte sich, wie sie gewohnt gewesen war, an die geringen Arbeiten im väterlichen Hause; tapfern Mutes ertrug sie den wuchtigen Ansturm des feindlichen Geschickes.

So, wie Gualtieri dies durchgeführt hatte, also redete er auch seinen Leuten ein, er habe eine Tochter eines Grafen von Panago genommen; und während er mit großem Gepränge zur Hochzeit rüsten ließ, schickte er um Griselda. Sie kam, und er sagte zu ihr: »Ich führe nun die Frau heim, die ich neuerdings genommen habe, und gedenke, ihr bei ihrer Ankunft Ehre zu erzeigen. Du weißt, daß ich keine Frauen im Hause habe, die die Zimmer auszuschmücken und die vielen Dinge, die ein derartiges Fest erfordert, zu besorgen verstünden. Und weil du besser als jede andere Bescheid im Hause weißt, so richte du alles her, wie es sich gehört, laß die Damen einladen, die du meinst, und empfange sie, als ob du hier die Frau wärest; nach der Hochzeit kannst du dann wieder heimgehn.« Obwohl diese Worte Messerstiche waren für das Herz Griseldas, die ja der Liebe, die sie zu ihm trug, nicht so hatte entsagen können wie ihrem Glücke, antwortete sie: »Herr, ich bin willig und bereit.« Und sie trat in ihrer schlechten, groben Kleidung in das Haus, aus dem sie vor kurzem im Hemde fortgegangen war, und begann die Zimmer zu säubern und in Ordnung zu bringen, ließ in den Sälen Wandteppiche befestigen und Decken auflegen, ließ die Küche bestellen und legte überall Hand an, als ob sie eine geringe Hausmagd gewesen wäre; und sie rastete nicht eher, als bis alles schmuck und in Ordnung war, wie es sich gehörte. Dann ließ sie im Namen Gualtieris alle Damen der Umgegend einladen und traf die Anstalten zum Feste. Und als der Tag der Hochzeit gekommen war, empfing sie alle Damen, die dazukamen, trotz ihrer armseligen Kleidung mit dem Mute und mit dem Anstande einer vornehmen Dame und mit heiterm Gesicht. Die Kinder Gualtieris waren in seinem Auftrage bei einer Muhme von ihm, die in das Haus der Grafen von Panago verheiratet war, sorgfältig auferzogen worden; das Mädchen, das schönste Wesen, das man je gesehn hatte, war jetzt zwölf Jahre alt, der Knabe sechs. Nun hatte Gualtieri zu seinem Vetter nach Bologna geschickt und ihn gebeten, es möge ihm belieben, mit seiner Tochter und dem Sohne nach Saluzzo zu kommen und dafür zu sorgen, daß er ein schönes und ehrenvolles Geleite mitbringe, dabei aber allen zu sagen, er führe sie ihm als Gattin zu, ohne gegen irgend jemand irgend etwas verlauten zu lassen, wer sie sonst sei. Der Edelmann tat, wie ihn der Markgraf gebeten hatte, machte sich auf den Weg und kam nach einigen Tagen mit dem Mädchen und dem Brüderchen und einem edeln Geleite zur Essenszeit nach Saluzzo, wo er alle Einwohner und viele Leute aus der Nachbarschaft versammelt fand, um die neue Gemahlin Gualtieris zu erwarten. Als sie nach ihrem Empfange durch die Damen in den Saal, wo die Tische aufgestellt waren, getreten war, ging ihr Griselda, so wie sie war, heiter entgegen und sagte: »Willkommen, meine Herrin!« Die Damen, die Gualtieri gar oft, aber umsonst gebeten hatten, er möge Griselda in einer Kammer bleiben lassen oder ihr eins von ihren frühern Kleidern leihen, damit sie nicht in einem solchen Aufzuge vor seinen Gästen erscheine, wurden zu Tische geführt, und man fing an, sie zu bedienen. Das Fräulein wurde von jedermann betrachtet, und alle sagten, Gualtieri habe einen guten Tausch getan; besonders aber lobte Griselda sie, sie und ihr Brüderchen. Nun hielt Gualtieri dafür, er habe von der Duldsamkeit seiner Frau so viel gesehn, wie er begehrt habe, weil er sah, daß die Wendung der Dinge sie nicht im geringsten veränderte, wobei er sicher war, daß das nicht von Beschränktheit herstammte, da er sie als sehr klug kannte; es schien ihm daher an der Zeit, all die Bitterkeit, die sie nach seiner Meinung unter der tapfern Miene verbarg, von ihr zu nehmen. Darum ließ er sie kommen und sagte vor der ganzen Gesellschaft lächelnd zu ihr: »Was dünkt dich von unserer Braut?« – »Herr«, antwortete Griselda, »mich dünkt viel Gutes; und wenn sie, wie ich glaube, so klug ist wie schön, so zweifle ich nicht, daß Ihr mit ihr als der glückseligste Herr dieser Welt leben werdet. Aber ich bitte Euch, was ich nur kann, die Kränkungen, die Ihr der andern, die früher die Euere war, angetan habt, die tut dieser nicht an; denn ich glaube kaum, daß sie sie ertragen könnte, weil sie jünger ist, und dann, weil sie in Zärtlichkeit auferzogen ist, während die andere von klein auf in beständiger Mühsal gewesen ist.« Als Gualtieri sah, daß sie fest glaubte, das Fräulein solle sein Weib sein, und daß sie trotzdem nichts sonst als Gutes von ihr sprach, ließ er sie an seiner Seite niedersitzen und sagte zu ihr: »Griselda, jetzt ist es Zeit, daß du die Frucht deiner langen Duldsamkeit kostet und daß die, die mich für grausam und ungerecht und töricht gehalten haben, erkennen, daß ich alles, was ich getan habe, zu einem wohlbedachten Zwecke ins Werk gesetzt habe: dich wollte ich lehren, wie ein Weib sein soll, und die andern, wie man ein Weib nehmen und halten soll; und mir wollte ich eine beständige Ruhe schaffen, dieweil ich mit dir zu leben haben würde. Und darüber, ob mir das gelingen werde, war ich, als ich daranging zu heiraten, in großer Furcht, und deswegen habe ich dich, um eine Probe anzustellen, so, wie du weißt, gekränkt und verletzt. Und weil ich nie bemerkt habe, daß du in Worten oder in Werken von meinen Wünschen abgewichen wärest, und weil ich glaube, bei dir all den Trost zu finden, den ich ersehnt habe, so will ich dir auf einmal wiedergeben, was ich dir auf mehrere Male genommen habe, und will die Kränkungen, die ich dir angetan, durch die größte Zärtlichkeit heilen. Und so nimm denn die, die du für meine Braut hältst, und ihr Brüderchen als deine und meine Kinder hin; sie sind die, von denen du und viele Leute lange Zeit geglaubt haben, ich hätte sie grausam töten lassen, und ich bin dein Gatte, der dich über alles in der Welt liebt und der Meinung ist, sich rühmen zu können, daß es niemand gebe, der mit seiner Frau in gleicher Weise zufrieden sein könnte.« Und nach diesen Worten fiel er ihr um den Hals und küßte sie, die vor Freuden weinte, und sie standen auf und gingen zu ihrer Tochter, die ganz erstaunt über das, was sie vernahm, dasaß, und umarmten sie und ihr Brüderchen zärtlich; und so wurden nicht nur die Kinder, sondern auch viele Anwesende ihres Wahnes entledigt. Die Damen standen froh vom Tische auf, gingen mit Griselda in eine Kammer, zogen ihr ihre Kleider mit besserer Vorbedeutung aus, legten ihr ein vornehmes Gewand von den ihrigen an und führten sie, die auch in Lumpen einer Dame geglichen hatte, als Dame in den Saal zurück. Da gab es denn ein wundersames Herzen mit den Kindern, und jedermann war dessen froh; der Jubel verdoppelte sich, und sie dehnten das Fest auf mehrere Tage aus. Gualtieris hohe Klugheit wurde anerkannt, wenn man auch die Proben, denen er seine Frau unterworfen hatte, für zu hart und unerträglich hielt; über alle aber wurde Griselda als ungemein klug gepriesen. Der Graf von Panago kehrte nach einigen Tagen nach Bologna zurück. Gualtieri enthob Giannucolo seiner Arbeit und setzte ihn als Schwiegervater in einen solchen Stand, daß er sein Greisenalter ehrenvoll und friedlich verlebte bis zu seinem Ende. Und nachdem Gualtieri seine Tochter an einen hohen Herrn vermählt hatte, lebte er mit Griselda, die er immerdar nach Kräften ehrte, lange und glücklich.

FRANCO SACCHETTI

DER MÜLLER UND DER ABT

Messer Bernabò, Herr von Mailand, war zu seiner Zeit gefürchteter als irgendein anderer Fürst; und obgleich er grausam war, so besaß er doch dabei einen guten Teil Gerechtigkeit. Unter vielen andern Abenteuern begegnete es ihm auch eines Tages, daß er einen reichen Abt, der die Nachlässigkeit begangen hatte, zwei dem genannten Herrn gehörige Doggen nicht recht zu halten, so daß diese räudig geworden waren, zu einer Geldbuße von vier Goldgulden verurteilte. Darüber fing der Abt an, um Gnade zu flehen. Der genannte Herr aber, als er hörte, daß er um Gnade flehte, sagte zu ihm: »Wenn du mich über vier Dinge ins klare setzest, so will ich dir ganz und gar vergeben. Es sind folgende: Du sollst mir sagen, wie weit es von hier bis zum Himmel ist; wieviel Wasser im Meer ist; was in der Hölle geschieht; und wieviel meine Person wert ist.«

Als der Abt dies hörte, fing er an zu seufzen, und es schien ihm, als sei er nun schlimmer dran als zuvor. Um indes Zeit zu gewinnen und den Zorn des Herrn abkühlen zu lassen, sagte er, er möge ihm gnädigst eine Frist verstatten, um so hohe Dinge zu beantworten. Der Herr gab ihm den ganzen folgenden Tag Bedenkzeit, und begierig, den Ausgang der Geschichte zu hören, verlieh er ihm sicheres Geleit zur Rückkehr.

Gedankenvoll und sehr tiefsinnig kehrte der Abt zu seiner Abtei zurück und keuchte wie ein Pferd, wenn es scheu wird. Daselbst angelangt, begegnete er einem seiner Müller. Als der ihn so niedergeschlagen sah, fragte er: »Was ist Euch, Herr, daß Ihr so keucht?«
Der Abt antwortete: »Ich habe wohl Ursache, denn der Fürst will mich unglücklich machen, wenn ich ihn nicht über vier Dinge ins klare setze, die selbst Salomo und Aristoteles zu hoch gewesen wären.«
Der Müller fragte: »Und was sind das für Dinge?«
Der Abt sagte es ihm. Darauf erwiderte der Müller nach einigem Nachsinnen dem Abte: »Wenn es Euch recht ist, so will ich Euch wohl aus dieser Verlegenheit helfen.«
»Wollte Gott«, sprach der Abt.
»Gott und alle Heiligen«, sprach der Müller, »werden es, denke ich, schon wollen.«
Da begann der Abt, der nicht wußte, wie ihm geschah, und sprach: »Wenn du das ausrichtest, so nimm dir von mir, was du willst; denn nichts in der Welt kannst du von mir fordern, das ich dir nicht gäbe, wenn es irgend möglich ist.«
Der Müller versetzte: »Dies will ich Eurem Belieben überlassen.«
»Wie willst du es aber anfangen?« fragte der Abt.
Da antwortete der Müller: »Ich will mir Euren Rock und Mantel anziehen, mir den Bart scheren und morgen früh bei guter Zeit vor ihn treten und sagen, ich sei der Abt. Alsdann will ich ihm die vier Dinge auf solche Art auseinandersetzen, daß ich denke, er soll zufrieden sein.«
Der Abt konnte die Zeit nicht erwarten, bis er den Müller an seine Stelle geschoben. Und so geschah es. Der Müller verwandelte sich in einen Abt und machte sich

am Morgen bei guter Zeit auf den Weg. Als er an dem Tore anlangte, wo der Herr wohnte, klopfte er an und sagte, der und der Abt wolle dem Herrn auf gewisse Dinge antworten, die er ihm aufgegeben habe. Der Herr, begierig zu hören, was der Abt sagen könne, und verwundert, daß er so bald wieder da war, ließ ihn zu sich rufen. Der Müller trat vor ihn, stellte sich ein wenig in den Schatten, machte eine Verbeugung und hielt die Hand öfters vor das Gesicht, um nicht erkannt zu werden, und als der Herr ihn nun fragte, ob er ihm über die vier Dinge Bescheid sagen könne, die er ihm aufgegeben habe, antwortete er: »Ja, Herr! Ihr fragt mich, wie weit es von hier bis zum Himmel ist. Nachdem ich nun alles wohl ermessen, so ist es von hier bis da oben sechsunddreißig Millionen achthundertvierundfünfzigtausendzweiundsiebzig und eine halbe Meile und zweiundzwanzig Schritte.«

Der Herr sprach: »Du hast es sehr genau angesehen. Aber wie beweisest du das?«

»Laßt es ausmessen«, antwortete er; »und wenn dem nicht so ist, so hängt mich an den Galgen! – Zum andern fragt Ihr mich, wieviel Wasser das Meer enthält. Dies ist mir sehr sauer geworden herauszubringen, denn es steht nicht fest und kommt immer neues hinzu. Aber ich habe doch ermittelt, daß im Meere fünfundzwanzigtausendneunhundertundzweiundachtzig Millionen Maß, sieben Fässer, zwölf Krüge, zwei Gläser sind.«

Da sprach der Herr: »Woher weißt du das?«

Er antwortete: »Ich habe es nach bestem Vermögen untersucht. Wenn Ihr es nicht glaubt, so laßt Eimer holen und es nachmessen! Befindet Ihr es anders, so laßt mich vierteilen! – Drittens fragt Ihr mich, was sie in der Hölle machen. In der Hölle köpfen, vierteilen, zwicken und hängen sie nicht mehr und nicht minder, als Ihr hier auf der Erde tut.«

»Welchen Beweis hast du dafür?«

Er antwortete: »Ich habe einmal einen gesprochen, der da gewesen war, und von dem hatte der Florentiner Dante, was er über die Dinge in der Hölle geschrieben. Aber jetzt ist er tot. Wenn Ihr es also nicht glauben wollt, so schickt hin und laßt nachsehen! – Viertens endlich fragtet Ihr mich, wieviel Ihr wert seid. Und ich sage: neunundzwanzig Silberlinge.«

Als Herr Bernabò dies hörte, wandte er sich voll Wut zu ihm und sagte: »Mögest du den Bandwurm kriegen! Bin ich nicht mehr wert als ein Topf?«

Nicht ohne große Furcht gab der Müller zur Antwort: »Gnädiger Herr, vernehmt den Grund! Ihr wißt, daß unser Herr Jesus Christus um dreißig Silberlinge verkauft wurde; ich rechne, daß Ihr einen Silberling weniger wert seid als er.«

Als der Herr dies hörte, wurde es ihm auf einmal deutlich, daß dies nicht der Abt sei. Er sah ihm starr ins Gesicht, und fest überzeugt, daß dies ein Mann von viel höhern Einsichten sei als der Abt, sprach er dreist: »Du bist nicht der Abt!«

Man kann sich den Schrecken denken, welchen der Müller hatte. Er warf sich mit gefalteten Händen vor ihm auf die Knie, bat um Gnade und gestand dem Herrn, daß er der Müller des Abtes sei und wie und warum er in dieser Vermummung vor seine Herrlichkeit gekommen und in welcher Weise er das geistliche Kleid angezogen habe, und alles dies, mehr, um ihm einen Spaß zu machen, als aus böser Absicht.

Als Herr Bernabò dies vernahm, sprach er: »Wohlan denn, da er dich zum Abt gemacht hat und du mehr wert bist als er, so wahr Gott lebt, will ich dich bestätigen. Du sollst also hinfort der Abt sein und er der Müller. Auch sollst du alle Einkünfte des Klosters haben und er die der Mühle.«

Und so mußte es gehalten werden, solange er lebte, daß der Abt Müller war und der Müller Abt.

DIE ENTBINDUNG

Zu meiner Zeit lebte als Pfarrer einer Kirche in Castello bei Florenz ein gewisser Ser Tinaccio. Er war schon alt und hatte in vergangenen Zeiten als Freundin oder Feindin ein schönes junges Mädchen aus dem Vorort Ognissanti gehabt, die ihm eine zu besagter Zeit sehr schöne heiratsfähige Tochter hinterlassen hatte; und überall stand die Nichte des Priesters in dem Ruf, ein leckerer Bissen zu sein.

Nicht sehr weit von ihr wohnte ein Jüngling, dessen Namen und Familie ich verschweigen will, der dieses Mädchen öfters gesehen und sich in sie verliebt hatte. Er erdachte eine schlaue List, um zu ihr zu gelangen, und führte sie folgendermaßen aus: An einem regnerischen Abend, als es schon sehr spät war, verkleidete er sich als Bäuerin, legte ein Halstuch um und stopfte sich mit Stroh und Tüchern aus, so daß er aussah, als sei er schwanger und sein Bauch reiche ihm bis zur Kehle. Dann ging er in die Kirche, um die Beichte zu fordern, wie es die Frauen tun, die die Entbindung vor sich haben. Als er an der Kirche anlangte, war es fast ein Uhr nachts. Er klopfte an die Tür, und als der Küster kam, um zu öffnen, verlangte er nach dem Priester.

Der Küster sagte: »Er bringt gerade jemandem das Abendmahl und wird bald zurückkehren.«

Darauf die schwangere Frau: »O weh mir, ich Unglück-

liche, ich kann nicht mehr!« Sie wischte sich oft das Gesicht mit einem Tuch ab, mehr, um nicht erkannt zu werden, als wegen des Schweißes auf dem Gesicht, und setzte sich mit großer Anstrengung nieder, indem sie sagte: »Ich werde auf ihn warten, denn wegen der Schwere des Körpers könnte ich nicht hierher zurückkommen; selbst wenn mich Gott sterben ließe, möchte ich es nicht aufschieben.«
Der Küster sagte: »Gott sei dir gnädig!«
Als sie so wartete, kam der Priester um ein Uhr nachts. Seine Gemeinde war groß; er hatte viele Pfarrkinder, die er nicht kannte. Als er sie im Dämmerlicht sah, trocknete sich die angebliche Frau mit großer Beklemmung das Gesicht, sagte ihm, sie habe auf ihn gewartet, und erklärte ihm das Wieso und Warum. Und der Priester begann ihr die Beichte abzunehmen. Die männliche Frau beichtete recht lange, damit die Nacht gut fortschreiten sollte. Dann begann die Frau zu seufzen: »Ich Unglückliche, wohin soll ich nun heute nacht gehen?«
Herr Tinaccio sagte: »Das wäre eine Dummheit. Die Nacht ist dunkel und regnerisch, und es wird wahrscheinlich noch stärker regnen. Geht nicht weg. Bleibt heute nacht bei meinem Mädchen, und morgen früh werdet Ihr beizeiten weggehen.«
Als die männliche Frau das hörte, schien es ihr, sie sei auf dem besten Wege zu dem, was sie wünschte; und da sie Appetit auf das hatte, was der Priester sagte, antwortete sie: »Mein Vater, ich werde tun, wie Ihr mir ratet; denn ich bin durch den Herweg so außer Atem, daß ich nicht glaube, noch hundert Schritte ohne große Gefahr gehen zu können, das Wetter ist schlecht, und es ist Nacht. Ich werde daher tun, wie Ihr sagt. Aber um eins bitte ich Euch: Wenn mein Gatte etwas sagen sollte, entschuldigt mich bitte.«

Die Entbindung

Darauf der Priester: »Überlaßt das mir!«
Sie ging in die Küche, wohin der Priester sie schickte, speiste mit dessen Mädchen zur Nacht und führte oft das Taschentuch an das Gesicht, um ihr Aussehen zu verbergen. Als sie gespeist hatten, gingen sie in einer Kammer zu Bett, die nur durch eine Holzwand von derjenigen Herrn Tinaccios getrennt war. Gleichsam im ersten Schlaf begann der als Frau verkleidete Jüngling, die Brüste des Mädchens zu berühren. Dieses hatte schon eine Weile geschlafen, und den Priester hörte man laut schnarchen. Die schwangere Frau näherte sich also dem Mädchen, und als dieses fühlte, wer sich da für sie aufrichtete, begann sie Herrn Tinaccio zu rufen und sagte: »Es ist ein Junge.« Mehr als dreimal rief sie ihn, ehe er erwachte; beim vierten Mal rief sie: »Oh, Herr Tinaccio, es ist ein Junge.«
Und Herr Tinaccio fragte ganz schlaftrunken: »Was sagst du?«
»Ich sage, es ist ein Junge.«
Herr Tinaccio, in der Meinung, die gute Frau habe das Kind zur Welt gebracht, sagte: »Hilf ihm, hilf ihm, meine Tochter!«
Noch mehrmals sagte das Mädchen: »Herr Tinaccio, o Herr Tinaccio, ich sage Euch, daß es ein Junge ist.«
Und jener antwortete wieder: »Hilf ihm, mein Kind, hilf ihm; möge Gott sie beschützen.«
Müde und vom Schlaf überwältigt, schlief Herr Tinaccio wieder ein, und das Mädchen war von der schwangeren Frau und der Schläfrigkeit gleichfalls müde, und es schien ihr auch jetzt noch, daß der Priester sie ermutige, jenem zu helfen, von dem sie zu ihm gesprochen hatte. So verging die Nacht, so gut es möglich war. Kurz vor der Morgendämmerung, nachdem der Jüngling sein Verlangen so oft gestillt hatte, wie er wollte, offenbarte

er ihr, die er sich schon ohne besondere Mittel gezähmt hatte, wer er war und wie er, von Liebe entflammt, sich als Frau verkleidet hatte, nur um bei ihr zu sein, da er sie mehr als alles andere liebte. Er erhob sich, schenkte dem Mädchen beim Abschied als Pfand das Geld, das er bei sich hatte, und verkündete, daß alles, was er habe, ihr gehöre. Er verabredete noch, wie sie sich in Zukunft oft treffen könnten, und nahm dann mit vielen Küssen und Umarmungen Abschied, indem er sagte: »Wenn Herr Tinaccio dich fragt, was aus der schwangeren Frau geworden ist, so sag ihm: ›Sie brachte heute nacht einen Jungen zur Welt, als ich Euch rief, und heute früh ist sie beizeiten mit ihrem Jungen mit Gott weggegangen.‹«

Als die schwangere Frau aufgebrochen war und das Stroh, das sie auf dem Leib trug, in Herrn Tinaccios Strohsack gelassen hatte, stand besagter Herr Tinaccio auf, ging zur Kammer des Mädchens und fragte: »Was für ein Unglück ist diese Nacht geschehen, daß du mich nicht hast schlafen lassen? Die ganze Nacht riefst du: ›Herr Tinaccio, Herr Tinaccio.‹ Nun, was war los?«

Das Mädchen erwiderte: »Jene Frau hat einen schönen Jungen zur Welt gebracht.«

»Und wo ist sie?«

Darauf das Mädchen: »Heute morgen ganz früh, ich glaube, mehr aus Scham als aus einem anderen Grunde, ist sie mit dem Kind fortgegangen.«

Herr Tinaccio sagte: »Möge Gott sie strafen; denn diese Frauen zögern so lange, und dann werfen sie ihre Jungen irgendwo. Wenn ich sie wiedererkennen oder erfahren kann, wer ihr erbärmlicher Gatte ist, werde ich sie tüchtig ausschimpfen.«

Das Mädchen entgegnete: »Daran werdet Ihr sehr gut

tun; denn auch mich hat er die ganze Nacht nicht schlafen lassen.«

Und so endete die Sache. Von da an war nicht viel Alchemie nötig, um die beiden Planeten miteinander zu verbinden; denn oft fanden sie sich zur rechten Zeit zusammen. Und der Priester bekam die Ware, die Leute seines Standes sonst anderen geben. Und da man sich nicht an ihren Frauen rächen kann, so möge ein ähnlicher Betrug an allen anderen, an ihren Nichten oder Töchtern, wie es diese war, geschehen, und dieser war sicher einer der größten und ansehnlichsten, von denen man je gehört hat. Ich glaube, der Jüngling beging nur eine kleine Sünde, wenn er sich gegen diejenigen verfehlte, die unter dem Vorwand der Religion so viele Fehltritte gegen die anderen begehen.

DIE CASENTINER GESANDTEN

Als der Bischof Guido über Arezzo herrschte, erwählten die Gemeinden der Casentiner Landschaft zwei Gesandte, um sie zu ihm zu schicken und ihn wegen gewisser Dinge anzugehen. Man teilte ihnen ihren Auftrag und das, was sie ihm auseinanderzusetzen hätten, ausführlich mit und gab ihnen eines Abends spät Befehl, des andern Morgens ihre Reise anzutreten. Sie gingen also abends nach Hause, packten eilends zusammen und machten sich in der Frühe auf nach ihrem Bestimmungsort.

Als sie einige Meilen gewandert waren, sagte einer zum andern: »Erinnerst du dich noch des Auftrages, den man uns gegeben hat?«

Der andere erwiderte, er habe sich ihn nicht gemerkt.

»Ei, ich habe mich auf dich verlassen«, sagte jener.

»Und ich mich auf dich«, entgegnete der andere.
»Das haben wir gut gemacht«, riefen beide und stierten einander an. »Was ist da zu tun?«
Der eine sagte: »Nun sieh, wir sind bald in der Herberge, wo wir unser Frühstück halten. Dort wollen wir uns einmal recht zusammennehmen, und so muß es uns notwendig wieder einfallen.«
Der andere sprach: »Du hast recht.«
So ritten sie träumend weiter und kamen um die dritte Stunde in die Herberge, wo sie frühstücken wollten. Wie sie aber hin und her dachten, ehe es zum Essen ging, so konnten sie sich doch durchaus nicht auf die Sache besinnen. Als sie bei Tisch saßen, wurde ihnen ein sehr feiner Wein aufgewartet. Die Gesandten, welchen der Wein viel besser schmeckte als das Nachdenken über ihren Auftrag, fingen an, der Flasche zuzusprechen, tranken und tranken, füllten die Gläser und leerten sie wieder, und als das Essen vorüber war, war keine Rede mehr davon, sich ihrer Botschaft zu erinnern; vielmehr wußten sie gar nicht mehr, wo sie waren, und gingen schlafen.
Nachdem sie ein Stück weggeschlafen hatten, erwachten sie ganz verdutzt, und einer sprach zum andern: »Ist dir jetzt unsere Angelegenheit eingefallen?«
Der andere sagte: »Ich weiß von nichts; mir ist nur so viel klar, daß der Wein des Wirtes der beste Wein ist, den ich je getrunken habe. Seit dem Frühstück bin ich überhaupt nicht wieder zur Besinnung gekommen, als eben jetzt, und jetzt weiß ich kaum, wo ich bin.«
Jener erwiderte: »Gerade das nämliche sage ich dir auch. Aber was sollen wir denn sagen? Was sollen wir anfangen?«
Sein Gefährte entgegnete ihm kurz: »Wir wollen heute den ganzen Tag hierbleiben und auch hier übernach-

ten, denn guter Rat kommt, wie du weißt, über Nacht. Es kann nicht fehlen, daß uns die Sache bis dahin einfällt.«

Sie waren hierüber einig und blieben den ganzen Tag daselbst und guckten noch wiederholte Male in das Glas. Beim Abendessen wurden gleichfalls die Gläser mehr in Anspruch genommen als das Holzwerk, und nach beendigtem Mahle waren sie so weit, daß einer kaum den andern kannte. Sie gingen zu Bett und schnarchten die ganze Nacht wie Schweine.

Als sie am Morgen aufstanden, sagte der eine: »Was fangen wir nun an?«

Der andere antwortete: »Der Himmel muß sich wider uns verschworen haben; denn da mir diese Nacht keine Silbe von dem ganzen Auftrage eingefallen ist, so glaube ich auch nicht, daß er mir je wieder ins Gedächtnis kommt.«

»Meiner Treu«, versetzte jener, »mit uns sieht es nicht zum besten aus. Ich weiß gar nicht, was das heißen soll, ob es dieser Wein oder etwas anderes ist. Ich habe mein Leben lang noch nie so fest geschlafen, ohne mich wieder ermuntern zu können, wie heute nacht in diesem Wirtshause.«

»Was zum Teufel soll das heißen?« sagte der andere, »laß uns zu Pferde steigen und in Gottes Namen weiterreiten. Vielleicht fällt es uns unterwegs ein.«

So setzten sie denn ihre Reise fort und fragten unterwegs oft einander: »Ist es dir eingefallen?«

Der andere: »Mir nicht.«

»Mir auch nicht«, sagte der erste.

Auf diese Weise kamen sie in Arezzo an und gingen in das Wirtshaus, wo sie sich oft abseits in eine Kammer begaben, die Backen auf die Hände gestützt, aber niemals sich auf die Sache besinnen konnten. Da sagte einer zuletzt, fast verzweifelnd: »Gehen wir geradezu hin! Gott möge uns beistehen!«

Der andere aber sagte: »Wie sollen wir denn aber mit ihm reden, wenn wir nicht wissen, was?«

Der erstere aber antwortete: »Auf diesem Punkte kann die Sache nun doch einmal nicht bleiben.«

So ließen sie es denn auf das Geratewohl ankommen und gingen zum Bischof, und als sie vor ihm standen, machten sie eine tiefe Verbeugung und blieben dabei stehen, ohne es zu etwas anderm zu bringen. Der Bischof war ein wackerer, ansehnlicher Herr, erhob sich und ging auf sie zu, nahm sie bei der Hand und sagte: »Seid willkommen, meine Kinder! Was bringt ihr Neues?«

Einer schaute den andern an und sagte: »Sprich du!« – »Sprich du!«

Aber keiner von beiden redete ein Wort. Am Ende aber sagte der eine: »Herr Bischof, wir sind abgesandt an Euer Gnaden von Euren ergebenen Dienern in der Casentiner Landschaft; aber die, welche uns abschickten, sind ebenso unbeholfen wie wir, die Abgesandten, und sie übermachten uns unsern Auftrag spät abends in großer Hast. Was nun schuld sein mag, entweder wußten sie es uns nicht recht zu sagen, oder wir waren zu ungeschickt, es zu verstehen. Wir bitten Euch demnach inständig, Ihr möget Euch diese Gemeinden und ihre Mitglieder empfohlen sein lassen; die aber mögen meuchlings umkommen, die uns hierhergesandt haben, und wir selber, daß wir hergekommen sind!«

Der verständige Bischof legte ihnen die Hand auf die Schulter und sagte: »Geht in Frieden wieder heim und sagt meinen lieben Kindern im Casentino, ich sei immer darauf bedacht, für ihr Bestes alles zu tun, was in meinen Kräften steht. Damit sie sich aber hinfort nicht

Die Casentiner Gesandten

mehr in die Unkosten einer Gesandtschaft versetzen, mögen sie, sooft sie etwas von mir wollen, an mich schreiben, und ich will ihnen meine Antwort brieflich zukommen lassen.«
Darauf nahmen sie Abschied und gingen.
Unterwegs sagte einer zum andern: »Hüten wir uns, daß es uns nicht auf dem Rückweg ebenso ergeht wie auf dem Herweg!«
Der andere aber sagte: »Ach, was haben wir denn im Gedächtnis zu behalten?«
»Nun«, sprach jener, »wir müssen doch darauf bedacht sein, wie wir ausrichten wollen, was wir hier auseinandergesetzt und was wir zur Antwort erhalten haben. Denn wenn unsere Mitbürger im Casentino jemals erführen, daß wir ihren Auftrag so vergessen haben und daß wir wie Gehirnlose wieder vor sie treten, so würden sie uns nimmermehr als Botschafter aussenden, ja uns gar kein Amt mehr anvertrauen.«
Der andere, der ein wenig schlauer war, sagte: »Überlaß diese Sorge nur mir! Ich werde ihnen sagen, wir haben uns unserer Sendung gegen den Bischof entledigt und er habe sich gnädig darin und in allen Stücken erboten, immerdar ihr Wohl zu fördern, und um seine Liebe noch mehr zu betätigen, habe er gesagt, zu Ersparung von Kosten sollen sie, sooft sie etwas von ihm brauchen, es in gehöriger Ruhe und Bequemlichkeit in einem einfachen Briefe schreiben und die Gesandtschaften unterlassen.«
»Das hast du gut ausgesonnen«, sagte der andere. »Wir wollen schneller reiten, damit wir bei guter Zeit wieder zu dem Wein kommen, weißt du!«
So spornten sie ihre Pferde und kamen in das Gasthaus, und als ein Knecht herauskam, um ihnen den Steigbügel zu halten, fragten sie nicht nach dem Wirte, noch ob

er zu essen habe, sondern ihr erstes Wort war, daß sie sich nach jenem Weine von neulich erkundigten. Der Knecht sagte: »Der ist besser als je.«

Da stärkten sie sich hier denn auch das zweitemal nicht weniger als zuvor und wichen nicht eher von der Stelle, als bis unter redlichem Beistand anderer Zechbrüder der Wein auf die Neige und der Boden des Fasses zum Vorschein gekommen war. Voll Kummer darüber zogen sie von dannen und gelangten zu denen, die sie abgeschickt hatten.

Die Lügen, die sie ersonnen hatten, behielten sie viel besser im Gedächtnis als vorher die Wahrheit. Sie sagten, sie hätten vor dem Bischof eine so schöne Standrede gehalten, und taten, als wäre der eine ein Cicero, der andere ein Quintilian gewesen. Dadurch ernteten sie großes Lob und wurden auch späterhin mit andern Ämtern betraut, denn sie waren mehrmals Rechnungsrevisoren oder Güterverwalter.

DER IN DIE ENGE GETRIEBENE ASTROLOGE

In der Stadt Genua, wo ich mich vor schon mehreren Jahren befand, war ich einmal auf der Piazza de' mercatanti in einem großen Kreis vieler weiser Männer aus allen Ländern. Unter ihnen waren Messer Giovanni dell' Agnello, einer seiner Freunde, einige aus ihrer Stadt verbannte Florentiner, Lucchesen und Sienesen, die sich nicht in ihren Städten aufhalten durften, und auch einige Genuesen. Dort begann man sich mit jenen Dingen zu beschäftigen, an denen sich oft diejenigen erfreuen, die fern ihrer Heimat leben, das heißt mit Neuigkeiten, Lügen, Hoffnungen und schließlich mit Astrologie. Über diese sprach mit großem Erfolg ein Verbannter aus Pisa, namens Fazio, und sagte, er habe aus vielen Zeichen des Himmels verstanden, daß alle, die ihre Heimat verlassen mußten, noch im gleichen Jahr dorthin zurückkehren würden. Er berief sich auch darauf, daß er dies durch seine prophetischen Gaben sehe. Ich widersprach ihm und erklärte, über die künftigen Dinge könne weder er noch ein anderer sicher sein. Er bestritt das, denn er glaubte, ein Alfonso, ein Ptolemäus zu sein, und verspottete mich, als wenn er alles, was kommen sollte, vor seinen Augen hätte, während ich nicht einmal etwas Gegenwärtiges sähe. Daher sagte ich zu ihm: »Fazio, du bist ein hervorragender Astrologe, aber antworte mir klipp und klar in Gegenwart dieser Männer: Was ist leichter zu wissen, die vergangenen oder die zukünftigen Dinge?«

Fazio antwortete: »Oh, wer weiß das nicht? Denn recht unverständig ist der, der nicht die Dinge weiß, die er in der Vergangenheit gesehen hat; aber die zukünftigen erfährt man nicht so leicht.«

Und ich sagte: »Nun laß uns einmal sehen, wie du Vergangenes weißt, was doch so leicht zu wissen ist. Sag mir also, was du an dem betreffenden Tage vor einem Jahr getan hast.«

Fazio dachte nach, und ich fuhr fort: »Oder sag mir, was du heute vor sechs Monaten getan hast.« Jener schaute bestürzt drein.

»Machen wir es kurz«, sagte ich, »was für Wetter war heute vor drei Monaten?« Und jener dachte nach und stierte mit weit aufgesperrten Augen vor sich hin.

»Stier nicht so vor dich hin! Wo bist du vor zwei Monaten um diese Stunde gewesen?«

Er wurde verwirrt, und ich faßte ihn am Mantel und sagte: »Bleib stehen, sieh mich etwas an: Welches Schiff kam hier vor einem Monat an? Und welches Schiff lief aus?«

Da stand er wie ein Dummkopf da, und ich fragte ihn: »Was blickst du dich um? Hast du heute vor vierzehn Tagen zu Haus oder bei einem anderen gegessen?«

Und jener sagte: »Warte ein wenig.«

Darauf ich: »Wieso warten? Ich will nicht warten. Was hast du heute vor acht Tagen um diese Stunde getan?«

Und er: »Gib mir ein wenig Aufschub.«

Ich aber sagte: »Welchen Aufschub soll man dem geben, der die Zukunft kennt? Was hast du heute vor vier Tagen gegessen?«

Und der andere erklärte: »Ich werde es sagen.«

»Warum sagst du es dann nicht?«

Und jener: »Du hast es sehr eilig.«

»Wieso eilig?« warf ich ein, »sag es gleich, sag es gleich: wo hast du gestern früh gegessen? Warum sagst du es nicht?«

Das verschlug ihm fast ganz die Sprache. Als ich ihn so bestürzt sah, ergriff ich ihn wieder am Mantel und sagte: »Ich wette zehn gegen eins, daß du nicht weißt, ob du wach bist oder träumst.«

Da antwortete jener: »Bei den Evangelien, da stände ich ja schön da, wenn ich nicht wüßte, daß ich nicht schlafe.«

»Und ich sage dir, daß du es nicht weißt und es nie beweisen könntest.«

»Wieso nicht? Weiß ich etwa nicht, daß ich wach bin?«

Ich antwortete: »So scheint es dir; und auch dem, der träumt, scheint es so.«

»Nun gut«, sagte der Pisaner, »du hast zu viele Vernunftschlüsse im Kopf.«

»Ich weiß nicht, was für Vernunftschlüsse; ich sage dir

natürliche und wahre Dinge, aber du läufst hinter dem Wind von Mongibello her. Ich will dich nach etwas anderem fragen: Hast du je Mispeln gegessen?«
Der Pisaner sagte: »Ja, tausendmal.«
»Um so besser! Wieviel Kerne hat die Mispel?«
Und jener antwortete: »Ich weiß es nicht, denn ich habe nie darauf geachtet.«
»Wenn du das nicht weißt, was doch etwas Alltägliches ist, wie willst du dann die Dinge des Himmels wissen? Doch nun weiter«, sagte ich, »seit wie vielen Jahren wohnst du in deinem Haus?«
»Seit sechs Jahren und sechs Monaten«, sagte jener.
»Wie oft bist du deine Treppe hinauf- und hinuntergestiegen?«
»Manchmal vier-, manchmal sechs-, manchmal achtmal.«
»Nun sag mir: Wieviel Stufen hat sie?«
Da sagte der Pisaner: »Ich erkläre mich für geschlagen.«
Und ich antwortete ihm: »Du sprichst die Wahrheit, daß ich mit Fug und Recht gesiegt habe. Du und viele andere Astrologen wollt mit euren Phantastereien die Sterne deuten und die Zukunft voraussagen, und ihr seid alle ärmer als ein Schleifstein. Dabei habe ich immer sagen hören, die Wahrsager seien reich. Nun sieh, was für ein schöner Wahrsager und wie reich du bist!«

GIOVANNI FIORENTINO

GALGANOS ENTSAGUNG

In Siena war ein Jüngling mit Namen Galgano, reich und von edlem Geschlechte, geschickt und durchaus in allem erfahren, mannhaft, rüstig, hochherzig, höflich und leutselig gegen jedermann. Dieser Galgano liebte eine Edelfrau aus Siena mit Namen Madonna Minoccia, die Gattin eines edeln Ritters, welcher Herr Stricca hieß. Darum trug besagter Galgano beständig an den Kleidern und sonst das Wahrzeichen seiner ebengenannten Geliebten und machte ihr zuliebe oftmals Turniere und Waffenspiele mit und veranstaltete kostbare Gastmähler. Bei alledem wollte ihn aber Madonna Minoccia niemals erhören, und Galgano wußte gar nicht mehr, was er noch tun und sagen sollte, als er sah, welche Grausamkeit in der Brust dieser seiner Gebieterin waltete, die er viel lieber hatte als sich selbst. Immer bei Festen und Hochzeiten war er hinter ihr her und hielt den Tag für verloren, an dem er sie nicht zu sehen bekam. Oftmals schickte er an sie durch Mittelspersonen Geschenke und Botschaften, aber niemals wollte die Frau etwas in Empfang nehmen noch anhören, sondern war jedesmal härter als zuvor. So war der besagte Liebende lange Zeit von der heftigsten Liebe und Treue gequält, die er für diese Frau hegte, und oftmals beklagte er sich bei Amor und sprach: »Ach, mein Gebieter, wie magst du es ertragen, daß ich liebe und nicht geliebt werde? Siehst du nicht, daß dies deinen Geboten zuwiderläuft?«

So wollte er, oft und viel im Gedenken an die Grausamkeit jener Frau, sich der Verzweiflung hingeben. Aber doch beschloß er, sittsamlich das Joch so fortzutragen, bis es Amor einmal gefiele, ihn Gnade finden zu lassen, und gab die Hoffnung nicht auf. Er ließ sich angelegen sein, in Reden und Handlungen ihr gefällig zu sein; sie aber ward nur um so unzugänglicher.

Einstmals waren Herr Stricca und seine schöne Gemahlin auf einem ihrer Güter bei Siena; der besagte Galgano kam auch vorüber mit einem Sperber auf der Faust und tat, als ginge er auf die Vogeljagd; er wollte aber nur die Frau sehen. So kam er denn an dem Hause vorbei, wo sie war, und als Herr Stricca ihn sah und sogleich erkannte, ging er ihm entgegen und nahm ihn freundschaftlich bei der Hand mit der Bitte, gefälligst mit ihm und seiner Gemahlin zu speisen. Galgano dankte ihm dafür auf das verbindlichste, bat aber, ihn für entschuldigt zu achten. »Denn«, sagte er, »ich muß notwendig irgendwohin gehen.«

Darauf sagte Herr Stricca: »So nehmt wenigstens einen Trunk an!«

Der Jüngling aber antwortete: »Schönen Dank! Bleibt mit Gott! Ich habe Eile.«

Als Herr Stricca seinen Entschluß sah, ließ er ihn hinziehen und ging wieder ins Haus. Galgano aber, als er von Herrn Stricca hinweg war, sprach bei sich selbst: ›Ach, ich Unglücklicher, warum habe ich nicht angenommen? So hätte ich sie wenigstens gesehen, die mir teurer ist als die ganze Welt.‹

Während er diesen Gedanken nachhing, stieg eine Elster auf. Darum ließ er den Sperber los; die Elster flog in den Garten von Herrn Stricca, und der Sperber packte sie mit den Klauen. Als Herr Stricca und seine Frau diesen Sperber hörten, liefen sie an das Gartenfenster, und als die Frau die Geschicklichkeit bemerkte, womit der Sperber die Elster faßte, fragte sie, da sie es nicht wußte, wem der Sperber gehöre.

Herr Stricca antwortete: »Dieser Sperber hat ein gutes Vorbild an seinem Herrn, denn er gehört dem trefflichsten und vollkommensten Jüngling in ganz Siena.«

Die Frau fragte, wer dies sei.

»Der Vogel gehört Galgano«, erwiderte ihr Gatte, »welcher eben vorübergegangen ist. Ich bat ihn, bei uns zu speisen, er nahm es aber nicht an. Fürwahr, es ist der anmutigste und rechtschaffenste Jüngling, den ich je gesehen habe.«

Sie gingen vom Fenster weg und begaben sich zu Tische. Galgano lockte seinen Sperber zu sich und entfernte sich. Die Frau aber merkte jene Worte und behielt sie im Sinne. Als daher einige Tage darauf Herr Stricca von der Gemeinde von Siena als Gesandter nach Perugia ging und seine Frau allein zu Hause ließ, schickte sie, sobald sie erfahren, daß ihr Mann weggeritten sei, eine Vertraute zu Galgano und bat ihn um den Gefallen, zu ihr zu kommen, denn sie wolle mit ihm reden. Als ihm die Botschaft ausgerichtet war, antwortete Galgano, er komme sehr gern. Als nun Galgano hörte, daß Herr Stricca nach Perugia gegangen sei, machte er sich am Abend zu passender Stunde auf den Weg und ging in das Haus der Frau, die er weit mehr als seine Augen liebte.

Als er vor die Frau trat, grüßte er sie ehrerbietig; die Frau aber nahm ihn mit großer Freude bei der Hand,

Galganos Entsagung

umarmte ihn und sprach: »Sei mir hundertmal willkommen, mein Galgano!«

Und ohne weitere Worte gaben sie sich mehrmals den Friedenskuß. Die Frau ließ sodann Zuckerwerk und Wein kommen, und nachdem sie miteinander gegessen und getrunken hatten, nahm ihn die Frau bei der Hand und sprach: »Mein Galgano, es ist Zeit, schlafen zu gehen. Gehen wir daher zu Bette!«

Galgano antwortete und sprach: »Madonna, ganz nach Eurem Gefallen!«

Als sie in die Kammer getreten waren, pflogen sie vieler schönen und anmutigen Gespräche, worauf die Frau sich entkleidete, zu Bette stieg und dann zu Galgano sagte: »Es scheint mir, du bist ganz verschämt und schüchtern. Was hast du? Gefalle ich dir nicht? Bist du nicht zufrieden? Hast du nicht, was du willst?«

Galgano antwortete: »O ja, Madonna, und Gott hätte mir keine größere Gnade erweisen können, als daß ich in Euren Armen ruhen darf.«

Während sie so hierüber sprachen, zog er sich aus und stieg in das Bett neben sie, nach der er sich so lange gesehnt hatte. Als er die Decke über sich gezogen, sagte er zu ihr: »Madonna, ich bitte Euch, mir eine Gunst zu gewähren.«

Die Frau antwortete: »Mein Galgano, begehre! Vorher aber wünsche ich, daß du mich umarmst.«

Er tat es.

»Madonna«, sagte er nun weiter, »ich wundere mich sehr, wie Ihr Eurem früheren Betragen zuwider heute mich habt holen lassen, da ich mich so lange Zeit nach Euch gesehnt und Euch nachgefolgt, wo Ihr mich nie sehen und hören mochtet. Was hat Euch jetzt umgestimmt?«

»Das will ich dir sagen«, antwortete die Frau. »Vor we-

nigen Tagen kamst du mit einem Sperber hier vorüber. Mein Mann sagte, er habe dich gesehen und eingeladen, mit uns zu speisen; du nahmst aber nicht an. Nun flog dein Sperber einer Elster nach, und als ich ihn sich so gut halten sah, fragte ich meinen Mann, wem er gehöre. Er antwortete mir, er gehöre dem trefflichsten Jüngling von Siena und er habe an seinem Herrn ein gutes Vorbild; denn er habe nie einen vollkommeneren jungen Mann gesehen als dich, in jedem Stücke. Bei dieser Gelegenheit lobte er dich mir sehr, und als ich dich so loben hörte und die Neigung kannte, die du für mich hegst, nahm ich mir vor, dich holen zu lassen und meine Sprödigkeit gegen dich aufzugeben. Dies ist der Grund.«
Galgano versetzte: »Ist das ganz wahr?«
»Allerdings«, sprach die Frau.
»Und ist sonst kein Grund dabei?«
»Nein«, antwortete die Frau.
»Fürwahr«, sagte Galgano, »so verhüte Gott, daß ich Euerm Gatten, der mir so freundlichen Dienst erwiesen, eine Schmach antue!«
Er sprang schnell aus dem Bette, zog sich wieder an, nahm Abschied von der Frau und ging seiner Wege. Die Frau sah er in solcher Absicht nie wieder an, bewahrte aber Herrn Stricca fortwährend ganz besondere Liebe und Hochachtung.

DIE KUNST ZU LIEBEN

In Rom lebten in dem Hause der Savelli zwei Freunde und Gefährten, wovon der eine Bucciuolo und der andere Pietro Paolo hieß, beide von guter Herkunft und reich an irdischen Gütern. Diese beschlossen, der Studien wegen nach Bologna zu gehen, wo der eine bürgerliches, der andere kanonisches Recht hören wollte, und so nahmen sie Abschied von ihren Verwandten, kamen nach Bologna und studierten dort ihrem Vorsatze gemäß eine gute Zeit – der eine weltliches, der andere geistliches Recht. Und wie ihr wißt, hat das kanonische nicht den Umfang wie das römische, weshalb Bucciuolo, welcher das geistliche Recht studierte, früher fertig war als Pietro Paolo mit dem seinigen. Da er nun Lizentiat geworden war, beschloß er nach Rom zurückzukehren und sprach zu Pietro Paolo: »Lieber Bruder, da ich es nun zum Lizentiaten gebracht habe, bin ich entschlossen, nach Hause zu reisen.«

Pietro Paolo antwortete: »Ich bitte dich, laß mich nicht hier allein, sondern warte auf mich diesen Winter über; dann, im Frühling, reisen wir zusammen. Du kannst inzwischen eine andere Wissenschaft lernen: so verlierst du deine Zeit nicht.«

Bucciuolo war damit zufrieden und versprach, auf ihn zu warten. Die Zeit nicht zu verlieren ging also Bucciuolo zu seinem Meister und sprach: »Ich habe mich entschlossen, auf meinen Gesellen und Vetter da zu warten, und bitte Euch, mich unterdessen irgendeine andere schöne Wissenschaft zu lehren.«

Der Meister versetzte, er sei es zufrieden, und sprach: »Suche dir eine Wissenschaft aus, welche du willst, und ich will sie dich gern lehren.«

Da sprach Bucciuolo: »Lieber Meister, ich möchte gern lernen, wie man sich verliebt und wie man sich dabei zu verhalten hat.«

Der Meister entgegnete lächelnd: »Das gefällt mir nicht übel. Du hättest nicht leicht eine Wissenschaft wählen können, womit ich zufriedener gewesen wäre. Begib dich also nächsten Sonntagmorgen in die Kirche der

Minoritenbrüder, wenn alle Frauen dort versammelt sind, und gib wohl acht, ob eine ist, die dir wohlgefällt; und findest du eine, so folge ihr von weitem, bis du siehst, wo sie wohnt, und dann komm wieder zu mir! Und dies soll die erste Aufgabe sein, die du zu lösen hast.«

Bucciuolo ging, und am folgenden Sonntagmorgen fand er sich nach der Anweisung seines Meisters in der Minoritenkirche ein, um die Frauen zu mustern, welche sich zahlreich genug versammelt hatten. Unter ihnen sah er eine, die ihm sehr gefiel, denn sie war gar schön und reizend. Als sie daher die Kirche verließ, folgte ihr Bucciuolo und sah und merkte sich das Haus, wo sie wohnte, woraus die Dame entnahm, daß dieser Student im Begriffe sei, sich in sie zu verlieben. Bucciuolo ging zu seinem Meister zurück und sprach: »Ich habe getan, was Ihr mir sagtet, und eine gefunden, die mir sehr gefällt.«

Darüber hatte der Meister eine große Freude und lachte heimlich über Bucciuolo wegen der Kunst, die er lernen wollte. Dann sprach er zu ihm: »Jetzt mußt du suchen, zwei- oder dreimal täglich anständig an ihrem Fenster vorüberzugehen. Nur halte die Augen bei dir und laß niemand merken, daß du nach ihr hinblickst. Weide dich jedoch so lange an ihrem Anschauen, bis sie deine Neigung gewahrt, und dann komm wieder zu mir! Das soll deine zweite Aufgabe sein.«

Hierauf verließ Bucciuolo seinen Meister und begann mit kluger Vorsicht an dem Hause seiner Dame vorüberzugehen, bis sie deutlich erkannte, daß es um ihretwillen geschehe. Da fing sie an, auch nach ihm zu blicken, so daß Bucciuolo anfing, sich bescheiden vor ihr zu verneigen, was sie mehrmals erwiderte, woraus Bucciuolo schloß, daß die Frau ihn liebe. Er berichtete daher seinem Meister alles, worauf dieser antwortete und sprach: »Recht schön; ich bin mit dir zufrieden; bis jetzt hast du dich in allem wohl gehalten. Nun mußt du Mittel suchen, ihr eines jener Weiber zuzuschicken, die in Bologna mit Spitzen, Börsen und dergleichen hausieren. Laß ihr sagen, du stehest ganz zu ihren Diensten; es sei niemand auf der Welt, den du mehr liebest als sie; du seiest gern bereit, alles für sie zu tun, was ihr gefalle. Dann wirst du hören, was sie dir antworten läßt! Und je nachdem du dann von ihr Bescheid erhältst, so komm wieder hierher und erzähle es mir, und ich werde dir sagen, was du weiter zu tun hast.«

Bucciuolo begab sich schnell hinweg und machte eine Hausiererin ausfindig, die zu diesem Behuf ganz tauglich war.

»Ihr könnt mir einen außerordentlichen Dienst leisten«, sprach er zu ihr, »für den ich Euch gut bezahlen will, so daß Ihr mit mir zufrieden sein sollt.«

Die Krämerin antwortete: »Ich will tun, was Ihr von mir fordert, denn ich lebe nur von dem, was ich mir verdiene.«

Darauf gab ihr Bucciuolo zwei Gulden mit der Erklärung: »Nun, so bitte ich Euch, daß Ihr mir heute einmal in die Straße Mascarella geht, wo eine junge Frau namens Madonna Giovanna wohnt, die ich über alles in der Welt liebe. Empfehlt mich ihr und sagt ihr, ich sei bereit, alles für sie zu tun, was ihr angenehm sein könnte! Das könnt Ihr dann in allerlei süße Worte einwickeln, wie sie Euch gewiß einfallen. Darum bitte ich Euch, sosehr ich weiß und kann.«

Die Alte sagte: »Laßt mich nur machen! Ich will schon den rechten Zeitpunkt finden.«

»Geht«, antwortete Bucciuolo, »ich erwarte Euch hier.«

Die Alte begab sich gleich mit einem Korb voll Waren auf den Weg und ging damit zu der Frau, die sie unter der Türe sitzen fand, begrüßte sie und sprach sodann: »Madonna, ist Euch vielleicht etwas unter diesen meinen Waren gefällig? Nehmt keck heraus, was Euch gefällt!«

Dabei setzte sie sich zu ihr und begann, ihr Schleier, Börsen, Schnüre, Spiegel und anderes dergleichen vorzuzeigen. Nachdem sie vielerlei gesehen hatte, gefiel ihr unter allem besonders eine Börse, und sie sagte: »Wenn ich Geld hätte, würde ich gern diese Börse kaufen.«

Die Verkäuferin entgegnete: »Madonna, darauf braucht Ihr durchaus keine Rücksicht zu nehmen. Wählt, was Euch von meinem Krame irgend gefällt! Es ist mir alles schon bezahlt.«

Die Frau wunderte sich über diese Worte und über die besondere Freundlichkeit der Alten und fragte sie: »Was wollt Ihr damit sagen, gute Frau? Was bedeuten diese Worte?«

Die Alte sprach darauf ganz weinerlich: »Das will ich Euch wohl sagen. Ein Jüngling namens Bucciuolo hat mich hergeschickt. Er liebt Euch und ist Euch mit ganzer Seele ergeben. Es ist nichts auf der Welt, das er nicht für Euch tun würde, wenn es in seiner Macht stünde, und er läßt Euch sagen, daß ihm Gott keine größere Gnade erzeigen könnte, als wenn er ihm ein Gebot von Euch zukommen ließe. In der Tat, mir kommt es vor, als ob er sich ganz verzehre vor lauter Begierde, mit Euch zu sprechen; und doch habe ich vielleicht nie einen rechtschaffeneren jungen Mann gesehen als ihn.«

Als die Frau diese Worte hörte, wurde sie ganz rot im Gesicht und sagte, zu der Alten gewendet: »Wenn mich nicht die Rücksicht auf meine Ehre davon abhielte, so

wollte ich Euch übel genug zurichten. Schämst du dich nicht, du garstige Alte, einer ehrbaren Frau solche Botschaft zu hinterbringen? Gott möge dich dafür strafen?«
Bei diesen Worten nahm die junge Frau das Querholz der Tür zur Hand und wollte sie damit schlagen.
»Wenn du je wieder hierherkommst«, rief sie, »so werde ich dich so bedienen, daß nicht mehr viel von dir zu sehen ist.«
Das Mütterchen nahm also behende ihren Kram zusammen, ging ihrer Wege und hatte große Angst, sie möchte jene Stange verschmecken, hielt sich auch nicht für sicher, als bis sie wieder bei Bucciuolo angelangt war. Als Bucciuolo sie vor sich sah, fragte er sie, was sie bringe und wie seine Sache stehe.
»Schlecht steht sie«, antwortete die Alte; »in meinem Leben bin ich nicht so erschrocken. Kurzum, sie will nichts von dir hören noch sehen. Und hätte ich mich nicht schnell aus dem Staube gemacht, so hätte ich wahrscheinlich eine Türstange zu verspüren gekriegt, die sie in der Hand hatte. Was mich betrifft, so habe ich keine Lust mehr zu ihr zurück, und ich rate auch dir, dich nicht mehr mit diesen Dingen zu befassen.«
Bucciuolo blieb ganz trostlos zurück; dann begab er sich schnell zu seinem Meister und erzählte ihm, was ihm begegnet sei. Der Meister tröstete ihn und sprach: »Beruhige dich, Bucciuolo! Kein Baum fällt auf den ersten Streich. Geh heute abend noch einmal vorbei und gib acht, was sie dir für ein Gesicht macht und ob sie aufgebracht scheint oder nicht! Dann komm wieder und sag es mir!«
Bucciuolo machte sich auf und ging nach der Wohnung seiner Geliebten. Diese hatte ihn nicht so bald erblickt, als sie geschwind nach ihrem Mädchen rief und sprach:

»Geh dem Jüngling dort nach und sag ihm in meinem Namen, daß er mich heut abend besuchen und ja nicht ausbleiben soll!«

Das Mädchen kam zu ihm und sprach: »Mein Herr, Madonna Giovanna bittet Euch, sie diesen Abend zu besuchen, denn sie wünscht Euch zu sprechen.«

Bucciuolo war betroffen; doch antwortete er und sprach: »Sag ihr, ich werde mit Freuden kommen.«

Alsdann kehrte er schnell zu seinem Meister zurück und hinterbrachte ihm alles. Der Meister wunderte sich und fing an, heimlich zu argwöhnen, ob dies nicht gar seine eigene Frau sei, wie sie es in der Tat war.

»Schön«, sprach er zu Bucciuolo, »und wirst du hingehen?«

Bucciuolo antwortete: »Freilich.«

Da sprach der Meister: »Wenn du zu ihr gehst, so sage mir doch erst Bescheid!«

Bucciuolo sagte: »Es soll geschehen.«

Damit ging er. Die junge Frau aber war wirklich die Gattin des Meisters. Bucciuolo wußte das nicht; aber der Meister fing schon an, Eifersucht zu empfinden, denn er schlief den Winter über in der Schule, um noch bei Nacht den Studenten Vorlesungen halten zu können, und die Frau war zu Hause allein mit ihrer Magd. Der Meister dachte: ›Ich möchte doch nicht, daß der auf meine Kosten studierte. Ich muß doch sehen, dahinterzukommen.‹

Am Abend kam Bucciuolo und sagte: »Meister, ich gehe jetzt.«

Der Meister sagte: »Nun ja, so sei klug!«

Bucciuolo entgegnete: »Laßt mich nur machen!«

Damit verließ er den Meister. Er hatte einen dichten Panzer umgeschnallt, ein scharfes Schwert unter dem Arm, einen guten Dolch an der Seite; so ging er nicht wie ein Unbedachtsamer. Als er weg war, folgte ihm der Meister auf dem Fuß, ohne daß Bucciuolo etwas davon merkte. Er kam an die Tür der Dame, und kaum hatte er angeklopft, so schloß sie ihm auf und ließ ihn ein. Als der Meister merkte, daß es seine Frau war, geriet er ganz außer sich und sprach: »Nun sehe ich wohl, der studiert auf meine Kosten.«

Gleich beschloß er, ihn zu ermorden, lief nach der Schule zurück, ergriff ein Schwert und einen Dolch und kam in großer Wut wieder an das Wohnhaus, mit dem Vorsatz, sich an Bucciuolo zu vergreifen. Vor der Türe angelangt, begann er mit Ungestüm zu klopfen. Die Frau saß eben mit Bucciuolo am Feuer, und da sie an die Türe klopfen hörte, dachte sie gleich, es sei der Meister, nahm den Bucciuolo und versteckte ihn unter einem Haufen ungetrockneter Wäsche, die auf einem Tische neben dem Fenster lag. Dann lief sie zur Tür und fragte, wer da sei.

Der Meister antwortete: »Mach auf! Du kannst dir's wohl denken, schlechtes Weib, das du bist!«

Die Frau schloß auf, und da sie ihn bewaffnet sah, rief sie: »O Himmel, Herr, was soll das?«

Der Meister sprach: »Du weißt wohl, wen du im Hause hast!«

»Ich Unglückliche«, sagte sie, »was sprichst du? Bist du von Sinnen? Sucht nach, und wenn Ihr jemand findet, so vierteilt mich! Wie sollte ich jetzt anfangen, was ich doch nie getan habe? Hütet Euch, lieber Herr, daß Euch nicht der böse Feind etwas vorspielt, so daß Ihr um Eure Seligkeit kommt!«

Der Meister ließ eine Kerze anzünden und begann im Keller zwischen den Fässern zu suchen, stieg dann empor und suchte die ganze Kammer durch, unter dem Bette, durchstach den Strohsack nach allen Seiten und ließ, mit einem Worte, auch den kleinsten Winkel des Hauses nicht undurchforscht, ohne daß er doch Bucciuolo finden konnte. Seine Frau ging ihm dabei immer mit dem Licht in der Hand zur Seite und sagte oft: »Lieber Meister, schlagt ein Kreuz, denn gewiß hat Euch der Feind Gottes versucht und Euch eine Sache vorgespiegelt, die nimmermehr geschehen kann; denn wenn nur ein Haar an meinem Leibe nach so etwas verlangte, so brächte ich mich selber um. Darum bitte ich Euch um Gottes willen, laßt Euch nicht betören!«

Wie nun der Meister Bucciuolo nicht fand und die Frau fortwährend so reden hörte, maß er ihr fast Glauben bei, blies bald darauf seine Kerze aus und ging wieder nach der Schule. Die Frau riegelte sodann geschwind die Türe zu, zog Bucciuolo unter der Wäsche hervor, fachte ein helles Feuer an, bei dem sie dann einen großen fetten Kapaun verspeisten und mehrere Sorten Wein tranken. Während sie so eine vortreffliche Abendmahlzeit hielten, sagte die Frau wiederholt: »Siehst du, dieser mein Mann hat sich nicht träumen lassen, wo du seist.«

Nach vielen Scherzen und Kurzweilen nahm ihn die Frau bei der Hand und führte ihn in die Kammer, wo sie miteinander zu Bett gingen und sich in jener Nacht das Vergnügen verschafften, welches beide Teile wünschten, und einander wiederholt gesegneten. Und da die ersehnte Nacht vorüber war und der Morgen anbrach, stand Bucciuolo auf und sagte: »Madonna, ich muß nun von Euch scheiden. Habt Ihr mir noch irgend etwas zu gebieten?«

»O ja«, sagte sie, »daß du diesen Abend wiederkommst!«

Bucciuolo sagte: »Das soll geschehen.«

Hierauf nahm er Abschied, ging hinaus und kehrte zur

Schule zurück, wo er zu dem Meister sagte: »Ich habe Euch etwas zu erzählen, worüber Ihr genug lachen werdet.«
»Wieso?« antwortete der Lehrer.
»Gestern abend«, sagte Bucciuolo, »als ich bei ihr im Hause war, siehe, da kommt der Mann, sucht das ganze Haus durch und weiß mich doch nicht zu finden. Sie hatte mich unter einem Berg von Wäsche versteckt, die noch getrocknet werden sollte, und kurzum, sie wußte so klug zu sprechen, daß er endlich hinwegging; so daß wir nachher einen dicken Kapaun verzehrten und feine Weine tranken mit der größten Heiterkeit und Wonne, die Ihr Euch nur denken könnt, und so blieben wir munter und machten uns gute Zeit bis zum Morgen. Da ich nun die ganze Nacht wenig geschlafen habe, will ich mich jetzt zur Ruhe legen, denn ich habe ihr versprochen, diesen Abend wieder zu ihr zu kommen.«
Der Meister sagte: »Wenn du hingehst, so gib mir doch Bescheid!«
Bucciuolo antwortete: »Herzlich gern!«
Darauf verließ er ihn. Der Meister aber war ganz von Zorn entbrannt, daß er sich vor Schmerz nicht zu fassen wußte und den ganzen Tag nicht imstande war, eine Vorlesung zu halten, so sehr war sein Herz in Anspruch genommen. Immer dachte er daran, wie er ihn am nächsten Abend erreichen werde, und borgte sich einen Panzer und eine Pickelhaube.
Als es an der Zeit war, begab sich der sorglose Bucciuolo zu seinem Lehrer und sagte: »Jetzt gehe ich.«
Der Meister sprach: »Geh nur und komm morgen früh wieder und erzähle mir, wie es dir ergangen ist!«
Bucciuolo antwortete: »Das will ich tun.«
Dann machte er sich ungesäumt auf den Weg nach dem Hause der Frau. Der Meister aber legte alsbald seine

Waffen an, folgte dem Bucciuolo fast auf dem Fuße und gedachte ihn noch unter der Tür zu erwischen. Die Frau aber hatte ihren Liebhaber erwartet, ließ ihn ein und verschloß die Tür wieder.

Der Meister kam im Augenblick darauf und begann zu pochen und einen gewaltigen Lärm zu machen. Die Frau löschte schnell das Licht aus, schob den Bucciuolo hinter sich, schloß die Tür auf und umarmte ihren Gemahl, während sie mit dem andern Arm den Bucciuolo hinausschob, ohne daß ihr Mann es merkte. Dann fing sie an zu schreien: »Herbei, herbei, der Meister ist toll geworden!« Dabei hielt sie ihn fest umschlungen.

Die Nachbarn liefen auf den Lärm herbei, und da sie den Meister so bewaffnet sahen und die Frau rufen hörten: »Haltet ihn, denn er ist übergeschnappt vom vielen Studieren!«, glaubten sie es und waren der Überzeugung, daß er von Sinnen sei. Sie fingen daher an und sprachen: »Ei, Meister, was soll das bedeuten? Geht zu Bette, um auszuruhen, und strengt Euch nicht weiter an!«

Der Meister sagte: »Wie soll ich zur Ruhe kommen, wenn das schlechte Weib einen Mann im Hause hat, den ich selbst hereinschleichen sah?«

Da rief die Frau: »Ich unglückliches Weib! Fragt alle diese Nachbarn, ob sie mir den geringsten Fehltritt nachsagen können!«

Da antworteten Männer und Frauen aus einem Munde: »Meister, habt doch nicht solche Gedanken! Es ward ja nie eine bessere Frau geboren als diese, von reinern Sitten und unbefleckterm Ruf.«

»Was?« rief der Meister. »Wenn ich nun selbst einen hereinschleichen sah und weiß, daß er hier ist?«

Unterdessen kamen zwei Brüder der Frau. Da fing sie gleich an zu weinen und sprach: »Liebe Brüder, seht

her, mein Mann da ist übergeschnappt und will mich ums Leben bringen, weil er behauptet, ich habe einen Mann im Hause. Ihr wißt doch wohl, daß ich nicht derart bin, daß man mir derlei vorwerfen kann.«
Die Brüder sprachen: »Wir wundern uns sehr, wie Ihr unsere Schwester hier ein schlechtes Weib nennen dürft. Was bringt Euch denn heute so plötzlich gegen sie auf, da sie doch schon so lange mit Euch zusammen lebt?«
Der Meister erwiderte: »Ich sage Euch, es ist einer hier im Hause, und ich habe ihn selbst gesehen.«
»Wohlan«, antworteten die Brüder, »laßt uns ihn suchen! Und finden wir ihn, so wollen wir so bei ihr aufräumen und sie dergestalt bestrafen, daß Ihr zufrieden sein sollt.«
Einer der beiden rief die Schwester beiseite und sprach: »Sage mir die Wahrheit, hast du einen im Hause?«
Die Frau erwiderte: »Weh mir, was sagst du? Der Heiland bewahre mich davor und gebe mir eher den Tod, ehe ich auch nur mit einem Härchen mich so etwas gelüsten lasse. Weh, soll ich jetzt begehen, was nie eine aus unserm Hause beging? Schämst du dich nicht, mich nur danach zu fragen?«
Den Bruder beruhigte dies sehr, und sie begannen nun zugleich mit dem Meister Haussuchung zu halten. Der Meister stürzte plötzlich auf jene Wäsche los und durchbohrte sie, als fechte er mit Bucciuolo, denn er glaubte, da sei er verborgen.
»Hab ich's euch nicht gesagt«, rief die Frau, »daß der Meister übergeschnappt ist? Die Waschleinwand zu verderben, die ihm nichts zuleide getan hat!«
Da sahen die Brüder, daß der Meister von Sinnen sei; und nachdem sie alles genau durchsucht und nichts gefunden hatten, sagte der eine: »Er ist verrückt.«

Und der andere sprach: »Meister, in der Tat, lieber Meister, Ihr habt sehr unrecht, unsere Schwester als ein schlechtes Weib hinzustellen.«

Darüber geriet der Meister in die äußerste Wut, weil er wußte, was er gesehen hatte, und begann sich mit höchst leidenschaftlichen Worten gegen sie auszulassen, wobei er immer das bloße Schwert in der Hand hielt. Da nahmen die Brüder jeder einen derben Stock in die Hand und prügelten den Meister so reichlich durch, bis sie ihm die beiden Stöcke auf dem Rücken zerbrochen hatten. Dann knebelten sie ihn als einen Verrückten, der, wie sie sagten, vom allzu vielen Studieren übergeschnappt sei, und hielten ihn die ganze Nacht gebunden, während sie sich mit ihrer Schwester zur Ruhe begaben.

Am Morgen ließen sie einen Arzt rufen; der verordnete, ihm an der Feuerseite ein Bett zu machen, und befahl, man solle ihn mit niemand reden lassen, ihm auch auf nichts antworten und ihn so lange fasten lassen, bis er wieder bei Verstand wäre; was denn auch pünktlich vollzogen wurde. Das Gerücht verbreitete sich durch Bologna, der Meister sei ein Narr geworden; jedermann bedauerte ihn deshalb, und einer sagte zum andern: »Gewiß, ich habe es schon gestern bemerkt, denn er war nicht imstande, unsere Vorlesung zu halten.« Ein anderer sagte: »Ich sah es ganz, wie er ein anderer Mensch wurde.« Und also erklärten ihn allesamt für einen Verrückten und verabredeten, ihn miteinander zu besuchen.

Bucciuolo wußte von alledem nichts und kam zur Schule, um dem Meister auch seine neuesten Erlebnisse mitzuteilen. Dort angelangt, erfuhr er denn, daß der Meister verrückt geworden sei. Bucciuolo erstaunte und betrübte sich darob gar sehr und begleitete die andern

nach dem Hause des Meisters. Da begann er aber sich über die Maßen zu verwundern, ja er sank fast in Ohnmacht, als er erkannte, wie es um die Sache beschaffen sei. Damit aber niemand etwas merke, ging er mit den andern hinein. Im Saale angelangt, sah er den Meister ganz erschöpft und gefesselt am Feuer im Bett liegen. Die Studenten drückten dem Meister alle ihr Beileid aus und erklärten ihm, wie sehr sie sein Unglück bedauerten. Als aber die Reihe an Bucciuolo kam, sagte er zu ihm: »Lieber Meister, Ihr tut mir leid wie mein Vater, und wenn ich Euch in irgend etwas gefällig sein kann, so gebietet über mich wie über einen Sohn!«
Der Meister antwortete und sprach: »Bucciuolo, Bucciuolo, lauf mit Gott von dannen! Du hast auf meine Kosten studiert.«
Die Frau fügte hinzu: »Achtet nicht auf seine Worte, denn er faselt und weiß selber nicht, was er spricht.«
Bucciuolo aber ging hinweg, suchte Pietro Paolo auf und sagte: »Lieber Bruder, gehab dich wohl! Ich habe nun so viel gelernt, daß mir der Appetit vergangen ist.«
Darauf reiste er ab und kam glücklich nach Rom.

DER KAUFMANN VON VENEDIG

Im Hause der Scali in Florenz befand sich ein Kaufmann namens Bindo, welcher oftmals in Tana und in Alexandria gewesen war und alle jene großen Reisen gemacht hatte, die man des Handels wegen zu machen pflegt. Dieser Bindo war sehr reich und hatte drei erwachsene Söhne. Als er zu sterben kam, rief er den ältesten und den mittlern zu sich, machte in ihrer Gegenwart sein Testament und setzte sie beide zu Erben seiner ganzen irdischen Habe ein, während er dem jüngsten nichts hinterließ. Sobald das Testament fertig war, kam der jüngste Sohn, Giannetto mit Namen, welcher davon gehört hatte, zu ihm an das Bett und sagte zu ihm: »Mein Vater, ich wundere mich sehr über das, was Ihr getan habt, indem Ihr meiner in Eurem Testamente gar nicht gedacht habt.«

Der Vater antwortete: »Mein Giannetto, ich liebe niemand auf Erden mehr als dich; und darum wünsche ich nicht, daß du nach meinem Tode hier bleibst; vielmehr sollst du, sobald ich gestorben bin, nach Venedig gehen zu einem deiner Taufpaten, dem Herrn Ansaldo, welcher keinen Sohn hat und mir schon mehrmals geschrieben hat, ich solle dich zu ihm schicken. Ich kann dir sagen, daß er der reichste Kaufmann ist, welcher heutzutage in der ganzen Christenheit lebt. Darum ist es mein Wille, daß du, sobald ich gestorben bin, zu ihm gehst und ihm diesen Brief bringst; und wenn du es recht anzugreifen weißt, wirst du ein reicher Mann werden.«

Da sprach der Sohn: »Mein Vater, ich bin bereit zu tun, was Ihr mir befehlt.«

Darauf gab ihm der Vater seinen Segen, und wenige Tage darauf verschied er. Alle seine Söhne erhoben hierüber den heftigsten Jammer und erwiesen dem Leichnam die gebührende Ehre. Wenige Tage später riefen die zwei älteren Brüder den Giannetto zu sich und sagten zu ihm: »Du bist unser Bruder; unser Vater hat zwar ein Testament gemacht und uns zwei zu seinen Erben eingesetzt, ohne deiner irgend zu erwähnen. Nichtsdestoweniger bist du gleichfalls unser Bruder, und darum sollst du jetzt, so gut als wir, an dem Vorhandenen teilhaben.«

Giannetto antwortete: »Liebe Brüder, ich danke euch

für euer Anerbieten. Aber was mich betrifft, so steht mein Sinn dahin, mein Glück draußen in der Welt zu suchen. Dazu bin ich fest entschlossen, und darum sollt ihr das euch zugeschriebene und gesegnete Erbe behalten.«

Seine Entschlossenheit erkennend, gaben sie ihm ein Pferd und Geld für seine Reisebedürfnisse. Giannetto nahm von ihnen Abschied und ritt nach Venedig. Er kam in das Warenlager des Herrn Ansaldo und übergab ihm den Brief, den ihm sein Vater vor seinem Tode eingehändigt hatte. Als Herr Ansaldo diesen Brief las, erkannte er, daß er der Sohn seines geliebten Bindo war, und sobald er mit dem Lesen fertig war, umarmte er ihn und rief: »Sei mir willkommen, mein teures Kind, wonach ich so sehr verlangt habe!«

Sodann war seine erste Frage nach Bindo, worauf ihm Giannetto antwortete, er sei gestorben. Darüber umarmte und küßte er ihn unter vielen Tränen und sprach: »Wohl tut mir der Tod Bindos sehr wehe, da er mir einen großen Teil dessen, was ich habe, gewinnen half. Aber so groß ist die Freude, die ich nun an dir habe, daß sie jenen Schmerz mildert.«

Er ließ ihn nach Hause führen und befahl seinen Verwaltern, seinen Teilhabern, seinen sämtlichen Untergebenen und Dienern, Giannetto mehr noch zu gehorchen und zu dienen als ihm selbst. Vor allem überwies er ihm die Schlüssel zu seiner ganzen Barschaft und sagte: »Mein Sohn, alles, was hier ist, kannst du verwenden. Du magst dich kleiden und beschuhen nach deinem Geschmack und die Leute der Stadt zum Essen laden, damit du dich bekannt machst. Wie du es angreifen willst, magst du selbst entscheiden; ich werde dich aber um so lieber haben, je mehr du weißt, dich beliebt zu machen.«

Giannetto fing nun an, mit den venezianischen Edelleuten umzugehen, ein Haus zu machen, Tafel zu halten, Geschenke zu geben, seine Dienerschaft reich zu kleiden, gute Pferde zu kaufen und Wettkämpfe und Ritterspiele zu üben und in allen Stücken sich erfahren und geübt, hochherzig und feingesittet zu erweisen. Auch verstand er wohl, wo es am Platze war, Ehre und Höflichkeit zu erweisen, und erzeigte dem Herrn Ansaldo stets mehr Ehre, als wenn er hundertmal sein Vater gewesen wäre. Er wußte sich so klug gegen jede Art von Leuten zu stellen, daß fast jedermann in Venedig ihm zugetan war, da man seine große Klugheit und Anmut und seine unbegrenzte Höflichkeit sah. Männer wie Frauen schienen in ihn verliebt, und Herr Ansaldo sah sonst nichts als ihn, so sehr gefiel ihm sein Betragen und seine Aufführung. Darum wurde denn fast kein Fest in Venedig veranstaltet, wozu Giannetto nicht eingeladen worden wäre; so sehr war er bei allen beliebt.

Da begab es sich, daß zwei seiner liebsten Gefährten nach Alexandria gehen wollten, mit ihren Waren auf zwei Schiffen, wie sie alljährlich zu tun pflegten. Sie sagten es Giannetto und fügten hinzu: »Du solltest dich mit uns des Meeres erfreuen, um die Welt zu sehen und zumal jenes Damaskus und das Land umher.«

Giannetto antwortete: »Wahrhaftig, das würde ich sehr gern tun, wenn mein Vater Herr Ansaldo mir dazu Erlaubnis gäbe.«

Jene sagten: »Das wollen wir schon machen, daß er sie dir gibt, und er soll damit zufrieden sein.«

Sogleich gingen sie zu Herrn Ansaldo und sprachen: »Wir wollen Euch bitten, daß Ihr dem Giannetto gefälligst erlauben möget, mit uns auf das Frühjahr nach Alexandria zu gehen, und daß Ihr ihm ein Schiff ausrüstet, damit er ein wenig die Welt sehe.«

Herr Ansaldo sagte: »Ich bin es zufrieden, wenn es ihm Vergnügen macht.«

Jene antworteten: »Herr, es ist sein Wunsch.«

Darum ließ ihm Herr Ansaldo sogleich ein sehr schönes Schiff ausrüsten und es mit vielen Waren beladen und mit Flaggen und Waffen hinlänglich versehen. Und nachdem es fertig war, befahl Herr Ansaldo dem Schiffspatron und der Mannschaft, alles zu tun, was Giannetto ihnen befehle und was ihnen aufgetragen werde. »Denn«, sagte er, »ich sende ihn nicht aus, um Gewinn durch ihn zu machen, sondern zu seinem Vergnügen, damit er die Welt sehe.«

Und als Giannetto zu Schiffe stieg, lief ganz Venedig hinter ihm her, um ihn zu sehen, da seit langer Zeit kein so schönes und so wohlausgerüstetes Schiff von Venedig weggefahren war. Jedermann bedauerte sein Scheiden. So nahmen er und alle seine Gefährten Abschied von Herrn Ansaldo; sie stiegen zu Schiff und zogen die Segel auf und nahmen ihren Weg nach Alexandria, in Gottes Namen und ihrem guten Glück vertrauend.

Die drei Gefährten fuhren so in ihren drei Schiffen mehrere Tage hin. Da geschah es eines Morgens vor Tag, daß der besagte Giannetto einen Meerbusen mit einem sehr schönen Hafen wahrnahm und den Schiffspatron fragte, wie dieser Hafen heiße.

Der antwortete ihm: »Herr, dieser Ort gehört einer Witwe, die schon viele edle Männer zugrunde gerichtet hat.«

Giannetto fragte: »Wie das?«

»Herr«, antwortete jener, »es ist ein schönes, reizendes Weib, die das Gesetz befolgt, daß jeder, der dorthin kommt, bei ihr schlafen muß, und wenn er mit ihr zu schaffen bekommt, so muß er sie zur Frau nehmen und wird Besitzer des Hafens und des ganzen Landes; bringt er sie aber nicht unter sich, so verliert er alles, was er hat.«

Giannetto dachte ein wenig still bei sich nach und sagte sodann: »Sieh zu, wie du es machst, daß du mich in den Hafen führst!«

Der Patron antwortete: »Herr, bedenkt, was Ihr sagt! Viele sind schon hineingegangen und dadurch auf immer elend geworden.«

Giannetto aber sagte: »Mische dich nicht in fremde Dinge, sondern tue, was ich dir sage!«

So geschah es denn, daß sie plötzlich das Schiff wendeten und in den Hafen einfuhren, ohne daß ihre Gefährten auf den andern Schiffen etwas davon merkten. Am Morgen verbreitete sich nun die Nachricht, wie dieses schöne Schiff in den Hafen gekommen sei, so daß alles Volk herbeilief, es zu sehen, und der Frau sogleich darüber Meldung geschah. Sie schickte daher zu Giannetto, der unverzüglich zu ihr ging und sie ehrerbietig begrüßte. Sie nahm ihn bei der Hand, fragte ihn, wer er sei, woher er komme und ob er die Sitte des Landes wisse. Giannetto bejahte es und sagte, er sei gerade aus diesem Grunde gekommen.

»So seid mir denn hundertmal willkommen«, sagte sie und erwies ihm den ganzen Tag die größte Ehre und ließ viele Barone, Grafen und Ritter einladen, welche sie unter sich hatte, damit sie ihm Gesellschaft leisteten. Allen Baronen gefiel das Betragen Giannettos sehr sowie auch sein gesittetes, einnehmendes und gesprächiges Wesen, so daß fast jeder sich in ihn verliebte. Den ganzen Tag wurde am Hofe getanzt und gesungen und geschmaust dem Giannetto zu Ehren, und jedem wäre es recht gewesen, ihn zum Gebieter zu bekommen.

Als nun der Abend kam, nahm ihn die Frau bei der

Hand, führte ihn in ihr Schlafgemach und sagte: »Ich glaube, es ist nun Zeit, zu Bett zu gehen.«
Giannetto antwortete: »Edle Frau, ich bin zu Euren Diensten.«
Alsbald kamen zwei Jungfrauen, die eine mit Wein, die andere mit Zuckerbackwerk.
»Ich weiß«, sagte die Frau, »Ihr werdet Durst bekommen haben. Darum trinkt!«
Giannetto nahm von den Süßigkeiten und trank von dem Wein, der, ohne daß er es wußte, so bereitet war, daß er schlafen machte; er trank davon eine halbe Schale, denn er schmeckte ihm; darauf zog er sich sogleich aus und legte sich nieder. Kaum aber hatte er das Bett erreicht, so war er schon eingeschlafen. Die Frau legte sich ihm zur Seite nieder; er merkte es aber nicht bis zum Morgen, als schon die dritte Stunde vorüber war. Darum stand die Frau auf, als es Tag wurde, und ließ anfangen, das Schiff auszuladen, welches sie voll von vielen kostbaren und trefflichen Waren fand. Als nun die dritte Stunde vorüber war, gingen die Kammerfrauen der Dame an das Bett Giannettos, hießen ihn aufstehen und gaben ihm die Weisung, seiner Wege zu gehen, denn er habe das Schiff und alles, was darauf sei, verloren. Darüber schämte er sich, denn er meinte, seine Sache schlecht gemacht zu haben. Die Frau ließ ihm ein Pferd geben und Geld zur Reise, und so zog er traurig und betrübt von hinnen und wandte sich nach Venedig; daselbst angelangt, mochte er aber aus Scham nicht nach Hause gehen, sondern begab sich in der Nacht zu einem seiner Kameraden, der sich sehr verwunderte und sprach: »Wehe, Giannetto! Was ist das?«
Dieser erwiderte: »Mein Schiff scheiterte eines Nachts an einer Klippe, so daß alles zerbarst und zerschellte

und nach allen Seiten hingetrieben wurde. Ich hielt mich an ein Stück Holz, das mich an das Ufer trieb. So bin ich gerettet worden und hierhergekommen.«

Giannetto blieb einige Tage in dem Hause dieses seines Freundes, der sodann einmal dem Herrn Ansaldo einen Besuch machte, ihn aber sehr niedergeschlagen antraf. Herr Ansaldo sagte: »Ich fürchte so sehr für das Leben meines lieben Sohnes oder daß ihm zur See ein Unglück zugestoßen sei, und ich kann weder Rast noch Ruhe finden, so groß ist die Liebe, die ich zu ihm trage.«

Jener Jüngling erwiderte: »Ich kann Euch von ihm Kunde bringen: er ist auf dem Meere gestrandet und hat all sein Hab und Gut verloren, er selbst aber ist wohlbehalten davongekommen.«

Da sprach Herr Ansaldo: »Gott sei gelobt! Wenn er nur gerettet ist, so bin ich zufrieden. Der Verlust, den er erlitten hat, soll mich nicht grämen. Aber wo ist er?«

Der Jüngling antwortete: »Er befindet sich in meinem Hause.«

Und alsbald brach Herr Ansaldo auf, um ihn zu sehen. Sobald er ihn erblickte, stürzte er sich in seine Arme und sprach: »Mein lieber Sohn, du brauchst dich nicht vor mir zu schämen, denn das kommt ja häufig vor, daß Schiffe im Meere bersten. Darum gräme dich nicht, mein Sohn, denn ich bin zufrieden, daß dir kein Leid widerfahren ist.«

Und hiermit führte er ihn nach Hause, indem er nicht müde wurde, ihn zu trösten. Die Neuigkeit verbreitete sich bald durch ganz Venedig, und jeder nahm Anteil an dem Verluste, den Giannetto erlitten hatte.

Nun geschah es, daß kurze Zeit darauf seine Gefährten aus Alexandria zurückkehrten, alle mit reichem Gewinne. Sowie sie angekommen waren, fragten sie nach

Giannetto und erfuhren alles. Deshalb liefen sie sogleich hin, ihn zu umarmen, und sagten: »Wie bist du von uns gekommen, und wohin bist du gegangen? Wir konnten gar nichts mehr von dir erfahren; wir sind einen ganzen Tag zurückgesegelt, konnten aber deiner nicht ansichtig werden noch in Erfahrung bringen, wo du hingekommen seiest. Wir haben uns darüber so sehr betrübt, daß wir den ganzen Weg nicht wieder froh werden mochten, denn wir glaubten, du seiest gestorben.«
Giannetto antwortete: »In einem Meerbusen erhob sich ein heftiger widriger Wind, der mein Schiff in gerader Linie auf eine Klippe trieb, die nahe am Lande war, so daß ich mit knapper Not selbst mein Leben rettete, denn alles ging drunter und drüber.«
Dies war der Vorwand, den Giannetto gebrauchte, um seinen Fehltritt zu verbergen. Und nun veranstalteten sie zusammen eine große Festlichkeit, dankten Gott, daß wenigstens er davongekommen sei, und sprachen: »Mit dem nächsten Frühjahr, wenn es Gottes Wille ist, werden wir wiedergewinnen, was du diesmal verloren hast. Darum laß uns jetzt daran denken, uns eine gute Stunde zu machen und den Trübsinn zu verscheuchen!«
Und das ließen sie sich dann auch angelegen sein und waren fröhlich und guter Dinge nach ihrer frühern Gewohnheit. Giannetto aber dachte an nichts, als wie er zu jener Frau zurückkehren könne, sann hin und her und sprach bei sich selbst: ›Wahrhaftig, ich muß sie zur Frau erhalten, oder ich will dabei sterben.‹
So konnte er denn fast gar nicht heiter werden. Darum sagte Herr Ansaldo mehrmals zu ihm: »Scheuche den Trübsinn von dir, denn wir sind ja noch so reich an Hab und Gut, daß wir recht wohl bestehen können.«
»Lieber Herr«, antwortete Giannetto, »ich kann mich

nicht beruhigen, wenn ich nicht diesen Weg noch einmal mache.«
Als nun Ansaldo seinen Willen erkannte und die Zeit gekommen war, befrachtete er ein anderes Schiff mit noch mehr Waren als das erste und von noch höherem Werte, so daß er den größten Teil von dem, was er auf der Welt besaß, ihm anvertraute. Als seine Gefährten ihre Schiffe auch mit dem Nötigen ausgestattet hatten, gingen sie mit Giannetto zusammen in See, ließen die Segel blähen und steuerten ihres Weges. Und während mehrerer Tage, da sie zu Schiff fuhren, paßte Giannetto beständig auf, ob er nicht den Hafen jener Frau wiedersehe, der ›Hafen der Frau von Belmonte‹ hieß. Als man nun in einer Nacht an die Mündung jenes Hafens gelangt war, der in einer Bucht lag, erkannte ihn Giannetto augenblicklich, ließ Segel und Ruder wenden und schlüpfte schnell hinein, ehe noch seine Gefährten auf den andern Schiffen etwas davon bemerkt hatten.
Da nun die Herrin des Landes am Morgen aufgestanden war und nach dem Hafen schaute, bemerkte sie die Flagge dieses Schiffes, erkannte sie alsbald, rief eine ihrer Zofen und sprach: »Kennst du diese Flagge?«
Die Kammerfrau erwiderte: »Edle Frau, es scheint das Schiff jenes jungen Mannes zu sein, der vor einem Jahr hier ankam und mit seinen Waren uns einen so großen Reichtum hinterließ.«
Die Dame sprach: »Gewiß, du sagst die Wahrheit. In der Tat, der muß nicht wenig in mich verliebt sein, denn ich habe nie einen zum zweitenmal hierherkommen sehen.«
Die Kammerfrau versetzte: »Und ich habe noch keinen höflicheren und liebenswürdigeren Mann gesehen als ihn.«
Die Frau schickte viele Junker und Knappen nach ihm

aus, die ihn mit großer Feierlichkeit empfingen, und er selbst begegnete ihnen freundlich und heiter. Und so kam er hinauf in die Burg und vor das Angesicht der Frau. Als sie ihn erblickte, umarmte sie ihn mit großer Lust und Freude, und er umarmte sie wieder mit vieler Ehrerbietigkeit. So verbrachten sie den ganzen Tag in Lust und Wonne, denn die Frau ließ Barone und Frauen in Menge einladen, die an den Hof kamen, um dem Giannetto zuliebe eine Festlichkeit zu veranstalten. Fast allen Baronen tat es leid um ihn, und sie hätten ihn gern zu ihrem Herrn gehabt wegen seines einnehmenden höflichen Wesens, und fast alle Frauen waren in ihn verliebt, als sie sahen, wie zierlich er sich beim Tanze bewegte und sein Gesicht immer heiter glänzte, so daß jeder meinte, er müsse der Sohn irgendeines großen Herrn sein.

Als aber die Dame sah, daß es Zeit war schlafen zu gehen, nahm sie Giannetto bei der Hand und sagte: »Gehen wir zur Ruhe!«

Darauf gingen sie in die Kammer, setzten sich nieder, und siehe, da kamen zwei Jungfrauen mit Wein und süßem Backwerk; sie tranken und aßen und gingen darauf zu Bette. Sobald er aber im Bette war, schlief er auch ein. Die Frau zog sich aus, legte sich neben ihm nieder, und, kurz, er kam nicht wieder zu sich die ganze Nacht. Als der Morgen kam, stand die Frau auf und befahl sogleich, das Schiff abfrachten zu lassen. Sobald nun die dritte Stunde vorüber war, kam Giannetto wieder zu sich und suchte nach der Frau und fand sie nicht. Er fuhr mit dem Kopf in die Höhe und sah, daß es heller Tag war. Deshalb stand er sogleich auf und fing an, sich sehr zu schämen. Dann gab man ihm wieder ein Pferd und Geld auf die Reise und sagte zu ihm: »Geh deiner Wege!«

Voll Beschämung zog er sogleich von dannen, traurig und niedergeschlagen, ruhte aber nicht eher, bis er nach vielen Tagereisen in Venedig ankam, wo er bei Nacht in das Haus jenes seines Freundes eintrat, der bei seinem Anblick sich auf das äußerste verwunderte und sprach: »Weh mir, was ist das?«

Giannetto antwortete: »Das bin ich Unglücklicher! Verwünscht sei mein Schicksal, das mich jemals in dieses Land kommen ließ!«

Darauf erwiderte jener Freund: »Du hast wohl Ursache, es zu verwünschen, denn du hast den Herrn Ansaldo zugrunde gerichtet, der der größte und reichste Kaufmann in der Christenheit war, und die Schande ist noch schlimmer als der Schaden.«

Giannetto blieb mehrere Tage in dem Hause dieses seines Freundes verborgen und wußte nicht, was er tun noch was er sagen sollte; ja, er war fast willens, nach Florenz zurückzukehren, ohne Herrn Ansaldo ein Wort davon zu sagen. Am Ende aber entschloß er sich doch, zu ihm zu gehen, und so tat er auch.

Als Herr Ansaldo ihn erblickte, sprang er auf, stürzte ihm entgegen und rief: »Sei mir willkommen, mein Sohn!«

Und Giannetto umarmte ihn unter Tränen. Als er alles vernommen hatte, sagte Herr Ansaldo: »Weißt du was, Giannetto? Mache dir darüber nur gar keinen Kummer! Daß ich nur dich wieder habe, bin ich zufrieden. Es bleibt uns ja noch so viel übrig, daß wir gemächlich leben können. Es ist nun so des Meeres Brauch, dem einen zu geben, dem andern zu nehmen.«

Die Nachricht von diesem Ereignis verbreitete sich durch ganz Venedig; jedermann sprach vom Herrn Ansaldo und beklagte ihn sehr wegen des Verlustes, den er erlitten; und Herr Ansaldo sah sich genötigt, viele Besitzungen zu verkaufen, um die Gläubiger zu bezahlen, die ihm die verlorenen Waren geliefert hatten. Inzwischen kamen Giannettos Reisegefährten mit großen Reichtümern von Alexandria zurück, und kaum in Venedig angelangt, erfuhren sie, daß auch Giannetto zurückgekommen sei, Schiffbruch gelitten und alles verloren habe. Darüber verwunderten sie sich und sprachen: »Das ist der außerordentlichste Fall, von dem man je gehört hat.«

Darauf gingen sie zu Herrn Ansaldo und zu Giannetto, begrüßten sie herzlich und sagten: »Seid unbekümmert, edler Herr! Das nächste Jahr wollen wir ausziehen und zu Eurem Besten arbeiten, denn wir sind fast schuld an diesem Euren Verluste, da wir es waren, die den Giannetto das erstemal verleitet haben, mit uns zu kommen. Darum bedenkt Euch nicht, und solange wir noch irgend etwas unser nennen, betrachtet es wie Euer Eigentum!«

Herr Ansaldo dankte ihnen und sagte, er habe bis jetzt wohl noch so viel, um nicht darben zu müssen. Da nun aber Giannetto vom Morgen bis zum Abend jenen Gedanken nachhing und nie heiter werden wollte, so fragte ihn einst Herr Ansaldo, was er habe, und erhielt zur Antwort: »Ich werde nicht eher wieder zufrieden sein, bis ich das wieder erworben, was ich verloren habe.«

Da sprach Herr Ansaldo: »Mein Sohn, du darfst mir die Reise nicht noch einmal wagen; denn es ist klüger, wir halten mit dem wenigen, was wir haben, sparsam haus, als daß du es weiter aufs Spiel setzest.«

Giannetto versetzte: »Ich bin entschlossen, alles zu tun, was ich vermag; denn ich würde es mir zur größten Schande rechnen, wenn ich die Sache so bewenden lassen sollte.«

Als nun Herr Ansaldo seinen Willen erkannte, entschloß er sich, alles zu verkaufen, was er noch auf der Welt besaß, um ihm ein neues Schiff auszurüsten. So tat er und behielt für sich nichts übrig, stattete aber ein sehr schönes Handelsschiff aus. Und weil ihm noch zehntausend Dukaten fehlten, ging er zu einem Juden nach Mestri und borgte sie von ihm unter der vertragsmäßigen Bedingung, daß, wenn er sie nicht zwischen heute und dem nächstkommenden Sankt-Johannis-Tag zurückgegeben habe, der Jude ihm ein Pfund Fleisch von seinem Leibe nehmen dürfe, von welcher Stelle ihm beliebe. Herr Ansaldo war damit zufrieden, und der Jude ließ eine gerichtliche Urkunde darüber ausstellen, mit Zeugen und mit allen nötigen Förmlichkeiten und Vorsichtsmaßregeln versehen, und dann zahlte er ihm zehntausend Golddukaten aus, mit welchem Gelde sofort Ansaldo das besorgte, was dem Schiffe noch fehlte; und wenn die ersten beiden Fahrzeuge schön waren, so war das dritte noch weit reicher und besser ausgestattet. Die Gefährten rüsteten ebenfalls ihre zwei Schiffe, mit dem Vorsatze, daß das, was sie gewinnen würden, ihrem Giannetto gehören solle. Und da die Zeit zur Abreise gekommen war und die Schiffe segelfertig standen, sagte Herr Ansaldo zu Giannetto: »Mein Sohn, du gehst nun und weißt, unter welcher Verpflichtung ich zurückbleibe. Eines aber bitte ich mir von dir aus, wenn es dir ja übelgehen sollte, es dir doch gefallen möge, zu mir zu kommen, auf daß ich dich vor meinem Tode noch einmal schauen und zufrieden aus der Welt gehen kann.«

Giannetto erwiderte ihm: »Herr Ansaldo, ich will alles tun, womit ich glaube, Euch gefällig zu werden.«

Herr Ansaldo gab ihm seinen Segen, und somit nahmen sie Abschied und machten sich auf ihre Reise. Die beiden Gefährten hatten sorgsam acht auf Giannettos

Schiff, Giannetto aber ging mit all seinem Dichten und Trachten darauf aus, in der Bucht von Belmonte zu landen. Er beredete daher einen seiner Steuermänner, das Schiff zur Nachtzeit in den Hafen jener Edelfrau zu führen. Danach, als es wieder Tag geworden war und die Gefährten in den andern beiden Schiffen sich umsahen und Giannettos Fahrzeug nirgend gewahren konnten, sprachen sie untereinander: »Gewiß, das ist wieder sein Unglück.« Sie dachten daher, es bleibe ihnen nichts übrig, als ihren Weg fortzusetzen, und waren darüber sehr verwundert.

Als nun das Schiff in den Hafen eingelaufen war, lief alles aus der Burg herbei, um zu schauen, und als sie merkten, daß Giannetto zurückgekehrt war, wunderten sie sich sehr darüber und sprachen: »Das muß der Sohn irgendeines großen Herrn sein, in Anbetracht, daß er jedes Jahr mit so vielen Waren und so schönem Schiffzeug hier ankommt. Wollte Gott, daß er noch unser Herr würde!«

So wurde er besucht von allen Großen, von den Baronen und Rittern des Landes, und der Frau ward gemeldet, daß Giannetto wieder in den Hafen gekommen sei. Da trat sie an die Fenster des Palastes und sah das prächtige Schiff und erkannte die Flaggen, machte darob das Zeichen des heiligen Kreuzes und sprach: »Wahrlich, es ist ein Wunder: das ist jener Mann wieder, welcher den Reichtum ins Land gebracht hat.« Und damit schickte sie nach ihm. Giannetto ging zu ihr; sie begrüßten sich mit vielen Umarmungen und erwiesen sich Ehre, und den ganzen Tag war man darauf bedacht, Fröhlichkeit und Feste zu üben; man veranstaltete Giannetto zuliebe ein schönes Turnier, woran viele Barone und Ritter desselbigen Tages teilnahmen. Giannetto wollte auch Lanzen brechen; er tat Wunder

der Tapferkeit und nahm sich so gut aus in Waffen und zu Pferde und sein ganzes Wesen gefiel so sehr allen Baronen, daß jeder ihn zum Herrn zu erhalten wünschte.

Als es nun am Abend Zeit war, sich zu Bette zu legen, nahm die Frau den Giannetto bei der Hand und sagte: »Laß uns schlafen gehen!«

Er stand schon am Eingang der Schlafkammer, als eine Zofe, der es um Giannetto leid tat, sich zu seinem Ohr neigte und ihm zuflüsterte: »Gib dir den Anschein zu trinken, trink aber nicht diesen Abend!«

Giannetto verstand diese Worte, trat in die Schlafkammer, und die Frau sagte zu ihm: »Ich weiß, daß Ihr durstig sein werdet, und wünsche daher, daß Ihr trinkt, ehe Ihr zu Bette geht.«

Alsbald kamen zwei Mädchen, schön wie zwei Engel, mit Wein und Zuckerbackwerk nach gewohnter Weise, und schenkten ein. Giannetto sagte: »Wer könnte sich enthalten zu trinken, wenn er zwei so schöne Jungfräulein sieht?«

Darüber lachte die Frau. Giannetto nahm die Schale und tat, als ob er trinke, schüttete den Inhalt aber ins Hemd. Die Frau meinte, er habe getrunken, und sagte bei sich selbst: ›Du magst immerhin noch ein anderes Schiff herbeiführen; denn dieses hast du verloren.‹

Dann ging Giannetto zu Bett, fühlte sich ganz hell und munter und konnte den Augenblick kaum erwarten, bis die Frau ins Bett käme.

›Diesmal habe ich sie gefangen‹, sprach er bei sich selbst. ›Heute hat sie die Zeche ohne den Wirt gemacht.‹

Und damit die Frau um so schneller ins Bett käme, tat er, als ob er anfinge zu schnarchen und zu schlafen.

Darum sagte die Frau: »Nun ist es recht.«

Sie zog sich aus und kam an Giannettos Seite. Dieser wartete nicht lange; sondern sobald die Frau unter die Decke geschlüpft war, wandte er sich nach ihr um, umarmte sie und sprach: »Jetzt habe ich, wonach ich mich so lange gesehnt habe.«
Damit gab er ihr den Friedenskuß der heiligen Ehe, und sie kam die ganze Nacht nicht mehr aus seinen Armen. Darüber war die Frau mehr als vergnügt, stand am Morgen vor Tag auf, ließ aussenden nach allen Baronen und Rittern und vielen andern in der Stadt und sprach zu ihnen: »Giannetto ist euer Gebieter. Darum denkt daran, Festlichkeiten zu veranstalten.«
Sogleich verbreitete sich das Gerücht durch das Land, und man rief: »Es lebe der Herr! Es lebe der Herr!«
Die Glocken wurden geläutet und Instrumente geblasen, um das Fest zu verkünden. Man sandte aus nach vielen Baronen und Grafen, die außerhalb der Burg wohnten, und ließ ihnen sagen: »Kommt, euren Herrn zu sehen!« Und es begann ein großes und sehr schönes Fest.
Als Giannetto die Schlafkammer verließ, wurde er zum Ritter geschlagen und auf einen Thron gesetzt, bekam ein Zepter in die Hand und wurde mit großem Triumph und Gepränge zum Herrscher ausgerufen. Und nachdem alle Barone und Frauen an den Hof gekommen waren, heiratete er die Edelfrau mit unbeschreiblicher und unerdenklicher Freude und Lustbarkeit. Alle Barone und Herren des Landes kamen zu dem Feste, um sich zu ergötzen, zu turnieren, Lanzen zu brechen, zu tanzen, zu singen und zu spielen und alle Kurzweil zu treiben, welche zu solchen Festen gehört. Herr Giannetto teilte in seiner Großmut seidene Tücher und andere kostbare Gegenstände, die er mitgebracht hatte, aus und wurde bald so mannhaft, daß man

ihn fürchtete und Recht und Gerechtigkeit von jedermann geübt wurde.

In diesem Glück und Wohlleben vergaß und vernachlässigte er aber ganz und gar jenen armen Herrn Ansaldo, der sich dem Juden für zehntausend Dukaten verpfändet hatte. Als jedoch Herr Giannetto eines Tages mit seiner Frau an einem Fenster des Palastes stand, sah er eine Schar Männer über den Platz ziehen, mit brennenden Fackeln in der Hand, die sie zum Opfer bringen wollten. Herr Giannetto fragte: »Was hat das zu bedeuten?«

Die Frau versetzte: »Es ist ein Haufen Handwerker, die nach der ›Kirche des heiligen Johannes‹ opfern gehen, weil heute sein Festtag ist.«

Da gedachte Herr Giannetto des Herrn Ansaldo, hob sich vom Fenster, seufzte schwer auf und ging mehrmals im Saale auf und ab, in Nachdenken über diese Sache vertieft. Seine Gemahlin fragte ihn, was er habe.

»Weiter nichts«, versetzte Giannetto. Die Frau begann daher in ihn zu dringen und sagte: »Gewiß, Ihr habt etwas und wollt es nicht sagen.«

Sie ließ auch nicht nach, bis Herr Giannetto ihr erzählte, wie Herr Ansaldo als Pfand für zehntausend Dukaten zurückgeblieben sei. »Und heute«, fuhr er fort, »läuft die Frist ab, und es schmerzt mich sehr, daß mein Vater um meinetwillen sterben soll; denn wenn er ihm heute das Geld nicht erstattet, so muß er ein Pfund Fleisch von seinem Leibe verlieren.«

Die Frau sagte: »Lieber Herr, besteigt schleunigst ein Pferd und reist geradeswegs zu Lande, so werdet Ihr schneller hinkommen als zur See! Nehmt zur Begleitung mit, wen Ihr wollt, packt hunderttausend Dukaten ein und rastet nicht, bis Ihr in Venedig seid! Und wenn er noch am Leben ist, so führt ihn mit Euch hierher!«

Sofort ließ er die Trompete blasen, stieg zu Pferd mit zwanzig Begleitern, nahm hinlänglich Geld mit und schlug den Weg nach Venedig ein.

Unterdessen hatte der Jude, da die Frist verlaufen war, den Herrn Ansaldo festnehmen lassen und wollte ihm ein Pfund Fleisch vom Leibe schneiden. Da bat ihn Herr Ansaldo um die Vergünstigung, daß er seinen Tod noch um einige Tage verschiebe, damit, wenn sein Giannetto komme, er ihn wenigstens noch sehen könne.

Der Jude sagte: »Ich bin es zufrieden, Euch Euren Wunsch in betreff des Aufschubs zu gewähren. Aber wenn er hundertmal käme, so ist es meine Absicht, Euch ein Pfund Fleisch aus dem Leibe zu nehmen, wie das Papier es besagt.«

Herr Ansaldo versetzte, er sei es zufrieden. Da sprach ganz Venedig von dem Falle; aber ein jeder hatte Mitleid, und viele Kaufleute vereinigten sich, um die Schuld zu bezahlen; aber der Jude wollte davon nichts wissen, sondern wollte den Mord begehen, um sagen zu können, daß er den größten Kaufmann der Christenheit ums Leben gebracht habe.

Als nun Herr Giannetto eilends heranreiste, zog ihm seine Gemahlin gleich nach, und zwar als Richter verkleidet mit zwei Dienern. In Venedig angelangt, begab sich Herr Giannetto in das Haus des Juden, umarmte Herrn Ansaldo mit vieler Freude und sagte darauf dem Juden, er wolle ihm sein Geld geben, ja noch mehr, soviel er verlange. Der Jude aber antwortete, er wolle gar kein Geld, da er es nicht zur rechten Zeit erhalten habe, vielmehr wolle er ihm ein Pfund Fleisch vom Leibe nehmen. Hier erhob sich nun ein großer Streit, und jedermann gab dem Juden unrecht. Da man aber bedachte, daß es in Venedig allenthalben rechtlich zugehe und daß

der Jude seine Ansprüche in vollgültiger gesetzlicher Form begründet hatte, so wagte ihm niemand anders als mit Bitten zu widersprechen. Darum begaben sich alle Kaufleute Venedigs dahin, um den Juden zu bitten; er aber bestand nur immer hartnäckiger auf seiner Forderung. Nun erbot sich Herr Giannetto, ihm zwanzigtausend Dukaten zu geben, aber er wollte nicht; dann kam er auf dreißigtausend und dann auf vierzigtausend und auf fünfzigtausend, und er stieg auf bis auf hunderttausend Dukaten. Endlich sprach der Jude: »Weißt du was? Wenn du mir mehr Dukaten anbötest, als diese Stadt wert ist, so würde ich mich doch damit nicht abfinden lassen; vielmehr verlange ich einzig das, was meine Papiere besagen.«
Und so standen die Verhandlungen, siehe, da kam in Venedig diese Dame an, als Richter gekleidet, und stieg in einem Gasthause ab. Der Wirt fragte einen Diener: »Wer ist dieser edle Herr?«
Der Diener war bereits von der Frau unterrichtet, was er sagen solle, wenn er nach ihr gefragt würde, und antwortete: »Es ist ein rechtsgelehrter Edelmann, der von Bologna kommt, wo er studiert hat, und nun in seine Heimat geht.«
Als der Wirt dies vernahm, tat er ihm viel Ehre an, und während der Richter bei Tisch saß, sagte er zu dem Wirte: »Wie ist denn das Regiment hier in Eurer Stadt?«
Der Wirt antwortete: »Nur allzu gerecht, edler Herr.«
»Wieso?« fiel der Richter ein.
»Das will ich Euch sagen, edler Herr«, entgegnete der Wirt. »Es kam einmal von Florenz ein Jüngling hierher, welcher Giannetto hieß, und ging hier zu einem seiner Taufpaten namens Herr Ansaldo, und er betrug sich so artig und gesittet, daß in der ganzen Stadt Männer und Frauen ihm zugetan waren; ja, es ist nie ein Fremder bei

uns so allgemein beliebt gewesen wie er. Dieser sein Taufpate nun rüstete ihm dreimal ein Schiff aus, und diese drei Schiffe waren vom größten Werte; aber jedesmal war er damit unglücklich, so daß es ihm zuletzt an Geld zur Ausrüstung des Schiffes fehlte. Daher borgte jener Herr Ansaldo zehntausend Dukaten von einem Juden unter der Bedingung, daß, wenn er sie ihm nicht bis zum Sankt-Johannis-Tag im nächstkünftigen Monat Juni zurückgegeben habe, der besagte Jude ihm ein Pfund Fleisch vom Leibe schneiden dürfe, wo es ihm beliebe. Nun ist zwar glücklicherweise der Jüngling zurückgekehrt und hat sich erboten, statt der zehntausend Dukaten hunderttausend zu zahlen, aber der arglistige Jude will nicht. Es sind alle rechtschaffenen Leute der Stadt zu ihm gegangen, um ihn mit Bitten zu erweichen, aber es hilft nichts.«

Darauf antwortete der Richter: »Dieser Handel ist leicht zu schlichten.«

Der Wirt versetzte: »Wenn Ihr Euch der Mühe unterziehen wollt, die Sache zu Ende zu führen, so daß der brave Mann nicht sein Leben einbüßt, so werdet Ihr Euch die Gunst und die Liebe des wackersten Jünglings erwerben, der je geboren wurde, und zugleich die aller Leute dieser Stadt.«

Hiernächst ließ der Richter eine Aufforderung bekanntmachen, wer irgendeine Rechtsfrage zu schlichten habe, der solle zu ihm kommen; und so wurde auch Herrn Giannetto gesagt, es sei ein Richter von Bologna angekommen, der sich jeden Handel zu schlichten erbiete. Darum sagte Herr Giannetto zu dem Juden: »Wir wollen zu diesem Richter gehen!«

»Meinetwegen«, sagte der Jude; »es mag kommen, wer will, ich habe in jedem Falle das Recht, zu tun, was mein Papier besagt.«

Als sie vor den Richter traten und ihm die schuldige Ehrerbietung bezeugten, erkannte der Richter den Herrn Giannetto sogleich, nicht ebenso aber Herr Giannetto den Richter, denn der letztere hatte vermittels gewisser Kräuter seine Gesichtszüge unkenntlich gemacht. Herr Giannetto und der Jude trugen ordnungsgemäß jeder seine Sache und die Gründe dem Richter vor; dieser nahm das Papier, las es und sagte darauf zu dem Juden: »Ich wünschte, du nähmest diese hunderttausend Dukaten und gäbest diesen guten Mann los, der dir überdies immer dafür verpflichtet sein wird.«
»Daraus wird nichts«, antwortete der Jude.
»Aber«, sagte der Richter, »es wäre dein Bestes.«
Der Jude dagegen beharrte darauf, er wolle sich auf nichts von alledem einlassen. Darauf begaben sie sich insgesamt zu dem Gerichte, das über dergleichen Fälle gesetzt ist, und der Richter verlangte nach Herrn Ansaldo und sagte: »Nun laßt ihn vortreten!«
Als er erschienen war, sagte der Richter: »Wohlan, nimm ihm ein Pfund Fleisch, wo du willst, und bringe deine Sache zu Ende!«
Da hieß ihn der Jude sich nackt ausziehen und nahm ein Rasiermesser in die Hand, das er zu diesem Zwecke hatte machen lassen. Herr Giannetto aber wandte sich zu dem Richter und sagte: »Herr, darum habe ich Euch nicht gebeten.«
Der Richter antwortete: »Sei getrost, er hat das Pfund Fleisch noch nicht herausgeschnitzelt.«
Gleichwohl trat der Jude auf ihn zu. Da sprach der Richter: »Hab wohl acht, daß du es recht machst! Denn wenn du mehr oder weniger als ein Pfund nimmst, so lasse ich dir den Kopf abschlagen. Ferner sage ich dir auch, daß, wenn er dabei nur ein Tröpfchen Blut ver-

liert, du gleichfalls des Todes bist, denn deine Papiere besagen nichts von Blutverlust; vielmehr sagen sie, daß du ihm ein Pfund Fleisch nehmen darfst, und sonst heißt es von nichts mehr und nichts minder. Darum, wenn du klug bist, ergreifst du die Maßregeln, von welchen du glaubst, daß sie zu deinem Besten gereichen.«

Und sogleich schickte er nach dem Scharfrichter und ließ ihn Pflock und Beil mitbringen und sprach: »Sowie ich nur ein Tröpfchen Blut herausfließen sehe, lasse ich dir den Kopf abschlagen.«

Da bekam der Jude Furcht, Herr Giannetto aber fing an, sich wieder zu erheitern. Endlich nach vielem Hinundherreden begann der Jude: »Herr Richter, Ihr seid klüger als ich. So laßt mir denn jene hunderttausend Dukaten zahlen, und ich bin zufrieden.«

Der Richter aber sagte: »Ich will, daß du dir ein Pfund Fleisch nimmst, wie dein Schein besagt, denn Geld sollst du nicht einen Pfennig erhalten. Du hättest es nehmen sollen, als ich es dir anbot.«

Der Jude stieg herab zu neunzigtausend, dann zu achtzigtausend Dukaten, aber der Richter blieb nur immer fester auf seinem Ausspruch. Da sprach Herr Giannetto zu dem Richter: »Geben wir ihm, was er verlangt, wenn er nur Herrn Ansaldo freiläßt!«

Der Richter aber versetzte: »Ich sage dir, laß mich gewähren!«

Darauf begann der Jude: »So gebt mir fünfzigtausend Dukaten!«

Der Richter dagegen antwortete: »Ich gebe dir einen Stüber und nicht den schlechtesten.«

»So gebt mir«, fuhr der Jude fort, »wenigstens meine zehntausend Dukaten! Verflucht sei Luft und Erde!«

Der Richter aber erwiderte: »Verstehst du mich nicht?

Nichts will ich dir geben. Willst du ihm ein Pfund Fleisch nehmen, so nimm es! Wo nicht, so laß ich deine Papiere aufheben und vernichten.«

Darob waren alle Anwesenden über die Maßen vergnügt. Jeder verspottete den Juden und sprach: »Wer andern eine Grube gräbt, fällt selbst hinein.«

Als nun der Jude sah, daß er nicht erreichen konnte, was er wollte, nahm er seine Papiere und zerriß sie voll Ärger, und so ward Herr Ansaldo frei, und Herr Giannetto geleitete ihn unter großem Jubel nach Hause. Darauf nahm er schnell die hunderttausend Dukaten, eilte zu dem Richter und fand diesen in seiner Kammer, beschäftigt, sich auf die Reise zu rüsten. Da sagte Herr Giannetto zu ihm: »Edler Herr, Ihr habt mir den größten Dienst erwiesen, der mir je erzeigt worden ist; darum bitte ich Euch, dieses Geld mit Euch zu nehmen, das Ihr wohl verdient habt.«

Der Richter antwortete: »Mein lieber Herr Giannetto, ich sage Euch großen Dank; aber ich bedarf dessen nicht. Nehmt es mit Euch, daß Eure Frau Euch nicht beschuldige, schlecht gewirtschaftet zu haben!«

Herr Giannetto sagte: »Die ist meiner Treu so großherzig, feingesittet und rechtschaffen, daß, wenn ich viermal soviel Euch gäbe, sie doch zufrieden wäre; denn sie verlangte, ich sollte viel mehr als dies mitnehmen.«

Da fuhr der Richter fort: »Wie seid Ihr denn sonst mit ihr zufrieden?«

Herr Giannetto antwortete: »Es gibt kein Geschöpf auf der Welt, zu dem ich mehr Wohlwollen trüge als zu ihr; denn sie ist so weise und so schön, wie sie die Natur nur zu schaffen vermochte. Und wenn Ihr mir eine Gunst erzeigen wollt und mit mir kommen, um sie zu sehen, so sollt Ihr Euch wundern über die Ehre, die sie Euch an-

tun wird, und mögt Euch überzeugen, ob sie nicht das ist, was ich sage, oder noch mehr.«
Der Richter antwortete: »Daß ich mit Euch komme, das geht nicht an, denn ich habe andere Geschäfte; aber weil Ihr mir sagt, daß es eine so vortreffliche Frau ist, so grüßt sie von mir, wenn Ihr sie seht!«
»Das soll geschehen«, sprach Herr Giannetto; »aber ich wünschte doch, daß Ihr von diesem Gelde nähmt.«
Während er so sprach, sah der Richter einen Ring an seinem Finger, weshalb er zu ihm sagte: »Gebt mir diesen Ring! Außer diesem will ich keinen Heller.«
Herr Giannetto antwortete: »Ich bin's zufrieden, so ungern ich es auch tue, denn meine Frau hat ihn mir geschenkt und mir gesagt, ich solle ihn immer tragen um ihrer Liebe willen; und wenn sie ihn nicht mehr an mir sieht, so wird sie glauben, ich habe ihn einem Weibe gegeben, und so wird sie sich über mich erzürnen und meinen, ich habe eine Liebschaft, während ich ihr doch mehr zugetan bin als mir selbst.«
Der Richter sagte: »Es scheint mir sicher, daß sie Euch zärtlich genug liebt, um Euch hierin zu glauben; sagt ihr nur, Ihr habt den Ring mir geschenkt! Aber vielleicht wolltet Ihr ihn einer alten Buhlschaft hier schenken.«
Herr Giannetto aber versetzte: »Die Liebe und Treue, die ich zu ihr trage, ist so groß, daß es in der Welt keine Frau gibt, mit der ich sie vertauschen möchte, so voll Schönheit ist sie in allen Dingen.«
Und damit zog er den Ring vom Finger und gab ihn dem Richter. Sodann umarmten sie sich und verbeugten sich gegeneinander.
»Tut mir einen Gefallen«, sagte der Richter.
»Verlangt«, versetzte Herr Giannetto.
»Haltet Euch hier nicht auf«, fuhr der Richter fort. »Geht sogleich heim zu dieser Eurer Frau!«

»Es scheint mir eine wahre Ewigkeit«, sagte Herr Giannetto, »bis ich sie wiedersehe.«
So nahmen sie Abschied. Der Richter stieg in eine Barke und ging seines Weges. Herr Giannetto aber gab jenen Gefährten Abendessen und Frühstück, schenkte ihnen Pferde und Geld und machte mehrere Tage Hof. Dann aber nahm er Abschied von Venedig, nahm den Herrn Ansaldo mit sich, und viele seiner alten Kameraden begleiteten ihn. Fast jedermann, Männer und Frauen, weinten aus Rührung über seine Abreise, so freundlich hatte er sich während seines Aufenthaltes in Venedig gegen alle betragen. So schied er und kehrte nach Belmonte zurück.
Nun begab es sich, daß seine Frau mehrere Tage vor ihm ankam und tat, als wäre sie im Bade gewesen. Sie nahm wieder ihre weibliche Kleidung an, ließ große Zubereitungen veranstalten, alle Straßen mit Zendal bedecken und viele Scharen Bewaffneter neu kleiden.
Als nun Herr Giannetto und Herr Ansaldo ankamen, gingen ihnen alle Barone und der ganze Hof entgegen und riefen: »Es lebe unser Herr! Es lebe unser Herr!«
Sowie sie ans Land stiegen, eilte die Frau, den Herrn Ansaldo zu umarmen, und stellte sich etwas empfindlich gegen Herrn Giannetto, obwohl sie ihn mehr liebte als ihr Leben. Es wurde ein großes Fest veranstaltet mit Turnieren, Waffenspiel, Tanz und Gesang, woran alle Barone, Frauen und Fräulein, so daselbst waren, teilnahmen. Als jedoch Herr Giannetto sah, daß ihm seine Gemahlin kein so freundliches Gesicht machte wie sonst, trat er in sein Gemach, rief sie zu sich und sprach: »Was hast du?«
Dabei wollte er sie umarmen. Die Frau aber sagte: »Du brauchst mir keine solche Liebkosungen zu machen; ich

weiß wohl, daß du in Venedig deine alten Buhlschaften wieder aufgesucht hast.«

Herr Giannetto begann sich zu entschuldigen; die Frau aber fuhr fort: »Wo ist der Ring, den ich dir gab?«

Herr Giannetto antwortete: »Da haben wir's nun, wie ich es mir vorstellte. Ich sagte doch gleich, du werdest Böses dabei denken. Aber ich schwöre dir bei meinem heiligen Glauben und bei meiner Treue zu dir, daß ich den Ring jenem Richter gegeben habe, der mich den Prozeß gewinnen machte.«

Die Frau aber sagte: »Und ich schwöre dir bei meinem heiligen Glauben und bei meiner Treue zu dir, daß du ihn einem Weibe gegeben hast; ich weiß es gewiß, und doch scheust du dich nicht, so zu schwören.«

Herr Giannetto fügte hinzu: »Ich flehe zu Gott, mich augenblicklich von dieser Welt zu vernichten, wenn ich dir nicht die Wahrheit sage, ja, daß ich es schon dem Richter gesagt habe, als er mich darum gebeten.«

Die Frau sagte: »Du hättest ja noch dort bleiben und Herrn Ansaldo allein hierherschicken können, derweil du dich mit deinen Liebschaften ergötztest; denn ich höre, sie haben alle geweint, als du weggingst.«

Da hub Herr Giannetto an zu weinen, war in schwerer Not und sprach: »Du tust einen Eid auf etwas, was nicht wahr ist und nicht wahr sein kann.«

Als aber die Frau ihn weinen sah, war es ihr, als bekäme sie einen Messerstich in das Herz, stürzte plötzlich in seine Arme und fing an, laut aufzulachen. Sie zeigte ihm den Ring und sagte ihm alles, wie er mit dem Richter gesprochen habe und daß sie der Richter gewesen sei und auf welche Weise er ihr den Ring gegeben habe. Darüber war Herr Giannetto aufs äußerste verwundert, und da er dennoch die Wahrheit ihrer Rede erkannte, fing er an, über die Maßen fröhlich zu werden. Er trat aus dem Gemach und erzählte es einigen seiner Barone und Gefährten. Und die Liebe zwischen ihnen beiden wuchs und mehrte sich auch dadurch. Hernach rief Herr Giannetto die Kammerfrau zu sich, die ihm an jenem Abend die Weisung gegeben hatte, nicht zu trinken, und gab sie dem Herrn Ansaldo zur Frau. So blieben sie lange Zeit in Glück und Fröhlichkeit bis an ihr Ende.

GIOVANNI SERCAMBI

AMICUS UND AMELIUS

Zur Zeit des Königs Pippin von Frankreich lebten ein edler Mann namens Tobias, der aus der Provinz Burgund stammte, und ein deutscher Graf namens Richard, die sehr gottesfürchtig waren. Keiner der Genannten hatte einen Sohn oder eine Tochter, obgleich sie junge Frauen hatten. So legten beide ein Gelübde ab, daß sie, wenn Gott ihnen die Gunst erweise, Söhne zu haben, diese nach Rom bringen würden, um sie durch die Hände des Heiligen Vaters taufen zu lassen und der Kirche von Rom Schätze darzubieten. Als sie dieses Gelübde abgelegt hatten, gefiel es Gott, ihre Wünsche zu erhören; denn es verging nicht viel Zeit, bis beide Frauen von ihren Gatten schwanger wurden und nach neun Monaten jede von ihnen einen Knaben zur Welt brachte. Darüber waren die Väter und Mütter sehr glücklich und beschlossen, ihre Kinder nach Rom zu bringen, um beide durch die Hand des Papstes und im Namen Gottes taufen zu lassen.

Ritter Tobias machte sich mit dem Sohn und einem guten Gefolge aus Burgund auf, um nach Rom zu gehen, als das Kind schon zwei Jahre alt war. Der deutsche Graf Richard, als er gesehen hatte, daß Gott ihm einen Sohn geschenkt hatte, beschloß, sein Gelübde zu erfüllen, und brach aus Deutschland auf, als der Sohn etwa achtundzwanzig Monate alt war.

Als sie beide unterwegs waren, gefiel es Gott, daß sie sich eines Tages in unserer Stadt Lucca zusammen im gleichen Wirtshaus fanden. Als Ritter Tobias dem Grafen Richard erzählte, weshalb er dort war und wohin er gehen wollte, und ihm das Kind zeigte, das ihm Gott auf sein Gelübde hin geschenkt hatte, zeigte Graf Richard, der aus dem gleichen Grund von Hause aufgebrochen war, sein Kind, und sie entschlossen sich, gemeinsam weiterzuziehen. Was sollen wir nun von der Macht Gottes sagen, daß die zweijährigen Kinder, als sie sich zusammen sahen, nie essen, trinken oder schlafen wollten, wenn nicht der eine dasselbe wie der andere tat, und die Väter bei ihren Proben mehrmals fanden, daß es so war? Schließlich schliefen beide im gleichen Bett, wurden unterwegs in einem kleinen Bett getragen und aßen und tranken darüber hinaus aus demselben Gefäß die gleiche Speise, und das schien beiden Vätern über jedes andere Wunder hinauszugehen. So reisten sie nach Rom und ließen den Heiligen Vater wissen, daß sie ihn sprechen wollten. Dieser gewährte ihnen eine Audienz, ließ sie zu sich kommen und fragte sie nach ihrem Begehren. Der Graf und der Ritter sagten: »Da wir es für gewiß glauben, daß Ihr der Stellvertreter Gottes auf Erden seid, ist es uns ein Bedürfnis, daß Ihr unsere Kinder, die uns Gott geschenkt hat, mit Gnade erfüllt und daß es Euch gefallen möge, sie zu taufen, damit sie die himmlische Herrlichkeit besitzen und für den heiligen Glauben kämpfen können.« Der Papst wollte den Grund wissen und warum sie die Reise gemacht hätten. Sie erzählten ihm alles. Als der Papst das hörte, äußerte er sein Wohlgefallen und befahl, das Buch und die anderen Taufgeräte bereitzuhalten, und

so geschah es in Gegenwart der Kardinäle und anderer Barone, denen der Papst gebot, jene Kinder über die Taufe zu halten. Gesagt, getan. Der Papst gab in der Taufe dem Sohn des Ritters den Namen Amicus und dem des deutschen Grafen den Namen Amelius und schenkte nach der Taufe jedem von ihnen einen in Silber gefaßten Becher aus Holz von gleicher Größe, segnete sie und empfahl sie Gott mit den Worten: »Dieses Geschenk soll euch daran erinnern, daß ihr in der Kirche von Rom durch den Papst getauft worden seid.«
Nachdem jeder mit dem Geschenk des Papstes in seine Heimat zurückgekehrt war und Amicus mit viel Weisheit bis zum Alter von dreißig Jahren aufgewachsen war, erkrankte sein Vater, und er ermahnte den Sohn, indem er sagte: »Amicus, mein Sohn, ich gebiete dir, Gott zu lieben, barmherzig zu allen Menschen zu sein, die Witwen und Waisen zu beschützen und über alles Irdische Amelius, den Sohn des deutschen Grafen Richard, zu ehren; denn ihr wurdet am gleichen Tage vom höchsten Hirten in Rom getauft, und er schenkte dir und ihm einen Becher von gleicher Art und Größe, und ebenso sage ich dir, daß Amelius, dein Taufbruder, dieselbe Gestalt hat und aussieht wie du und man euch nicht voneinander unterscheiden kann. Darum liebe ihn in allen Dingen und wende dich an ihn.« Mit diesen Worten starb er.
Nicht lange Zeit danach geschah es, daß gewisse Neider dem Amicus alle Schlösser und Ländereien wegnahmen. Dadurch sah dieser sich gezwungen wegzugehen und gedachte, in der Hoffnung auf Hilfe, zum Grafen Amelius zu gehen. Er nahm zwei Diener und Gerät und sagte: »Falls wir dort nicht unterkommen können, werden wir zur Königin Legoriade, der Frau des Königs von Frankreich, gehen, die alle Vertriebenen auf-

nimmt«; und so machten sie sich auf, um zum besagten Ort zu gelangen.

Der Graf Amelius, der den Tod des Ritters Tobias, des Vaters Amicus', erfahren hatte, wollte diesen besuchen und brach mit einem Gefolge zu ihm auf. Nun sind sie beide unterwegs. Amicus, der Amelius zu Haus nicht antrifft, wandert unermüdlich weiter; Amelius, der erfährt, daß Amicus aus seinen Ländereien verjagt ist, und ihn nicht findet, beschließt, nicht in sein Land zurückzukehren, solange er nicht den verjagten Amicus ausfindig macht.

Der war eines Abends mit seinen Gefährten bei einem sehr reichen Gastwirt angelangt. Dieser sagte zu Amicus, wenn er seine Tochter zur Frau nehmen wolle, so würde er sie alle reich machen. Amicus folgte dem Rat, die Frau zu nehmen, und sie feierten Hochzeit. Nachdem ein und ein halbes Jahr vergangen waren, sagte er zu seinen Dienern: »Ich tue etwas, was ich nicht darf. Amelius sucht mich, ich suche ihn, und wir sind hier.« Er nahm seine beiden Diener und den Becher mit, und sie machten sich auf den Weg nach Paris. Amelius, der den Freund schon seit zwei Jahren gesucht hatte, traf auf dem Wege nach Paris einen Pilger. Er fragte ihn, so wie er andere zu fragen pflegte, ob er ihm Nachricht über den Ritter Amicus geben könne. Jener antwortete, er habe ihn nie gesehen. Amelius schenkte ihm ein Gewand und sagte: »Bete zu Gott, daß er mir die Gnade gewährt, ihn zu finden.« Der Pilger ging bis zum Abend weiter und traf Amicus, der ihn fragte: »O Pilger, könntest du mir sagen, wo der Graf Amelius ist?« Der Pilger erwiderte: »Du hältst mich zum besten, denn heute morgen gabst du mir einen Rock, und ich sollte Gott bitten, daß er dich den Ritter Amicus finden läßt, und du bist Amelius, aber hast wahrscheinlich Kleid, Waffen und Pferde gewechselt.« Amicus sagte: »Ich bin jener Amicus, den Amelius sucht.« Er gab dem Pilger ein Almosen und sprach: »Bete zu Gott, daß ich ihn wiederfinde.« Der Pilger antwortete: »Geh schnell nach Paris, und ich denke, du wirst ihn finden.« Als Amelius von Paris aufgebrochen war und sie an einem Fluß auf einer grünen Wiese speisten, kam Amicus in Waffen daher und sah jene bewaffneten Ritter beim Mahl. Er sagte zu den Seinen: »Seid tapfer, damit wir diesen Kampf gewinnen, und wir werden zum Hof gehen und dort gut aufgenommen werden.« Und er stellte seine Leute zum Kampf auf. Amelius, der jene kampfbereit sah, stieg mit den Seinen zu Pferde. Sie prallten aufeinander, und alle waren tapfer. Gott, der ihrem Leid ein Ende setzen wollte, sprach zu Amelius und sagte: »Warum wollt ihr den lieben Amicus und seine Gefährten töten?« Als Graf Amelius das hörte, erkannte er voll Erstaunen Amicus, den er bisher nur gesehen hatte, als er zwei Jahre alt war. Sie umarmten sich, feierten ein großes Fest, und beide schworen, daß sie immer als wahre Freunde beieinanderbleiben würden. Dann erschienen sie am Hofe des Königs von Frankreich. Dieser machte Amicus zum Schatzmeister und Amelius zum Ehrenstallmeister.

Als drei Jahre vergangen waren, seitdem Amicus von seiner Herrin Abschied genommen hatte, sagte er zu Amelius: »Ich will meine Herrin aufsuchen, und du wirst am Hofe bleiben, aber hüte dich, dich mit der Tochter des Königs einzulassen; denn ich sehe, daß sie dich liebt. Vor allem mußt du dich vor dem elenden Arderigo hüten, der dich immer deswegen beneidet hat.« Amelius antwortete, er werde so handeln. Amicus reiste ab, Amelius blieb, und es verging nicht viel Zeit, bis er sich mit der Tochter des Königs einließ und Arderigo, um etwas darüber zu hören, zu ihm sagte: »Amicus ist mit dem Schatz fortgegangen und wird nie zurückkehren, und deswegen will ich dein Gefährte sein.« Sie bekräftigten das durch Handschlag. Amelius glaubte, ihm in Sicherheit sein Geheimnis mit der Königstochter offenbaren zu können, und sagte es ihm. Und als Amelius eines Tages beim König stand, um ihm Wasser für die Hände zu reichen, sagte Arderigo: »Heilige Krone, nehmt nicht Wasser von Amelius; denn er ist des Todes würdig, da er deiner Tochter die Jungfräulichkeit geraubt hat.« Als Amelius das hörte, fiel er bestürzt und zitternd zu Boden. Der König nahm ihn gütig bei der Hand und sagte zu ihm: »Steh auf, hab keine Furcht, aber verteidige dich tapfer!« und setzte einen Zeitpunkt fest, an dem im Zweikampf die Wahrheit bewiesen werden sollte, wobei Arderigo einen kühnen und klugen Grafen zu Rate zog. Amelius, der allein war, hatte niemanden auf seiner Seite. Als die Königin davon hörte, ließ sie für ihn den Zeitpunkt bis zur Rückkehr des Amicus aufschieben. Amelius erzählte diesem alles, wie es sich zugetragen hatte. Amicus, von Weisheit erfüllt, sagte zu Amelius: »Laß uns Kleider und Waffen wechseln; du wirst ins Haus meiner Herrin gehen, ich werde für dich den Kampf aufnehmen, und wir werden im Vertrauen auf Gott gewinnen.« Amelius sprach: »Wie wird mich deine Herrin erkennen, da ich sie nie gesehen habe?« Darauf Amicus: »Geh und frag nach ihr, aber hüte dich, mit ihr Umgang zu pflegen.« Amelius brach auf und gelangte zu Amicus' Haus. In der Meinung, es sei ihr Gatte, wollte die Dame ihn umarmen und küssen. Amelius sagte: »Herrin, berühre mich nicht; denn seitdem ich aufgebrochen bin, habe ich viele Widerwärtigkeiten gehabt und habe sie noch, darum bitte ich dich, mich nicht zu berühren«, und als er in der Nacht schlafen ging, legte er das blanke Schwert in das Bett mit den Worten: »Herrin, wenn du dieses Schwert überschreitest, werde ich dich töten.« So blieb er bei ihr die ganze Zeit bis zum Tage des Zweikampfes.

Die Königin, die Amelius liebte, verfiel in Schwermut; denn sie wußte, daß Arderigo tüchtig im Kampf war. Arderigo, der Amelius von ihr begünstigt sah, sagte, sie sei nicht würdig, bei Hofe zu erscheinen, da sie ihre Tochter habe schänden lassen. Als Amicus vor den König getreten war, um die Schmach zu tilgen, die der Königin, ihrer Tochter und dem König selbst in Amelius' Gestalt angetan worden war, befand sich dieser in Amicus' Gestalt in dessen Haus. Nachdem alles geordnet war, sprach Amicus in Gegenwart der Königin und vieler Damen, des Königs, seines Gefolges und des Volkes: »Graf Arderigo, wenn du das, was du gesagt hast, widerrufen willst, so werde ich immer dein Diener sein.« Arderigo erwiderte: »Ich verlange deinen Kopf und nicht deine Freundschaft«, und schwor vor dem König, Amelius habe die Tochter geschändet. Amicus erklärte, das sei eine Lüge. Darauf der König: »Amelius« (denn er glaubte, daß er es sei), »verteidige dich kühn; wenn du siegst, werde ich dir meine Tochter Brigida zur Gattin geben.« Der Kampf dauerte wohl drei Stunden. Schließlich wurde Arderigo besiegt, und Amicus schlug ihm den Kopf ab. Der König, der seine Tochter von der Schande gereinigt sah, und die Königin beschlossen, das junge Mädchen mit Amelius zu verheiraten. Amicus in der Gestalt des Amelius nahm sie und kehrte ohne weitere Umstände in das Haus seiner Herrin zurück, wo er Amelius fand. Da dieser befürchtet hatte, Amicus habe verloren, empfand er beim Wiedersehen große Freude. Amicus erzählte ihm, wie Arderigo ums Leben gekommen war und wie er die Tochter des Königs für ihn zur Gattin genommen hatte. Er sagte zu ihm: »Geh an den Hof und nimm sie; ich werde mit meiner Herrin hier bleiben.« Amelius ging wieder an den Hof und lebte mit der Tochter des Königs, der ihm als Mitgift eine Stadt am Meer und viele Ländereien gegeben hatte.

Als Amicus bei seiner Herrin weilte, erkrankte er und wurde vom Aussatz befallen, so sehr, daß das ganze Haus davon stank. Da versagte die Herrin ihm nicht nur ihre Hilfe, sondern versuchte mehrmals, ihn ums Leben zu bringen. Als Amicus sah, daß die Frau ihn töten wollte, sagte er zu seinen Dienern: »Ich bitte euch bei Gott, nehmt, was ihr nehmen könnt und den Becher, und bringt mich von dieser ruchlosen Frau weg. Laßt uns in das Land des Grafen Amelius gehen.«

Die Diener des Grafen fragten, wer er sei, und er sagte: »Ich bin Amicus, der Taufbruder des Grafen Amelius, und ich komme, um hier zu bleiben, damit er für mich sorgt.« Amelius' Diener erwiderten, sie sollten sich sofort entfernen, und traktierten sie sogar mit kräftigen Stockschlägen. Als Amicus sich so verjagt sah, bat er seine Diener, sie möchten ihn wenigstens nach Rom bringen. Das taten sie und wurden dort sehr gut aufgenommen. Als aber einige Leute kamen, um Rom zu belagern, und dort viel Hunger herrschte, sprachen seine Diener: »Wir kommen vor Hunger um; wenn wir länger hier bleiben, werden wir sterben.« Amicus, der das hörte, sagte: »O meine Söhne, immer habt ihr mir gehorcht; ich bitte euch, mich nicht zu verlassen; führt mich vielmehr in die Stadt des Amelius.« Die Diener erklärten, sie würden ihm gehorchen, und brachten ihn nach Frankreich in die Stadt, wo Graf Amelius war. Als sie ihn auf den Platz vor Amelius' Palast geführt hatten und um Barmherzigkeit baten, ließ dieser den Becher, den der Papst ihm bei der Taufe geschenkt hatte, mit Wein füllen und durch einen Diener dem Armen bringen. Amicus zog seinen eigenen Becher hervor, goß darein den Wein, der ihm gegeben war, und ließ dem Spender danken. Der Diener kehrte zurück und sagte zum Grafen: »In der Tat, wenn Ihr nicht Euren Becher hättet, würde ich sagen, daß der des Aussätzigen der Eure wäre; denn er ist von gleicher Größe und Machart.« Als der Graf Amelius die Worte des Dieners hörte, sprach er: »Geht und bringt mir jenen her.« Amicus wurde zu ihm geführt und berichtete, von wo er den Becher bekommen hatte, woher und wer er war. Amicus erzählte alles, was ihm begegnet war, und fuhr fort: »Ich bin Amicus und bekam diesen Becher in Rom, als der Papst mich getauft hat.« Amelius erkannte ihn, umarmte ihn sogleich, küßte ihn und beklagte seine Krankheit. Amelius' Frau hörte, daß der Kranke Amicus war, der im Kampf gegen Arderigo gesiegt hatte. Sie raufte sich das Haar und badete Amicus mit ihren Tränen. So groß war der Schmerz des Amelius und seiner Gattin, daß es ein Jammer war, sie zu sehen. Sogleich ließ Amelius ihm ein Zimmer herrichten, das mit allem Nötigen ausgestattet war, und nahm auch die beiden Diener auf, die bei ihm geblieben waren. Er sagte zu Amicus: »Alles, was hier ist, gehört dir ebenso wie uns, befiehl, und man wird dir gehorchen.«

Als Amicus in dieser Weise einige Zeit blieb, immer in jenem Zimmer und im gleichen Bett (Amelius schlief mit ihm zusammen), kam eines Nachts der Engel Gabriel und sprach: »Amicus, schläfst du?« Amicus, in der Meinung, es sei Amelius, antwortete: »Bruder, nein.« Der Engel fuhr fort: »Du hast gut gesprochen; denn du hast dich zum Bruder der himmlischen Herrlichkeit gemacht. Darum wisse, daß ich der Engel Gabriel bin.

Sag Amelius, er solle seine beiden Söhne töten und dich mit ihrem Blut waschen. So wirst du geheilt werden.« Amicus erwiderte: »Das möge nicht geschehen; denn ich will nicht, daß für meine Heilung Amelius' Söhne sterben.« Der Engel aber sprach: »Gott will es so«, und entfernte sich. Amelius, der alles gehört hatte, fragte: »O Freund, wer war der, mit dem du sprachst?« Darauf Amicus: »Niemand, ich sprach mein Gebet.« Amelius dagegen: »Ein anderer war es, sag es mir!« Er stand vom Bett auf, suchte die Tür des Zimmers, fand sie verschlossen und sagte: »Laß es mich doch bitte wissen, wer es war, der mit dir gesprochen hat.« Amicus, der sah, daß er nun doch sprechen mußte, berichtete ihm alles unter heißen Tränen. Obwohl Amelius es gehört hatte, glaubte er Amicus mehr als seinen Ohren und sprach: »Ach, sag mir doch, ob es der Engel war oder ob ein anderer es dir sagte.« Amicus antwortete: »Gern sähe ich mich heute so sicher vom Aussatz geheilt, wie es der Engel war; aber ich bitte dich dringend, eine solche Tat nicht zu verüben; denn ich bin mit meinem Zustand sehr zufrieden.«

Amelius stand am Morgen auf, als die Dame zur Kirche gegangen war (denn es war Sonntag) und die Kinder im Bett gelassen hatte. Nach vielen Tränen, die er über die Kinder vergossen hatte, schnitt er ihnen mit einem Messer die Halsadern durch und fing ihr Blut in einem Gefäß auf. Er begab sich damit zu Amicus, wusch ihn, und sofort war dieser rein von jedem Aussatz. Als Amelius ihn geheilt sah, ließ er ihn sogleich ebenso wie sich selbst kleiden, und sie gingen zusammen zur Kirche. Als sie dort eintraten, sah sie die Dame und wußte nicht, wer von beiden ihr Gatte war. Sogleich kam sie auf sie zu und fragte: »Wer von euch ist mein Gatte, und welcher ist der andere?« Amelius erwiderte: »Ich bin

Amelius, und dieser ist unser Bruder Amicus, den Gott heute morgen vom Aussatz gerettet hat.« Die Frau verließ in großer Freude die Kirche und kehrte nach Haus zurück, wo sie ein großes Fest vorbereiten ließ. Als sie sich zu Tisch gesetzt hatten, sagte sie: »Laßt uns unsere Kinder holen, damit sie beim Fest unseres Amicus zugegen sind.« Amelius, der das hörte und wußte, was er getan hatte, erwiderte: »Laß sie ruhen und uns freuen.« Die Frau entgegnete: »Sie sollen aber die gleiche Freude haben wie wir.« Amelius stand, um nicht zu weinen, gerührt von der Tafel auf, gab vor, irgend etwas erledigen zu wollen, und betrat die Kammer, wo er die im Bett spielenden Kinder vorfand, die um den Hals einen Streifen wie eine rote Korallenkette hatten. Er rief: »Kommt her, Freunde und Verwandte, um euch zu freuen; denn Gott hat heute zwei offenbare Wunder getan, das eine an Amicus und das andere an meinen Kindern.« Die Frau und Amicus liefen herbei. »Was ist?« fragte die Dame. Amelius erzählte, daß die Kinder vom Tode wiedererweckt worden waren, nachdem er sie getötet hatte, um Amicus mit ihrem Blut zu waschen. Die Dame erwiderte: »O Amelius, wenig Liebe hast du mir gezeigt. Warum hast du mich nicht gerufen, als du meine Kinder töten wolltest, damit ich das Gefäß hätte halten können, um das Blut aufzufangen und Amicus zu heilen?« Amelius aber sprach: »Wir wollen Gott loben und Gutes tun, weil er uns so gezeigt hat, daß wir seine Diener sind.« Nachdem er diese Worte gesprochen hatte, setzten sie sich zu Tisch. Nicht lange danach erhielt Amicus die Nachricht, daß seine Herrin vom Teufel erwürgt worden sei. So lebten Amicus und Amelius lange, nachdem sie viel Gutes getan hatten, starben fast zu gleicher Zeit und wurden in einem Grab in der Peterskirche in Rom beigesetzt, wo wir sie noch sehen können.

GENTILE SERMINI

HERR PACE

In der prächtigen Stadt Rom lebte ein Priester namens Herr Pace, der als Pfarrer eines Kirchleins mit einer guten Pfründe anständig lebte. Er war ein Mann von milder Gemütsart und höflichen Sitten, war einer guten Tafel nicht gram und lud häufig andere Geistliche zum Essen zu sich. Als er einst einen Burschen benötigte, lief ihm einer aus Colle im Elsatal namens Masetto in die Hände, der gerade als Knecht Dienste suchte. Sie sprachen miteinander und kamen überein, daß Masetto auf Lebenszeit sich bei ihm verdinge, mit dem Versprechen, so genau als möglich zu erfüllen, was Herr Pace zu ihm sage; Herr Pace nahm ihn ebenfalls auf Lebenszeit an und setzte für sich fünfundzwanzig Gulden Buße fest, wenn er ihn fortschicke, und das gleiche für Masetto, wenn er seine Entlassung begehre. Weil aber Masetto in einem losen Alter stand, das dem Hausherrn geringere Gewähr leistete, übergab er von seiner Habe dem Herrn Pace zwanzig Dukaten und ein silbernes Geschmeide, sieben Lot schwer, das einen kleinen Falken darstellte, alles miteinander als Pfand. Herr Pace sicherte die Übereinkunft noch durch die Hand eines öffentlichen Notars; es wurde ein Papier darüber aufgesetzt, und als dasselbe im reinen war, wohnte Masetto mit Herrn Pace zusammen, kam seinem Dienste mit großem Eifer nach und erwarb sich Herrn Paces Zuneigung in hohem Grade.

Etwa vierzehn Tage ging der Dienst in Ordnung; nun aber begann Masetto das ins Werk zu setzen, weshalb er eigentlich zu Herrn Pace gegangen war. Es war die große Fastenzeit; da sprach Herr Pace zu Masetto: »Morgen kommen vier Priester zu mir zum Frühstück. Kaufe zehn Pfund Fische und richte sie gut zu! Weiche Bohnen ein! Koche aber nicht viele, denn es ist nicht gerade eine Speise für Priester. Daß es nur an den Fischen nicht fehlt!«

Masetto antwortete: »Ganz recht, gestrenger Herr!«

Und er sorgte für alles. Er rechnete: Da es fünf Priester waren, legte er elf Bohnen ins Wasser, nämlich zwei für jeden und eine für sich, und am andern Morgen setzte er sie so zum Feuer. Auch bereitete er die Fische köstlich zu, wie ihm Herr Pace anbefohlen hatte. Alles war fertig; die Stunde der Mahlzeit kam, und die Geistlichen traten ins Haus. Masetto empfing sie freundlich und reichte ihnen Handwasser; sie setzten sich zu Tisch, und nach einem würzigen Salat trug Masetto die Teller auf mit je zwei Bohnen auf einem. Die Geistlichen verwunderten sich über diesen Anblick und sahen einander an. Als aber Herr Pace dies bemerkte, sprach er zu Masetto: »Was ist das für eine Ärmlichkeit? Geh, schöpfe mehr heraus! Bist du verrückt? Solche Teller setzt man Priestern nicht vor.«

Masetto antwortete: »In der Schüssel ist nur noch eine Bohne für mich. Wenn Ihr sie wollt, so will ich sie Euch bringen.«

»Was sagst du?« sprach Herr Pace, stand auf und wollte es sehen. Er fand es auch wirklich so. Darüber tadelte er ihn sehr und sprach: »Sieh zu, daß dir dies nicht wieder begegnet!«

Masetto antwortete, er habe es nur aus Gehorsam so gemacht. Er habe ihm ja befohlen, nur wenig zu kochen, deshalb habe er zwei auf jeden Geistlichen und eine auf sich gerechnet.

»Genug damit für jetzt«, sagte Herr Pace. »Gib uns die Fische!«

So ging das Frühstück hin. Nachher aber gab er ihm einen heftigen Verweis und sprach: »Sieh zu, Masetto, daß dergleichen nicht wieder vorkommt!«

Dieser antwortete: »Ganz recht, gestrenger Herr!«

Herr Pace sagte zu den Priestern: »Morgen will ich euch schadlos halten; ich erwarte euch daher alle morgen vormittag hier zum Frühstück.«

Sie nahmen's an, und Herr Pace gab nun Masetto die erforderliche Weisung, was er für morgen vorzubereiten habe, nämlich Salsinen und frische Fische, außerdem solle er Erbsen einweichen.

»Nimm dich in acht«, fügte er hinzu, »daß es nicht wieder geht wie heute morgen! Lege reichlich ins Wasser! Die Priester wollen keine Possen auf dem Teller. Koche soviel wie möglich, nicht so ärmlich!«

Masetto antwortete: »Ganz recht, gestrenger Herr!«

Als es nun Zeit war, nahm er einen halben Scheffel Erbsen, den Herr Pace vor wenigen Tagen gekauft hatte, und weichte alle ein. Am Morgen aber setzte er sie in drei großen Töpfen auf das Feuer und ließ sie kochen. Alles war im reinen, als die Priester zum Frühstück kamen: sie setzten sich zu Tisch, Masetto hatte die Teller für sie zugerüstet und trat nun in den Saal mit solchen Erbssuppen, daß nicht nur Priester, sondern sogar Schweine von Castri sich über diese Masse geschämt hätten, so viele Erbsen setzte er ihnen vor.

Als Herr Pace die Erbsenbescherung sah, sprach er: »Masetto hat uns für gestern morgen entschädigen wollen.«
Und so lachten alle miteinander über diese Kübel mit Erbsen. Masetto beschäftigte sich ganz unbefangen weiter damit, die Fische nach dem Geschmack der geistlichen Herren zuzubereiten und die Gläser immer neu zu füllen, so daß, wenn er sich ihnen gestern durch seine Armseligkeit verhaßt gemacht hatte, sie sich jetzt für entschädigt halten und seine Freigebigkeit loben mußten.
»Eßt nur rüstig drauflos«, antwortete Masetto. »Es ist genug da, um von allem zu essen, namentlich Erbsen.«
Herr Pace sagte: »Hast du denn noch nicht alle hereingebracht?«
»Es ist noch so viel übrig«, sagte Masetto, »daß ich wohl zwanzig Trachten, größer als diese, hereinbringen kann.«
Nachdem das Essen vorbei war, wollte Herr Pace doch nachsehen und fand drei große Kessel voll Erbsen über dem Feuer. Er rief seine Gäste herbei, zeigte sie ihnen und sprach zu Masetto: »Was zum Teufel hast du gemacht? Diese Erbsen hätten ja für hundert Mann ausgereicht. Hast du denn alle Erbsen gekocht, die da waren?«
Masetto erwiderte: »Ja, gestrenger Herr!«
Dieser aber war darüber erzürnt und schalt ihn heftig aus; Masetto aber verteidigte sich und sagte: »Ich tue, was Ihr mir befehlt, und Ihr zürnt! Gestern sagtet Ihr mir, ich solle wenig Bohnen kochen: ich tat es, und Ihr wart böse; dann sagtet Ihr mir, ich solle reichlich Erbsen kochen: ich tat es, und Ihr scheltet mich aus. Das ist sehr unrecht von Euch. Ihr wißt, daß eine Strafe darauf gesetzt ist, wenn ich nicht tue, was Ihr mir befehlt; ich gebe mir alle Mühe, und doch werdet Ihr zornig über

mich. Ich tue es nur, um nicht fünfundzwanzig Dukaten zahlen zu müssen.«

Hiermit hörte das Gespräch auf, und wer es mit anhörte, der hätte Herrn Pace unrecht und Masetto recht geben müssen, so gut wußte dieser zu sprechen. Darüber geriet denn Herr Pace in Wut und sagte zu Masetto: »Mach, daß du mir heute das Haus räumst!«

Nach diesen Worten ging er mit seinen Gästen aus und schloß die Türe von außen mit dem Schlüssel, ohne Antwort abzuwarten. Als Masetto seine Worte hörte und sich eingeschlossen sah, rief er mit lauter Stimme: »Auf welchem Wege soll ich denn das Haus räumen? Ihr habt mich ja eingeschlossen.«

Voll Ärger rief Herr Pace: »Durch die Fenster meinetwegen!«

»Ganz recht, gestrenger Herr!« sagte Masetto.

Die Geistlichen gingen in die Vesper; Masetto aber, in strengem Gehorsam, schickte sich an, den Befehl zu vollziehen. Er fing also an, durch die Fenster das Haus zu räumen; er fing von oben an: Alles, was im Saale war, Tafeln, Bänke, Tische, Handtücher, Krüge, Becher, Untersetzer, Schüsseln, Schalen, Bestecke warf er hinaus auf den Platz. Dann ging es nach der Küche: Kessel, Pfannen, Roste, Brandeisen, Holzplatten, Teller, alles, was er dort fand, flog aus dem Fenster auf den Platz. Dann im Schlafzimmer: Bett, Bettlade, Koffer mit allem, was darin war, Kapuzen, Ornate, Tücher, Bücher und was er sonst fand, nichts blieb darin, es mußte durch die Fenster in den Pfarrhof fliegen. Den Hühnerstall leerte er ganz aus und warf ihn hinab. Auf dem Speicher lag ein großer Berg Korn: den leerte er Sack um Sack zum Fenster hinaus und schüttete dasselbe auf das Durcheinander der andern Sachen.

Als nun Herr Pace und seine Gäste aus der Vesper kamen, sagten sie: »Wir wollen doch sehen, ob sich Masetto aus dem Fenster gestürzt hat.«

Sie gingen hin, und als sie an die Tür des Platzes oder Hofes, wie man es heißen will, kamen, hörten sie ein lautes Gackern und Durcheinanderfliegen der Hühner, weil Masetto eben wieder einen Sack voll Körner herabgoß. Herr Pace wunderte sich über den Vorfall, öffnete wütend das Hoftor und sah denn hier alle seine Habseligkeiten übereinandergeworfen und zerbrochen. Voll Grimm schrie er auf und rief Masetto zu: »Verräter, was machst du?«

Masetto, einen andern Sack herabschüttend, antwortete ganz erschöpft: »Ich räume aus, wie Ihr mir gesagt habt. Ich habe nur noch wenig Korn auszuleeren; dann ziehe ich den Fässern die Zapfen aus, und so werde ich bald ganz fertig sein. Macht nur noch einen kleinen Gang um eine Ecke! Wenn Ihr wiederkommt, so werdet Ihr alles getan finden, daß auch nicht ein Härchen mehr übrigbleibt.« Herr Pace spie Gift und Galle vor Entrüstung und sagte: »Verräter, geh mir aus dem Hause!«

Er nahm einen Stock und eilte die Treppe hinauf, um ihn damit zu bedienen. Masetto aber, welcher jung und gewandter war als er, lief ihm davon. Herr Pace folgte ihm nach und jagte ihn zum Hause hinaus. Als Masetto vor der Haustür angelangt war, sprach er zu den vier Geistlichen: »Ihr seid meine Zeugen, daß er mich zum Hause hinausgejagt hat.«

In demselben Augenblick kam zufällig der Ritter des Senators vorbei. Von dem Geschrei aufmerksam gemacht, kam er herzu, hörte den Fall und führte Herrn Pace und Masetto gefangen mit sich; die vier Priester folgten. Alle wurden dem Senator vorgeführt, und Herr Pace setzte diesem den ganzen Schaden auseinander, den ihm Masetto zugefügt hatte.

»Gnädiger Herr Senator«, sprach Masetto, »laßt mir mein Recht werden! Weil aber Herr Pace Priester ist, so laßt ihn Gewähr leisten, daß er Recht gibt und Eure Gerichtsbarkeit anerkennt!«

So geschah es. Herr Pace unterwarf sich dem Gericht und leistete hinreichende Gewähr. Darauf setzte Masetto seine Angelegenheit auseinander, zeigte den mit Herrn Pace eingegangenen schriftlichen Vertrag vor und erwähnte die Bußen und das Unterpfand. Herr Pace dagegen erzählte, welchen Schaden er genommen habe. Während nun der Herr Senator und einer seiner Gehilfen die Parteien verhörte, hatte die Erbsenbrühe ihren Lauf vollbracht und äußerte ihre Wirksamkeit so gewaltig, daß Herrn Paces Schinkentasche sich ganz mit solcher Suppenbrühe füllte. Als die Kunde von diesem Ereignis dem Herrn Senator zu Ohren oder vielmehr zur Nase kam, wurde ihm der Priester verhaßt; er sagte zu seinem Gehilfen, er solle die Leute abfertigen und wegschicken. Dieser hatte die Gründe, die jeder für sich beibrachte, angehört und sprach nun das Urteil: Herr Pace müsse dem Masetto fünfundzwanzig Gulden Buße zahlen und das ganze Unterpfand, das ihm Masetto gegeben hatte, zurückerstatten. Herr Pace beschwerte sich darüber, Masetto aber verteidigte sein Recht.

»Herr Senator«, sprach er, »wundert Euch nicht, daß diese schurkischen Pfaffen sich so aufführen! Das begegnet ihnen alle Tage bei ihrem schlemmerischen Fressen und Saufen. Alle Tage geht es hoch her bei ihnen, und ich hatte die Unlust davon.«

Der Senator tat nun in der besagten Weise den Spruch, daß Masetto für alles bezahlt werden müsse. Und somit schied er befriedigt. Herr Pace und seine Genossen aber schieden sehr unzufrieden, denn sie hatten zum Schaden noch die Schande.

MASUCCIO SALERNITANO

DER UNSCHULDIGE MÖRDER

Zur Zeit des hochseligen Königs Don Fernando von Aragon glorreichen Andenkens, der das Zepter des Königreichs Kastilien mit ruhigem Regimente führte, war in Salamanca, der alten und sehr edeln Stadt dieses Königreichs, ein Minoritenmönch namens Magister Diego von Revalo, der nicht minder in der thomistischen als in der scotischen Lehre unterrichtet war und darum aus den übrigen hervorragte und mit einer nicht unbedeutenden Belohnung bestellt wurde, in den würdigen Hörsälen der berühmten Hochschule derselben Stadt Vorlesungen zu halten. Damit setzte er sich in einen wunderbaren Ruf und machte seine Wissenschaft bekannt durch das ganze Reich; überdies hielt er manchmal auch kleine Predigten, die mehr nützlich und notwendig als fromm waren. Da er aber jung, ziemlich schön und sehr lustigen Sinnes, darum den Liebesflammen ausgesetzt war, geschah es, daß ihm eines Tages während der Predigt ein ganz junges Weib von wunderbarer Schönheit auffiel, namens Donna Catalina, die Gattin eines der vornehmsten Ritter der Stadt mit Namen Messer Roderigo Dangiagia. Als der Magister sie sah, gefiel sie ihm auf den ersten Blick, und Herr Amor gab ihm zugleich mit dem Bilde der Frau die Liebeswunde in sein schon beflecktes Herz. Von der Kanzel herabgestiegen, ging er in seine Zelle, warf alle theologischen Gründe und sophistischen Beweise in eine Ecke und gab sich ganz den Gedanken an das holde junge Weib hin. Und obgleich er die Vornehmheit der Frau wohl kannte und wußte, wessen Gattin sie war und welche Tollheit er unternehmen würde, er sich auch oft zu überreden suchte, diesen Weg nicht einzuschlagen, so sprach er doch manchmal zu sich: ›Wo Amor seine Gewalt äußern will, da sucht er niemals Gleichheit des Blutes; denn wenn diese erforderlich wäre, würden große Fürsten nicht beständig auf Prisen an unsern Küsten ausgehen. Denselben Freibrief nun muß Amor uns erteilt haben, hohe Minne zu fühlen, da er ihnen zugesteht, sich so tief herabzulassen. Die Wunden, welche Amor schlägt, empfängt keiner mit Vorbedacht, sondern unversehens; wenn mich daher dieser Gewaltige wehrlos überrascht hat, so hilft es nichts, sich gegen seine Schläge zu verteidigen; da ich nicht Widerstand leisten kann, werde ich mit allem Recht besiegt, und so geschehe mir denn als seinem Untertanen, was da will – ich will den harten Kampf bestehen; und folgt der Tod – nun, so werde ich erlöst von aller Pein, und wenigstens von dieser Seite geht mein Geist mit hoher Stirn einher, daß er seine Strebungen nach einer so erhabenen Stelle zu richten gewagt hat.‹

Nach diesen Worten wandte er sich nicht mehr zurück zu den Gegengründen; vielmehr nahm er Papier und schrieb unter vielen tiefen Seufzern und heißen Tränen einen passenden zierlichen Brief an die geliebte Frau, worin er zuerst ihre mehr göttlichen als menschlichen Reize pries, dann ausführte, wie er dermaßen von diesen umstrickt sei, daß er entweder ihre Gunst oder den Tod erwarte, und zuletzt bei aller Anerkenntnis dessen, daß er in Anbetracht ihres hohen Standes nicht verdiene, daß sie ihm Gelegenheit zu einer Zusammenkunft gebe, sie doch flehentlich bat, ihm Zeit und Ort anzugeben, daß er mit ihr im geheimen sprechen könne, oder ihn wenigstens als ihren Diener anzunehmen, da er sie zur einzigen Gebieterin über sein Leben erkoren habe. Er schloß den Brief mit noch vielen andern Floskeln, machte ihn zu, küßte ihn wiederholt und gab ihn einem Chorknaben mit der Weisung, wem er ihn heimlich zuzustellen habe. Dieser ging, wohin ihm befohlen war, kam in das Haus und fand die edle junge Frau im Kreise ihres zahlreichen weiblichen Gefolges sitzen. Er grüßte sie höflich und sagte zu ihr: »Mein Meister empfiehlt sich Euch, ihm ein wenig von dem feinen Mehl für Hostien zu schicken, wie Euch dieses Briefchen des weitern vermelden wird.«

Die Dame war gescheit genug, um gleich beim Anblick des Briefes zu merken, was die wirkliche Absicht dabei war. Sie nahm und las ihn, und obgleich sie sehr sittsam war, mißfiel es ihr doch nicht, daß jener sie liebte, und da sie sich für die schönste unter den Frauen hielt, freute sie der Brief, in dem sie ihre Schönheit so hoch erhoben sah; denn sie hatte mit der Erbsünde auch die angeborene Leidenschaft aller übrigen Mitglieder des weiblichen Geschlechts übernommen, welche samt und sonders der Meinung sind, ihr ganzer Ruf, Ehre und guter Name bestehe einzig und allein darin, daß sie geliebt, umbuhlt und ob ihrer Schönheit gepriesen werden, und die viel lieber für schön und lasterhaft als für noch so tugendhaft und häßlich gelten möchten. Nichtsdestoweniger beschloß diese Frau, weil sie alle Mönche ernstlich und nicht ohne Grund haßte, nicht nur dem Magister in keiner Weise nachzugeben, sondern auch ihm nicht einmal eine freundliche Antwort zu gewähren, und zugleich nahm sie sich vor, diesmal auch ihrem Gemahl nichts von der Sache zu sagen. Nachdem sie sich in diesem Plane befestigt hatte, wandte sie sich zu dem Mönchlein und sagte zu ihm, ohne die geringste Verlegenheit merken zu lassen: »Du kannst deinem Meister sagen, daß der Herr meines Mehls es ganz für sich allein will; darum soll er sich anderswoher welches zu verschaffen suchen. Auf den Brief brauche ich nicht zu antworten. Verlangte er es aber doch, so soll er es mir zu wissen tun, und sobald mein gnädiger Herr nach Haus kommt, will ich dann sorgen, daß er eine Antwort bekommt, wie es für sein Ansinnen sich gehört.«

Als der Magister die strenge Antwort erhielt, verminderte sich darum seine Liebesglut nicht im mindesten; vielmehr wuchs seine Leidenschaft zugleich mit dem Verlangen nur zu um so größeren Flammen; und um sich nicht von dem begonnenen Unternehmen zurückzuziehen, begann er, da das Haus der Frau ganz nahe bei dem Kloster war, sie so zudringlich mit seinen Werbungen zu verfolgen, daß sie nicht an ein Fenster treten, nicht in die Kirche oder sonst aus dem Hause gehen konnte, ohne daß der begehrliche Magister ihr immer in den Weg kam, weshalb denn in kurzem nicht nur die Leute in der Nachbarschaft die Sache merkten, sondern auch fast alle in der Stadt davon Kunde erhielten. Unter solchen Umständen überzeugte sich die Frau, daß sie den Handel vor ihrem Gemahl nicht länger mehr verbergen dürfe; denn sie fürchtete, wenn er es von jemand anderem höre, könnte sie in Gefahr kommen und er sie überdies für untreu halten. Nachdem sie sich mit diesem Gedanken vertraut gemacht hatte, erzählte sie, als sie eines Nachts bei ihrem Manne war, ihm die ganze Geschichte Punkt für Punkt. Der

Ritter, der sehr ehrenfest und heftig war, entbrannte in solchem Zorn, daß er sich kaum enthalten konnte, auf der Stelle hinzugehen und mit Feuer und Schwert das Kloster samt allen Mönchen zu zerstören. Er beruhigte sich aber doch ein wenig, lobte die Sittsamkeit seiner Frau gar sehr und gab ihr auf, dem Magister zu versprechen, sie wolle ihn in der folgenden Nacht ins Haus kommen lassen, auf irgendeine Art, wie es ihr am besten gefalle, damit er zugleich seiner Ehre genugtun könne und seine teure geliebte Frau nicht ferner beflecken lasse; für das übrige wolle er selber sorgen.

So mißlich auch der Frau die Sache vorkam, indem sie bedachte, wohin dies führen könne, so sagte sie doch, um dem Willen ihres Mannes nachzukommen, sie wolle es tun; und da das Mönchlein immer wiederkam und mit neuen Künsten den harten Stein zu erweichen trachtete, sagte sie: »Empfiehl mich deinem Meister und sag ihm, die große Liebe, die er zu mir trage, und die heißen Tränen, die er, wie er mir immer schreibt, für mich vergieße, haben Platz gegriffen in meinem Herzen, so daß ich nun viel mehr ihm angehöre als mir. Und da unser freundlicher Stern gewollt hat, daß heute Herr Roderigo aufs Land gegangen ist und über Nacht bleiben wird, so soll er Schlag drei Uhr heimlich zu mir kommen, und ich will ihm Gehör geben, wie er es wünscht. Doch bitte ihn, keinem Freund oder Bekannten, so genau er auch mit ihm stünde, die Sache anzuvertrauen.«

Das Mönchlein zog übermäßig heiter von dannen und brachte die erfreuliche Botschaft seinem Herrn; dieser aber war der glücklichste Mensch von der Welt, indem er bedachte, wie nahe die gegebene Frist schon heranrückte. Als diese kam, versah er sich wohl mit Düften, um nicht mönchisch zu riechen, dachte auch, das Klo-

stergewand könne durch guten Atem unterwegs gewinnen, und genoß daher die besten und feinsten eingemachten Früchte, legte seine gewohnten Kleider an und begab sich so an die Tür seiner Geliebten. Er fand sie offen, trat ein und wurde im Dunkeln wie ein Blinder von einer Dienerin in einen Saal geführt, wo er die Frau zu finden und von ihr freundlich empfangen zu werden meinte, statt dessen aber den Ritter fand mit einem getreuen Diener, die ihn ohne viel Widerstreben packten und in aller Stille erdrosselten. Als Meister Diego tot war, reute es den Ritter ein wenig, seine gewaltigen Arme mit dem Tode eines Minoriten befleckt zu haben; doch da er sah, daß hier Reue sowenig half als andere Mittel, dachte er in Rücksicht auf seine Ehre und auch aus Furcht vor dem Zorn des Königs darauf, den Toten aus dem Hause zu schaffen, und es fiel ihm ein, ihn in sein Kloster zu bringen. Er packte ihn daher seinem Diener auf den Rücken, und so schleppten sie ihn in den Garten der Mönche; von dort drangen sie in das Kloster selbst ein und trugen den Leichnam zu dem Örtchen, wohin die Mönche aus gewissem Erleichterungsbedürfnis zu gehen pflegten. Zufällig fand sich nur ein einziger Sitz bereit, denn die andern waren zugrunde gerichtet, wie denn, wie wir beständig sehen, der größte Teil der Mönchsklöster mehr Räuberhöhlen gleicht als Wohnsitzen der Diener Gottes. Auf diesen Sitz ließen sie ihn nun nieder, grade, als ob er ein Bedürfnis befriedigte, machten sich hinweg und gingen nach Hause.
Als nun der Herr Magister so dasaß, wie wenn er einer überflüssigen Leibesbürde sich entladen wollte, befiel einen andern jungen und rüstigen Bruder um Mitternacht der dringende Wunsch, an den besagten Ort zu gehen, um seine Notdurft zu verrichten. Er zündete ein

Lichtlein an und eilte auf die Stelle zu, wo Meister Diego im Tode hingesetzt worden war. Und weil zwischen ihnen beiden aus Gott weiß welchem mönchischen Neid und welcher Mißgunst eine unauslöschliche Feindschaft bestand, zog er sich, sobald er ihn erkannte, und nichts anderes denkend, als daß er lebe, ohne ein Wort zu sagen, zurück. Er wartete daher abseits, bis er meinte, der Magister könne mit dem Geschäft fertig sein, das er gleichfalls zu verrichten im Sinne hatte; da er aber immer noch wartete und nicht bemerkte, daß der Magister sich rührte, andererseits aber ihn selbst die Not immer gebieterischer drängte, sagte er mehrmals bei sich selbst: ›Bei Gott, der Bursche bleibt aus keinem andern Grunde so fest sitzen und will mich nicht hinlassen, als um mir auch hierin seine Feindschaft zu zeigen und die böse Gesinnung, die er gegen mich hegt! Aber es soll ihm nicht gelingen, denn ich will aushalten, solange ich kann, und wenn ich sehe, daß er auf seinem Eigensinn beharrt und fest bleibt, so will ich doch, obschon ich auch anderswohin gehen könnte, ihn zwingen, von hier wegzugehen, er mag wollen oder nicht.‹ Der Magister, der bereits an einem harten Fels Anker geworfen hatte, rührte sich nicht im mindesten, bis endlich der Mönch es nicht mehr aushalten konnte und wütend rief: »Nun aber, da sei Gott vor, daß du mir solche Schmach antust und ich es so hinnehme!«

Da ergriff er einen großen Stein, trat nahe zu ihm hin und beehrte ihn mit einem solchen Schlag auf die Brust, daß er zurückfiel und kein Glied mehr rührte. Als der Bruder bemerkte, wie er nach dem gewaltigen Stoß sich nicht mehr erhob, fürchtete er, ihn mit dem Stein bereits umgebracht zu haben; er wartete eine Weile, hoffte und war in großer Sorge; endlich aber trat er zu ihm hin und schaute ihn beim Lichte genau an, wo er sich denn vollkommen überzeugte, daß er schon tot sei, und nicht anders dachte, als er habe ihn auf die angegebene Weise umgebracht. Er war deshalb bis zum Tod betrübt, indem er fürchtete, wegen ihrer Feindschaft werde der Verdacht alsbald auf ihn fallen und er darüber ums Leben kommen. Darum beschloß er mehrmals, sich selber aufzuhängen; bei reiflicher Überlegung jedoch nahm er sich vor, ihn aus dem Kloster zu tragen und auf die Straße zu werfen, um jeden etwaigen Verdacht von sich abzuwälzen, den man sonst aus der angegebenen Ursache hätte fassen können. Indem er nun diesen Plan ausführen wollte, fiel ihm weiter ein, wie öffentlich und unaufhörlich der Magister Donna Catalina mit seinen unzüchtigen Zumutungen verfolgte, und er sagte bei sich selbst: ›Wo kann ich ihn leichter hinbringen, um zugleich mich von allem Verdachte zu befreien, als vor die Tür des Herrn Roderigo? Einmal, weil dies so nahe ist, und dann, weil man gewiß annehmen wird, er sei des Ritters Weibe nachgeschlichen und dieser habe ihn umbringen lassen!‹

Diese Überlegungen bestärkten ihn in seinem Vorhaben. Er lud mit großer Mühe den Leichnam auf den Rücken und trug ihn vor die besagte Tür, aus der er wenige Stunden zuvor als tot herausgetragen worden war. Dort ließ er ihn und kehrte, ohne von jemand beachtet zu werden, in das Kloster zurück. Obgleich er nun für seine Rettung hinreichend gedeckt schien, wollte er sich doch noch unter irgendeinem Vorwand auf ein paar Tage von hier entfernen, ging also in diesem Gedanken auf der Stelle nach der Zelle des Guardians und sagte zu ihm: »Mein Vater, ich habe vorgestern, da ich kein Lasttier hatte, den größten Teil unserer Einforderung in Medina im Hause eines unserer Freunde gelassen; darum möchte ich mit Eurem Segen nun hingehen, das

übrige zu holen, und dazu die Stute des Klosters mitnehmen. Wenn es Gottes Wille ist, komme ich morgen oder übermorgen wieder.«
Der Guardian gab ihm nicht allein die Erlaubnis, sondern lobte ihn sogar wegen seiner Sorgfalt. Als der Bruder diese Antwort erhalten hatte, packte er seine Siebensachen zusammen, zäumte die Stute auf und erwartete nur den Anbruch des Morgens, um fortzureiten.
Herr Roderigo, der die Nacht wenig oder nicht geschlafen hatte und doch wegen der Geschichte in Besorgnis war, entschloß sich, da nun der Tag herankam, seinem Diener aufzutragen, er solle um das Kloster streichen und lauschen, ob wohl die Brüder den Magister tot gefunden haben und was sie darüber sagen. Als der Diener aus dem Hause trat, um auszurichten, was ihm aufgetragen worden war, fand er daselbst den Meister Diego vor der Tür sitzen, daß es aussah, als hielte er eine Disputation. Das jagte dem Knechte nicht geringen Schrecken ein, wie man nur über einen Leichnam erschrecken kann; er fuhr zurück, rief alsbald seinen Herrn und konnte kaum die Worte hervorbringen, um ihm zu sagen, der Leichnam des Magisters sei vor ihr Haus zurückgebracht worden. Der Ritter verwunderte sich höchlich über diesen schlimmen Fall, der seinen Besorgnissen neue Nahrung gab. Nichtsdestoweniger tröstete er sich mit der gerechten Sache, die er zu führen glaubte, und faßte den mutigen Entschluß, geradezu zu warten, was die Sache für Folgen haben werde. Damit wandte er sich zu dem Toten und sagte: »So mußt du denn der ewige Pfahl im Fleisch meines Hauses sein, von dem ich dich weder lebendig noch tot zu entfernen vermochte! Aber dem zum Trotz, der dich hierhergebracht hat, soll es dir nicht gelingen, wieder

herzukommen, es wäre denn auf einem Vieh, wie du selbst eins in der Welt gewesen bist.«
Nach diesen Worten trug er dem Diener auf, aus dem Stalle eines Nachbars einen Hengst herbeizuholen, den sein Besitzer für das Bedürfnis der Stuten und Eselinnen der Stadt hielt und der zu haben war wie die Eselin von Jerusalem. Der Diener ging in größter Eile hin und führte den Hengst herbei mit Sattel und Zaum und allem sonstigen Zubehör in bester Ordnung; und wie der Ritter schon beschlossen hatte, setzten sie den besagten Leichnam auf das Pferd, stützten ihn und banden ihn fest, gaben ihm eine eingelegte Lanze und den Zaum in die Hand, als wollten sie ihn in die Schlacht schicken, und führten ihn endlich in diesem Aufzuge vor das Tor der Kirche der Mönche, wo sie ihn anbanden, worauf sie sofort heimkehrten.
Dem Mönche schien es nunmehr Zeit, die vorgenommene Reise anzutreten; er machte daher zuerst das Tor des Klosters auf, bestieg sodann seine Stute und ritt hinaus. Als er aber den Magister auf die besagte Weise vor dem Tore fand, so daß er in allem Ernst meinte, er drohe ihm mit seiner Lanze den Tod, ward er plötzlich von so großer Angst erfaßt, daß er in Gefahr kam, tot vom Pferde zu sinken. Dabei überfiel ihn ein gewaltiger gräßlicher Gedanke, der Geist des Mannes müsse nämlich in seinen Körper zurückgekehrt sein und er sei ihm zur Strafe gesetzt, um ihn allenthalben zu verfolgen nach dem Glauben mancher Toren. Während er sich in dieser Täuschung und Furcht befand und nicht wußte, welchen Weg er einschlagen sollte, witterte der Hengst die Stute, schob seine gewaltige Keule vor und wollte wiehernd der Stute zu Leibe gehen, welche Bewegungen denn den Mönch immer mehr in Angst setzten. Dennoch faßte er sich und wollte die Stute ihres Weges füh-

ren; diese aber drehte ihr Hinterteil gegen den Hengst und fing an auszuschlagen, so daß der Mönch, der nicht der beste Reiter war, fast herabfiel; und um den zweiten Stoß nicht abzuwarten, preßte er die Beine fest zusammen, drückte dem Tier die Sporen in die Seiten, hielt sich mit beiden Händen an dem Saumsattel fest, ließ die Zügel schießen und vertraute das Pferd der Willkür des Zufalls. Sobald nur dieses die Sporen fest in seine Flanken gedrückt fühlte, war es gezwungen, vorwärts zu laufen und ungezügelt den Weg einzuschlagen, der eben vor ihm lag. Als der Hengst sich so seine Beute entwischen sah, zerriß er in der Wut das schwache Band und lief der Stute eiligst nach. Der arme Mönch, der den Feind im Rücken bemerkte, wandte sich um und sah ihn mit eingelegter Lanze wie einen rechten Turnierkämpfer auf sich zueilen. Da verscheuchte er die erste Angst mit der zweiten und fing an in voller Flucht zu rufen: »Helft! Helft!«

Auf dieses Geschrei und das Getöse der ohne Zügel dahineilenden Rosse fuhr, da es nun heller Tag geworden war, alles an die Fenster und Türen, und jeder meinte in Erstaunen, er müsse vor Lachen bersten bei dem Anblick einer so ungewohnten und seltsamen Jagd zweier berittener Minoritenmönche, welche beide gleich tot aussahen. Die Stute lief ungeleitet bald da-, bald dorthin durch die Straßen, welcher Weg ihr am gelegensten kam; hinter ihr aber unterließ der Hengst nicht, sie wütend zu verfolgen, und ob der Mönch nicht mehrmals nahe daran war, von der Lanze getroffen zu werden, braucht man nicht zu fragen.

Ein großes Getümmel von Leuten verfolgte die beiden beständig unter Geschrei, Zischen und Heulen und rief: »Greift sie!« Die einen warfen Steine nach ihnen, die andern schlugen den Hengst mit Stöcken, und je-

dermann suchte die beiden zu trennen, nicht sowohl aus Teilnahme für die Fliehenden als in dem Wunsche zu erfahren, wer die beiden seien, die man bei dem schnellen Rennen nicht erkennen konnte. Nach längerem Umherjagen lenkten sie zufällig auf ein Stadttor zu, bei welchem sie eingefangen, der Tote und der Lebendige zugleich festgenommen und zu großer Verwunderung aller Leute erkannt wurden. Man führte sie beide auf ihren Pferden in das Kloster, wo die Mönche sie mit unsäglichem Schmerz empfingen. Sie ließen den Toten begraben und für den Lebenden die Folter bereiten. Als dieser aber gefesselt war, gestand er, weil er nicht die Qual aushalten wollte, offen, er habe ihn umgebracht, aus dem oben angeführten Grund; aber er könne sich nicht vorstellen, wer den toten Magister auf diese Weise auf das Pferd gesetzt habe. Wegen dieses Geständnisses wurde er zwar mit der Folter verschont, aber in ein strenges Gefängnis gebracht. Es wurde sogleich durch den Pfarrer zu dem Bischof der Stadt geschickt, um ihm die heiligen Weihen abnehmen zu lassen und ihn dem weltlichen Richter überliefern zu können, der ihn nach der Vorschrift der Gesetze als Mörder aburteilen sollte.
Zufällig war in diesen Tagen der König Fernando nach Salamanca gekommen; diesem wurde die Geschichte auch erzählt, und obgleich er ein sehr gesetzter Fürst war und den Vorfall sowie den Tod eines so berühmten Gelehrten aufrichtig bedauerte, so gewann doch das Spaßhafte der Sache bei ihm die Oberhand, und er lachte mit seinen Baronen so heftig darüber, daß er sich nicht mehr aufrecht halten konnte. Als nun der Zeitpunkt herankam, wo man zu der ungerechten Verurteilung des Mönchs schreiten sollte, regte sich in Herrn Roderigo, der ein sehr tugendhafter Ritter war und bei

dem König hoch in Gunst stand, die Wahrheitsliebe; er dachte, sein Schweigen würde allein eine so große Ungerechtigkeit veranlassen, und er entschloß sich, lieber im Notfalle zu sterben, als die Wahrheit über eine solche Angelegenheit zu verbergen. Er trat daher vor den König, während viele Barone und Leute aus dem Volk um ihn versammelt waren, und sprach: »Gnädiger Herr, das strenge und ungerechte Urteil, das über den Minoriten gefällt worden ist, und die Kenntnis der wahren Sachlage bewegen mich, die über einen so schweren Unfall obschwebende Frage zu entscheiden. Wenn daher Eure Majestät dem verzeihen will, der aus gerechtem Anlaß den Meister Diego ums Leben gebracht hat, so will ich denjenigen alsbald hierherkommen lassen und mit unzweifelhafter Wahrheit den Hergang der ganzen Sache bis ins einzelne erzählen.« Der König, der ein gar gnädiger Herr und sehr begierig war, die Wahrheit zu hören, gewährte huldvoll die verlangte Verzeihung, und sobald der Ritter diese hatte, erzählte er vor dem König und allen übrigen Umstehenden vom Anfang an das Verliebtsein des Magisters in seine Frau und alle Briefe und Botschaften, die er ihr gesandt, und was er dann mit ihm angefangen bis zuletzt Punkt für Punkt. Der König hatte das Zeugnis des Mönchs schon vorher gehört, und da diese Berichte in der Hauptsache zusammenstimmten, er auch Herrn Roderigo für einen rechtschaffenen Ritter ohne Falsch hielt, maß er ihm ohne weitere Prüfung in allem unbedingt Glauben bei und überdachte mit Verwunderung und Betrübnis, manchmal auch mit sittsamem Lachen diese vielbewegte seltsame Geschichte. Um es jedoch nicht dahin kommen zu lassen, daß die unbillige Verurteilung des unschuldigen Mönchs vollzogen würde, ließ er den Guardian und den armen Mönch selber vor sich kommen.

Der König verkündete ihnen dann in Gegenwart seiner Barone, der übrigen Adligen und anderer Leute seines Gefolges, wie die Sache in Wahrheit sich begeben habe, und befahl deshalb, daß der zu einer verschärften Todesstrafe verurteilte Mönch unverzüglich in Freiheit gesetzt werde. Sobald dies geschehen war, kehrte derselbe mit wiederhergestelltem gutem Namen höchst erfreut nach Hause zurück. Herr Roderigo erhielt die bedungene Verzeihung wirklich und erntete in bezug auf seine ganze Handlungsweise in dieser Angelegenheit das größte Lob. Die Kunde von dem wunderbaren Ereignis aber ward in wenigen Tagen durch die schnelle Fama zum großen Ergötzen aller im ganzen Königreiche Kastilien verbreitet.

DIE RELIQUIEN DES HEILIGEN GREIF

Das edle, hochberühmte Catania gehört bekanntlich zu den bedeutenden Städten der Insel Sizilien. Dort lebte vor nicht allzu langer Zeit ein Doktor der Medizin namens Maestro Rogero Campisciano, der trotz seines hohen Alters ein junges Mädchen aus einer sehr ehrbaren Familie der Stadt heiratete. Diese Agata war nach allgemeinem Urteil die schönste und reizendste Frau jener Zeit auf der ganzen Insel, und der Ehemann liebte sie nicht weniger als das eigene Leben. Da eine derartige Liebe selten oder nie ohne Eifersucht besteht, wurde er in kürzester Zeit ohne jeden Grund so eifersüchtig, daß er ihr jede Unterhaltung mit Fremden, aber auch mit Freunden und Verwandten untersagte. Er verkehrte häufig bei den Minoritenbrüdern, verwaltete ihre Gelder, war Prokurator ihres Ordens und sehr mit ihnen befreundet; dennoch hatte er seiner Frau zur größeren Vorsicht geboten und befohlen, sich vor Gesprächen mit ihnen nicht weniger als vor Unterhaltungen mit ehrlosen weltlichen Leuten zu hüten.

Es verging nicht viel Zeit, und in Catania traf ein Minoritenbruder ein, der Bruder Nicolò aus Narni genannt wurde. Er sah zwar aus wie alle Frömmler, trug Pantinen wie Folterblöcke, einen abgeschabten Mantel, ging mit schiefem Hals und heuchlerischem Gesicht einher, aber er war jung, schön und kräftig gebaut; er hatte nicht nur in Perugia studiert und war in jener erhabenen Gelehrsamkeit Magister geworden, sondern er war auch ein berühmter Prediger, der zusammen mit anderen den heiligen Bernardino begleitet hatte, wie er betonte, von dem er angeblich einige Reliquien besaß, durch deren Kraft ihm Gott viele Wunder gezeigt habe und noch zeige. Aus diesem Grund und wegen des Ansehens, das sein Orden genoß, hatte er zu seinen Predigten einen erstaunlichen Zulauf.

Nun geschah es, daß er eines Morgens während der Predigt in der Schar der Frauen die besagte Madonna Agata erblickte, die ihm wie ein Karfunkel unter vielen schneeweißen Perlen erschien; und während er sie immer wieder aus den Augenwinkeln musterte, ohne seine Predigt zu unterbrechen, sagte er sich, wie glücklich der sein müsse, der der Liebe einer so reizenden jungen Frau teilhaftig würde. Agata sah ihn ununterbrochen an, wie es jeder tut, der einer Predigt lauscht, und da sie ihn außerordentlich schön fand, wünschte sie sich im geheimen, ganz ohne liederliche Sinnlichkeit, ihr Gatte möge so schön wie der Prediger sein, und es kam ihr in den Sinn, bei ihm zu beichten. Mit diesem Vorsatz ging sie auf ihn zu, sobald sie ihn von der Kanzel steigen

sah, und bat, sie anzuhören. Der Bruder, innerlich hocherfreut, antwortete, um seine Verderbtheit zu verhehlen und das Gesicht zu wahren, daß es nicht sein Amt sei, die Beichte abzunehmen.
Da sagte die Frau: »Werde ich denn meinem Mann, Maestro Rogero, zuliebe bei Euch kein Privileg genießen?«
Der Bruder antwortete: »Da Ihr die Gattin unseres Prokurators seid, bin ich aus Achtung für ihn bereit, Euch anzuhören.«
Und sie traten beiseite; der Bruder ging an den üblichen Platz für die Beichte, sie kniete vor ihm nieder und begann ordentlich zu beichten. Nachdem sie einen Teil ihrer Sünden berichtet und von der übergroßen Eifersucht ihres Mannes erzählt hatte, flehte sie ihn an, bei allem, was er vermöge, ihrem Mann solche Hirngespinste unbedingt aus dem Kopf zu ziehen, denn sie glaubte wohl, daß man eine solche Krankheit mit Kräutern oder Pflastern heilen könnte, so wie ihr Gatte seine Kranken kurierte.
Der Bruder, der bei diesem Vorschlag wieder sehr froh wurde, weil ihm sein gutes Geschick die Tür öffnete, durch die er eintreten und den erwünschten Weg bis zum Ziel gehen konnte, tröstete sie mit wohlgesetzten Worten und sagte dann: »Meine Tochter, es ist nicht verwunderlich, daß dein Mann derartig eifersüchtig auf dich ist; wäre er es nicht, würde er von mir und allen anderen für wenig klug gehalten werden. Und man darf ihm das auch nicht vorwerfen, es wird hervorgerufen durch Wirkung der Natur, die dich mit solch engelhafter Schönheit ausgestattet hat, daß man sie nicht ohne größte Eifersucht besitzen kann.«
Die Frau lachte darüber, und da es ihr an der Zeit schien, zu ihren wartenden Freundinnen zurückzukeh-

ren, bat sie den Bruder nach einigen anderen süßen Worten um die Absolution.

Er seufzte tief, wandte sich ihr mit schmerzerfülltem Gesicht zu und antwortete: »Meine Tochter, kein gefesselter Mensch kann einen anderen losmachen, und da du mich in so kurzer Zeit gefesselt hast, könnte ich weder mich noch dich ohne deine Hilfe erlösen.«

Die liebenswürdige junge Frau verstand als Sizilianerin diese deutliche Anspielung sofort; und obgleich er ihr schön erschien und es ihr außerordentlich gefallen hätte, wenn er der Ihre geworden wäre, so war sie doch nicht wenig verwundert, daß die Ordensbrüder nach solchen Dingen trachteten, denn sie hatte wegen ihres zarten Alters und der strengen Bewachung durch ihren Mann bisher mit keinem Geistlichen zu tun gehabt und war fest davon überzeugt, daß das Mönchwerden bei den Männern nichts anderes wäre, als wenn Hähne kastriert werden. Da sie aber klar erkannte, daß dieser hier ein Hahn und kein Kapaun war, beschloß sie, ihm ihre ganze Liebe zu schenken, und antwortete mit nie gekanntem Begehren: »Mein Vater, den Schmerz überlaßt mir, denn ich kam frei hierher und kehre als Eure und Amors Gefangene zurück.«

Der Bruder entgegnete, von Freude überwältigt: »Unsere Wünsche gleichen sich, wirst du da kein Mittel finden, durch das wir zusammen aus diesem grausamen Kerker entweichen und miteinander unsere blühende Jugend genießen?«

Darauf antwortete sie, sie täte es gern, wenn sie nur könnte. »Allerdings«, fügte sie hinzu, »kommt mir jetzt ein Gedanke, auf welche Weise wir trotz der übermäßigen Eifersucht meines Mannes unsere Absicht verwirklichen werden. Ich leide nämlich einmal im Monat unter heftigen Herzschmerzen, die mir fast die Besinnung

rauben, und kein Arzt konnte mir bisher auch nur im geringsten helfen, während mir alte Frauen erklärt haben, daß der Schmerz von der Gebärmutter herrühre, weil ich trotz meiner Jugend und der Fähigkeit zu gebären wegen des hohen Alters meines Mannes keine Kinder bekomme. Und so habe ich gedacht, daß ich an einem der nächsten Tage, wenn er über Land zu seinen Kranken geht, einen solchen Anfall vortäusche und Euch bitte, mir einige Reliquien des heiligen Greif zu bringen; Ihr haltet Euch schon bereit, damit insgeheim zu mir zu eilen, und mit Hilfe einer treuen Dienerin werden wir zu unserer höchsten Wonne zusammen sein.«
Froh sagte der Bruder: »Gott segne dich, meine Tochter, das hast du gut ausgedacht! Mir scheint, diesen Plan soll man ausführen, und ich werde einen Bruder mitbringen, der deine treue Magd nicht unbeschäftigt lassen wird.«
Mit diesem Beschluß und heißen, liebevollen Seufzern trennten sie sich.
Die Frau ging nach Hause und entdeckte ihrer Magd den Plan, den sie mit dem Bruder zu ihrer aller Genugtuung und Lust verabredet hatte. Froh über diese Nachricht, antwortete die Magd, sie werde alle Befehle jederzeit ausführen.
Wie es ein gütiges Geschick wollte, ging Maestro Rogero schon am nächsten Morgen zu Kranken außerhalb der Stadt, so wie es seine Frau vorausgesehen hatte; und um ihr Vorhaben ohne Verzug zur Ausführung zu bringen, täuschte sie sofort einen schmerzhaften Anfall vor und begann den heiligen Greif um seinen Beistand anzuflehen. Da gab ihr die Magd den Rat: »Warum schickt Ihr denn nicht nach seinen heiligen Reliquien, die von jedermann als so wunderwirkend gerühmt werden?«
Wie sie schon vorher miteinander ausgemacht hatten,

Die Reliquien des heiligen Greif

stellte sich die Frau, als könne sie nur mit Mühe sprechen, und sagte zu der Magd: »Ja, schicke danach, ich bitte dich darum.«

Worauf jene, die Mitleidige spielend, sagte: »Ich werde sie selbst holen.«

Sie machte sich auf, fand den Bruder, richtete den Auftrag aus, und mit einem Gefährten, der sehr jung und zu diesem Handwerk bestens geeignet war, wie der Bruder versprochen hatte, traten sie schnellstens den Rückweg an.

Als sie ins Schlafzimmer kamen, trat Bruder Nicolò ehrfurchtsvoll an das Bett, in dem die Frau allein lag, und nachdem sie, die voll Liebe wartete, ihn mit ebenso großer Ergebenheit begrüßt hatte, sagte sie: »Mein Vater, betet zu Gott und dem glorreichen heiligen Greif für mich!«

Darauf antwortete der Bruder: »Unser Schöpfer mache uns dessen würdig! Aber Ihr müßt Euerseits fromm und gottergeben sein; denn wenn Ihr durch die Kraft der Reliquien, die ich mitgebracht habe, seine Gnade erhalten wollt, so gehört es sich, daß wir zuvor die heilige Beichte ablegen, damit nach Heilung der Seele der Körper leicht gesunden kann.«

Die Frau gab zurück: »Ich dachte und wünschte nichts anderes und flehe Euch inständig darum an.«

Und nach diesen Worten wurden alle im Zimmer Anwesenden mit Anstand verabschiedet; nur die Magd und der Gefährte des Bruders blieben zurück, und nachdem sie die Tür verriegelt und verschlossen hatten, damit sie von niemandem gestört würden, vereinte sich jeder der Männer ungehemmt mit der Seinen. Bruder Nicolò, der ins Bett gestiegen war, zog sich, um die Beine besser und ungehindert bewegen zu können, da er sich in Sicherheit glaubte, die Hose aus und warf sie über das Kopfende des Bettes; er umarmte die schöne junge Frau, und sie begannen die süße und ersehnte Jagd. Da er seinen gelehrigen Windhund lange Zeit an der Leine gehalten hatte, holte er aus demselben Loch tapfer zwei Hasen, und während er den Hund zurückpfiff, um den dritten zu suchen, hörten sie auf der Straße Maestro Rogero zu Pferd, der schon von den Krankenbesuchen heimkehrte. Der Bruder, der in höchster Eile aus dem Bett sprang, vergaß in seiner Angst und Betrübnis vollkommen die Hose am Kopfende des Bettes. Die Magd, die gleichfalls mit wenig Freude die begonnene Arbeit unterbrach, öffnete das Schlafzimmer und rief die Leute, die im Saal warteten, sagte, ihre Herrin sei durch Gottes Gnade fast ganz geheilt, und ließ alle, die dem Herrn und dem heiligen Greif Lob und Dank sagen wollten, nach Belieben eintreten. Mitten hinein platzte Maestro Rogero und sah diese Neuheiten. Es schmerzte ihn nicht nicht weniger, zu sehen, daß Mönchsbrüder in sein Haus gekommen waren, als von dem neuen Anfall seiner geliebten Frau zu erfahren.

Sie, die erkannte, wie sich sein Gesichtsausdruck veränderte, sagte zu ihm: »Mein Gemahl, ich wäre wahrhaftig tot, hätte mir nicht unser Pater Prediger die Reliquien des heiligen Greif gebracht, die er mir ans Herz hielt und die, ganz wie eine große Wassermasse ein kleines Feuer löscht, mir alle Schmerzen sofort nahmen.«

Der Mann glaubte ihr und war, als er hörte, welch wirksames Mittel für diese unheilbare Krankheit nun gefunden worden war, nicht wenig froh, und er dankte Gott und dem heiligen Greif; zuletzt wandte er sich dem Bruder zu und sagte ihm unendlichen Dank für die Wohltat, und so verabschiedeten sich der Bruder und sein Gefährte nach einigen anderen frommen und heiligen Worten und gingen in allen Ehren aus dem Haus.

Die Reliquien des heiligen Greif

Unterwegs fühlte der Bruder seinen guten Hund bald hierhin, bald dorthin aus der Kutte gehen, und ihm fiel ein, daß er die Leine auf dem Kopfende des Bettes vergessen hatte; das verdroß ihn maßlos, er wandte sich zu seinem Gefährten und erzählte ihm das Vorgefallene; der redete ihm gut zu, nichts zu fürchten, weil die Magd als erste die Hose finden und sie verbergen würde, und beinah lachend fügte er hinzu: »Man sieht, Meister, daß Ihr Unbequemlichkeit nicht gewohnt seid, wenn Ihr überall, wo Ihr Euch befindet, Eurem Hund gleich die Leine abnehmt, aber vielleicht folgt Ihr dem Beispiel der Dominikanerbrüder, die ihre Hunde immer ohne Leine führen; doch wenn diese auch viel Beute machen, so sind Kettenhunde noch wilder und gefräßiger, sobald sie auf der Jagd sind.«

Darauf antwortete der Bruder: »Du sprichst die Wahrheit, und wolle Gott, daß aus meinem Fehler kein Skandal erwachse! Nun aber zu dir, wie ging es mit der Beute, die ich dir in die Klauen gab? Ich weiß, daß mein Sperber auf einem Flug zwei Rebhühner schlug, und beim Versuch, das dritte zu fassen, kam der Maestro – hätte er sich doch den Hals gebrochen!«

Der Gefährte versetzte: »Obwohl ich kein Schmied bin, hatte ich mir vorgenommen, zwei Nägel auf einmal zu machen, und den einen hatte ich schon fertig, den anderen so weit, daß nur noch der Kopf zu machen war, als die unselige Magd rief: ›Mein Herr ist vor der Tür!‹ Und darum ließ ich das Werk unvollendet und ging mit Euch.«

»Oh, wolle Gott«, sagte der Bruder, »daß es mir vergönnt sei, zu der unterbrochenen Jagd zurückzukehren, und dir, wenn es dir Spaß macht, Nägel zu Hunderten herzustellen!«

Darauf entgegnete der Gefährte: »Ich habe nichts dagegen, aber das Gefieder zweier Rebhühner ist mehr wert als alle Nägel, die in Mailand gemacht werden.«
Darüber lachte der Bruder, und sie unterhielten sich mit noch vielen anderen Späßen, die nur ihnen verständlich waren, über das bestandene Gefecht.
Gleich nachdem die Brüder weggegangen waren, näherte sich Maestro Rogero seiner Frau, streichelte sie, berührte ihren Hals und ihre Brust und fragte, ob sie sehr große Schmerzen gelitten habe; und während sie weiter miteinander redeten, richtete er mit der Hand ihr Kopfkissen und ergriff dabei ein Band der dort zurückgelassenen Hose des Bruders, die er hervorzerrte und sofort als eine Mönchshose erkannte. Mit völlig verändertem Gesicht sagte er: »Was zum Teufel heißt das, Agata? Was bedeutet diese Mönchshose?«
Die junge Frau, die sehr klug war und der die Liebe den Geist noch geschärft hatte, antwortete, ohne zu zögern: »Was habe ich dir denn gesagt, lieber Mann? Doch wohl, daß diese wunderbare Unterhose dem ruhmreichen heiligen Greif gehört, die der Pater Prediger als eine der berühmten Reliquien hierhergebracht hat; der allmächtige Gott hat mir durch ihre Kraft Gnade erwiesen, und ich fühle mich ganz und gar befreit; aber aus großer Vorsicht und Frömmigkeit bat ich ihn, als er sie mitnehmen wollte, sie mir noch bis zur Vesper zu lassen, danach wollte er selbst oder jemand anders sie holen.«
Der Mann glaubte diese schnelle und gut überlegte Antwort oder gab vor, sie zu glauben; aber da er zu den Eifersüchtigen gehörte, wurde sein Gehirn wie von gegensätzlichen Winden geschüttelt, doch sagte er nichts weiter und schwieg. Die scharfsinnige Frau erkannte, daß er nachdenklich geworden war; sie beschloß, mit

einem neuen Kunstgriff jeden Verdacht zu zerstören, und sagte zu der Magd: »Geh ins Kloster, und wenn du den Prediger gefunden hast, sage ihm, er möge die Reliquie holen lassen, die er mir geliehen hat, denn Gott sei Dank brauche ich sie nicht mehr.«

Die verschwiegene Magd, die genau verstand, was die Frau wollte, eilte zum Kloster und ließ den Prediger rufen, der auch gleich zum Tor kam, in dem Glauben, man brächte ihm das zurückgelassene Andenken, und freundlich fragte: »Was gibt's Neues?«

Unwirsch antwortete die Magd: »Nichts Gutes dank Eurer Liederlichkeit, und es hätte viel schlimmer kommen können, wenn meine Herrin nicht so klug gewesen wäre.«

»Was heißt das?« fragte der Bruder. Ausführlich erzählte ihm die Magd, was geschehen war, und fügte hinzu, ihrer Meinung nach müsse man unverzüglich die besagte Reliquie mit einigen Zeremonien holen lassen.

»In Gottes Namen!« antwortete der Bruder und verabschiedete sie mit dem Versprechen, allen Schaden, den er angerichtet, wiedergutzumachen; er ging sogleich zum Bruder Guardian und sagte folgendes: »Mein Vater, ich habe soeben einen riesengroßen Fehler gemacht, der Folgen haben kann, und ich flehe Euch an, zögert nicht, mir schnell zu helfen, wie es diese Notlage erfordert.« Und er berichtete so kurz als möglich die Geschichte.

Der Guardian, nicht wenig verärgert, warf ihm mit harten Worten seine Unklugheit vor und sagte: »Das sind also deine Großtaten, du Held! Natürlich glaubtest du in Sicherheit zu sein! Und wenn du schon nicht zu Rande kamst, ohne sie auszuziehen, konntest du sie nicht woanders verstecken, auf der Brust, im Ärmel oder anderswo, so, daß du sie bei dir behieltest? Aber ihr seid es ja gewohnt, Skandale hervorzurufen, und bedenkt nicht, unter welcher Gewissensqual und Verleumdung durch die Welt wir sie wiedergutmachen müssen. Ich weiß wirklich nicht, warum ich dich nicht mitleidlos ins Gefängnis werfen lasse, wie es dir zukäme; da jetzt aber Abhilfe nötiger ist als Tadel, denn es geht vor allem um die Ehre unseres Ordens, lassen wir das für ein andermal.«

Er ließ die Glocke des Kapitels läuten und erzählte den Brüdern, als sich alle versammelt hatten, daß im Hause des Arztes Maestro Rogero kraft der Unterhose ihres heiligen Greif Gott an jenem Tage ein deutliches Wunder gezeigt habe, das er ihnen kurz beschrieb, und er überzeugte sie, daß man unverzüglich in das Haus des genannten Arztes gehen und von dort zum Ruhm und zur Ehre Gottes und zur Verbreitung der Wunder ihres Heiligen die besagte Reliquie mit einer feierlichen Prozession holen müsse. Und nach diesem Beschluß ließ er sie paarweise antreten, und sie begaben sich, das Kreuz voran, in das besagte Haus. Der Guardian im reichgeschmückten Meßgewand trug das Tabernakel vom Altar, und so kamen sie schweigend, in geordnetem Zug zum Haus des Maestro.

Als der sie kommen hörte, ging er dem Guardian entgegen und fragte ihn nach dem Grund einer solchen Neuerung, und der Guardian antwortete mit heiterem Gesicht und gut vorbereitet: »Liebster Maestro, unsere Ordensregeln gebieten es, daß wir die Reliquien unserer Heiligen heimlich in die Häuser derjenigen bringen, die sie begehren, damit, wenn der Kranke wegen irgendeiner Verfehlung nicht die Gnade erhält, ihr wundertätiger Ruf nicht vermindert wird; aber wo Gott mittels dieser Reliquien ein deutliches Wunder zeigen

Die Reliquien des heiligen Greif

will, müssen wir sie mit allen Zeremonien und Feierlichkeiten, deren wir fähig sind, in die Kirche überführen und damit das Wunder offenbar machen und der Öffentlichkeit zur Kenntnis bringen. Da nun, wie Ihr ja wißt, Eure Frau durch die Kraft unserer Reliquie von ihrer gefährlichen Krankheit befreit wurde, sind wir feierlich gekommen, um die Reliquie in die Kirche zu überführen.«

Der Maestro, der das ganze Kapitel in so frommer Haltung erblickte, meinte, daß so viele Menschen nicht zusammenkommen könnten, um Böses zu tun, und er schenkte den heuchlerischen Reden des Guardian Glauben, wies jeden Verdacht von sich und antwortete: »Seid willkommen!«

Und er nahm ihn und den Prediger bei der Hand und führte sie ins Schlafzimmer, wo die Gattin lag. Die Frau war nicht faul gewesen und hatte die besagte Hose in ein weißes, wohlriechendes Leinentuch gewickelt, das der Guardian nun aufschlug; er küßte den Inhalt mit der allergrößten Demut, reichte die Hose dem Maestro und der Frau zum frommen Kuß und schließlich allen, die im Zimmer standen, legte sie in das Tabernakel, das er zu diesem Zweck mitgebracht hatte, und nachdem er seinen Brüdern den Segen erteilt, begannen alle gemeinsam das ›Veni creator spiritus‹ zu singen. So zogen sie durch die Stadt, von einer unübersehbaren Menschenmenge geleitet, bis zu ihrer Kirche und stellten das Tabernakel auf den Altar, wo die Reliquie für einige Tage dem ganzen Volk, das von dem Wunder vernommen hatte, zur Verehrung überlassen wurde.

Maestro Rogero, dem daran lag, daß das Ansehen des Ordens bei den Leuten wuchs, berichtete bei allen Krankenbesuchen in der Stadt und außerhalb, überall, wohin er kam, von dem erhabenen Wunder, das Gott kraft der Hose des heiligen Greif in seinem Hause vollbracht hatte. Und solange er dieser Beschäftigung nachging, vergaßen Bruder Nicolò und sein Gefährte nicht, die begonnene ertragreiche Jagd fortzusetzen, zum größten Vergnügen der Magd und der Herrin. Diese stellte, abgesehen von ihren Gefühlen, fest, daß diese Operation wirklich das einzige Heilmittel für ihr herbes Leiden war, da es in der Nähe der Stelle wirkte, wo die Krankheit verursacht wurde; und als Frau eines Arztes erinnerte sie sich, jenen Ausspruch von Avicenna gehört zu haben, nach dem es heißt, daß die nahen Mittel helfen und die fortgesetzten heilen, und das eine wie das andere mit Freuden genießend, erkannte sie, daß sie gänzlich von dem unheilbaren Leiden ihrer Gebärmutter befreit war durch das wirksame Mittel des frommen Bruders.

DER GESTOHLENE POKAL

Messer Floriano da Castel San Pietro war zu seiner Zeit ein hochberühmter und unerreichter Doktor der Rechte in Bologna. Als er eines Morgens mit einigen anderen Doktoren die Kirche verließ und über die Piazza Maggiore spazierte, kam er zur Werkstatt eines Silberschmieds, bei dem er einen schönen vergoldeten und reichverzierten Silberpokal hatte anfertigen lassen, und ohne lange Umschweife ließ er sich vom Meister die Rechnung machen und bezahlte; als er sich nach seinem Diener umwandte, der ihm den Pokal nach Hause bringen sollte, aber nicht zur Stelle war, bat er den Silberschmied, ihm das Gefäß durch seinen Burschen zu schicken.

Zu jener Zeit waren zwei junge Römer aus dem Bezirk

Trevi nach Bologna gekommen, die mit falschem Geld und falschen Würfeln und tausend anderen trügerischen Fallen durch Italien zogen, um andere hereinzulegen und auf Kosten des heiligen Kreuzes zu leben und sich's wohl sein zu lassen; der eine hieß Liello de Cecco und der andere Andreuccio de Vallemontone; sie befanden sich zufällig auf der Piazza, erblickten den Pokal, den Messer Floriano eben nach Hause schickte, und beschlossen, einen Versuch zu machen, seiner habhaft zu werden. Da er sehr wohl wußte, wo der Doktor wohnte, erklärte Liello, als er den Burschen zurückkommen sah, seinem Kumpan, was zu tun sei, ging zu einer Marktbude und kaufte für einige Groschen eine schöne Lamprete, steckte sie unter den Mantel und verfügte sich schnellstens zum Hause von Messer Floriano.

Er klopfte, fragte nach der Frau, wurde zu ihr geführt und sagte: »Euer Mann schickt Euch diesen Fisch, laßt ihn schnell und lecker zubereiten, weil er mit einigen Doktoren heute vormittag zum Frühstück herkommen wird; und er läßt sagen, Ihr sollt ihm jenen Pokal zurücksenden, den Euch vorhin Orsos Lehrjunge gebracht hat, denn er hat mit dem Meister keinen guten Preis gemacht und will ihn zurückschicken, um ihn nachzuwiegen.« Die einfältige Frau glaubte ihm blindlings, gab ihm den Pokal und befahl den Mägden, den Fisch schleunigst zuzubereiten; und nachdem sie angeordnet hatte, alles für das Frühstück der Gäste herzurichten, erwartete sie erfreut deren Ankunft.

Liello nahm den Pokal und ging schnurstracks nach San Michele in Bosco zu einem römischen Prior, der sehr mit ihnen befreundet und ein ebenso ausgepichter Künstler wie sie war. Er wurde freudig empfangen, erzählte die Sache und wartete auf Andreuccio, der noch auf der Piazza geblieben war, um zu horchen, wie die Dinge verliefen, und sie waren sehr vergnügt über den erzielten Gewinn.

Als es nun Zeit wurde zu frühstücken, verabschiedete sich Messer Floriano von seinen Kollegen und begab sich heim; seine Frau kam ihm schon entgegen, und als sie ihn allein sah, fragte sie: »Messere, wo sind die Gäste?«

Der Doktor wunderte sich über diese Frage und antwortete: »Von welchen Gästen redest du?«

»Das müßt Ihr doch wissen, von wem ich spreche«, gab sie zurück, »ich für meinen Teil habe jedenfalls alles anständig für ein Frühstück hergerichtet.«

Messer Floriano, noch stärker verwundert, sagte: »Mir scheint, du bist nicht ganz beieinander heut morgen.«

»Ich weiß ganz gut, daß ich alle beisammen habe«, antwortete die Frau, »Ihr selbst habt mir eine große Lamprete geschickt, damit ich sie zubereite, denn Ihr wolltet hier mit einigen anderen Doktoren frühstücken, und ich habe getan, was Ihr mir ausrichten ließet; wenn es Euch jetzt anders gefällt, dann ist dabei auch nichts verloren«, antwortete die Frau.

»Ich weiß nicht, Frau, was du redest«, erwiderte der Mann, »aber möge Gott uns nur jemanden schicken, der uns Wohltaten erweist und uns weiterhin Geschenke macht, ohne von uns etwas zu nehmen. Gewiß sind wir aber diesmal verwechselt worden.«

Die Frau, die den Pokal so unbedacht weggegeben hatte, sagte, als sie merkte, daß ihr Mann wirklich nichts wußte, mit großem Bedauern: »Messere, ich glaube, ganz das Gegenteil ist der Fall, denn der, der mir den Fisch brachte, bat mich in Eurem Auftrag um den silbernen Pokal, den Ihr mir kurz zuvor durch den

Burschen von Orso geschickt hattet, und er beschrieb ihn mir genau, so daß ich ihn herausgab.«
Als Messer Floriano vernahm, daß der Pokal aus dem Haus gegeben war, wurde ihm klar, daß er ihn durch einen Betrug verloren hatte, und er sagte: »Ach, du hirnloses Vieh, du bist betrogen worden!« Er rannte aus seinem Haus bis auf die Piazza und suchte, ohne zu wissen, wie, fragte jeden, den er traf, ob er nicht einen gesehn hätte, der mit einem Fisch in der Hand zu seinem Hause gegangen wäre, und unternahm tausend andere Verrücktheiten ohne irgendeinen Erfolg, ging schwatzend umher, verteilte Zettelchen und trieb ähnliche passende Nachforschungen, zwischendurch kam ihm eine kühle Hoffnung, man habe nur einen Scherz mit ihm gemacht.
Andreuccio, der auf der einen Seite der Piazza wie ein ehrbarer Mann herumstand, meinte, nun wären sein Kumpan und der Pokal schon im sicheren Hafen, aber es tat ihm leid, daß sie die Groschen für die Lamprete verloren hatten, ohne von ihr gekostet zu haben, und er beschloß, sie mittels eines zweiten, nicht weniger feinen Betruges zurückzugewinnen. Die Zeit nutzend, in der Messer Floriano angestrengt suchte, ging er eilig zu dessen Haus, trat ein und sagte mit fröhlicher Miene: »Madonna, ich bringe Euch gute Nachricht, Euer Gemahl hat den Pokal gefunden, den seine Kollegen ihm spaßeshalber entwenden ließen; darum schickt er mich, ich soll ihm den Fisch bringen, den Ihr zubereitet habt, denn er will ihn zusammen mit denen verspeisen, die den Pokal versteckten.«
Die Frau, die großen Kummer und Schmerz empfunden hatte, weil der Pokal durch ihre Schuld verlorengegangen war, wurde sehr froh, als sie hörte, er sei wiedergefunden, und in bester Laune holte sie zwei große

Zinnteller und ein weißes duftendes Leinentuch, legte den appetitlichen Fisch zurecht und überreichte ihn dem guten Andreuccio.

Sobald der aus dem Hause war, wickelte er alles in seinen Mantel und eilte im Fluge nach San Michele; dort traf er den Prior und Liello, und sie schmausten die gute Lamprete mit Genuß und Vergnügen; der Prior bekam die Teller, der Pokal wurde unterderhand verkauft, und die beiden Schelme zogen unbehelligt weiter.

Messer Floriano, der den ganzen Tag vergeblich geforscht hatte, kehrte spätabends, ohne einen Bissen gegessen zu haben, heim. Die Frau ging ihm entgegen und sagte: »Gelobt sei Gott, daß Ihr den Pokal doch gefunden habt! Und ich wurde ein dummes Vieh gescholten.«

In rasender Wut antwortete der Mann: »Geh mir aus den Augen, du hochnäsige Irre, oder der Teufel soll dich holen, scheinbar willst du zu dem Schaden, den du durch deine Viechsblödigkeit verursacht hast, auch noch über mich spotten.«

Verwirrt und eingeschüchtert entgegnete die Frau: »Messere, ich scherze nicht«, und nachdem sie ihm den zweiten Streich erzählt hatte, den man ihnen gespielt, geriet Messer Floriano in solchen Wahn und Schmerz, daß er beinahe den Verstand verlor. Geraume Zeit bemühte er sich mit klugen und verschiedenartigsten Nachforschungen, die Betrüger zu finden, und da er nie etwas über sie erfahren konnte, lebte er lange in Zank und Streit mit seiner Frau. Die beiden Römer, die sich an ihrem Gaunerstück freuten, ließen dem Doktor zum Spott auch den Schmerz und den Schaden.

DER BARKENFÜHRER

In der wundervollen und mächtigen Stadt Venedig lebte vor kurzem ein Edelmann aus einer alten und hochstehenden Familie, sehr jung, von guten Manieren und voll lustiger Einfälle; nachdem dieser Antonio Moro hier im Königreich Neapel mit mir Freundschaft geschlossen, erzählte er mir während einer unserer vergnüglichen Unterhaltungen die folgende wahre Begebenheit, die er selbst erlebt hat. Ich schreibe sie dir auf zur Erinnerung an deine Vaterstadt und füge sie zu den anderen.

Eines Tages fuhr dieser Antonio zu seiner Zerstreuung mit einem guten Freund auf einem Boot nach eurer Art durch Venedig, und wie sie so von einem Kanal in den andern glitten, erblickte er eine reizende junge Schöne, aus Zara bei Florenz, glaube ich, die Frau eines Fischers namens Marco, der aus Curciola kam und mehrmals auf einem großen Schiff angeheuert war, mit dem Antonio als Schiffsherr viele Meere durchfahren hatte. Sie gefiel ihm außerordentlich, und um die Angelegenheit voranzubringen, schickte er eine erfahrene Alte zu ihr, die mit der jungen Frau gut bekannt war. Der Frau gefiel die Botschaft nicht weniger als der Absender, und ohne die willkommene Botin mit langem Gerede aufzuhalten, antwortete sie, sie würde ihm gern willfahren, aber es scheine ihr beinah unmöglich, dies zu verwirklichen, da ihr Mann sie keine Nacht allein lasse und sie ihn auch tags nicht zu Hause empfangen könne, die Gegend sei so dicht bewohnt, daß sogar ein Vogel, der ins Haus flöge, von den Nachbarn bemerkt werde.

Als Antonio von der Bereitschaft der jungen Frau erfuhr, erschien ihm das Hindernis schon viel kleiner, den Rest wollte er mit einem schönen Streich, der ihm eingefallen war, rasch bewerkstelligen; alle seine Absichten ließ er der Frau ausführlich mitteilen, und als ihm der richtige Zeitpunkt gekommen schien, ließ er Marco in sein Haus rufen, und nachdem er ihm, wie es seine Art war, einige Schmeicheleien gesagt hatte, bat er ihn, er möge ihn abends mit seinem Boot zu einem Hause fahren, wo ihn eine schöne Dame erwartete, um ihm ihre Liebe zu schenken. Marco, der mit größter Freude zu Diensten war, antwortete schnell, er sei dazu bereit. Mit dieser Abmachung verließ er ihn, und als es Nacht war, schloß Marco seine Frau mit aller Umsicht ein und begab sich zum Haus von Antonio; da es schon Zeit war aufzubrechen, bestiegen sie gleich das Boot, das Marco mit einem Ruder nach venezianischer Art vorwärts stieß, und gelangten in den Kanal, den Antonio ihm genannt hatte und an dem die alte Botschafterin wohnte; auf der Rückseite ihres Hauses führte ein anderer Kanal vorbei, an dem das Haus stand, das Marco gemietet hatte; wollte man auf dem Wasser dorthin gelangen, mußte man einen großen Bogen beschreiben, während man es an Land durch das Haus der Alten und einige andere Häuser, deren Besitzer Antonio bestochen hatte, leicht und schnell erreichen konnte. Sie waren angekommen. »Marco, mein Lieber, warte auf mich, ich bin gleich wieder hier.«

Antonio trat in das Haus der Alten, wurde von ihr, die ihn schon erwartete, auf das freundlichste begrüßt und erfuhr den ausgekundschafteten Weg, den er nehmen mußte. Schnell hatte er die Tür der Frau gefunden, öffnete das mächtige Schloß mit dem Werkzeug, das er zu diesem Behuf mitgebracht hatte, schon war er bei der Frau, die ihn froh empfing, und sie gaben ihrer Liebe freudenreiche Erfüllung. Nachdem sie verabredet hatten, wie sie einander künftig genießen könnten, kehrte er auf demselben Weg zum Boot zurück, wo Marco, ohne den geringsten Verdacht auf ihn wartend, eingeschlafen war. Er wachte auf, ließ Antonio einsteigen, und während er Kurs auf dessen Haus nahm, fragte er, ob seine Wünsche erfüllt worden seien.

»O ja, und sehr gut. Ich sage dir, Marco, ich erinnere mich nicht, bei einer anderen solche Lust empfunden zu haben; sie ist nicht nur jung und schön, sondern war auch so liebevoll zu mir, daß ich nicht weiß, wie es mir gelang, von ihr wegzukommen.«

»Ich zweifle nicht, daß Ihr den Hafen mit großer Freude erreicht habt«, sagte Marco. »Ich habe hier, während ich auf Euch wartete, mehrmals den Mast gesetzt, ohne zu segeln, und ich muß Euch sagen, daß ich bei dem Gedanken an das Vergnügen, das Ihr, mein teurer Herr, bei Eurer Dame fandet, in mir das Begehren aufsteigen fühlte, und ich war mehrmals nahe daran, mich ins Ruder zu legen und schnell nach Hause zu fahren, um meiner Frau einen Stoß zu versetzen, und ich hätte es auch getan, wenn Ihr nicht gesagt hättet, Ihr würdet bald zurückkommen, und wenn Ihr mich dann nicht gefunden hättet, würde es den allergrößten Ärger gegeben haben.«

Obwohl er außer Gefahr war, erschrak Antonio bei diesen Worten über das, was hätte geschehen können, und er beschloß, auf andere, um vieles vergnüglichere Art als die berichtete diesem unerwünschten Umstand abzuhelfen, der möglicherweise ein zweites Mal eintreten konnte.

Lachend sagte er: »Mein lieber Marco, ich wußte gar nicht, daß du eine Frau hast, denn dann hätte ich dich zu ihr geschickt, und wir hätten uns zu einer bestimmten Zeit an einer vereinbarten Stelle wieder getroffen.«

Marco antwortete: »Ach, Ihr wußtet nicht, daß ich dieser Tage eine Frau genommen habe, die jung und sehr schön ist?«

»Nein, das wußte ich nicht«, antwortete Antonio, »aber die Ehefrauen, so schön sie sein mögen, hält man als Vorrat im Haus, sie verschaffen uns Vergnügen, wann immer wir wollen; gerade darum sucht man immerfort neue Beute. Nun, nachdem die Geschichte diesmal so verlaufen ist, sei es drum, aber morgen abend hoffe ich meine Geliebte im Boot spazierenzufahren und eine ihrer Freundinnen dazu, die ebensoschön ist wie sie und die ein Leckerbissen für dich sein wird.«

Höchst erfreut antwortete Marco, er werde sie nach Kräften empfangen. Inzwischen waren sie angekommen, Marco verabschiedete sich von Antonio, fuhr nach Hause und vervollständigte in der Umarmung mit seiner Frau, was der Liebhaber in angstvoller Eile unvollendet gelassen hatte.

Am Morgen unterrichtete Antonio die junge Frau genau über das, was er in der kommenden Nacht vorhatte, und zur üblichen Stunde ließ er Marco holen, der das Boot mit Teppichen und Seidenstoffen ausgestattet und das Vorderschiff in der Art eines Zeltes überdacht hatte, und sie machten sich auf den Weg. Antonio ließ Marco an derselben Stelle zurück, sagte, er werde sofort mit den versprochenen Damen wiederkommen, und ging zu der jungen Frau; als er in bewährter Art die Tür geöffnet hatte und bei ihr war, erzählte er ihr von der Gefahr, in der sie geschwebt hatten und der er mittels der Vorkehrungen, die er ihr schon hatte mitteilen lassen, begegnen wollte; in aller Eile zog sie ein seidenes Gewand an, das er ihr am Vortag geschickt hatte, verhüllte sich mit einem Schleier, so daß ihr Mann sie auf keinen Fall erkennen konnte, und begab sich mit ihrem Antonio zum Boot.

Als Marco seinen Herrn mit nur einer Dame kommen sah, fragte er, wo die seine wäre, und Antonio antwortete, sie hätte aus einem bestimmten Grund diesmal nicht kommen können. »Trotzdem will ich dich heute abend nicht benachteiligen, denn die, die ich mitgebracht habe, wird, wenn man sie gut in die Hand nimmt, genug, ja sogar zuviel für dich und mich sein, und wenn ich mein Vergnügen gehabt habe, kannst du ihr deinen Teil geben, von dem du zweifellos im Überfluß hast; und obwohl ich deine Frau nicht kenne, bin ich überzeugt, daß diese hier nicht weniger schön, jung und reinlich ist als sie.«

»Das glaube ich«, sagte Marco, »aber ich würde es nicht fertigbringen, auf irgendeine Art Hand an das zu legen, was Euch gehört.«

»Ich erkenne dich nicht wieder«, antwortete Antonio, »wenn sie mir nicht gefiele, würde ich sie dir nicht anbieten, und du würdest sie nicht wollen, also halt dich bereit, denn ich will, daß du's machst, und es wird dich nichts weiter kosten als ein Fischessen, zu dem ich einige meiner Freunde am kommenden Sonnabend einladen will.«

Marco widersetzte sich der Aufforderung, Antonio wollte es unbedingt, und am Ende gab Marco nach und versprach die geforderten Fische, um Teilhaber an seiner eigenen Ware zu werden. Nun ergriff er, als das Boot abgelegt hatte, die Harfe seines Herrn und begann eine seltsame Melodie zu spielen; Antonio betrat mit der Frau die Kajüte, und sie vollführten zu der süßen Musik einige der angenehmsten Trevisaner Tänze.

Als sie zu Ende waren, rief Antonio Marco und sagte leise zu ihm: »Jetzt nimm du deinen Teil an unserer gemeinsamen Beute, aber wenn du mich gern hast, dann hüte dich, sie erkennen zu wollen, denn sie stammt aus

einer ehrbaren Familie, und ich habe sie unter größten Schwierigkeiten dazu überredet, indem ich ihr nämlich zu verstehen gab, du seist der Neffe unseres Dogen.«
»Das kümmert mich am wenigsten«, antwortete Marco, »ich will sie ja nicht heiraten.«
Und mit diesen Worten ging er freudig zu ihr, fand sie ganz und gar von süßen Düften umgeben und achtete nicht auf das übrige, auch nicht darauf, daß sie ihn mit wenig Lust empfing und ihre Arbeit gezwungenermaßen tat; und als er zu seinem Herrn zurückkehrte, sagte er: »Ich habe das Gesicht von der da nicht sehen können, aber was das andere betrifft, sage ich Euch, es kam mir vor, als wäre ich bei meiner Frau, so ähnlich fand ich ihren Körper und Atem, und darum ist nicht nur das Fischgericht, sondern auch was ich sonst habe zu Euren Diensten.«
Antonio wußte sich nicht zu lassen vor Freude, er brachte die Frau dorthin zurück, wo er sie abgeholt hatte, und vor Lachen darüber, daß sie dem Esel Marco Hörner verschafft hatten, konnten sie sich kaum auf den Beinen halten; nachdem sie nochmals ausgemacht hatten, was nötig war, um einander weiter zu genießen, ging Antonio zu Marco zurück, der ihn in bester Laune erwartete. Als Marco wieder zu Hause bei seiner Frau war, bekam er ihren Ärger über sein langes Ausbleiben zu spüren, und er konnte sie in dieser Nacht nicht wieder versöhnlich stimmen.
Am folgenden Sonnabend richtete Marco im Hause Antonios ein anständiges Fischessen aus, und Antonio, der soviel Spaß nicht ohne Gesellschaft haben wollte, lud mehrere Freunde ein und vertraute ihnen die Geschichte an, und alle genossen den Spaß, auf Marcos Kosten zu speisen. Während sie beim Essen saßen und allerhand Scherze und Witze erzählten, brachte jeder

aus der Runde nacheinander so viele deutliche Anspielungen hervor, daß Marco sie auch verstanden hätte, wenn er aus Holz gewesen wäre. Obwohl Antonio das mißfiel und er mit Worten und Gesten versuchte, die Freunde zum Schweigen zu bringen, waren sie so erhitzt von der vergnüglichen Geschichte, daß ihnen auch der Doge nicht den Mund hätte verschließen können.

Antonio wußte, daß Marco, der die Sache genau verstanden hatte, voll Zorn auf seine Frau war, und er schickte insgeheim schnell jemanden zu ihr und ließ die junge Frau wegbringen. Als Marco nach Hause kam und sie nicht fand, erfüllte ihn maßloser Schmerz, er räumte das Haus aus und zog wieder nach Curciola, und die Frau, die bei ihrem Antonio blieb, genoß ihre blühende Jugend.

GIOVANNI SABADINO DEGLI ARIENTI

DAS VEREITELTE TESTAMENT

In unsrer wunderschönen Stadt Siena lebte vor nicht langer Zeit ein Mann namens Salvetto di Sandruccio, unser Nachbar in der Via Romana. Mit Geist und Glücksgütern nicht allzureich gesegnet, besaß er nicht mehr als das ärmliche Haus, in dem er wohnte. Und da er so krank und elend war, daß man keinen Pfifferling für sein Leben gab, vielmehr merkte, daß es mit ihm zu Ende ging, ließen seine Anverwandten den Priester aus seiner Pfarre San Martino rufen, damit er ihm die Beichte abnehme. Hierbei kamen sie auch zu den heiligen Glaubensartikeln, die Salvetto alle bejahte außer der Auferstehung des Fleisches, worauf ihn der Geistliche fragte, ob er sich der Ketzerei schuldig bekenne. Salvetto antwortete treuherzig, er glaube aus freien Stücken an alles, nur nicht an die Auferstehung des Fleisches.

Da sagte der Priester: »Salvetto, verharre um Gottes willen nicht in diesem Unglauben, denn es wäre schreckliche Ketzerei, wolltest du nicht glauben, daß wir am Tage des Jüngsten Gerichts auferstehen müssen, um das göttliche Urteil des Allmächtigen über unsre Taten anzuhören. Eine solche Sünde wäre Anlaß für deine ewige Verdammnis. Deshalb, mein Sohn, zweifle nicht an dieser unbestrittenen Wahrheit.«

Hierauf Salvetto: »Herr, ich gebe Euch allen Ernstes zu bedenken, daß Ihr Eure Zeit mit dem Gerede darüber vergeudet, denn ich habe schon andere Male zu diesem Artikel gebeichtet und bin heftig gescholten worden, so wie jetzt von Euch, dennoch habe ich mich nie dazu bekehren können.«

»Laß ab, bei Gott, von dieser irrigen Ansicht, mein Sohn«, setzte ihm der Priester zu, »denn das ist sicher: Du würdest mich wegen meiner Nächstenliebe und meines Eifers um dein Seelenheil zum bekümmertsten Menschen auf Erden machen.«

»Herr«, antwortete jener, »verschwendet Eure Zeit nicht und langweilt mich nicht länger. Ich habe Euch klipp und klar gesagt, wie ich darüber denke. Ihr verkörpert genau das, was ich einmal von Sandruccio, meinem Vater, hörte: Auf der Heimreise von Rom übernachtete er in Ronciglione in einer Herberge, wo ihm der Wirt bei passender Gelegenheit lachend erzählte, drei Tage zuvor sei ein Pariser Scholar auf dem Wege nach Rom bei ihm eingekehrt. Als er um Begleichung bat, habe jener geantwortet, zufolge Platos Lehre würden sie sich nach Ablauf von sechsunddreißigtausend Erdenjahren an diesem selben Ort wiedertreffen; dann werde er ihn bezahlen. Darauf der Wirt: Er möge doch lieber gleich bezahlen, denn da er nach Verstreichen dieser Frist zum gleichen Zweck noch einmal zurückkommen müßte, sei es nur recht und billig, wenn er jetzt bezahle. Darum sage ich Euch, Herr: So wie der Scholar mit seiner platonischen Beweisführung den Wirt nicht zu prellen vermochte, der wartend nicht seine Zeit vergeuden wollte, so seid Ihr ebensowenig gewillt, sie zu verschwenden. Fahren wir daher mit der Beichte fort, damit ich der Drangsal ledig werde.«

Darauf der Priester: »Salvetto, was du sagst, ist Unsinn,

und du tätest gut daran, dich schuldig zu bekennen. Glaube an den Artikel, daß wir auferstehen werden. Ich bitte dich inständig darum.«
»Mit anderen Worten, Herr, Ihr wollt also, daß ich daran glaube?«
»Ja, das will ich.«
»Nun gut, da Ihr es wollt, so glaube ich es. Ich gebe Euch indessen zu bedenken, daß es vorn und hinten nicht stimmt, das sagt mir mein Verstand.«
»Mein Sohn«, erwiderte der Priester, »Gottes und mein Segen über dich. Da dir nun Gnade zuteil geworden, möchte ich, daß du dein Testament machst und zur Vergebung deiner Sünden dein Haus deinem Sprengel hinterläßt.«
Darauf Salvetto: »Hört mich an, Herr Pfarrer. Wenn ich auferstehe, wie ich Euch zuliebe glauben soll, oder nach Ablauf von sechsunddreißigtausend Jahren wiederkehre, wie Plato behauptet, wo soll ich dann wohnen? Ich hinterlasse Euch gar nichts, denn ich will mir kein Haus mieten müssen.«
Bei diesen Worten kam den Geistlichen das Lachen an. Doch in Anbetracht der großen Pfiffigkeit des bejammernswerten Beichtenden und beim Gedanken, daß weiteres Predigen reine Zeitvergeudung wäre, legte er ihm die Hand aufs Haupt und sagte: »Mein Sohn, ich spreche dich frei von deinen Ketzereien, das kommt in den Himmel doch nicht hinein.«
Nachdem er ihm so die Absolution erteilt hatte, ging er fort, und Salvetto, der Schelm, schied mit einer vergnüglichen Erinnerung an sich aus diesem Leben, wie ihr eben vernommen habt. Meines Erachtens kann er insofern mit den ganz großen Gaunern auf eine Stufe gestellt werden, als die Regungen ihres Gewissens am Tag des Jüngsten Gerichts offenbar werden müssen.

DER HERZOG VON MAILAND

Der Graf Francesco, Sohn Sforzas von Codignola, war, wie ihr wißt, ein Fürst, bei dem weder Natur noch Glück es an irgend etwas hatten fehlen lassen. Wir sprechen nicht davon, wie erlaucht, prachtliebend, freigebig, gütig und gnädig er war; denn in allen diesen Eigenschaften übertraf er nicht allein alle Männer der Gegenwart, sondern tat es auch allen alten Römern und Griechen gleich. Aber das wollen wir erwähnen, daß er im Waffenhandwerk, in das er all seinen Ruhm und seine Ehre setzte, nicht minder mannhaft, klug und hochherzig war als Sertorius, Marcellus, Lucullus, Cäsar und Pompejus oder wer sonst noch mehr den Mund der Fama in den Büchern der Geschichte in Bewegung setzt. Daß dies wahr sei, beweist die Tat, da er nicht nur alle andern kriegerischen Herzöge, an denen Italien so fruchtbar war, wie ihr wißt, bekriegte und glorreich überwand, sondern auch durch diese seine Tapferkeit sich zum Herrn der Lombardei emporschwang. Dessenungeachtet, obwohl alle diese Eigenschaften in gehäuftem Maße bei ihm vorhanden waren, wie ihr sicherlich in eurem Leben schon tausendmal gehört habt, und obwohl er siegreiche Heere bezwang und zu Boden schlug, konnte er doch nicht vermeiden, von der Gewalt des jungen Schützen gefangen zu werden, und wurde an dem Siegeswagen seiner Gottheit unter der übrigen zahlreichen Schar im Triumph geführt ob der preiswürdigen Schönheit einer edeln Jungfrau aus unserer Stadt, deren Namen und Geschlecht ich mit Stillschweigen übergehen will, um nicht Veranlassung zu geben, daß ihr ehrsamer Ruf befleckt werde. Für dieses Mädchen entbrannte er dermaßen, daß er Tag und Nacht an nichts anderes als an sie dachte und nichts, was er sah, ihm so gefiel, ja daß er am Ende vor Gram gestorben wäre, wenn er nicht mit ihr der Liebe Lust hätte genießen sollen; und ihre Eltern mußten, wenn auch widerwillig, sie ihm überlassen, um ihn nicht dem Tod und der Verzweiflung preiszugeben.

Nun kam aber die Sache, ich weiß nicht auf welche Art, der durchlauchtigen Herzogin zu Ohren, einer Frau, die in ihrem Geschlecht ebenso erhaben war wie ihr Gatte unter den Männern. Sie war daher sehr wachsam, um die Ausführung dieser Liebespläne zu verhindern und nicht solchen Verdruß und Betrug von seiten eines Mannes zu erfahren, den ausschließlich sie liebte. Als nun eines Abends das Mädchen zu dem Herrn auf das Schloß der Stadt geführt wurde, hatte die vorsichtige Herzogin darauf wohl acht und war schon durch ihre ausgestellten Kundschafter von der Sache unterrichtet. Während also das Mädchen auf einem ganz geheimen Weg hereingebracht werden sollte, wurde sie mit ihren Begleitern festgehalten, und alle wurden in ihr Zimmer vor sie geführt, die dann mit Worten, die zu solcher Veranlassung schicklich schienen, ihr auf so eindringliche Weise ihr Vergehen vorstellte, daß nicht minder Scham als Furcht sie alle erfaßte; doch entschuldigten sich die Unterhändler, da sie es nicht getan hätten, um ihrer Durchlaucht etwas zuleide zu tun noch auch aus Begierde nach Ehre oder aus Gewinnsucht, sondern einzig und allein, um den leidenschaftlichen Befehlen des Herzogs zu gehorchen, der sich in Liebe zu dem Mädchen verzehre. Die durchlauchtige Herzogin schickte sie aus dem Zimmer und befahl ihnen bei Strafe ihrer Ungnade, nicht ohne ihre Erlaubnis wegzugehen, bis sie ihnen ihren Willen anders kundgebe; dem Mädchen aber befahl sie mit scharfen, drohenden Worten, sich unverzüglich zu entkleiden. Dieses zitterte nicht anders als ein Blatt im Winde, benetzte immerfort ihr schönes

Gesicht mit Tränen der Scham und entkleidete sich so aus Angst vor einer Züchtigung oder Marter. Die Herzogin zog sich auch ihre reichen Gewänder ab und legte die des verängstigten Mädchens an, hängte einen Schleier über den Kopf bis über die Augen herab, rief sodann, als sie schon die Tracht des Mädchens anhatte, eine ihr treu ergebene Kammerfrau zu sich und sagte zu ihr: »Mache, daß du mich, ohne mich weiter zu nennen, ohne Licht aus diesem Zimmer führst, daß man die Verwechslung nicht merkt! Dann sage zu denen, die draußen warten, wie im Auftrag von mir: ›Die Herrin befiehlt, ihr sollt das Mädchen zum Herzog bringen, wie er es haben will, in aller Stille und ohne Zögerung.‹«
Die treue Kammerfrau war nicht wenig erstaunt und wußte nicht, was das heißen sollte, trat aber aus dem Gemach, ihre Gebieterin an der Hand führend, und übergab sie statt des Mädchens jenen Leuten mit den ihr aufgegebenen Worten. Diesen schwanden damit die verschiedenen Besorgnisse, welche die Drohungen der klugen Herzogin in ihnen erweckt hatten, und sie führten sie an das herzogliche Gemach des Fürsten, klopften dort an die Tür, und als diese aufging, hießen sie sie hineingehen und entfernten sich. Die kluge Herzogin tat etwas fremd und stand wie verschämt mit gesenktem Haupt und mit zur Erde gehefteten Blicken da, trat dann etwa drei Schritte vor, ohne ein Wort zu sprechen, und fiel auf der linken Seite des Herrn auf die Knie, welcher seine zwei Lieblingskämmerer hinausschickte, dann heiter auf sie zuging und in der Meinung, es sei seine Geliebte, sprach: »Schönes Mädchen, wie mein Leben Teure, sei mir tausend- und aber tausendmal willkommen!«
So stand er ein Weilchen vor ihr, berührte ihren schim-

mernden Hals und konnte nicht satt werden, indem er dem Liebesgott dankte, ihre Purpurlippen zu küssen. Darauf suchte er, da er glühte und die Kunst wohl verstand, mit den Fingern durch den Ausschnitt der Gewänder am Halse die elfenbeinerne Brust zu berühren und sprach dazu immer Worte, die das Eis in Flammen setzen mußten. Als er endlich die anderen ersehnten Teile berühren wollte, schien es der weisen Herzogin, sie dürfe ihren teuern Gemahl nicht weitergehen lassen; sie zog also den weißen Schleier hinweg, der ihre schönen Augen verhüllte, und sagte ganz sanft folgende Worte zu ihm: »Ei, mein Gebieter, wo ist Euer Verstand? Ist das die eheliche Treue, die Ihr mir schuldig seid, die ich Euch ohne Maß liebe? Ist das die Gattenpflicht, die Ihr beobachten müßt, nachdem Ihr von mir so viele würdige Söhne erhalten, die der Glanz nicht nur Italiens, sondern der ganzen Welt sind? Ist dies das gute Beispiel und der Ruf, den Ihr hinterlassen sollt? In der Tat, ich habe mich sehr in Euch getäuscht. Wer hätte je gedacht, daß ein großes Herz wie das Eure, das nie Mühsal gescheut noch Furcht gekannt, sich von einem gemeinen Mädchen fangen lasse! Weh mir Armen, daß ich sehen mußte, was ich nie geglaubt habe! Ist dies der Lohn der Treue, die ich gegen Euch gehegt und gegen Euch zu hegen gedenke, solange ich lebe? Ach, das war nicht nur ein Schlag des Geschicks, es ist der Untergang all meiner Hoffnung!«

Sie wollte noch anderes beifügen; der Herzog aber hatte die Täuschung bemerkt und sah, daß alles offenbar geworden war, was er geheimgehalten hatte, da er seine von ihm mehr als sein eigenes Leben geliebte Gemahlin in den Gewändern des geliebten Mädchens erblickte; da überlief erst sein männliches Antlitz eine Röte, dann machte sich aus seinem ritterlichen Herzen ein heißer

Seufzer Luft, und er unterbrach sie mit den Worten: »Teure Frau, ich bitte Euch, verzeiht mir! Ich schwöre Euch bei meiner Seelen Seligkeit, was ich getan, geschah nicht, um Euch zu beschimpfen, da ich Euch mehr als alles in der Welt liebhabe, sondern bloß, weil ich der Gewalt der Liebe nicht widerstehen konnte, die kein Gesetz achtet und jeden Sterblichen bindet, wenn es ihr gefällt, sei er auch noch so stolz und mutvoll. Und ich habe es diesmal zu meinem schweren Schaden und Strafe erfahren; da ich nicht mit strengem Zügel meine Sinnlichkeit zu lenken und die Liebesglut zurückzudrängen vermochte, habe ich mich so weit verleiten lassen, und ich bin so sehr gefangen, daß, wenn Ihr mir jetzt den Genuß des geliebten Mädchens versagt, ich klar einsehe, daß Ihr mich bald werdet grausam und jämmerlich umkommen sehen.«

Da faßte die Herzogin Mitleid mit dem Liebesleiden ihres Gemahls, und sie sagte: »Wenn es mir auch schwerer ankommt als irgend etwas auf dieser Welt, Euch hierin nachzugeben, mein einziger Gebieter, so glüht doch mein Herz so sehr von dem Verlangen, Euch immer Euern Wunsch zu erfüllen, und überdies ist mir Euer Leben viel teurer als das meinige, und darum bin ich zufrieden, daß Ihr vollständig Eure Wünsche erreicht.«

Mit diesen Worten ging sie hinweg und kehrte zu dem Mädchen zurück, das ihre anfängliche Angst noch nicht verlassen hatte. Sie ließ sie ihre eigenen Kleider wieder anziehen, und als sie so geschmückt und aufgeputzt war, nahm sie sie an der Hand und sagte: »Komm mit mir, mein Kind, fürchte dich nicht!«

So brachte sie sie zu ihrem Gemahl mit den Worten: »Hier, mein teurer Gebieter, ist das Mädchen, das Ihr so sehnlich wünscht. Ich bin es zufrieden, daß Ihr die

Lust und den Liebesgenuß mit ihr habt, die Euch gefällt; denn ich will weder Euern Tod noch Eure Betrübnis, sondern Euer Leben und Eure Freude, und dies wird auch mir zur ununterbrochenen Wonne gereichen.«

Nach diesen Worten kehrte sie sich um, verließ das Zimmer und schloß die Tür. Der Fürst erkannte aus diesem Benehmen das vortreffliche Gemüt seiner Gemahlin und ihre liebreiche Gesinnung gegen ihn, ebenso aber seinen ungeheuern Fehler. Indem er daher als ein sehr kluger und verständiger Fürst die Hoheit dieser Tugend in Erwägung zog, mäßigte er mit dem rechten Zügel die Glut seiner Gedanken. Er rief deshalb sogleich die Herzogin herein und sprach zu ihr folgendermaßen: »Teure Frau, Eure kluge und gegen mein ungerechtes Begehren so nachsichtsvolle Rede in Verbindung mit Eurer unglaublichen Tugend haben mir den Geist und all mein Sinnen und Trachten mit so festem Liebesband an Euch gefesselt, daß dasselbe nie mehr durch die Hand einer andern Frau wird gelöst werden können. Gott verhüte demnach, daß ich die eheliche Treue, deren Krone Ihr so würdig traget, je verletze!«

Darauf wurde nach einigen liebevollen Gesprächen über diese Sache das Mädchen schön gekleidet und beschenkt ihren Eltern zurückgeschickt. Der Herr lebte nach diesem Vorfall in Lust und Freude mit seiner Gemahlin und in gutem Vernehmen mit dem geliebten Mädchen, die aus dieser Veranlassung reich und weit über ihrem Stand verheiratet wurde.

NICCOLÒ MACHIAVELLI

BELFAGOR

Man liest in den alten Jahrbüchern der florentinischen Geschichte, was man schon aus der Erzählung eines heiligen Mannes weiß, dessen Leben bei allen seinen Zeitgenossen hoch gepriesen wurde, daß derselbe in seinen Gebeten erschaute, wie unzählige Seelen jener armen Sterblichen, die in Gottes Ungnade starben, in der Hölle fast alle nur darüber klagten, daß sie einzig und allein durch das Heiraten sich in so großes Unglück gestürzt hätten. Durch diesen Umstand wurden nun Minos, Radamanth sowie die andern Höllenrichter in höchliches Erstaunen versetzt, weil sie solchen Verleumdungen des weiblichen Geschlechts nicht wohl glauben konnten. Da indessen die Klagen von Tag zu Tag zunahmen und auch der gehörige Bericht dem Pluto erstattet war, so beschloß er, den Fall mit sämtlichen höllischen Fürsten in reifliche Erwägung zu ziehen und nächstdem die geeignetsten Maßregeln zu ergreifen, um den Betrug aufzudecken und das Wahre an der Sache herauszustellen. Pluto berief sonach eine Ratsversammlung und sprach daselbst in folgendem Sinne: »Wiewohl ich, meine Lieben und Getreuen, durch des Himmels Fügung und durch unwiderrufliche Schicksalsbestimmung dieses Reich beherrsche und um deswillen keinem Richterstuhl des Himmels oder der Erde unterworfen sein kann, so habe ich doch beschlossen, weil es gescheiter ist, wenn die Gewaltigen sich den Gesetzen unterwerfen und der Meinung anderer ihr Recht einräumen, euren Rat einzuholen, wie ich in einer Angelegenheit mich zu verhalten habe, die sonst gar leichtlich zur Unehre unserer Herrschaft ausschlagen könnte. Es sagen nämlich zwar alle Seelen von Männern, die in unser Reich kommen, ihre Weiber seien daran schuld. Da uns das aber unmöglich scheint und wir befürchten, wenn wir auf diesen Bericht hin ein Verdammungsurteil sprächen, könnten wir als allzu grausam verschrieen werden oder, wenn wir es nicht täten, als allzu lässig und ungerecht; da ferner die einen Menschen aus Leichtsinn fehlen, die andern aus Unbilligkeit, wir aber diesem beiderseitigen Tadel ausweichen möchten und nicht wissen, wie das anzugehen ist, haben wir euch herbeschieden, damit ihr uns mit eurem guten Rate beisteht und um zu bewirken, daß dieses Reich auch für die Zukunft fortbestehe mit unangetasteter Ehre wie bisher.«

Es schien einem jeden dieser Fürsten der vorliegende Fall ein hochwichtiger und sehr beachtenswerter zu sein. Sie waren auch darin miteinander einverstanden, daß die Wahrheit notwendigerweise erforscht werden müsse; aber über die Art und Weise der Ausführung teilten sich die Meinungen. Der eine hielt dafür, man solle einen, der andere, man solle mehrere Boten zur Erde emporsenden, um unter menschlicher Gestalt persönlich zu ergründen, ob die Sache sich wirklich so verhalte. Viele andere dagegen meinten, man brauche nicht so viele Umstände zu machen; man solle nur ein paar Seelen durch verschiedene Marter zum Bekenntnis zwingen. Da nun aber die Mehrzahl für den Vorschlag einer Gesandtschaft stimmte, so ging diese Meinung durch, und da sich keiner fand, der freiwillig das Amt übernommen hätte, so entschloß man sich, die Wahl durch das Los zu entscheiden. Das Los traf den Erzteufel Belfagor, der vordem, ehe er aus dem Himmel gefallen, ein Erzengel gewesen war und jetzt zwar sehr widerwillig sich zu der Botschaft hergab, aber dennoch, durch Plutos Machtspruch gezwungen, sich dazu verstehen mußte, den Beschluß der Ratsversammlung zu vollführen, und die Bedingungen einging, die förmlich beraten worden waren. Diese bestanden darin, daß dem mit dem Auftrage Betrauten hunderttausend Dukaten übergeben werden sollten; mit diesen mußte er auf die Welt gehen, in menschlicher Gestalt ein Weib nehmen und zehn Jahre mit ihr leben, sodann eines scheinbaren Todes sterben, nach der Hölle zurückkehren und seinen Vorgesetzten nach der gemachten Erfahrung Bericht erstatten, worin eigentlich die Last und die Lust des Ehestandes bestehe. Es wurde überdies erklärt, daß er während der genannten Zeit allen Ungemächlichkeiten und Übeln unterworfen sein solle, mit denen die Menschen zu kämpfen haben und welche Armut, Gefangenschaft, Krankheit und so manchen andern schlimmen Umstand, der den Menschen begegnen kann, nach sich ziehen; ausgenommen, wenn er sich durch Klugheit oder List davon befreie.

Belfagor nahm also den Auftrag und sein Geld in Empfang und kam herauf auf die Welt. Er hatte sich aus seinen Scharen mit Pferden und Dienerschaft versehen und zog sehr stattlich in Florenz ein. Diese Stadt hatte er vorzugsweise zu seinem Aufenthalt erkoren, weil sie ihm den Wucher, den er mit seinem Gelde zu treiben gesonnen war, besonders zu begünstigen schien. Er ließ sich hier Roderigo von Kastilien nennen und mietete ein Haus in der Vorstadt Ognissanti. Damit man seiner wahren Herkunft nicht auf die Spur komme, sagte er aus, er habe vor einiger Zeit Spanien verlassen, sich dann nach Syrien gewendet und in Aleppo sein Vermögen gewonnen; er habe es aber verlassen in der Absicht, nach Italien zu gehen, in ein menschlicheres, dem bürgerlichen Leben und seinen Neigungen angemesseneres Land, und dort ein Weib zu nehmen. Roderigo war ein sehr schöner Mann, der in einem Alter von dreißig Jahren zu stehen schien. Er verriet in wenigen Tagen, daß er im Besitz großer Reichtümer sei, und da er sich außerdem bei mehrfachen Gelegenheiten als einen wahrhaft gebildeten und freigebigen Mann zu erkennen gab, so boten ihm manche edlen Bürger, die viele Töchter und wenig Taler im Besitz hatten, ihre Kinder an. Unter allen diesen wählte Roderigo ein sehr schönes junges Mädchen namens Onesta, die Tochter des Amerigo Donati, der außer ihr noch drei andere Töchter und drei erwachsene Söhne hatte, und ihre Schwestern waren auch fast mannbar. Obgleich er einer sehr edeln Familie angehörte und in Florenz persönlich sehr in Achtung stand, so war er doch im Verhältnis zu seiner zahlreichen Familie und seinem Adel sehr arm.

Roderigo richtete seine Hochzeit mit großem Glanz und Aufwand aus und unterließ nichts von allem, was bei derlei Festen nun einmal herkömmlich ist; denn er war durch das Gesetz, das ihm beim Austritt aus der Hölle auferlegt worden war, allen menschlichen Leidenschaften unterworfen. Er begann sehr bald Geschmack zu finden an Ehre und Herrlichkeit der Welt und sich daran zu erfreuen, von den Menschen gelobt zu werden, was ihm keinen geringen Aufwand verursachte. Überdies hatte er noch nicht lange Zeit mit seiner Ehegattin Onesta gelebt, als er sich in diese so außermaßen ver-

liebte, daß er es nicht ertragen konnte, sie traurig oder
mißmutig zu sehen. Frau Onesta hatte neben ihrem
Adel und ihrer Schönheit ihrem Roderigo einen Hochmut
zugebracht, wie ihn sogar Luzifer nicht kannte,
und Roderigo, der einen wie den andern nun erprobt
hatte, erachtete den seiner Frau für den höheren. Er
ward aber mit der Zeit weit ärger als zuvor, da sie die
große Liebe ihres Mannes zu ihr merkte. Und da es ihr
dünkte, er befinde sich durchaus in ihrer Gewalt, so gebot
sie ihm ohne alles Erbarmen oder Rücksicht und
scheute sich nicht, wenn er ihr je etwas versagen wollte,
ihn mit Schelten und Schimpfen zu verletzen, was dem
Roderigo unglaublichen Ärger verursachte. Dessenungeachtet
machten der Schwiegervater, die Brüder, die
Verwandtschaft, die Pflicht des Ehebundes und vor allem
die große Liebe, die Roderigo für sie fühlte, daß er
es mit Geduld hinnahm. Ich will die großen Kosten
übergehen, die er zu ihrer Befriedigung in Beziehung
auf neue Kleider und neue Moden aufwandte, in welchen
unsere Stadt nach alter Gewohnheit beständig
wechselt. Er mußte auch, wollte er in Frieden mit ihr leben,
dem Schwiegervater helfen, seine anderen Töchter
an den Mann zu bringen, was ihn gewaltige Summen
kostete. Ebenso mußte er, um mit seinem Weibe gut
Freund zu bleiben, einen ihrer Brüder mit Tüchern
nach dem Orient schicken, einen andern mit Seidenzeugen
nach dem Westen und den dritten als Goldschläger
in Florenz unterbringen. Mit diesen Dingen
ging denn der größte Teil seines Vermögens drauf. Um
die Zeit des Faschings sodann und um Sankt Johannis,
wenn die ganze Stadt nach alter Gewohnheit voller
Festlichkeiten war und viele edle und reiche Bürger die
kostbarsten Gastereien anstellten, wollte Frau Onesta,
um nicht andern nachzustehen, daß ihr Roderigo mit

dergleichen Festlichkeiten es allen andern zuvortue. Das alles ertrug er aus den schon angegebenen Gründen leicht und würde es auch, so schwer es für ihn sein mochte, nie als lästig empfunden haben, hätte er damit nur seine häusliche Ruhe erkauft und in Frieden dem Zeitpunkt seines gänzlichen Unterganges entgegensehen können. Aber es widerfuhr ihm das Gegenteil; denn abgesehen von dem unerschwinglichen Aufwand suchte sie ihn, ihrem widerwärtigen Wesen entsprechend, mit unzähligen Ungelegenheiten heim, und kein Knecht oder Diener konnte es in seinem Hause lange, ja nur kurze Tage aushalten. Daraus erwuchs dem armen Roderigo der empfindlichste Nachteil, weil er keinen Diener erhalten konnte, der seinem Hauswesen redlich zugetan gewesen wäre; denn nicht allein die menschlichen gingen weg, sondern auch die Teufel, die er in Gestalt von Dienern mitgebracht hatte, wollten lieber in die Hölle zurückkehren und im Feuer verweilen, als auf der Welt unter der Herrschaft dieses Weibes zu leben.

So führte nun Roderigo das ruheloseste und unbehaglichste Leben. Er hatte durch seine schlechte Wirtschaft sein ganzes bewegliches Besitztum bereits verzehrt und begann in der Hoffnung auf die aus Ost und West erwarteten Summen zu leben. Noch genoß er guten Kredit und borgte auf Wechsel, um seine Ehre zu wahren; da er aber auf diese Art immer tiefer in Schulden geriet, machte er sich in kurzer Zeit allen denjenigen verdächtig, die sich auf solcherlei Schliche in Handel und Wandel verstanden. Während nun seine Lage bereits sehr schwankend geworden war, kam plötzlich Nachricht von der Levante und aus dem Westen, einer der Brüder der Frau Onesta habe all das Eigentum, das ihm Roderigo anvertraut, im Spiel verloren, der andere sei dagegen auf seiner Rückkehr mit einem mit seinen Waren beladenen Schiffe, ohne versichert zu sein, samt allem eine Beute der Wellen geworden. Kaum war dies ruchbar geworden, so verbanden sich Roderigos Gläubiger miteinander, in der Besorgnis, er möchte zugrunde gerichtet sein; da man aber noch nicht darüber ins reine kommen konnte, weil der Zeitpunkt ihrer Bezahlung noch nicht gekommen war, so beschlossen sie, ihn sorgfältig bewachen zu lassen, damit er nicht, ehe ihre Beratung einen Erfolg haben könne, sich ihnen durch die Flucht entziehe. Roderigo andererseits sah keine andere Hilfe in seiner Not und wußte doch, daß er das Gesetz der Hölle nicht überschreiten dürfe; er entschloß sich demnach, unter jeder Bedingung zu entfliehen. Er warf sich daher morgens auf ein rasches Pferd, und da er nahe an der Porta al Prato wohnte, eilte er durch dieselbe hinaus. Kaum daß man sich seiner Entfernung versah, so entstand ein Aufruhr unter den Gläubigern: sie wandten sich an die Obrigkeit und schickten ihm nicht nur Gerichtsboten nach, sondern verfolgten ihn insgesamt persönlich.

Roderigo war noch keine Meile weit von der Stadt entfernt, als diese Gefahr wider ihn losbrach. Er erkannte seine üble Lage und nahm sich vor, um desto verborgener zu fliehen, die Straße zu verlassen und querfeldein weiter zu eilen, wohin ihn sein gutes Glück führe. Er setzte diesen Vorsatz ins Werk, fand aber bald, daß die vielen das Feld durchschneidenden Gräben ihm dabei hinderlich wurden und daß er zu Pferd nicht weiter komme. Er floh deswegen zu Fuß weiter, ließ sein Roß auf der Straße ledig laufen und sprang von einem Stück Feld zum andern über das mit Weingärten und Röhricht bedeckte Land hin, bis er in der Nähe von Peretola an das Haus des Giovanni Matteo del Bricca kam,

des Feldbauern des Giovanni del Bene. Er begegnete dem Giovanni Matteo gerade, als dieser Futter für seine Ochsen heimtrug, stellte sich unter seinen Schutz und versprach ihm, wenn er ihn aus den Händen seiner Feinde rette, die ihn verfolgten, um ihn im Gefängnis umkommen zu lassen, so wolle er ihn reich machen und vor seinem Scheiden ihm darüber genügende Bürgschaft geben; im entgegengesetzten Falle sei er zufrieden, daß er ihn selbst seinen Gegnern ausliefere.
Giovanni Matteo war zwar ein Landmann, aber dennoch ein unternehmender Mensch, und da er der Ansicht war, er könne nicht wohl zu kurz dabei wegkommen, wenn er den Flüchtling rette, so sagte er ihm seine Bitte zu. Er steckte ihn in einen Haufen Dünger, den er vor dem Hause liegen hatte, und bedeckte ihn mit kleinem Rohr und anderen Abfällen, die er zum Verbrennen zusammengeworfen hatte. Kaum war man mit Roderigos Versteck fertig, als auch schon seine Verfolger herzukamen und durch Drohungen den Giovanni Matteo einzuschüchtern suchten, aber von ihm nicht herausbrachten, daß er ihn gesehen habe. Sie zogen daher weiter und kehrten, nachdem sie ihn zwei Tage umsonst gesucht hatten, ermüdet wieder nach Florenz zurück. Sobald der Lärm vorüber war, holte Giovanni Matteo ihn aus seinem Schlupfwinkel hervor und mahnte ihn an sein gegebenes Wort. Da sprach Roderigo zu ihm: »Mein lieber Bruder, ich bin dir zu großem Danke verpflichtet und will dir meine Verbindlichkeit auf jede Weise abtragen. Und damit du glaubst, daß ich dies zu tun vermag, will ich dir sagen, wer ich bin.«
Er teilte ihm hier seine persönlichen Verhältnisse und die Bedingungen mit, unter denen er die Hölle verlassen und sich ein Weib genommen hatte. Er eröffnete ihm überdies die Art und Weise, auf die er ihn zu berei-

chern gedachte und die eben keine andere war, als daß
Giovanni Matteo, sobald er von irgendeinem Weibe
höre, das besessen sei, nur getrost annehmen dürfe, er
sei selber in sie gefahren, und er werde nicht eher aus
ihr weichen, als bis Giovanni komme und ihn vertreibe;
damit habe er dann Gelegenheit, sich von den Verwandten der Besessenen nach Belieben bezahlen zu lassen. Nachdem Roderigo diese Erklärung von sich gegeben hatte, wurde er plötzlich unsichtbar.
Es waren aber hierauf kaum einige Tage ins Land gegangen, als sich durch ganz Florenz die Neuigkeit verbreitete, daß eine Tochter des Herrn Ambrogio Amedei, die an Buonaiuto verheiratet war, vom Teufel besessen sei. Die Ihrigen versäumten nicht, alle jene Mittel dagegen anzuwenden, die bei solchen Unfällen gebräuchlich sind. Man legte ihr den Schädel des heiligen Zenobius auf den Kopf und den Mantel des heiligen Johannes Walbert; aber alle diese Dinge wurden von Roderigo nur verhöhnt; und um jedermann zu überzeugen, daß die Krankheit des jungen Weibes ein böser Geist und keine phantastische Einbildung sei, sprach er lateinisch, disputierte über philosophische Fragen und deckte die Sünden vieler Leute auf, wie zum Beispiel die eines gewissen Klosterbruders, der sich über vier Jahre ein in einen Mönch verkleidetes Weib in seiner Zelle gehalten hatte. Dergleichen Dinge erregten natürlich allgemeine Verwunderung. Herr Ambrogio, der alle Mittel vergeblich erprobt hatte, war unterdessen sehr mißvergnügt und hatte alle Hoffnung auf ihre Heilung aufgegeben, als ihn Giovanni Matteo besuchte und ihm seine Tochter zu heilen versprach, wenn er ihm fünfhundert Fiorini geben wolle, damit er sich ein Gut in Peretola kaufen könne. Herr Ambrogio ging auf sein Anerbieten ein; Giovanni Matteo aber

ließ, um die Sache auszuschmücken, vorerst etliche Messen lesen, machte allerlei Hokuspokus und flüsterte dann dem jungen Weibe die Worte ins Ohr: »Roderigo, ich bin hierhergekommen, um dich aufzusuchen, damit du mir Wort haltest.«

Roderigo antwortete ihm: »Ich bin es zufrieden; aber das ist noch nicht genug, um dich reich zu machen. Sobald ich von hinnen gewichen sein werde, fahre ich in die Tochter des Königs Karl von Neapel und weiche nicht von ihr ohne dich. Dann kannst du dir ein tüchtiges Handgeld ganz nach deinen Wünschen ausbedingen und mußt mich später in Ruhe lassen.«

Nach diesen Worten fuhr er aus ihr aus zur Freude und Verwunderung von ganz Florenz. Es währte hierauf gar nicht lange, so verbreitete sich durch ganz Italien das Gerücht von dem Unglück, das über die Tochter des Königs Karl gekommen war. Die Mittel der Geistlichen wollten nicht anschlagen, und da der König von Giovanni Matteo reden hörte, so ließ er ihn zu sich von Florenz entbieten. Matteo kam in Neapel an und heilte sie nach einigen zum Schein angestellten Zeremonien. Aber ehe Roderigo sich davonmachte, sagte er: »Du siehst, Giovanni Matteo, ich habe mein Versprechen, dich zu bereichern, vollkommen gehalten und keine Verbindlichkeit weiter gegen dich zu erfüllen, und wir sind quitt. Hüte dich daher, mir ferner ins Gehege zu kommen! Denn wie ich dir bisher Gutes erwiesen, würde ich dir in Zukunft nur Böses tun.«

Giovanni Matteo kehrte daher als sehr reicher Mann nach Florenz zurück, denn er hatte vom König über fünfzigtausend Dukaten empfangen, und er war nur noch darauf bedacht, diesen Reichtum in Ruhe zu genießen, ohne zu befürchten, Roderigo möchte ihn in seinem friedlichen Genusse zu stören beabsichtigen.

Mit einem Male aber wurde er aus seiner Ruhe durch die Nachricht aufgeschreckt, daß eine Tochter König Ludwigs VII. von Frankreich vom Teufel besessen sei. Diese Kunde brachte Giovanni Matteos Gemüt ganz außer Fassung, indem er an die Macht dieses Königs und an die letzten Worte Roderigos dachte. Da nun der König kein Heilmittel für seine Tochter fand und von der Heilkraft Giovanni Matteos hörte, sandte er zuerst einfach einen Läufer an ihn ab, um ihn herzubescheiden; da dieser aber eine Unpäßlichkeit vorschützte, sah sich der König am Ende gezwungen, die Signoria um ihn anzugehen, die dann den Giovanni Matteo zum Gehorsam nötigte. Dieser ging daher mit großer Bangigkeit nach Paris und gab zuvörderst dem König die Erklärung ab, er habe zwar einigemal allerdings Besessene geheilt, aber darum habe er noch gar nicht die Kraft und die Macht, alle solche Kranke zu heilen; denn es gebe welche von so hinterlistigem Wesen, daß sie weder Drohungen noch Zauber noch geistliche Mittel scheuen; er wolle dessenungeachtet gern sein möglichstes tun, bitte aber, wenn es ihm nicht gelinge, um Vergebung und Entschuldigung.

Der König versetzte ihm darauf zornig, wenn er seine Tochter nicht heile, so werde er ihn hängen lassen. Giovanni Matteo war hierüber tiefbetrübt, faßte sich aber doch so weit, daß er die Besessene kommen ließ. Er sprach ihr ins Ohr und empfahl sich demütig dem Roderigo, erinnerte ihn an die ihm erwiesene Wohltat und stellte ihm vor, welch ein undankbares Betragen es von ihm wäre, wenn er ihn in solcher Not im Stiche ließe. Roderigo aber versetzte: »Ei, du schurkischer Verräter, wie kannst du frech genug sein, mir wieder nahe zu kommen? Meinst du, daß du dich wirst lange rühmen können, durch mich reich geworden zu sein? Ich will es

dir und einem jeden zeigen, wie ich nach meinem Belieben auch wieder nehmen kann, was ich gegeben habe. Du sollst nicht wieder von hinnen kommen; ich bringe dich an den Galgen, es koste, was es wolle.«
Da nun Giovanni Matteo für diesmal keinen Ausweg sah, so gedachte er sein gutes Glück auf eine andere Weise zu versuchen, verfügte, daß man die Besessene wieder von dannen bringe, und sprach dann zum König: »Sire, wie ich Euch schon gesagt habe, gibt es viele Geister, die so unbändig sind, daß gar nicht mit ihnen auszukommen ist, und dieser hier ist einer von den schlimmsten. Dessenungeachtet will ich noch einen letzten Versuch machen, ihn zu vertreiben. Gelingt es mir, so haben wir beide, Eure Majestät und ich, unsere Absicht erreicht; wo nicht, so bin ich in Eurer Gewalt und muß es Euch überlassen, mit mir jenes Mitleid zu haben, das meine Unschuld verdient. Ich ersuche Euch nämlich, auf dem Platze der Notre-Dame-Kirche ein hohes Gerüst aufführen zu lassen, das geräumig genug sei für den ganzen Adel und die Geistlichkeit dieser Stadt; dieses Gerüst läßt du mit Seide und Goldstoffen behängen und mitten darauf einen Altar errichten. Am nächsten Sonntag in der Frühe sollst du dann mit der Geistlichkeit und allen deinen Fürsten und Edelleuten in königlicher Pracht, mit glänzenden reichen Gewändern angetan, daselbst erscheinen und dort erst eine feierliche Messe anhören, ehe man die Besessene hinführt. Ich wünsche überdies, daß auf der einen Seite des Platzes wenigstens zwanzig Personen aufgestellt werden, die mit Trompeten, Hörnern, Trommeln, Sackpfeifen, Schalmeien, Zimbeln und andern geräuschvollen Instrumenten aller Art versehen sind und, sobald ich einen Hut schwinge, diese Instrumente laut ertönen lassen, indem sie damit auf das Gerüst zuziehen. Diese

Dinge, verbunden mit einigen andern geheimen Mitteln, sollen, wie ich hoffe, zur Austreibung eben jenes Teufels genügen.«
Der König ließ unverzüglich alle Anstalten treffen, und als der erwartete Sonntagmorgen kam und das Gerüst von den hohen Personen und der Platz vom Volk angefüllt waren, wurde die Messe gefeiert und sodann die Besessene auf das Gerüst geführt, geleitet von zwei Bischöfen und vielen vornehmen Herren. Als Roderigo die Volksmenge und die großen Zurüstungen sah, war er ganz verblüfft und sprach bei sich selbst: ›Was hat sich nun wohl der elende Bauernlümmel mit mir ausgedacht? Glaubt er, mich durch das Gepränge einzuschüchtern? Weiß er nicht, daß ich die Pracht des Himmels und das Entsetzen der Hölle zu schauen gewohnt bin? Ich werde ihn in jeder Weise dafür büßen lassen.‹
Dann, als Giovanni Matteo an seine Seite trat und ihn nochmals bat, auszufahren, sagte er zu ihm: »Ei, da hast du ja eine herrliche Erfindung gemacht. Was gedenkst du mit alldem Zeuge anzufangen? Glaubst du hierdurch meiner Übermacht und dem Zorn des Königs zu entgehen? Du Rüpel! Du Schuft! Du sollst mir hängen, du magst anfangen, was du willst!«
Als Giovanni Matteo ihn nochmals gebeten, aber nur neue Schimpfreden zur Antwort erhalten hatte, glaubte er, nun weiter keine Zeit verlieren zu dürfen. Er machte also das verabredete Zeichen mit dem Hute, und alle die, welche bestellt waren, ließen mit einemmal ihre Instrumente zum Himmel erklingen und zogen so zu dem Gerüste heran. Bei dem unerwarteten Lärm spitzte Roderigo die Ohren, und da er nicht wußte, was das war, fragte er voll Staunen und Verwunderung den Giovanni Matteo, was das bedeute. Giovanni Matteo

antwortete ihm ganz bestürzt: »Weh mir, Freund Roderigo, das ist deine Frau, die dich wieder zu sich holen will.«

Es läßt sich kaum denken, welche Veränderung es in Roderigos Stimmung hervorbrachte, als er von seiner Frau reden hörte. Seine Erschütterung war so groß, daß er, ohne zu erwägen, ob es möglich und denkbar sei, daß sie es sei, und ohne etwas zu erwidern, in Furcht und Grausen entfloh und das Mädchen freigab. Belfagor wollte lieber in die Hölle zurückkehren, um von seinen Taten Rechenschaft abzulegen, als sich von neuem unter all der Widerwärtigkeit, Unlust und Gefahr dem Joche der Ehe unterwerfen. In die Hölle zurückgekehrt, bekräftigte er das Unheil, welches ein Weib in ein Haus bringt; Giovanni Matteo aber, der davon noch mehr zu sagen wußte als der Teufel, machte sich bald nachher munter und guter Dinge auf den Weg nach Hause.

BALDASSARE CASTIGLIONE

DER BLINDE SPIELER

Als ich einst in Paglia übernachtete, traf es sich, daß in derselben Herberge, wo ich war, sich noch drei andere Reisende aufhielten, zwei von Pistoja, der dritte von Prato. Nach dem Nachtessen setzten sie sich, wie das so zu gehen pflegt, zum Spiele, und so dauerte es nicht lange, da hatte einer von den beiden Pistojern seine Barschaft verloren und saß bar und bloß da ohne einen Heller im Beutel. Da fing er an, in seiner Verzweiflung heftige Flüche und Verwünschungen auszustoßen, und mit diesem schlimmen Abendsegen legte er sich schlafen. Nachdem die anderen zwei noch eine Weile fortgespielt hatten, beschlossen sie, dem, der ins Bett gegangen war, einen Spuk zu spielen. Sobald sie daher merkten, daß er schlief, löschten sie die Lichter aus und versteckten das Feuer; dann fingen sie an laut zu sprechen und einen Höllenlärm zu schlagen, als kämen sie über dem Spiele in Streit.

»Du hast die Karte von unten genommen«, rief der eine.
»Nein«, sprach der andere, »du hast nicht Farbe bekannt. Das Spiel gilt nicht.«
Dies und ähnliches riefen sie mit so lauter Stimme, daß der Schlafende erwachte. Und als er hörte, daß sie spielten und sprachen, öffnete er die Augen ein wenig, und

da er kein Licht im Zimmer sah, sagte er: »Was Teufels soll das heißen, daß ihr die ganze Nacht durch schreit?« Darauf drehte er sich um, als wollte er gleich wieder weiterschlafen. Die zwei Gesellen aber gaben ihm weiter kein Gehör, sondern fuhren in ihrem Treiben fort, so daß jener noch mehr aufwachte und sich zu wundern anfing. Denn da er kein Feuer noch sonst ein Licht sah und sie doch spielen und streiten hörte, sagte er: »Wie könnt ihr denn die Karten sehen ohne Licht?«

Darauf sagte einer der beiden: »Es scheint, du hast zu deinem Geld auch deine Augen verloren. Siehst du nicht, daß wir hier zwei Lichter haben?«

Der, der im Bette war, richtete sich nun auf, stemmte sich auf den Arm und rief fast zornig: »Entweder bin ich betrunken oder blind, oder ihr macht Flausen.«

Die zwei andern standen nun auf und gingen vorsichtig nach dem Bette zu, lachten und taten, als glaubten sie, jener wolle sich über sie lustig machen.

»Ich sage«, fuhr er fort, »ich sehe euch nicht.«

Am Ende taten die beiden, als kämen sie in heftiges Erstaunen, und einer sprach zu dem andern: »Ei weh, ich glaube fast, es ist ihm ernst. Gib einmal das Licht her! Dann wollen wir sehen, ob ihm wirklich seine Augen getrübt sind.«

Darauf nahm denn der andere Schelm als gewiß an, daß er blind geworden sei, weinte laut und sprach: »O liebe Brüder, ich bin blind!«

Da fing er gleich an, Unsere Liebe Frau von Loreto anzurufen und sie zu bitten, ihm die Lästerungen und Verwünschungen zu verzeihen, die er über sie ausgestoßen, weil er sein Geld verloren hatte. Die zwei Gesellen trösteten ihn jedoch und sagten: »Es ist nicht möglich, du mußt uns sehen. Das hast du dir nur so in den Kopf gesetzt.«

»Nein, nein«, entgegnete jener, »ich habe es mir nicht nur so in den Kopf gesetzt. Ich sehe euch so wenig, als wenn ich niemals Augen im Kopf gehabt hätte.«
»Dein Blick ist ja doch ganz hell«, antworteten die beiden. »Sieh nur«, sprach einer zum andern, »wie gut er die Augen aufmacht und wie schön sie sind! Wer sollte glauben, daß er nicht daraus sieht?«
Der arme Tropf weinte immer heftiger und flehte Gott um Erbarmen an. Am Ende sagten die beiden zu ihm: »Tue ein Gelübde, zu Unserer Lieben Frauen in Loreto barfuß und nackt eine Pilgerfahrt zu tun: denn das ist das beste Mittel, das es gibt. Unterdessen wollen wir nach Acquapendente und in die andern nahe gelegenen Ortschaften gehen und uns nach einem Arzte umsehen; wir wollen es dir an nichts fehlen lassen.«
Darauf kniete der Unglückliche sogleich im Bette nieder und tat unter unendlichen Tränen und in bitterer Reue über seine gotteslästerlichen Reden ein feierliches Gelübde, nackt zu der Heiligen Jungfrau nach Loreto zu gehen und ihr ein paar silberne Augen darzubringen, auch am Mittwoch kein Fleisch und am Freitag keine Eier zu essen und mit Wasser und Brot jeden Samstag zu Ehren der Heiligen Jungfrau zu fasten, wenn sie ihm die Gnade erzeige, daß er sein Gesicht wiedererlange.
Die beiden Gesellen gingen sodann in ein anderes Zimmer, zündeten ein Licht an und traten unter schallendem Gelächter wieder vor den armen Schelm, der, wiewohl er sich frei fühlte von einer, wie sich denken läßt, nicht geringen Herzensangst, nicht nur nicht zu lachen, sondern nicht einmal zu sprechen vermochte, und die zwei Gesellen ließen ihn auch jetzt noch mit ihren Stichelreden nicht in Ruhe, sondern behaupteten, er müsse durchaus sein Gelübde einlösen, denn es sei ihm ja die erflehte Gnade zuteil geworden.

GIANFRANCESCO STRAPAROLA

SIMPLICIO DI ROSSI

In dem Flecken Santa Eufemia unter Campo Sanpietro auf dem Gebiet der berühmten und weitbekannten Stadt Padua wohnte schon vor langer Zeit Ghirotto Scanferla, ein für einen Landmann sehr reicher und mächtiger, aber aufrührerischer Mann und ein unruhiger Kopf. Dieser hatte eine junge Frau namens Giliola, die für eine Dörflerin bei allen Leuten als sehr schön galt. In diese verliebte sich heftig ein gewisser Simplicio di Rossi, ein Bürger von Padua, und weil sein Haus nicht weit von dem Hause Ghirottos entfernt stand, ging er mit seiner Gattin, welche liebenswürdig, gesittet und schön war, oft in die Gegend spazieren. Und so viele Eigenschaften die Gattin auch besaß, die sie schätzenswürdig machten, so kümmerte er sich dennoch nicht viel um sie und war so sehr von Liebe zu Giliola entzündet, daß er Tag und Nacht nicht mehr zur Ruhe kommen konnte. Er hielt seine Liebe in seinem Herzen verborgen und wagte sie auf keine Weise zu entdecken, teils aus Furcht vor ihrem Mann, teils wegen des rechtschaffenen Wandels der Giliola, teils auch um der klugen Gattin kein Ärgernis zu geben.

Herr Simplicio hatte am Hause einen Brunnen, aus dem so klares, wohlschmeckendes Wasser hervorsprudelte, daß nicht nur Lebende, sondern auch Tote hätten davon trinken dürfen. Daher kam Giliola morgens und abends und sooft es nötig war zu der klaren Quelle, schöpfte Wasser mit einem aus Zweigen geflochtenen Eimer und trug es nach Hause. Die Liebe, die in der Tat niemanden frei ausgehen läßt, spornte Herrn Simplicio unaufhörlich. Da er jedoch das Leben kannte, das sie führte, und den guten Ruf, der dafür bürgte, wagte er nicht, sich irgend gegen sie zu äußern, sondern weidete sich nur zuweilen an ihrem Anblick und tröstete damit sein Herz. Sie selbst wußte nichts davon und hatte es nie bemerkt; denn als eine rechtschaffene, in gutem Rufe stehende Frau hatte sie nur acht auf ihren Mann und ihr Haus und auf sonst nichts. Als nun eines Tages Giliola an den Brunnen ging, wie sie es gewöhnlich tat, um Wasser zu schöpfen, traf sie zufällig auf Herrn Simplicio und sagte in aller Einfalt, wie jede andere Frau auch getan haben würde, zu ihm: »Guten Tag, Herr!«

Er aber antwortete ihr: »Fick!«

Er meinte, durch dieses Wort sie aufmerksam und etwas vertraut machen zu sollen; sie aber dachte an weiter nichts, antwortete ihm auch nicht, sondern ging weiter ihren Angelegenheiten nach. Herr Simplicio hatte oft und viel dieselbe Antwort Giliola gegeben, die ihn immer, sooft sie ihn sah, grüßte; sie aber, die seine Bosheit nicht merkte, kehrte ohne aufzublicken nach Hause zurück. Da jedoch Herr Simplicio mit dieser Antwort immer fortfuhr, nahm sich Giliola vor, es Ghirotto, ihrem Mann, zu sagen, und als sie eines Tages in zärtlichem Gespräche mit ihm war, sagte sie: »Mein lieber Mann, ich muß Euch etwas sagen, worüber Ihr vielleicht lachen werdet.«

»Nun, was?« fragte Ghirotto.

»Sooft ich«, versetzte Giliola, »an den Brunnen gehe, um Wasser zu schöpfen, finde ich den Herrn Simplicio und sage ihm guten Tag; er aber antwortet mir immer: ›Fick!‹ Ich habe mich oft und viel über das Wort besonnen, konnte mir aber nie vorstellen, was das heiße: Fick!«

»Und du«, sagte Ghirotto, »was hast du ihm geantwortet?«

»Ich«, antwortete Giliola, »ich habe ihm niemals etwas darauf erwidert.«

»Aber in Zukunft«, sagte Ghirotto, »wenn er wieder zu dir sagt: ›Fick!‹, so antworte ihm: ›Fack!‹ Dann sieh wohl zu und merke auf, was er dir sagt! Sonst aber antworte ihm nichts, sondern geh wie gewöhnlich nach Hause!«

Giliola ging um dieselbe Stunde wie sonst nach dem Brunnen, um Wasser zu holen, traf Herrn Simplicio und sagte ihm: »Guten Tag!«

Er antwortete ihr nach seiner Gewohnheit: »Fick!«

Giliola aber entgegnete, wie ihr Gatte sie unterwiesen hatte, mit: »Fack!«

Darüber geriet Herr Simplicio ganz in Entzücken, dachte, sie habe seine Liebe gemerkt, und meinte, er habe sie jetzt ganz zu seinem Befehl. Deshalb faßte er sich ein Herz und fragte weiter: »Wann soll ich kommen?«

Giliola aber antwortete nichts, wie ihr Gatte ihr aufgegeben hatte, kehrte nach Hause zurück und sagte, von ihrem Gatten befragt, wie es gegangen sei, sie habe befolgt, was er ihr vorgeschrieben, und als Herr Simplicio sie gefragt habe: ›Wann soll ich kommen?‹, habe sie ihm nichts geantwortet.

Ghirotto war, obschon ein Landmann, scharfsichtig genug, um die Worte des Herrn Simplicio gar wohl zu verstehen, und ward deshalb sehr ärgerlich; denn er stellte sich vor, daß diese Reden auf etwas anderes hinauslaufen sollten, als Perlen im Dunkeln einzufädeln. Darum sprach er zu seiner Frau: »Wenn du wieder hinkommst und er fragt: ›Wann soll ich kommen?‹, so antworte ihm: ›Heut abend.‹ Dann komm nach Hause und laß mich machen!«

Als nun der folgende Tag gekommen war, ging Giliola nach ihrer Gewohnheit, um Wasser aus dem Brunnen zu holen, und fand Herrn Simplicio, der sie mit größtem Verlangen erwartete. Sie sagte zu ihm: »Guten Morgen, Herr!«

Darauf antwortete Herr Simplicio: »Fick!«

Und sie sagte zu ihm: »Fack!«

Er fuhr fort: »Wann soll ich kommen?«

»Heut abend«, antwortete Giliola.

»Recht«, sagte er, »heut abend.«

Giliola kehrte nun nach Hause zurück und sagte zu ihrem Mann: »Ich habe ausgeführt, was Ihr mir befohlen habt.«

»Und was hat er dir geantwortet?« fragte Ghirotto.

»Recht, heut abend«, sagte Giliola.

Ghirotto, der schon ganz genug hatte, aber nicht von Nudeln und Makkaroni, sagte: »Giliola, komm, wir wollen zwölf Säcke Korn messen, denn ich will tun, als ginge ich in die Mühle, und wenn Herr Simplicio kommt, so empfange ihn freundlich und ehrenvoll! Dann halte einen leeren Sack in Bereitschaft neben den mit Korn gefüllten, und wenn du hörst, daß ich nach Hause gekommen bin, so mach, daß er in den bereitliegenden Sack schlüpft, um sich zu verstecken! Das Weitere überlaß mir!«

»Es sind aber nicht so viel Säcke im Hause, als Ihr verlangt«, sagte Giliola.

»So schicke«, fiel Ghirotto sogleich ein, »unsere Nachbarin Cia zum Herrn Simplicio und mache, daß er dir zwei leiht, und laß ihm sagen, ich wünsche sie zu haben, weil ich heute abend in die Mühle gehe.«

Und so geschah es. Herr Simplicio, der Giliolas Reden aufs beste bedacht hatte und nun sah, daß sie zu ihm schickte, um zwei Säcke von ihm zu entleihen, glaubte wirklich, ihr Mann gehe in die Mühle, und hielt sich nun für den glücklichsten und zufriedensten Mann von der Welt, da er sich einredete, sie sei ebenso von Liebe zu ihm entzündet wie er zu ihr. Aber der arme Narr ahnte nicht, was gegen ihn angesponnen und vorbereitet war; sonst hätte er sich vielleicht etwas vorsichtiger benommen.

Herr Simplicio, der in seinem Hofe viel gute Kapaunen hatte, nahm zwei der besten heraus und schickte sie durch seinen Diener der Giliola mit dem Auftrag, sie möge sie zubereiten, denn er werde heute abend zu ihr kommen nach der getroffenen Verabredung. Als die dunkle Nacht gekommen war, ging Herr Simplicio heimlich von Hause weg und nach Ghirottos Hause hin, wo er von Giliola liebenswürdig empfangen wurde. Als nun Herr Simplicio die Säcke voll Korn sah, fragte er Giliola, da er geglaubt hatte, ihr Mann sei schon zur Mühle gegangen: »Wo ist Ghirotto? Ich glaubte, er sei schon in der Mühle. Nun sehe ich aber noch hier die Säcke im Hause. Was soll das bedeuten?«

Giliola antwortete: »Herr Simplicio, macht Euch keine Gedanken und fürchtet nichts! Es wird alles gut gehen. Es ist nämlich um Vesperzeit sein Schwager ins Haus gekommen, der die Nachricht brachte, seine Schwester sei schwer belästigt von einem unaufhörlichen Fieber, so daß er sie wohl morgen nicht mehr am Leben treffen würde. Er stieg daher zu Pferd und ritt hinweg, um sie vor ihrem Tode nochmals zu sehen.«

Herr Simplicio, der eigentlich hätte Simpel heißen sollen, nahm dies alles für wahr hin und beruhigte sich. Während nun Giliola geschäftig war, die Kapaunen zu braten und den Tisch zu decken, siehe, da kam Ghirotto, ihr Mann, plötzlich in den Hof, und sobald ihn Giliola hörte, sagte sie, sich sehr betrübt stellend: »Ach, weh uns! Wir sind des Todes!«

Und ohne einen Augenblick zu verlieren, traf sie die Veranstaltung, daß Herr Simplicio in den Sack schlüpfte, der leer geblieben war. Er kroch hinein, wiewohl nicht ohne Widerstreben, und der Sack mit Herrn Simplicio wurde hinten an die andern Säcke, die mit Korn gefüllt waren, gelehnt, und so wartete sie, bis ihr Mann ins Haus käme.

Als Ghirotto ins Haus trat und den Tisch gedeckt sah und die Kapaunen, die in der Pfanne brieten, sagte er zu seiner Gattin: »Was bedeutet das, daß du mir ein so kostbares Abendessen bereitet hast?«

Giliola antwortete: »Ich dachte, Ihr werdet recht müde und matt nach Haus kommen und vielleicht erst um Mitternacht. Damit Ihr Euch dann etwas erquicken und bei Euern beständigen Anstrengungen erhalten könnt, wollte ich Euch etwas Kräftiges zum Nachtessen bereiten.«

»Meiner Treu«, sagte Ghirotto, »daran hast du recht wohlgetan; denn es ist mir ganz unwohl, und ich kann es kaum erwarten, bis ich zur Nacht essen und ins Bett gehen darf, damit ich morgen zeitig in die Mühle komme. Aber ehe wir uns zum Essen setzen, will ich sehen, ob die Säcke, die nach der Mühle wandern sollen, auch die rechte Schwere haben und voll sind.«

Er trat zu den Säcken und begann zuerst, sie zu zählen,

und fand, daß es dreizehn waren. Er tat, als habe er nicht recht gezählt, zählte also nochmals von vorn, und da er wieder dreizehn fand, sagte er zu seiner Frau: »Wie kommt denn das, Giliola, daß hier dreizehn Säcke stehen? Wir haben doch nur zwölf zugerüstet. Was soll nun das bedeuten?«

Sie gab ihm zur Antwort: »Ich weiß wohl, daß, als wir das Korn einfüllten, es nur zwölf Säcke waren. Wie aber der dreizehnte hinzukam, das kann ich Euch nicht sagen.«

Herr Simplicio, der in dem Sacke steckte und wohl wußte, daß es dreizehn waren, aber nicht mit seinem Willen, verhielt sich ganz still, betete leise Vaterunser, verwünschte in seinem Herzen das Weib und seine Liebe und sich selbst, daß er ihr getraut hatte; und wenn er hätte aus ihren Händen kommen können, so wäre er gern geflohen, aber er fürchtete fast noch mehr den Spott als den Schaden. Ghirotto jedoch kannte den Sack wohl, packte ihn und schleppte ihn hinaus vor die Tür, die er listigerweise hatte offenhalten lassen, in der Absicht nämlich, daß jener, wenn er die Püffe bekäme, freies Feld habe, um aus dem Sacke zu kriechen und zu fliehen, wohin ihm beliebe. Ghirotto hatte einen zu diesem Zwecke bereitgehaltenen Knotenstock ergriffen und fing an, so gewaltig auf ihn loszuschlagen, daß Herrn Simplicio am ganzen Leibe kein heiles Glied blieb und er halbtot am Boden lag. Und wäre nicht die Frau gewesen, die aus Mitleid oder aus Furcht, ihr Mann möchte dafür mit dem Bann belegt werden, ihm den Stock aus der Hand riß, so hätte er ihn vielleicht getötet.

Ghirotto ging daher weg, gab das Unternehmen auf, und Herr Simplicio kroch aus dem Sack und eilte nach Hause, so schnell er nach dieser übeln Behandlung ver-

mochte; denn er meinte, Ghirotto mit seinem Stocke sei ihm beständig auf den Fersen. Er legte sich zu Bett und blieb mehrere Tage darin, bis er sich wieder erholt hatte. Ghirotto hatte unterdessen mit seiner Giliola auf Kosten des Herrn Simplicio trefflich zur Nacht gegessen und begab sich nunmehr zur Ruhe.
Nach einigen Tagen, als Giliola an den Brunnen kam, sah sie Herrn Simplicio wieder, der in der Halle an seinem Hause auf und ab ging, und grüßte ihn mit heiterem Gesicht, indem sie sagte: »Fick.«
Herr Simplicio aber, der noch die wegen dieses Wortes empfangenen Schläge fühlte, rief ihr entgegen:

»Nichts guten Tag! Nichts Fick noch Fack!
Du kriegst mich nimmer in den Sack!«

Als Giliola das hörte, schwieg sie und kehrte errötend nach Hause zurück. Herr Simplicio aber änderte nach einer so außerordentlichen Erfahrung seinen Sinn und behandelte seine Frau, die er fast gehaßt hatte, mit größerer Aufmerksamkeit und Liebe und warf seinen Haß auf fremde Weiber, damit ihm fürder das nicht mehr widerfahre, was ihm neulich widerfahren war.

DER SATYR

In Theben, der edelsten Stadt Ägyptens, geziert mit öffentlichen und privaten Bauwerken, sehr fruchtbar an weißschimmerndem Getreide, reich an frischestem Wasser und all den Dingen, die einer ruhmvollen Stadt angemessen sind, regierte in vergangenen Zeiten ein König namens Ricardo, ein weiser Mann von hoher Gelehrsamkeit und großer Tapferkeit. Da er sich Erben wünschte, nahm er Valeriana zur Frau, die Tochter

Marlianos, des Königs von Schottland, eine wirklich vollkommene Frau, wohlgestalt und sehr anmutig; mit ihr zeugte er drei Töchter, ausgezeichnet durch Sittsamkeit, lieblich und schön wie morgenfrische Rosen. Die eine hieß Valenzia, die andere Doratea, die dritte Spinella. Als Ricardo sah, daß seine Ehefrau Valeriana nicht in der Lage war, mehr Kinder zu haben, und die drei Töchter ins heiratsfähige Alter gelangten, entschloß er sich, alle drei höchst ehrenhaft zu verheiraten, sein Reich in drei Teile zu teilen und jeder Tochter einen Gatten zuzuweisen; für sich selbst wollte er nur so viel behalten, wie erforderlich war für seinen Lebensunterhalt, den seiner Familie und den seines Hofes. Als er so beschlossen hatte, ließ er dem Entschluß die Tat folgen. Also wurden die drei Töchter mit drei sehr mächtigen Königen verheiratet: die eine mit dem König von Skardonien, die andere mit dem König der Goten, die dritte mit dem König von Skythien; jeder wurde ein Drittel seines Reiches als Mitgift übereignet, für sich behielt er einen sehr geringen Teil, der ihm für die notwendigsten Bedürfnisse genügen würde, und so lebte der gute König mit seiner geliebten Frau Valeriana ehrenhaft und friedlich.

Nach einigen Jahren aber wurde die Königin, von der der König keine Nachkommenschaft mehr erwartete, schwanger, und als die Zeit der Geburt nahte, gebar sie eine wunderschöne Tochter, die der König nicht weniger gern sah und nicht minder liebte als die drei ersten; die Königin aber sah und mochte sie nicht so gern, nicht weil sie sie gehaßt hätte, sondern weil das ganze Königreich dreigeteilt und keine Möglichkeit zu erkennen war, sie befriedigend verheiraten zu können; aber sie wollte sie auch nicht schlechter behandeln, sondern übergab sie einer befähigten Amme, der sie eindringlich gebot, bestens für sie zu sorgen, sie zu unterrichten und ihr alle vornehmen und lobenswerten Manieren beizubringen, die sich für ein hübsches und anmutiges junges Mädchen schickten. Die Kleine, die Costanza hieß, wuchs von Tag zu Tag in Schönheit und Bildung heran; und die kluge Lehrmeisterin zeigte ihr nichts, was sie nicht hervorragend gelernt hätte. Als Costanza zwölf Jahre alt war, konnte sie bereits sticken, singen, ein Instrument spielen, tanzen und all das tun, was sich in Ehrbarkeit für eine Dame ziemt. Aber nicht zufrieden damit, widmete sie sich dem Studium der schönen Wissenschaften, dem sie sich mit so großer Lust und Freude hingab, daß sie nicht nur den Tag, sondern auch die Nacht damit verbrachte, wobei sie sich immer bemühte, Dinge zu finden, die sehr erlesen waren. Außerdem beschäftigte sie sich nicht wie eine Frau, sondern wie ein tapferer und rüstiger Mann mit der Kriegskunst, bändigte Pferde, übte sich im Gebrauch der Waffen und nahm an Turnieren teil, bei denen sie meistens triumphierte und den Sieg davontrug, nicht anders als die kühnen, allen Ruhmes würdigen Ritter. Wegen all dieser Dinge und wegen jedes einzelnen wurde Costanza vom König und allen anderen so sehr geliebt, daß ihre Liebe grenzenlos war.

Als Costanza nun herangewachsen war und der König weder Staat noch Schatz hatte, sie mit einem mächtigen König ehrenhaft zu verheiraten, grämte er sich sehr; oft sprach er mit der Königin über diese Angelegenheit. Aber die äußerst kluge Königin, die die Tugenden der Tochter für so groß und so zahlreich hielt, daß es keine Frau gab, die mit ihr verglichen werden konnte, war sehr zufrieden und tröstete den König mit sanften und liebevollen Worten, damit er ruhig und unbesorgt sei; denn ein mächtiger Herr, der wegen Costanzas hervor-

ragender Tugenden in Liebe zu ihr entbrannte, würde gewiß nicht verschmähen, sie ohne Mitgift zur Frau zu nehmen. Bald wurde die Tochter von vielen wackeren Herren als Ehefrau begehrt, unter ihnen Brunello, der Sohn des Markgrafen von Vivien. Deshalb riefen der König und die Königin ihre Tochter zu sich, nahmen in einem Zimmer Platz, und der König sagte: »Costanza, meine liebe Tochter, nun ist die Zeit gekommen, dich zu verheiraten, und wir haben als Ehegatten für dich einen jungen Mann ausgesucht, der zu deiner Zufriedenheit sein wird. Er ist der Sohn des Markgrafen von Vivien, unseres treuen Gefolgsmannes, er heißt Brunello, ein hübscher, kluger junger Mann von großer Tapferkeit, dessen Heldentaten bereits auf der ganzen Welt bekannt sind. Er verlangt von uns nichts weiter als unser huldreiches Wohlwollen und deine zarte Person, die ihm mehr gilt als jedes Reich und jeder Schatz. Du weißt, meine Tochter, daß wir dich wegen unserer Armut nicht vornehmer verheiraten können. Doch du wirst zufrieden mit dem sein, was unser Wille ist.«
Die Tochter, die klug war und wußte, daß sie von hoher Abkunft war, hörte aufmerksam die Worte des Vaters an, und ohne zu zögern, erwiderte sie: »Erhabener König, es ist nicht nötig, daß ich mich in Worten verbreite, um Euren ehrenwerten Vorschlag zu beantworten; ich sage Euch vielmehr das, was die Angelegenheit erfordert. Vor allem danke ich Euch, so gut ich es vermag, für das Wohlwollen und die Liebe, die Ihr für mich hegt, indem Ihr versucht, mir einen Ehegatten zu geben, den ich nicht wünsche. Mit aller Hochachtung und Ehrerbietung sage ich, daß ich nicht die Absicht habe, aus der Art meiner Vorfahren zu schlagen, die zu jeder Zeit berühmt und vornehm gewesen sind. Ich will auch nicht Eure Krone dadurch herabwürdigen, daß ich

Der Satyr

einen zum Manne nehme, der geringer ist als ich. Ihr, mein geliebter Vater, habt vier Töchter gezeugt, drei von ihnen habt Ihr sehr ehrenhaft mit drei mächtigen Königen vermählt und ihnen einen großen Schatz und ein großes Reich gegeben; und mich, die Euch und Euren Geboten immer gehorsam war, wollt Ihr so niedrig verheiraten? Ich wiederhole also, daß ich niemals bereit bin, einen Mann zu nehmen, wenn ich nicht wie meine drei Schwestern einen mir ebenbürtigen König haben kann.«

Darauf verabschiedete sie sich von dem König und der Königin, nicht ohne daß die beiden zahlreiche Tränen vergossen, stieg auf ein kräftiges Pferd, verließ ganz allein Theben und folgte dem Weg, den der Zufall sie führte.

Als nun Costanza aufs Geratewohl dahinritt, änderte sie ihren Namen, und statt Costanza ließ sie sich Costanzo nennen; nachdem sie mehrere Berge, Seen und Teiche überquert hatte, sah sie viele Länder, hörte verschiedene Sprachen und betrachtete Sitten und Bräuche der Völker, die nicht das Leben von Menschen, sondern von wilden Tieren führten. Schließlich gelangte sie eines Tages zur Stunde des Sonnenuntergangs in eine vortreffliche und berühmte Stadt namens Costanza, in der damals Cacco, der König von Bithynien, herrschte und die die Landeshauptstadt war. Als sie in die Stadt einritt, betrachtete sie die stolzen Paläste, die geraden und weitläufigen Straßen, die schnellen und breiten Flüsse, die klaren und reinen Brunnen; als sie sich dem Hauptplatz näherte, erblickte sie den geräumigen und hohen Königspalast mit Säulen aus feinstem Marmor, Porphyr und Serpentin, und als sie die Augen ein wenig hob, sah sie den König auf einem Söller stehen, der den ganzen Platz beherrschte; da zog sie den Hut vom Kopf und grüßte ihn ehrerbietig. Der König bemerkte den artigen und anmutigen Jüngling und ließ ihn zu sich rufen. Sobald er vor dem König stand, fragte dieser ihn, woher er komme und wie er heiße. Der Jüngling antwortete munter, er komme aus Theben, verfolgt von dem mißgünstigen und unbeständigen Schicksal, und heiße Costanzo; er würde gern mit einem ehrenhaften Edelmann vereinbaren, ihm mit der gebührenden Treue und Zuneigung zu dienen. Der König, dem das Äußere des Jünglings sehr gefiel, sagte: »Da du den Namen meiner Stadt trägst, möchte ich, daß du an meinem Hofe bleibst und nichts anderes tust, als mir aufzuwarten.« Der Jüngling, der nichts sehnlicher wünschte, dankte zunächst dem König und nahm ihn dann als Herrn an, indem er sich zu allem bereit erklärte, was in seinen Kräften stünde.

Costanzo, der in männlicher Gestalt dem König diente, führte alles mit so viel Artigkeit aus, daß jeder, der ihn sah, erstaunt und verblüfft war. Die Königin, die Costanzos höchst zierliche Bewegungen bemerkte, begann ihn genauer zu betrachten und entbrannte in so großer Liebe zu ihm, daß sie Tag und Nacht an keinen anderen dachte; sie warf ihm so eindringlich zärtliche und liebevolle Blicke zu, daß nicht nur er, sondern der härteste Stein und der festeste Diamant erweicht worden wären. Da nun die Königin Costanzo so liebte, wünschte sie nichts sehnlicher, als mit ihm zusammenzukommen. Als sich eines Tages die günstige Gelegenheit bot, mit ihm zu sprechen, fragte sie ihn, ob es ihm angenehm wäre, ihr zu dienen, denn wenn er ihr diente, würde er außer der Entlohnung, die er erhalten würde, beim ganzen Hof nicht nur gut angesehen sein, sondern auch hoch geschätzt und geehrt werden. Da Costanzo merkte, daß die Worte aus dem Munde der Königin

keinem guten Bestreben entsprangen, sondern begehrlicher Leidenschaft, und da er bedachte, daß er, weil er ja eine Frau war, ihr ungezügeltes und lüsternes Verlangen nicht befriedigen konnte, antwortete er demütig mit aufrichtiger Miene: »Hohe Dame, ich bin meinem Herrn, Eurem Gemahl, so sehr verpflichtet, daß ich glauben müßte, ihm die größte Kränkung zuzufügen, wenn ich mich dem Gehorsam und seinem Willen entzöge. Aber Ihr werdet mich entschuldigen, Herrin, wenn Ihr mich nicht bereit und willens findet, Euch zu dienen, denn ich beabsichtige, meinem Herrn bis zum Tod zu dienen, falls ihm mein Dienst genehm ist.«
Dann verabschiedete er sich und ging davon. Die Königin wußte wohl, daß eine harte Eiche nicht mit einem einzigen Schlage gefällt werden kann, und bemühte sich daher immer häufiger mit viel List und Geschick, den Jüngling für sich zu gewinnen. Aber er war standhaft und stark wie ein hoher, von heftigen Stürmen umtoster Turm und wich und wankte nicht. Als die Königin das bemerkte, verwandelte sich ihre heiße, glühende Liebe in einen so bitteren und tödlichen Haß, daß sie ihn nicht mehr anschauen konnte. Sehnlichst wünschte sie seinen Tod herbei und sann Tag und Nacht, wie sie dafür sorgen könnte, daß er ihr aus den Augen kam, aber sie hatte große Angst vor dem König, dem er über alles lieb und wert war.
Im Lande Bithynien gab es eine Gattung Männer, die von der Körpermitte aufwärts Menschengestalt, nach unten aber die Gliedmaßen zottiger Ziegen und einen Ringelschwanz, ähnlich einem Schweineschwanz, hatten, die sogenannten Satyrn, die in den Dörfern, auf den Landgütern und bei den Landleuten großen Schaden anrichteten. Der König wünschte sehr, einen von ihnen lebend in seiner Gewalt zu haben; aber keiner

war da, der den Mut gehabt hätte, einen Satyr einzufangen und dem König vorzuführen. Deshalb gedachte die Königin, Costanzo auf diese Art in den Tod zu schikken; aber das geschah nicht, denn der Verräter kann häufig dem Verratenen nicht das Wasser reichen, und so waltet die göttliche Vorsehung und die höchste Gerechtigkeit. Die ungetreue Königin, die den Wunsch des Königs genau kannte, sagte unter anderem, als sie eines Tages mit ihm über mancherlei sprach: »Mein Gebieter, wißt Ihr nicht, daß Costanzo, Euer treuester Diener, so kräftig und stark ist, daß er den Mut hat, ohne fremde Hilfe einen Satyr einzufangen und Euch lebend vorzuführen? Das könntet Ihr, wenn es so ist, wie ich höre, ohne weiteres ausprobieren und in einer Stunde Euren Wunsch erfüllen, und er, der starke und kräftige Ritter, wird einen Sieg erringen, der ihm ewigen Ruhm einbringt.«

Dem König gefielen die Worte der listigen Königin sehr, er ließ Costanzo sogleich zu sich rufen und sagte zu ihm: »Costanzo, wenn du mich liebst, so wie du es zeigst und wie es jedermann glaubt, dann wirst du mir jeden meiner Wünsche erfüllen und wahren Ruhm dabei erwerben. Du sollst wissen, daß es auf dieser Welt nichts gibt, was ich mehr begehre und wünsche, als einen Satyr in meiner Gewalt zu haben. Da du nun kräftig und tapfer bist, gibt es in diesem Königreich keinen Mann, der mich besser zufriedenstellen könnte als du. Wenn du mich also wirklich so liebst, dann wirst du mir die Bitte nicht abschlagen.«

Der Jüngling erkannte, daß die Sache anderswoher stammte als von dem König, aber er wollte ihn nicht betrüben, sondern sagte mit höflicher und freundlicher Miene: »Mein Gebieter, dies und anderes könnt Ihr mir befehlen. Und obgleich meine Kräfte nur schwach sind,

werde ich doch nicht versäumen, Eurem Wunsche zu willfahren, und sollte ich dabei auch zu Tode kommen. Aber bevor ich mich an das gefährliche Unternehmen mache, mögt Ihr, mein Gebieter, befehlen, daß in den Wald, in dem die Satyrn hausen, ein großes Gefäß mit einer weiten Öffnung gebracht wird, das nicht kleiner sein darf als jene, in denen die Diener Hemden und anderes Leinenzeug mit Lauge reinigen. Neben dieses Gefäß soll ein nicht zu kleines Faß voll guten Weißweins gestellt werden, des besten und stärksten, der aufzutreiben ist, dazu zwei Säcke mit schneeweißem Brot.«
Der König ordnete unverzüglich all das an, was Costanzo verlangt hatte. Und Costanzo zog in den Wald, ergriff einen Kupfereimer, schöpfte den Wein aus dem Faß und schüttete ihn in die danebenstehende Tonne; dann nahm er das Brot, zerbrach es zu Brocken und warf es ebenfalls in die mit Wein gefüllte Tonne. Schließlich stieg er auf einen dichtbelaubten Baum und harrte der Dinge, die da kommen würden. Kaum war der Jüngling Costanzo in den Baum geklettert, da erschienen die Satyrn, die den starken Wein bereits gerochen hatten, bei der Tonne und fielen darüber her, nicht anders als die nimmersatten Wölfe über die Lämmer in den Herden; als sie ihren Wanst vollgestopft hatten und satt waren, legten sie sich schlafen und schliefen so tief und fest, daß aller Lärm der Welt sie nicht geweckt hätte. Als Costanzo das sah, stieg er von dem Baum hinunter, näherte sich einem Satyr, fesselte ihm Hände und Füße mit einem Strick, den er mitgebracht hatte, und ohne daß jemand es merkte, lud er ihn aufs Pferd und nahm ihn mit.
So ritt der junge Costanzo mit dem straff gefesselten Satyr dahin und gelangte zur Stunde des Abendläutens in einem Dorf unweit der Stadt an; da der Tiermensch

seinen Rausch bereits ausgeschlafen hatte, wachte er auf und gähnte, als stände er aus dem Bett auf; dann schaute er sich um und erblickte einen Familienvater, der mit einem großen Trauerzug ein totes Kind zu Grabe trug. Er weinte, und der Priester, der das Leichenbegängnis anführte, sang. Darüber lächelte der Satyr. Als sie dann in die Stadt kamen und den Marktplatz erreichten, sah er eine Volksmenge, die aufmerksam einen armen jungen Mann betrachtete, der unter dem Galgen stand, um vom Henker aufgehängt zu werden. Darüber lachte der Satyr ziemlich laut. Vor dem Palast winkten die Leute freudig und riefen aus: »Costanzo! Costanzo!« Als der Tiermensch das sah, lachte er noch lauter. Costanzo trat vor den König und die Königin und ihre Hofdamen hin und führte ihnen den Satyr vor; der hatte zwar zuvor schon gelacht, aber nun lachte er so schallend, daß sich alle, die zugegen waren, nicht wenig wunderten.

Als der König sah, daß Costanzo ihm seinen Wunsch erfüllt hatte, überhäufte er ihn mit so vielen Beweisen seiner Zuneigung wie nie zuvor ein Herr seinen Diener; aber der Verdruß der Königin wurde immer größer, denn sie hatte geglaubt, sie würde Costanzo mit ihren Worten vernichten, statt dessen hatte sie ihn erhöht. Und da die böse Frau so viel Gutes nicht ertragen konnte, das sie für ihn dabei herausspringen sah, sann sie auf eine neue List: Wie sie wußte, hatte sich der König angewöhnt, jeden Morgen den Kerker aufzusuchen, in dem der Satyr hauste, um ihn zu seinem Zeitvertreib zum Sprechen zu bringen; aber der König hatte nie die Macht, das zu erreichen. Sie ging deshalb zum König und sagte: »Mein Herr und Gebieter, immer und immer wieder seid Ihr in die Unterkunft des Satyrs gegangen und habt Euch bemüht, ihn zu veranlassen, mit

Euch zu sprechen, aber das wilde Tier hat nie reden wollen. Warum wollt Ihr Euch weiter den Kopf darüber zerbrechen? Wisset: Wenn Costanzo nur will, dann könnt Ihr sicher sein, daß er imstande ist, ihn ganz nach Belieben zum Reden und zum Antworten zu bringen.«
Als der König das hörte, ließ er Costanzo sogleich zu sich kommen, und sobald er eintrat, sagte er zu ihm: »Costanzo, ich bin überzeugt, du weißt, wieviel Vergnügen ich an dem von dir gefangenen Satyr habe; aber ich bedaure, daß er stumm ist und auf meine Fragen überhaupt nicht antworten will. Tue, wie ich es wünsche, deine Schuldigkeit, und ich zweifle nicht, daß er sprechen wird.«
»Mein Gebieter«, antwortete Costanzo, »wenn der Satyr stumm ist, was kann ich dafür? Ihm die Sprache zu geben obliegt nicht den Menschen, sondern Gott. Aber wenn die Behinderung der Zunge nicht von einem natürlichen oder unglücklichen Gebrechen herrührt, sondern von der hartnäckigen Widerspenstigkeit, nicht antworten zu wollen, dann werde ich mich so gut wie möglich bemühen, dafür zu sorgen, daß er spricht.«
Zusammen mit dem König ging er in das Gefängnis des Satyrs, brachte ihm gut zu essen und bestens zu trinken und sagte zu ihm: »Iß, Chiappino« – denn diesen Namen hatte er ihm gegeben; aber der Satyr starrte ihn an und antwortete nicht. »He, rede, Chiappino, ich bitte dich, und sag mir, ob dir der Kapaun mundet und der Wein dich erfreut.« Doch der Satyr schwieg. Als Costanzo den Starrsinn bemerkte, sagte er: »Du willst mir nicht antworten, Chiappino; damit schadest du dir nur selbst, denn ich werde dich im Gefängnis verhungern und verdursten lassen.« Der Satyr starrte ihn böse an. Costanzo fuhr fort: »Antworte mir, Chiappino; denn

wenn du, wie ich hoffe, mit mir redest, dann verspreche ich dir, dich freizulassen.«

Chiappino, der aufmerksam zugehört hatte, fragte, als er etwas vom Freilassen vernahm: »Und was willst du von mir?«

»Hast du wunschgemäß gut gegessen und getrunken?« fragte Costanzo.

»Ja«, antwortete Chiappino.

»Nun sei bitte so gut, mir zu sagen«, fügte Costanzo hinzu, »warum du gelacht hast, als wir unterwegs sahen, daß ein totes Kind zu Grabe getragen wurde.«

Chiappino antwortete: »Ich habe nicht über das tote Kind gelacht, sondern über den weinenden Vater, denn der Tote war nicht sein Sohn, und über den singenden Priester, denn dessen Sohn war er.« Also hatte die Mutter des toten Jungen mit dem Priester Ehebruch getrieben.

»Weiter möchte ich von dir hören, Chiappino: Was hat dich bewogen, laut zu lachen, als wir auf dem Platz anlangten?«

»Ich mußte lachen«, antwortete Chiappino, »weil tausend Diebe, die dem Staat Tausende von Gulden geraubt haben und tausendfach den Galgen verdient hätten, auf dem Platz standen und einen armen Unglücklichen anstarrten, der zum Galgen geführt wurde, weil er nur zehn Gulden entwendet hatte, vielleicht für seinen und seiner Familie Lebensunterhalt.«

»Außerdem sag mir bitte«, fuhr Costanzo fort, »weshalb hast du, als wir beim Palast ankamen, noch lauter gelacht?«

»Ach, zwinge mich bitte nicht, jetzt mehr zu reden«, erwiderte Chiappino, »sondern geh und komm morgen wieder, dann werde ich dir antworten und dir Dinge mitteilen, die du kaum glauben wirst.«

Als Costanzo das hörte, sagte er zu dem König: »Wir wollen gehen und morgen wiederkommen, dann werden wir hören, was er uns zu sagen hat.«
Der König und Costanzo verließen den Satyr und gaben Anweisung, ihm gut zu essen und zu trinken vorzusetzen, damit er besser reden könne.
Am anderen Tage kehrten beide zu Chiappino zurück, und sie fanden ihn vor, schnaubend und grunzend wie ein fettes Schwein. Costanzo trat an ihn heran und rief ihn mehrmals mit lauter Stimme. Aber Chiappino, der gut geweidet hatte, schlief und antwortete nicht. Costanzo streckte einen Spieß aus, den er in der Hand hatte, und stach ihn so, daß er aufwachte, und als er wach war, forderte er ihn auf: »Los, Chiappino, sag, was du gestern versprochen hast. Weshalb hast du, als wir am Palast eingetroffen waren, so laut gelacht?«
Chiappino antwortete: »Das weißt du viel besser als ich; denn alle haben geschrien ›Costanzo! Costanzo!‹, obwohl du doch Costanza bist.«
Der König verstand in diesem Augenblick nicht, was Chiappino meinte, aber Costanzo, der alles begriffen hatte, fiel Chiappino ins Wort, damit er nicht noch mehr ausplauderte, und sagte: »Aber als du vor dem König und der Königin standest, was hat dich da veranlaßt, noch lauter zu lachen?«
Darauf antwortete Chiappino: »Ich habe so laut gelacht, weil der König ebenso wie du geglaubt hat, die Hofdamen, die der Königin dienen, seien Hofdamen, dabei sind die meisten von ihnen Hofherren.«
Dann schwieg er. Als der König das vernahm, wunderte er sich einigermaßen, sagte aber nichts; doch sobald sie den Waldsatyr verlassen hatten, wandte er sich an seinen Costanzo, damit er ihm alles erkläre. Als er alles erfahren hatte, entdeckte er, daß Costanzo eine Frau war

und kein Mann und die Hofdamen wunderschöne Jünglinge waren, so wie Chiappino es ihm erzählt hatte. Augenblicklich ließ der König mitten auf dem Platz ein riesiges Feuer anzünden und im Beisein der ganzen Bevölkerung die Königin mitsamt allen ihren Jünglingen verbrennen. Und da er die lobenswerte Redlichkeit und die aufrichtige Treue Costanzas bedachte und ihre Schönheit sah, vermählte er sich mit ihr in Anwesenheit aller Barone und Ritter. Als er erfuhr, wessen Tochter sie war, freute er sich sehr; er schickte Sendboten zu König Ricardo und seiner Ehefrau Valeriana und zu den drei Schwestern mit der Botschaft, Costanza sei gleichfalls mit einem König verheiratet, und nun empfanden alle die Freude, die man empfinden muß. So wurde die edle und hochherzige Costanza zum Lohn für gutes Dienen Königin und lebte lange mit König Cacco.

MATTEO BANDELLO

EINE ANDERE LUCRETIA

In der Zeit, da der edle und weise Fürst, der hochgeborene und hochwürdigste Monsignor Lodovico Gonzaga, Bischof von Mantua, hier in Gazzuolo wohnte, hielt er immer stattlichen Hof mit vielen ausgezeichneten Edelleuten, da er sich an den Tugenden erfreute und sehr reichlich Geschenke verteilte. Um diese Zeit blühte ein Mädchen von siebzehn Jahren namens Giulia, Tochter eines sehr armen Mannes aus der Gegend, von der niedrigsten Abkunft, der nichts hatte, wenn er nicht den ganzen Tag in mühevoller Hände Arbeit sich, seiner Frau und seinen zwei einzigen Töchtern den Lebensunterhalt verdiente. Auch seine Frau, ein gutes Weib, bemühte sich sehr, durch Spinnen und ähnliche Handarbeiten etwas zu verdienen. Diese Giulia war sehr schön, mit anmutigem Wesen begabt und weit reizender und feiner, als ihrem niederen Blute zukam. Sie ging bald mit der Mutter, bald mit anderen Frauen auf das Feld, um zu hacken und andere Arbeiten zu verrichten, wie sie gerade nötig waren. Ich erinnere mich, daß ich einst mit der erlauchten Frau Antonia Bauzia, der Mutter dieser unserer hochwohlgeborenen Herren, nach San Bartolomeo ging, als uns diese Giulia begegnete, die mit einem Korbe auf dem Kopf ganz allein vom Felde nach Hause ging. Als die Dame das schöne Kind sah, das damals etwa fünfzehn Jahre alt sein mochte, ließ sie den Wagen halten und fragte das Mädchen nach ihrer Herkunft. Sie antwortete ehrerbietig, den Namen ihres Vaters nennend, und tat überhaupt den Fragen der Dame so großes Genüge, daß es schien, sie sei nicht in einem Bauernhause unter einem Strohdach geboren und erzogen, sondern habe ihre Jugend am Hofe verlebt. Die Dame äußerte deshalb gegen mich, sie wolle sie ins Haus nehmen und mit andern Fräulein erziehen. Weshalb es nachher unterblieb, wüßte ich euch nicht anzugeben.

Um nun auf Giulia zurückzukommen, so benützte sie an Werktagen ihre Zeit wohl und arbeitete immer entweder allein oder mit andern. An Festtagen sodann ging sie, wie es Gewohnheit dort ist, nach dem Mittagessen mit andern Mädchen zum Tanze und machte sich ein erlaubtes Vergnügen. An einem solchen Tage, als sie ungefähr siebzehn Jahre alt war, warf ein Kammerdiener des genannten Herrn Bischofs, ein Ferrarer, seine lüsternen Blicke auf das Kind, als er sie tanzen sah; sie deuchte ihm das schönste, reizendste Mädchen, das er seit langer Zeit gesehen hatte; sie schien, wie gesagt, in den gebildetsten Häusern erzogen, und er verliebte sich in sie so heftig, daß er seine Gedanken auf nichts anderes mehr wenden konnte. Als der Tanz, der dem Kammerdiener viel zu lang gedeucht hatte, zu Ende war und die Musik von neuem begann, forderte er sie auf und tanzte mit ihr die Gagliarde, weil sie diesen Tanz sehr gut und genau ausführte, so daß es eine reine Freude war, ihre reizenden Bewegungen mit anzusehen. Der Kammerdiener kam wieder, um mit ihr zu tanzen, und hätte er sich nicht geschämt, so würde er keinen Tanz mit ihr versäumt haben; denn er glaubte, wenn er ihre

Hand in der seinigen hielt, das größte Vergnügen zu fühlen, das er je empfunden. Und obschon Giulia den ganzen Tag arbeitete, so hatte sie doch eine weiße, schlanke und sehr weiche Hand. Der arme Verliebte, so plötzlich von ihr und ihrem reizenden Wesen entflammt, glaubte durch ihren Anblick die neue auflodernde Flamme, die ihn schon jämmerlich quälte, zu löschen; aber unbemerkt vermehrte er sie nach und nach immer mehr und goß durch die Beschauung Öl ins Feuer.

In dem zweiten und dritten Tanze, den sie ihm erlaubte, flüsterte ihr der Jüngling manchen Witz und zärtliche Worte zu, wie neue Liebhaber zu tun pflegen. Sie gab ihm darauf immer kluge Antworten und sagte, er möge ihr nicht von Liebe reden, weil es ihr als einem armen Mädchen nicht gut anstehe, das Ohr solchen Märchen zu leihen. Weiteres konnte der zudringliche Ferrarer nicht aus ihr herausbringen. Nach Beendigung des Tanzes ging ihr der Ferrarer nach, um ihre Wohnung zu erfahren. In der Folge hatte er oft in Gazzuolo und außerhalb der Stadt Gelegenheit, mit Giulia zu sprechen und ihr seine verzehrende Liebe zu entdecken; er bemühte sich fortwährend, seinen Worten Verständnis zu öffnen und ihre eiskalte Brust zu erwärmen. Aber was er auch zu ihr sagte, sie trat nicht im geringsten aus ihrem keuschen Rückhalte; vielmehr bat sie ihn inständig, sie in Ruhe zu lassen und nicht ferner zu quälen. Der schnöde Verliebte aber, dem der Wurm der Lust herb am Herzen nagte, entbrannte desto mehr, je härter und spröder sie sich zeigte; um so mehr verfolgte er sie, um so angelegentlicher wollte er sie seinen Lüsten geneigt machen; doch alles war vergebens.

Er ließ durch eine vertraute Alte, die eine Heilige schien, mit ihr sprechen; sie besorgte ihr Geschäft sehr emsig und bemühte sich, durch schmeichlerische Worte den hartnäckigen Sinn des keuschen Mädchens zu bestechen. Aber das Mädchen hatte so feste Grundsätze, daß kein Wort der alten Kupplerin Zutritt in ihrer Brust fand. Als der Ferrarer dies hörte, wollte er verzweifeln; er konnte den Gedanken nicht fassen, auf sie zu verzichten, und hoffte immer, daß er durch Bitten, Dienstleistungen, Liebe und Ausdauer Giulias grausames Herz noch erweichen werde; es schien ihm unmöglich, daß er sie durch Geduld nicht erweichen sollte. Er machte, wie man im Sprichwort sagt, die Rechnung ohne den Wirt. Da er nun sah, daß sie von Tag zu Tag sich ihm mehr entziehe und, wenn sie ihn sah, ihn wie einen Basilisken meide und fliehe, wollte er versuchen, ob das, was Worte und Dienstleistungen nicht erreichen konnten, durch Geschenke zu erlangen wäre; Gewalt wollte er bis zum Ende aufsparen.

Er sprach wieder mit der schändlichen Alten und gab ihr einige Dinge von geringem Werte, die sie Giulia von ihm bringen sollte. Die Alte ging und fand Giulia ganz allein zu Hause. Sie wollte anfangen, von dem Ferrarer zu sprechen, und zeigte ihr die Geschenke, die er ihr schickte. Das ehrbare Mädchen nahm die Sächelchen, welche die Alte gebracht hatte, warf sie alle zur Tür hinaus auf die Straße, jagte die verräterische Alte aus dem Hause und sagte ihr, wenn sie es noch einmal wage, diese Sache zur Sprache zu bringen, so werde sie auf das Schloß gehen und es Frau Antonia sagen. Die Alte nahm die Sachen von der Straße auf, ging zu dem Ferrarer und sagte ihm, es sei unmöglich, das Mädchen zu gewinnen; sie wisse in der Tat nichts mehr zu tun.

Es ist nicht zu sagen, wie mißvergnügt der junge Mann hierüber war. Gerne hätte er sich von dem ganzen Handel zurückgezogen; aber sobald er daran dachte, sie zu lassen, fühlte er sich dem Tode nahe. Am Ende konnte der arme verblendete Liebhaber es nicht länger aushalten, sich so unbeliebt zu wissen, und beschloß nun, entstehe daraus, was da wolle, bei günstiger Gelegenheit ihr mit offener Gewalt zu entreißen, was sie ihm nicht gutwillig geben wollte.

Am Hofe war auch ein Reitknecht des Herrn Bischofs, ein guter Freund des Ferrarers und, wenn ich mich recht erinnere, gleichfalls aus Ferrara. Diesem entdeckte der Kammerdiener seine ganze glühende Liebe, und wie sehr er sich abgemüht habe, dem Herzen des Mädchens einiges Mitleid einzuflößen, sie sich immer widerstrebender und härter gezeigt als ein Meerfels, und wie er sie nie, weder durch Worte noch Geschenke, habe erweichen können.

»Nun, da ich sehe«, so schloß er, »daß ich nicht leben kann, wenn ich meine Begierden nicht befriedige, da ich weiß, wie sehr du mich liebst, bitte ich dich, mir beizustehen und mir zu dem Ziele meiner Wünsche zu verhelfen. Sie geht oft allein hinaus auf das Feld, wo ich, da das Getreide schon sehr hoch steht, mein Vorhaben ausführen zu können gedenke.«

Der Reitknecht dachte nicht weiter über die Sache nach und versprach, ihn in allem zu unterstützen, was er verlange.

Weil der Kammerdiener nun beständig nachforschte, was Giulia tue, so erfuhr er eines Tages, daß sie ganz allein aus Gazzuolo gegangen war. Er ließ den Reitknecht rufen und ging mit ihm auf das Feld, wo Giulia etwas zu tun hatte. Hier angekommen, fing er an, wie gewöhnlich sie zu bitten, sie möge doch endlich Mitleid mit ihm haben. Da sich Giulia allein auf dem Felde sah, bat sie den Jüngling, ihr doch nicht noch mehr zur Last zu fallen, und etwas Übles ahnend, ging sie nach Gazzuolo

zu. Der junge Mann aber wollte seine schöne Beute nicht mehr entschlüpfen lassen und tat, als wolle er sie mit seinem Gefährten begleiten, indem er sie immer mit demütigen und liebevollen Worten bat, daß sie mit seinen Qualen Mitleid haben möge. Sie beschleunigte ihre Schritte, beeilte sich, ihr Haus zu erreichen, und ging immer weiter, ohne auf etwas zu antworten, was der junge Mann auch sagen mochte.
So kamen sie an ein großes Kornfeld, durch das ihr Weg sie führte. Es war der vorletzte Mai; es mochte etwa Mittagszeit sein; die Sonne brannte der Jahreszeit gemäß sehr heiß, und das Feld war sehr abgelegen von jeder Wohnung. Als sie in das Feld eingetreten waren, legte der junge Mann seine Arme um Giulias Hals und wollte sie küssen; doch sie suchte zu entfliehen und rief laut um Hilfe. Da faßte sie der Reitknecht, warf sie zu Boden und steckte ihr plötzlich ein Tuch in den Mund, so daß sie nicht mehr schreien konnte. Beide hoben sie nun auf und trugen sie unter Anwendung von Gewalt eine gute Strecke weit von dem das Feld durchschneidenden Fußpfade hinweg. Dort hielt ihr der Reitknecht die Hände, und der zügellose Jüngling raubte dem armen geknebelten Kinde, das sich nicht widersetzen konnte, die Blüte seines Leibes. Das unglückliche Geschöpf weinte bitterlich und tat ihre unglaubliche Pein durch Seufzen und Stöhnen kund. Der grausame Kammerdiener aber zwang sie zum zweitenmal zur Befriedigung seiner Lüste und erlaubte sich mit ihr alle Genüsse, die er mochte. Dann ließ er ihr den Knebel abnehmen und wollte anfangen, sie mit freundlichen Worten zu trösten: Er versprach ihr, sie niemals zu verlassen und mitzuhelfen, daß sie sich passend verheiraten könne und es ihr gut gehe. Sie sagte nichts als, sie sollten sie loslassen und ihr erlauben, frei nach Hause zu gehen; dabei

weinte sie fortwährend bitterlich. Der Jüngling versuchte von neuem, sie mit süßen Worten, mit ausgedehnten Versprechungen zu trösten; auch wollte er ihr sogleich Geld geben, um sie zur Ruhe zu bringen. Aber er sang tauben Ohren, und je mehr er sich bemühte, sie zu trösten, um so lauter weinte sie. Als sie jedoch sah, daß er nicht aufhörte zu sprechen, sagte sie zu ihm: »Junger Mann, du hast aus mir gemacht, was du wolltest, und deine unreinen Lüste befriedigt. Jetzt bitte ich dich um die Gunst, mich freizulassen und mir zu erlauben, wegzugehen. Laß dir genügen, was du getan hast! Es war doch schon zuviel.«
Der Verliebte fürchtete, Giulia möchte durch ihr lautes Weinen die Sache entdecken, und als er sah, daß seine Bemühungen nichts nützten, beschloß er, sie gehen zu lassen und mit seinem Begleiter sich zu entfernen. Und so tat er auch.
Nachdem Giulia ihre verlorene Unschuld eine Weile bitterlich beweint hatte, legte sie ihre zerzausten Kleider wieder zurecht, trocknete sich, so gut es ging, die Augen, kam bald nach Gazzuolo und ging in ihr Haus. Weder ihr Vater noch ihre Mutter war da; bloß ihre Schwester fand sie, ein Kind von zehn bis elf Jahren, das, weil es etwas unpäßlich war, nicht hatte ausgehen können. Als Giulia im Hause war, öffnete sie ihre Kiste, in der sie ihre kleinen Habseligkeiten hatte. Dann zog sie alle Kleider aus, die sie anhatte, nahm ein frisch gewaschenes Hemd und legte es an. Dann nahm sie ihren Schleier von schneeweißem Boccaccin, eine Halskrause von blendendem Flor und eine weiße Florschürze um, die sie bloß an Festtagen zu tragen pflegte. Sodann zog sie Strümpfe von weißem Sarsch und rote Schuhe an. Weiter schmückte sie das Haupt, so reizend sie konnte, und band um den Hals eine Schnur gelber Bernsteine.

Kurz, sie putzte sich auf mit dem Schönsten, was sie finden konnte, als wenn sie sich auf dem größten Feste von Gazzuolo hätte zeigen wollen. Dann rief sie ihre Schwester und schenkte ihr alle andern Sachen, die sie besaß, nahm sie bei der Hand, schloß die Haustür und ging in ein Nachbarhaus zu einer sehr alten Frau, die schwer krank zu Bett lag. Dieser guten Frau erzählte Giulia weinend den ganzen Hergang ihres Unglücks und sagte zu ihr: »Verhüte Gott, daß ich am Leben bleibe, nachdem ich meine Ehre verloren habe, auf der die Freude meines Daseins ruhte! Nimmermehr soll es geschehen, daß man mit Fingern auf mich deute oder mir ins Gesicht sage: ›Sieh das artige Mädchen, das eine Metze ward und die sich verstecken müßte, wenn sie Verstand hätte!‹ Ich will nicht, daß man je einem der Meinigen vorhalte, ich habe mich freiwillig dem Kammerdiener hingegeben. Mein Tod mache der ganzen Welt bekannt und gebe das sicherste Zeugnis, daß, wenn auch mein Leib mit Gewalt geschändet ward, meine Seele doch rein und unbefleckt geblieben ist. Diese wenigen Worte wollte ich Euch sagen, damit Ihr das Ganze meinen armen Eltern erzählen und sie versichern könnt, daß ich nie meine Zustimmung dazu gegeben habe, die schändlichen Lüste des Kammerdieners zu befriedigen. Lebt in Frieden!«

Nachdem sie diese Worte gesprochen hatte, ging sie hinaus und eilte dem Oglio zu; ihr Schwesterchen lief hinter ihr drein und weinte, ohne zu wissen, warum. Sobald Giulia den Fluß erreicht hatte, stürzte sie sich kopflings in die Tiefe des Oglio. Auf das Weinen der Schwester, die laut zum Himmel schrie, liefen viele herbei, aber zu spät. Giulia war vorsätzlich in den Fluß gesprungen, um sich zu ertränken; sie gab sich keine Hilfe und war plötzlich in den Wellen verschwunden.

Der Herr Bischof und die Dame ließen, als sie von dem beklagenswerten Ereignis hörten, nach der Unglücklichen suchen. Unterdessen ergriff der Kammerdiener, der den Reitknecht zu sich rief, die Flucht. Die Leiche ward aufgefunden; die Ursache, weshalb sie sich ertränkt hatte, ward bald bekannt, und alle Frauen und ebenso die Männer des Landes ehrten ihr Andenken mit allgemeinem Klagen und Weinen. Der hochwohlgeborene und hochwürdigste Herr Bischof ließ sie auf dem Markte, da sie in geweihtem Boden nicht beerdigt werden durfte, in eine Gruft legen, die sich noch dort befindet, mit dem Vorsatz, sie in einem ehernen Sarge beizusetzen und diesen auf die Marmorsäule zu stellen, die noch auf dem Markte zu sehen ist.

ROMEO UND JULIA

Zur Zeit der Scaliger lebten in Verona zwei Familien, die alle anderen an Adel und Reichtum übertrafen, die Montecchi und die Capelletti. Zwischen diesen herrschte, gleich aus welcher Ursache, eine wilde und blutige Feindschaft, so daß, da beide mächtig waren, viele Menschen starben, von den Montecchi und Capelletti ebenso wie von ihren Anhängern, was ihren Haß immer mehr steigerte.

Herr von Verona war damals Bartolomeo Scala, der sich sehr bemühte, diese beiden Geschlechter zu versöhnen; aber dazu kam es nicht, denn zu sehr verwurzelt war ihr Haß. Wenn er aber auch keinen Frieden stiften konnte, so brachte er sie doch dahin, daß er wenigstens die beständigen, oft tödlichen Streitigkeiten zwischen ihnen beseitigte, so daß, wenn sie sich begegneten, die Jüngeren den Älteren der Gegenpartei den Vortritt ließen.

Nun geschah es, daß einmal nach Weihnachten die Maskenfeste begannen. Antonio Capelletto, das Haupt seiner Familie, veranstaltete ein prächtiges Fest, zu dem er viele adlige Damen und Herren einlud. Dort sah man alle jungen Leute der Stadt, unter ihnen auch Romeo Montecchio, der zwanzig oder einundzwanzig Jahre alt und der schönste und höflichste aller jungen Leute von Verona war. Er war maskiert und betrat mit den anderen Capellettos Haus, als es schon Nacht war.

Romeo war damals heftig in eine vornehme Dame verliebt, der er seit etwa zwei Jahren ergeben war, und obwohl er ihr den ganzen Tag in die Kirche oder anderswohin folgte, hatte sie ihn nie auch nur eines Blickes gewürdigt. Er hatte ihr immer wieder Briefe geschrieben und Botschaften geschickt, aber ihre Härte und Strenge waren zu groß, als daß sie dem leidenschaftlichen Jüngling eine freundliche Miene gezeigt hätte. Das war ihm so unerträglich, daß er in seinem unsagbaren Schmerz unter unendlichen Klagen beschloß, Verona zu verlassen, ein oder zwei Jahre in der Fremde zu leben und mit verschiedenen Reisen durch Italien sein zügelloses Begehren zu stillen. Von glühender Liebe zu ihr besiegt, tadelte er sich dann aber selbst, daß er in einen so törichten Gedanken geraten war, und wußte in keiner Weise wegzukommen. Manchmal sagte er sich: ›Es kann nicht wahr sein, daß ich jene liebe, denn an tausend Zeichen erkenne ich doch klar, daß mein Dienst ihr nicht teuer ist. Wozu ihr also überallhin folgen, wenn mir das Schwärmen für sie nichts nützt? Ich sollte weder zur Kirche noch irgendwohin gehen, wo sie sich befinden mag; denn vielleicht wird, wenn ich sie nicht sehe, mein Feuer, das von ihren schönen Augen ausgeht und genährt wird, allmählich erlöschen.‹

Aber all sein Sinnen war vergeblich; denn je spröder sie sich zeigte und je weniger Hoffnung ihm blieb, desto mehr schien seine Liebe zu ihr zu wachsen, und ein Tag, an dem er sie nicht sah, bedeutete nichts Gutes für ihn. Und da er immer beständiger und glühender in seiner Liebe beharrte, fürchteten einige seiner Freunde, daß er sich ganz verzehren würde. So ermahnten sie ihn oftmals liebevoll und baten ihn, ein solches Unternehmen aufzugeben. Aber er beachtete ihre gutgemeinten Ermahnungen und heilsamen Ratschläge ebensowenig wie die Dame seine Liebe.

Unter anderen hatte Romeo einen Gefährten, der es maßlos bedauerte, daß jener ohne Hoffnung hinter der Dame herlief und die Zeit seiner Jugend mit der Blüte der Jahre an sie verlor. Darum sagte er ihm unter vielen anderen Malen eines Tages: »Romeo, es schmerzt mich, der ich dich wie ein Bruder liebe, gar zu sehr, dich wie der Schnee in der Sonne vergehen zu sehen. Du siehst doch, daß du mit allem, was du für sie tust und ohne Ehre und Nutzen an sie verschwendest, sie nicht dazu bringen kannst, dich zu lieben, und daß du sie eher noch spröder findest. Wozu also vergeblich dich anstrengen? Es ist äußerster Wahnsinn, etwas leicht machen zu wollen, was nicht nur schwer, sondern unmöglich ist. Es muß dir doch klar sein, daß sie weder von dir noch von deinen Angelegenheiten etwas wissen will. Vielleicht hat sie einen Liebhaber, der ihr so lieb und teuer ist, daß sie ihn nicht einmal für den Kaiser verlassen würde. Du bist jung, vielleicht der schönste junge Mann in unserer Stadt. Du bist, gestatte mir, dir die Wahrheit unter vier Augen zu sagen, höflich, tugendhaft, liebenswürdig und, was die Jugend besonders ziert,

hochgebildet. Schließlich bist du der einzige Sohn deines Vaters, dessen großer Reichtum überall wohlbekannt ist. Und knausert er etwa mit dir oder schilt dich wegen deiner Ausgaben und Geschenke? Er ist dir ein Verwalter, der sich für dich plagt und dich tun läßt, was du möchtest. Raff dich also auf und erkenne den Irrtum, dem du verfallen bist; nimm von deinen Augen den Schleier, der dich blendet und dich den Weg nicht sehen läßt, den du gehen mußt. Entschließe dich, deinen Sinn anderswohin zu richten und zu deiner Herrin eine Frau zu machen, die es wert ist. Möge dich ein gerechter Zorn erfüllen, der im Reich der Liebe viel mehr vermag als diese Leidenschaft. Im ganzen Land beginnen jetzt Feste und Maskenbälle; geh zu allen Festen, und wenn du zufällig die siehst, der du so lange vergeblich gedient hast, so sieh sie nicht an, sondern blick in den Spiegel der Liebe, die du ihr erwiesen hast, und du wirst gewiß Ersatz für allen erlittenen Schmerz finden; denn ein gerechter und vernünftiger Zorn wird in dir entflammt werden, der deine blinde Leidenschaft zügeln und dich davon frei machen wird.«
Mit vielen anderen Gründen, die ich jetzt nicht nenne, ermahnte der treue Gefährte seinen Romeo, das begonnene Unternehmen aufzugeben. Romeo hörte alles, was ihm gesagt wurde, geduldig an und entschloß sich, dem weisen Rat zu folgen. Er begann daher, die Feste zu besuchen, und wenn er die Spröde sah, würdigte er sie nie eines Blickes, schaute vielmehr die anderen an, um diejenige auszuwählen, die ihm am besten gefiele, gerade, als wenn er auf den Markt gegangen wäre, um Pferde oder Tuch zu kaufen.
In jenen Tagen geschah es, daß Romeo maskiert zum Feste des Capelletto ging; und obwohl sie wenig Freund waren, so beschimpften sie sich doch nicht. Dort stand

Romeo eine gute Weile mit der Maske vorm Gesicht. Dann nahm er sie ab und setzte sich in eine Ecke, wo er bequem alle im Saal sehen konnte. Dieser, von vielen Fackeln erleuchtet, war hell wie am Tage. Ein jeder, und vor allem die Damen, schaute Romeo an, und alle wunderten sich, daß er so frei in jenem Hause weilte.

Da Romeo jedoch nicht nur sehr schön, sondern auch ein sehr gesitteter und liebenswürdiger Jüngling war, war er allgemein beliebt. Seine Feinde beachteten ihn daher nicht so sehr, wie sie es vielleicht getan hätten, wenn er älter gewesen wäre.

So war Romeo zum Betrachter der schönen Frauen geworden, die auf dem Fest waren. Die eine musterte er mehr, die andere weniger, je nachdem, wie sie ihm gefielen, und vergnügte sich auf diese Weise, ohne zu tanzen, als sein Blick auf ein außerordentlich schönes Mädchen fiel, das er nicht kannte. Sie gefiel ihm unendlich, und er glaubte, nie eine so schöne und anmutige junge Frau gesehen zu haben. Und je mehr Romeo sie anschaute, schien es ihm, daß ihre Schönheit um so schöner und ihre Anmut um so anmutiger wurde. So begann er sie liebevoll anzuschauen und konnte den Blick nicht von ihr wenden. Und da er bei ihrem Anblick eine ungewöhnliche Freude empfand, nahm er sich vor, keine Mühe zu scheuen, um ihre Gunst und Liebe zu gewinnen.

So wurde die Liebe zu der anderen Frau durch diese neue überwunden und machte den Flammen Platz, die nie wieder erloschen, es sei denn durch den Tod. Als Romeo dieses liebliche Labyrinth betreten hatte, wagte er es nicht, auszukundschaften, wer das junge Mädchen sei. Er weidete seine Augen lange an ihrem schönen Antlitz, betrachtete genau alle ihre Gebärden, trank das süße Gift der Liebe und pries jeden Teil und jede Bewegung von ihr wie ein Wunder. Er saß, wie gesagt, in einer Ecke, an der alle vorbeitanzten.

Julia – denn so hieß das junge Mädchen, das Romeo so sehr gefiel – war die Tochter des Hausherrn und Gastgebers. Auch sie kannte Romeo nicht, aber er schien ihr der schönste und anmutigste Jüngling zu sein, den man finden konnte. Sein Anblick bereitete ihr eine köstliche Freude, und indem sie ihn hin und wieder freundlich und verstohlen anschaute, fühlte sie eine unaussprechliche Süße im Herzen, die sie den ganzen Tag mit freudigem und überschwenglichem Vergnügen erfüllte. Sie wünschte sehnlichst, Romeo möge am Tanz teilnehmen, damit sie ihn besser sehen und sprechen hören könne; denn sooft sie ihn anblickte, schien ihr, seine Rede müsse ebensoviel Süße ausstrahlen wie seine Augen. Er aber blieb ganz allein sitzen und zeigte keine Lust zum Tanzen. Sein ganzes Sinnen war darauf gerichtet, schwärmerisch das schöne Mädchen anzuschauen, und sie dachte an nichts anderes, als ihn zu sehen. So betrachteten sie sich, und während ihre Augen sich trafen und die feurigen Strahlen ihrer Blicke sich vermischten, bemerkten sie leicht, daß es Liebe war; denn jedesmal, wenn ihre Blicke sich trafen, erfüllten beide die Luft mit Liebesseufzern, und sie schienen nichts anderes mehr zu wünschen, als miteinander sprechen und ihre Liebesflammen einander offenbaren zu können.

Während sie sich so schwärmerisch anblickten, kam das Ende des Tanzfestes, und man begann den Fackeltanz zu tanzen, den andere den Huttanz nennen. Bei diesem Spiel wurde Romeo von einer Dame aufgefordert. Er trat in den Kreis, tat seine Pflicht und gab die Fackel einer Dame weiter, ging zu Julia, denn so verlangte es die Ordnung, und ergriff zur unaussprechlichen Freude beider ihre Hand.

Julia stand zwischen Romeo und einem Mann, Marcuccio der Schieler genannt, der ein sehr einnehmender Höfling war und wegen seiner heiteren Witzworte und Scherze allgemein gern gesehen wurde; denn immer hatte er eine kleine Geschichte bei der Hand, um die Gesellschaft zum Lachen zu bringen, und gar zu gern trieb er seine Späße, ohne jemandem zu schaden. Immer, im Winter und im Sommer, zu allen Zeiten, waren seine Hände kälter und frostiger als das kälteste Eis der Alpen, und wenn er sie auch eine gute Weile am Feuer wärmte, so blieben sie doch immer eiskalt.

Als nun Julia, die Romeo zur Rechten und Marcuccio zur Linken hatte, fühlte, wie der Liebende ihre Hand nahm, wandte sie sich, vielleicht, um ihn sprechen zu hören, mit froher Miene ein wenig zu ihm hin und sagte ihm mit zitternder Stimme: »Gesegnet sei Euer Kommen an meine Seite!« Damit drückte sie ihm liebevoll die Hand.

Der Jüngling, der umsichtig und durchaus kein Dummkopf war, drückte auch ihr zärtlich die Hand und erwiderte: »Madonna, was für einen Segen gebt Ihr mir da?« Er sah sie mit Augen an, die um Erbarmen flehten, und hing seufzend an ihrem Mund.

Da antwortete sie mit einem süßen Lächeln: »Wundert Euch nicht, edler Jüngling, daß ich Euer Kommen segne; denn Herr Marcuccio läßt mich schon lange mit dem Eis seiner kalten Hand ganz erstarren, und Ihr, Euer Gnaden, wärmt mich mit Eurer zarten Hand.«

Darauf sogleich Romeo: »Madonna, Euch in irgendeiner Weise dienen zu können ist mir außerordentlich lieb; denn ich wünsche nichts anderes in der Welt, und ich werde mich glücklich preisen, wenn Ihr geruht, mir

wie Eurem geringsten Diener zu befehlen. Wenn meine Hand Euch wärmt, so muß ich Euch sagen, daß Ihr mich mit dem Feuer Eurer schönen Augen ganz verbrennt. Ich versichere Euch, wenn Ihr mir nicht helft, einen solchen Brand zu ertragen, werdet Ihr mich bald ganz verbrennen und in Asche zerfallen sehen.«
Kaum konnte er die letzten Worte beenden, als das Fakkelspiel zu Ende war. So blieb Julia, die ganz von Liebe glühte, seufzte und die Hand drückte, keine Zeit, ihm eine andere Antwort zu geben, als daß sie sagte: »Ach, was kann ich Euch sagen, als daß ich mehr Euch als mir gehöre?«
Als nun alle aufbrachen, wartete Romeo, um zu sehen, wohin das junge Mädchen ging; aber bald erkannte er, daß sie die Tochter des Hausherrn war, und er versicherte sich dessen auch bei einem der ihm gut gesinnt war und den er nach vielen Damen befragte. Das betrübte ihn sehr; denn er hielt es für gefährlich und sehr schwierig, das ersehnte Ziel seiner Liebe zu erreichen. Doch schon war die Wunde offen und das Gift der Liebe tief eingedrungen. Julia ihrerseits, begierig zu wissen, wer der Jüngling sei, dem sie sich schon ganz ergeben fühlte, rief eine Alte, die ihre Amme gewesen war, trat mit ihr in ein Zimmer ans Fenster, das von der Straße her von vielen brennenden Fackeln ganz hell war, und fragte sie, wer dieser mit einem bestimmten Kleide und jener mit dem Degen sei, und schließlich, wer der schöne junge Mann sei, der die Maske in der Hand trug. Die Alte, die fast alle kannte, nannte sie ihr nacheinander, und da sie Romeo besonders gut kannte, nannte sie ihr auch seinen Namen.
Beim Namen Montecchio war das junge Mädchen wie betäubt und verlor angesichts der zwischen beiden Familien herrschenden Feindschaft die Hoffnung, ihren

Romeo als Gatten bekommen zu können. Trotzdem ließ sie sich ihre Unzufriedenheit nicht anmerken. Sie legte sich schlafen, fand aber in jener Nacht keine oder nur wenig Ruhe, da ihr vielerlei Gedanken durch den Sinn gingen. Aber von der Liebe zu ihrem Romeo konnte und wollte sie nicht lassen, so heftig war sie für ihn entflammt. Und indem ihr die unglaubliche Schönheit des Liebenden zusetzte und sie sah, um wieviel schwieriger und gefährlicher ihre Sache stand, schien es ihr desto mehr, daß mit dem Schwinden der Hoffnung das Verlangen nach ihm wuchs. So von zwei entgegengesetzten Gedanken bedrängt, deren einer sie ermutigte, ihre Absicht zu verfolgen, der andere ihr aber jeden Weg dazu abschnitt, sagte sie sich oft: ›Wozu lasse ich mich durch mein ungezügeltes Verlangen hinreißen? Was weiß ich Närrin, ob Romeo mich liebt? Vielleicht hat der verschlagene Jüngling mir jene Worte nur gesagt, um mich zu täuschen, um von mir Unehrenhaftes zu erlangen und mich zur Dirne zu machen. Vielleicht denkt er auf diese Weise sich für die Feindschaft zu rächen, die zwischen seinen und meinen Verwandten täglich grausamer wird. Aber es paßt nicht zu seinem vornehmen Sinn, daß er es fertigbrächte, die zu betrügen, die ihn liebt und anbetet. Und wenn das Antlitz ein wirklicher Spiegel des Herzens ist, so ist seine liebliche Schönheit nicht derart, daß sie unter sich ein so eisernes und erbarmungsloses Herz verbirgt, vielmehr möchte ich glauben, daß von einem so edlen und schönen Jüngling nur Liebe, Zartheit und Höflichkeit zu erwarten sind. Nehmen wir aber an, daß er, wie ich es mir einrede, mich wirklich liebt und mich zu seiner rechtmäßigen Gattin erwählen will, muß ich dann nicht vernünftigerweise denken, daß mein Vater nie einwilligen wird? Aber wer weiß, ob man nicht durch eine solche

Verschwägerung auf eine dauernde Eintracht und einen festen Frieden zwischen den beiden Familien hoffen könnte? Ich habe mehrmals sagen hören, daß durch Eheschließungen nicht nur unter Bürgern und Adligen Frieden geschlossen wurde, sondern auch zwischen hohen Fürsten und Königen, zwischen denen zur Genugtuung aller auf höchst grausame Kriege ein wahrer Frieden und Freundschaft gefolgt sind. Vielleicht werde ich diejenige sein, die bei dieser Gelegenheit Frieden zwischen den beiden Familien stiften wird.‹ In diesem Gedanken gefestigt, zeigte sie sich Romeo jedesmal, wenn sie ihn in der Nähe sehen konnte, immer ganz fröhlich, worüber er sich sehr freute. Und obgleich er nicht weniger als sie mit seinen Gedanken dauernd haderte und bald hoffte, bald verzweifelte, so ging er doch tags und nachts vor dem Hause der Geliebten vorbei. Aber die gute Miene, die Julia ihm zeigte, entflammte ihn mehr und mehr und zog ihn in jene Gegend.

Die Fenster von Julias Zimmer gingen auf eine sehr enge Gasse hinaus, und ihnen gegenüber war ein Gehöft; und wenn Romeo durch die Hauptstraße ging und an den Eingang der Gasse kam, sah er sehr oft das junge Mädchen am Fenster, und sooft er sie sah, schenkte sie ihm einen freundlichen Blick und gab ihm zu verstehen, daß sie ihn mehr als gern sah. Des Nachts kam Romeo oft und blieb in jener Gasse stehen, denn dieser Weg war nicht belebt, und er konnte, gegenüber dem Fenster stehend, seine Geliebte bisweilen sprechen hören.

Als er eines Nachts an jenem Ort war, geschah es, daß Julia, sei es, daß sie ihn hörte oder aus einem anderen Grunde, das Fenster öffnete. Romeo zog sich in das Gehöft zurück, aber nicht so schnell, daß sie ihn nicht erkannt hätte; denn der Mond erhellte die Gasse mit sei-

nem Glanz. Sie, die allein im Zimmer war, rief ihn sanft an und sagte: »Romeo, was tut Ihr hier zu dieser Stunde so allein? Wenn man Euch hier überraschen würde, Ihr Unglücklicher, was würde dann aus Eurem Leben werden? Kennt Ihr nicht die grausame Feindschaft, die zwischen den Euren und den Unseren herrscht und schon so vielen das Leben gekostet hat? Gewiß würdet Ihr grausam umgebracht werden, und daraus würde Euch Schaden und mir wenig Ehre erwachsen.«
»Herrin«, erwiderte Romeo, »meine Liebe zu Euch hat mich zu dieser Stunde hergeführt, und ich zweifle nicht, daß die Euren, wenn sie mich hier fänden, versuchen würden, mich zu töten, aber ich würde, soweit meine schwachen Kräfte es erlauben, mich bemühen, meine Schuldigkeit zu tun; und wenn ich mich auch von überlegenen Kräften angegriffen sähe, so würde ich danach trachten, nicht als einziger zu sterben, aber wenn ich bei diesem Liebesunternehmen unbedingt sterben soll, so kann mich kein glücklicherer Tod treffen als in Eurer Nähe. Daß ich jemals Ursache wäre, Eure Ehre auch nur im geringsten zu beflecken, das wird, so glaube ich, niemals geschehen; denn ich würde sie mit meinem eigenen Blut verteidigen, um sie so rein und erhaben, wie sie ist, zu erhalten. Aber wenn in Euch die Liebe zu mir soviel vermöchte wie meine Liebe zu Euch und wenn Euch an meinem Leben ebensoviel läge wie mir an dem Euren, so würdet Ihr alle diese Hindernisse beseitigen und mich zum glücklichsten Menschen unserer Zeit machen.«
»Und was soll ich tun?« fragte Julia.
»Ich möchte«, antwortete Romeo, »daß Ihr mich so liebtet wie ich Euch und mich in Euer Zimmer kommen ließet, damit ich Euch bequemer und unter weniger Gefahr die Größe meiner Liebe und die so bittern Qualen offenbaren kann, die ich ständig um Euch leide.«

Darauf entgegnete Julia etwas zornig und erregt: »Romeo, Ihr kennt Eure Liebe, und ich kenne die meinige, und ich weiß, daß ich Euch so sehr liebe, wie man nur einen Menschen lieben kann, und vielleicht mehr, als es sich für meine Ehre schickt; aber ich sage Euch, wenn Ihr denkt, mich außerhalb des schicklichen Bundes der Ehe zu besitzen, so lebt Ihr sehr im Irrtum und werdet nicht mit mir einig sein; und da ich weiß, daß Ihr durch Euer zu häufiges Erscheinen in dieser Nachbarschaft leicht auf bösartige Menschen stoßen könntet und ich nie wieder froh werden würde, so veranlaßt mich das, Euch zu sagen: Wenn Ihr so der meine sein wollt, wie ich sehnlich wünsche, ewig die Eure zu sein, so müßt Ihr mich als Euer rechtmäßiges Weib heiraten. Dann werde ich immer bereit sein, überallhin zu kommen, wo es Euch am besten gefällt. Wenn Ihr aber andere Launen im Kopf habt, so geht Eures Wegs und laßt mich in Frieden leben.«

Romeo, der nichts anderes ersehnte, antwortete ihr auf diese Worte frohen Mutes, das sei sein ganzer Wunsch und er werde sie, sobald sie wolle, so heiraten, wie sie es bestimmen werde.

»Dann ist es gut«, fügte Julia hinzu; »damit aber unsere Angelegenheit ordnungsgemäß ausgeführt werden kann, möchte ich, daß unsere Hochzeit in Gegenwart des ehrwürdigen Bruders Lorenzo da Reggio, meines geistlichen Vaters, geschlossen wird.«

Darüber einigten sie sich und beschlossen, daß Romeo, der mit ihm sehr vertraut war, am nächsten Tag mit ihm über die Sache sprechen sollte. Dieser Bruder gehörte zum Orden der Minoriten, war Magister der Theologie, ein großer Philosoph und in vielen Dingen erfahren, ein bewundernswerter Destillierer und in der Zauberkunst bewandert. Und da der gute Bruder sich beim Volk eine gute Meinung bewahren und zugleich jene Zerstreuung genießen wollte, die ihm in den Sinn kam, bemühte er sich, seine Beschäftigungen möglichst vorsichtig zu betreiben, und suchte sich für alle Fälle, die eintreten konnten, immer auf eine vornehme und geachtete Person zu stützen. Unter anderen Freunden, in deren Gunst er in Verona stand, war Romeos Vater, ein Edelmann von großem Ansehen und von allen hochgeachtet, der fest davon überzeugt war, dieser Bruder sei ein Heiliger. Auch Romeo liebte ihn sehr und wurde ebenso vom Bruder geliebt, da dieser ihn als klugen und beherzten Jüngling kannte. Lorenzo verkehrte nicht nur im Hause der Montecchi, sondern stand auch auf sehr vertrautem Fuße mit den Capelletti und war der Beichtvater des größten Teils des Adels der Stadt, der Männer wie der Frauen.

Nachdem also Romeo sich mit der besagten Abmachung von Julia verabschiedet hatte, verließ er sie und ging nach Hause. Bei Tagesanbruch begab er sich nach San Francesco und erzählte dem Bruder vom ganzen Hergang seiner Liebe und von der Abmachung mit Julia. Bruder Lorenzo hörte ihn an und versprach, alles zu tun, was Romeo wünschte, sowohl, weil er ihm nichts abschlagen konnte, als auch, weil er hoffte, auf diese Weise die Capelletti und Montecchi versöhnen zu können und dadurch mehr und mehr die Gunst des Herrn Bartolomeo zu erwerben, der sehnlichst Frieden zwischen den beiden Familien wünschte, um alle Unruhen in seiner Stadt zu beenden.

Die beiden Liebenden warteten auf die Gelegenheit zu beichten, um ihren Entschluß auszuführen. Es kam die Fastenzeit, und Julia beschloß, um sicherer zu gehen, sich einer Alten anzuvertrauen, die mit ihr im Zimmer schlief. Sie benutzte die günstige Gelegenheit und ent-

deckte der Alten die ganze Geschichte ihrer Liebe. Und obgleich die Alte sie sehr tadelte und ihr das Unternehmen ausreden wollte, so gab sie doch, als sie nichts erreichte, dem Wunsch Julias nach; diese redete ihr so sehr zu, daß sie sie veranlaßte, einen Brief zu Romeo zu bringen. Als der Liebende sah, was sie ihm geschrieben hatte, hielt er sich für den glücklichsten Menschen der Welt; denn Julia schrieb ihm, er möge in der fünften Stunde der Nacht zum Fenster gegenüber dem Gehöft kommen und eine Strickleiter mitbringen.
Romeo hatte einen sehr zuverlässigen Diener, dem er sich in Dingen von großer Wichtigkeit mehrmals anvertraut hatte und den er immer geschickt und treu gefunden hatte. Diesem sagte er, was er im Sinn hatte, und trug ihm auf, die Strickleiter zu besorgen. Als alles erledigt war, ging er zur verabredeten Stunde mit Pietro, denn so hieß der Diener, zu dem Ort, wo er Julia wartend fand. Als diese ihn erkannte, ließ sie die Schnur herunter, die sie vorbereitet hatte, zog die daran befestigte Strickleiter herauf, befestigte mit Hilfe der Alten, die bei ihr war, die Leiter am eisernen Fenstergitter und erwartete das Heraufkommen des Liebenden. Er stieg kühn hinauf, und Pietro verbarg sich im Gehöft. Als Romeo zum Fenster hinaufgeklettert war, das ein sehr enges und starkes Eisengitter hatte, so daß schwerlich eine Hand hindurchgreifen konnte, begann er mit Julia zu sprechen, und nachdem sie die liebevollsten Begrüßungen ausgetauscht hatten, sprach Julia zu ihrem Geliebten: »Mein Herr, der Ihr mir weit teurer als das Licht meiner Augen seid, ich habe Euch herkommen lassen, weil ich mit meiner Mutter festgelegt habe, daß ich nächsten Freitag zur Stunde der Predigt beichten gehen werde. Benachrichtigt davon Bruder Lorenzo, damit er alles vorbereitet.«

Romeo erwiderte, der Bruder sei schon benachrichtigt und geneigt, alles nach ihren Wünschen zu tun. Und nachdem sie eine gute Weile von ihrer Liebe gesprochen hatten, stieg Romeo, als es ihm Zeit schien, wieder herab, löste die Leiter von der Schnur und ging mit Pietro fort.

Julia blieb in großer Freude zurück, und jede Stunde bis zur Heirat mit Romeo schien ihr wie tausend Jahre. Auch Romeo, der sich mit seinem Diener unterhielt, war so vergnügt, daß er aus der Haut fahren mochte.

Als der Freitag herangekommen war, ging Frau Giovanna, Julias Mutter, wie verabredet war, mit der Tochter und ihren Begleiterinnen nach San Francesco, das damals in der Zitadelle lag, betrat die Kirche und ließ nach Bruder Lorenzo fragen. Er, der von allem unterrichtet war, hatte Romeo schon in die Zelle seines Beichtstuhls eintreten lassen und eingeschlossen. Er kam zu der Dame, die ihm sagte: »Mein Vater, ich bin zu früher Stunde zum Beichten gekommen und habe auch Julia mitgebracht, weil ich weiß, daß Ihr den ganzen Tag mit den Beichten Eurer vielen Beichtkinder beschäftigt sein werdet.«

Der Bruder entgegnete, es geschehe im Namen Gottes, gab ihnen den Segen und ging in das Kloster in seinen Beichtstuhl, wo sich Romeo aufhielt. Von der anderen Seite trat Julia als erste vor den Bruder. Sie trat ein, schloß die Tür und gab dem Bruder das Zeichen ihrer Anwesenheit. Der Bruder nahm das Gitter ab und sagte nach den üblichen Begrüßungen zu Julia: »Meine Tochter, nach dem, was mir Romeo berichtet, bist du mit ihm übereingekommen, ihn als Gatten zu nehmen, und er ist geneigt, dich zur Frau zu nehmen. Habt ihr jetzt noch den gleichen Wunsch?«

Die Liebenden antworteten, sie wünschten nichts anderes. Der Bruder hörte den Willen der beiden, sagte einiges, um ihnen die Heiligkeit der Ehe ans Herz zu legen, und sprach dann jene Worte, die nach der Kirchenordnung gewöhnlich bei der Trauung gesagt werden. Romeo reichte seiner teuren Julia zur größten Freude beider den Ring. Er verabredete dann mit ihr, in der folgenden Nacht zu ihr zu kommen. Sie küßten sich durch die Öffnung des kleinen Fensters; Romeo verließ vorsichtig die Zelle und das Kloster und ging fröhlich seinen Geschäften nach. Der Bruder schob das Gitter wieder in das Fenster und brachte es so an, daß niemand bemerken konnte, daß es entfernt worden war. Er hörte die Beichte der zufriedenen jungen Frau und dann die der Mutter und der anderen Frauen.

In der Nacht zur verabredeten Stunde ging Romeo dann mit Pietro an die Mauer eines Gartens, kletterte mit Hilfe des Dieners über die Mauer in den Garten, wo er seine Ehefrau fand, die ihn zusammen mit der Alten erwartete. Als er Julia sah, ging er ihr mit offenen Armen entgegen. Dasselbe tat Julia. Sie umschlang seinen Hals und war eine gute Weile von übermäßiger Freude so betäubt, daß sie kein Wort sagen konnte. Ebenso erging es dem entflammten Liebenden, der meinte, noch nie eine ähnliche Freude gekostet zu haben. Sie begannen einander mit unendlicher Wonne und unsagbarer Freude zu küssen, zogen sich dann in eine Ecke des Gartens zurück und vollzogen dort, auf einer Bank liegend, liebevoll die heilige Ehe. Und da Romeo ein Jüngling von großer Kraft und sehr verliebt war, gab er sich immer wieder dem Genuß mit seiner schönen Gattin hin. Dann verabredeten sie weitere Zusammenkünfte, sprachen auch darüber, wie inzwischen Herr Antonio Frieden und Verschwägerung betreiben sollte. Dann verließ Romeo, nachdem er seine Frau tausend- und aber tausendmal geküßt hatte, den Garten und sprach voller Freude zu sich selbst: ›Welcher Mensch findet sich heutzutage in der Welt, der glücklicher wäre als ich? Welcher kommt mir an Liebe gleich? Welcher hatte jemals eine so schöne und anmutige Frau wie ich?‹

Als nicht weniger glücklich pries sich Julia; denn es schien ihr unmöglich, daß man einen jungen Mann finden könnte, der an Schönheit, Anstand, Höflichkeit, Liebenswürdigkeit und tausend anderen lieben und schönen Eigenschaften ihrem Romeo gleichkäme. Sie wünschte sich daher mit dem größten Verlangen der Welt, die Dinge möchten einen solchen Verlauf nehmen, daß sie sich Romeos ohne Argwohn erfreuen könne.

So kam es, daß die Vermählten sich an manchen Tagen trafen und an anderen nicht. Bruder Lorenzo jedoch wirkte nach besten Kräften für den Frieden zwischen den Montecchi und den Capelletti und hatte die Dinge auf einen recht günstigen Stand gebracht, so daß er hoffte, die Verbindung der Liebenden zur Zufriedenheit beider Parteien zu einem guten Ende zu führen.

Da geschah es zum Osterfest, daß auf dem Corso nahe der Porta dei Borsari zum Castelvecchio hin viele der Capelletti auf einige der Montecchi trafen und sie mit den Waffen wild angriffen. Unter den Capelletti befand sich Tebaldo, Julias nächster Vetter, ein sehr tapferer Jüngling. Dieser trieb die Seinen an, erbittert gegen die Montecchi loszuschlagen und niemanden zu schonen. Das Handgemenge wuchs an, und da noch immer für beide Seiten Hilfe an Männern und an Waffen kam, waren die Kampfhähne so wutentbrannt, daß sie sich ohne jede Rücksicht viele Wunden schlugen. Da kam zufällig Romeo hinzu, der außer seinen Dienern auch

einige seiner jungen Gefährten bei sich hatte und mit ihnen in der Stadt lustwandelte. Als er seine Verwandten mit den Capelletti kämpfen sah, war er sehr bestürzt. Da er die Bemühungen des Klosterbruders um den Frieden kannte, wünschte er keinen Streit. Um den Tumult zu beschwichtigen, sprach er zu seinen Gefährten und Dienern mit lauter Stimme und wurde von vielen in der Umgebung gehört: »Brüder, treten wir zwischen sie und tun wir alles, damit der Streit nicht weitergeht, bemühen wir uns vielmehr, sie die Waffen niederlegen zu lassen!«
Und so begann er, die Seinen und die anderen zurückzudrängen, und versuchte mit Hilfe der Gefährten mutig mit Taten und Worten dem Kampf ein Ende zu setzen. Aber er konnte nichts ausrichten; denn die Kampfeswut war auf beiden Seiten so angewachsen, daß sie nur auf den Streit bedacht waren. Schon waren auf beiden Seiten zwei oder drei gefallen, als Romeo sich vergeblich mühte, die Seinen zum Rückzug zu bewegen. Da kam Tebaldo ihm in die Quere und versetzte Romeo einen kräftigen Degenhieb in die Seite, ohne ihn allerdings zu verwunden, da Romeo ein Panzerhemd trug, das der Degen nicht durchdringen konnte. Romeo aber wandte sich Tebaldo zu und sagte ihm mit freundlichen Worten: »Tebaldo, du bist sehr im Irrtum, wenn du glaubst, ich sei hierhergekommen, um mit dir oder mit den Deinigen Händel zu suchen. Ich bin zufällig hierhergelangt, und ich wollte die Meinigen zurückhalten, weil es mein Wunsch ist, daß wir nunmehr als gute Bürger zusammen leben; so ermahne und bitte ich dich, dasselbe mit den Deinen zu tun, damit nicht noch mehr Ärgernis entsteht, denn schon zuviel Blut wurde vergossen.«
Diese Worte wurden von fast allen gehört, aber Te-

baldo, sei es, daß er nicht verstand, was Romeo sagte, oder daß er ihn nicht verstehen wollte, antwortete: »Ach, du Verräter, du bist des Todes!« Und wütend stürzte er auf ihn los, um ihn am Kopf zu treffen. Romeo, dessen Arme durch die Ärmel des Panzerhemds geschützt waren, das er immer trug, wickelte um den linken Arm den Mantel und hielt ihn als Schutz vor den Kopf. Er richtete die Spitze seines Degens gegen den Feind und traf ihn geradezu in die Kehle, die er ihm durchbohrte, so daß Tebaldo sofort vornüber tot zu Boden stürzte. Es erhob sich ein ungeheurer Lärm, und als die Polizei des Podestà erschien, zerstreuten sich die Kämpfenden nach allen Seiten. Romeo, der den Tod Tebaldos über alle Maßen beklagte, ging, von vielen der Seinen begleitet, nach San Francesco, um in der Zelle Bruder Lorenzos Zuflucht zu suchen.

Als der gute Bruder von dem unheilvollen Tod des jungen Tebaldo hörte, war er recht verzweifelt, denn er sah keine Möglichkeit mehr, die Feindschaft zwischen den beiden Familien aus der Welt zu schaffen.

Die Capelletti gingen vereint zu Herrn Bartolomeo, um Klage zu erheben. Auf der Gegenseite erbrachte der Vater des versteckten Romeo mit den Vornehmsten der Montecchi den Beweis, daß Romeo, als er mit seinen Gefährten in der Stadt spazierengegangen und zufällig dort hingekommen war, wo die Montecchi von den Capelletti angegriffen worden waren, so in den Streit geraten war, um ihn zu schlichten. Von Tebaldo angefallen, habe er ihn gebeten, die Seinen zurückzuziehen und die Waffen niederzulegen; Tebaldo aber habe ihn wiederum angegriffen, und so sei das Unglück geschehen. So stritten sie sich heftig vor Herrn Bartolomeo, indem sie sich gegenseitig anklagten und die eigene Unschuld beteuerten. Da es jedoch offenbar war, daß die

Capelletti die Angreifer gewesen waren, und es sich durch viele glaubwürdige Zeugen erwiesen hatte, was Romeo zuerst zu seinen Gefährten und dann zu Tebaldo gesagt hatte, befahl Herr Bartolomeo allen, die Waffen niederzulegen, und verbannte Romeo.
Im Hause der Capelletti war große Klage um den Tod ihres Tebaldo. Julia war in Tränen aufgelöst und hörte nicht auf, bitter zu weinen. Nicht der Tod des Vetters machte sie so über alle Maßen traurig, sondern die verlorene Hoffnung auf das Einverständnis ihrer Eltern zur Heirat. Sie konnte sich nicht vorstellen, wie die Sache ausgehen sollte. Als sie dann durch Bruder Lorenzo erfahren hatte, wo sich Romeo befand, schrieb sie ihm einen Brief voller Tränen und schickte ihn durch die Alte an den Bruder. Sie wußte, daß Romeo verbannt war und Verona verlassen mußte; daher bat sie ihn liebevoll, mit ihm gehen zu dürfen. Romeo antwortete ihr, sie möge sich beruhigen; mit der Zeit werde er für alles sorgen, sei aber noch nicht entschlossen, wohin er flüchten solle. Er werde sich so nah wie möglich aufhalten und alles daransetzen, sie zu sprechen, wo es ihr am bequemsten sei. Sie wählte als den am wenigsten gefährlichen Ort den Garten, wo sie einst ihre Hochzeit gefeiert hatte; und nachdem sie die Nacht bestimmt hatten, in der sie zusammen sein wollten, nahm Romeo seine Waffen, verließ mit Hilfe Bruder Lorenzos das Kloster und begab sich, begleitet von seinem getreuen Pietro, zu seiner Gattin. Im Garten wurde er von Julia mit unzähligen Tränen empfangen. Eine gute Weile konnten beide kein Wort herausbringen und tranken mit ihren Küssen die unaufhörlich fließenden Tränen. In ihrem Kummer darüber, daß sie sich so bald trennen mußten, konnten sie nur weinen und sich über das widrige Geschick ihrer Liebe beklagen. Mit vielen Umar-

mungen und Küssen freuten sie sich ihrer Liebe. Als dann die Stunde des Abschieds nahte, flehte Julia den Gatten, sosehr sie konnte, an, sie mit sich zu nehmen. »Mein teurer Gebieter«, sagte sie, »wohin auch immer Ihr gehen möchtet, ich werde immer bei Euch sein und Euch liebevoll dienen. Und welchen treueren Diener als mich könntet Ihr haben? Ach, mein teurer Gatte, erweist mir diese Gnade und laßt mich das gleiche Schicksal und alles mit Euch teilen!« Romeo ermutigte sie, so gut er konnte, mit sanften Worten und versuchte sie zu trösten, indem er ihr versicherte, er sei überzeugt, daß seine Verbannung binnen kurzem aufgehoben werden würde; denn der Fürst habe seinem Vater schon einige Hoffnung gemacht. Wenn er sie aber mit sich führen wolle, dann solle sie nicht in der Kleidung eines Pagen, sondern als seine Gattin und Herrin ehrenvoll und von ihresgleichen begleitet mit ihm gehen. Länger als ein Jahr werde die Verbannung sicher nicht dauern; denn wenn bis dahin zwischen ihren Familien nicht auf gütlichem Wege Frieden geschlossen werde, so werde der Herr eingreifen und sie, ob sie wollten oder nicht, zur Ruhe zwingen. Wenn er aber sehe, daß die Sache sich in die Länge ziehe, werde er auf jeden Fall einen anderen Entschluß fassen; denn es sei ihm unmöglich, lange Zeit ohne sie zu leben. Dann verabredeten sie, sich durch Briefe Nachrichten zukommen zu lassen. Vieles sagte Romeo seiner Gattin, um sie zu trösten, aber die trostlose junge Frau hörte nicht auf zu weinen. Als schließlich die Morgenröte heraufstieg, küßten und umarmten die Liebenden sich innig und sagten sich unter Tränen und Seufzern Lebewohl. Romeo kehrte nach San Francesco und Julia in ihr Zimmer zurück.

Zwei oder drei Tage später verließ Romeo, nachdem er alles für die Abreise vorbereitet hatte, heimlich, als

fremder Kaufmann verkleidet, Verona, fand gute und zuverlässige Begleitung und gelangte sicher nach Mantua. Dort nahm er ein Haus, da sein Vater es ihm nicht an Geld fehlen ließ, und lebte ehrenvoll und in guter Gesellschaft.
Julia weinte und seufzte den ganzen Tag, aß wenig und schlief noch weniger und verbrachte die Nächte wie die Tage. Die Mutter, die die Tochter so weinen sah, fragte sie immer wieder nach der Ursache ihrer Betrübnis und sagte ihr, es sei nun Zeit, ihren vielen Tränen ein Ende zu setzen, denn sie habe den Tod ihres Vetters schon gar zu sehr beklagt. Julia antwortete ihr, sie wisse nicht, warum sie so weinen müsse. Immer, wenn sie Gesellschaft meiden konnte, ergab sie sich ihrem Schmerz und ihren Tränen. So magerte sie ab und wurde ganz schwermütig, so daß sie fast nicht mehr jener schönen Julia glich, die sie früher gewesen war.
Romeo schrieb ihr oft Briefe und tröstete sie, indem er sie hoffen ließ, daß sie bald vereint sein würden. Er bat sie auch herzlich, sich zu erheitern und zu zerstreuen und sich nicht so sehr der Schwermut zu überlassen; man müsse alles von der bestmöglichen Seite nehmen. Aber alles war vergeblich, denn ohne Romeo konnte sie keine Linderung ihrer Leiden finden.
Ihre Mutter dachte, die Traurigkeit der jungen Frau komme daher, daß einige ihrer Gefährtinnen verheiratet worden waren und auch sie einen Gatten wünschte. Als ihr dieser Gedanke gekommen war, teilte sie ihn ihrem Gatten mit und sagte: »Mein Gatte, unsere Tochter führt ein sehr trauriges Leben, weint und seufzt nur, und sooft sie kann, weicht sie jedermanns Gesellschaft aus. Ich habe sie mehrmals nach der Ursache ihrer Betrübnis gefragt und überall nachgespürt, um sie zu erfahren, habe aber nie etwas herausbekommen können.

Sie antwortet mir immer in der gleichen Weise, daß sie nicht weiß, was sie hat, und alle im Hause zucken die Achseln und wissen nicht, was sie dazu sagen sollen. Sicher ist, daß eine große Leidenschaft sie quält; denn sie verzehrt sich wie Wachs am Feuer. Ich habe tausend Dinge erwogen, aber nur eins ist mir im Sinn geblieben: Ich hege sehr den Verdacht, ob ihre Traurigkeit nicht daher kommt, daß sie gesehen hat, wie alle ihre Gefährtinnen zum vergangenen Karneval verheiratet wurden, aber niemand davon spricht, ihr einen Gatten zu geben. Am Tag der heiligen Euphemia wird sie achtzehn Jahre alt werden. Daher möchte ich mit dir, mein Gatte, ein Wort reden; denn wie mir scheint, ist es nun an der Zeit, daß du ihr eine gute und angesehene Partie verschaffen mußt und sie nicht mehr unverheiratet läßt; denn sie ist nicht eine Ware, die man im Hause behält.«

Herr Antonio hatte gehört, was seine Frau ihm gesagt hatte, und da ihm das nicht abwegig schien, erwiderte er ihr: »Frau, du hast über die Schwermut unserer Tochter nichts anderes herausfinden können, und da du meinst, daß man ihr einen Gatten geben muß, werde ich die nötigen Schritte unternehmen, die mir am geeignetsten erscheinen, um für sie einen Mann zu finden, der dem Rang unseres Hauses entspricht. Aber versuch du inzwischen auszukundschaften, ob sie etwa verliebt ist, um von ihr zu hören, welcher Mann ihr am meisten gefallen würde.«

Madonna Giovanna sagte, sie werde alles ihr Mögliche tun, und versäumte nicht, von neuem die Tochter und die anderen im Haus soviel wie möglich auszuforschen, aber sie erfuhr nichts.

Zu dieser Zeit wurde in Antonios Haus der Graf Paris von Lodrone eingeführt, ein Jüngling von vierundzwanzig oder fünfundzwanzig Jahren, sehr schön und reich. Da Antonio diese Partie mit einiger Hoffnung auf ein gutes Ende betrieb, teilte er es der Frau mit. Sie, der die Sache gut und sehr ehrenvoll schien, sagte es der Tochter. Darüber zeigte sich Julia sehr betrübt. Als Frau Giovanna das bemerkte, wurde sie sehr ungehalten, denn sie konnte die Ursache für dieses Verhalten nicht erraten. Und nachdem sie Julia viele Vorhaltungen gemacht hatte, sagte sie zu ihr: »Meine Tochter, nach dem, was ich höre, willst du gar keinen Gatten.«

»Ich will durchaus nicht heiraten«, antwortete sie der Mutter und fügte hinzu, sie möchte, wenn sie sie ein wenig liebe und ihr etwas an ihr liege, ihr nicht von einem Gatten sprechen.

Als die Mutter die Antwort der Tochter hörte, sagte sie zu ihr: »Was willst du denn sein, wenn du keinen Gatten willst? Willst du eine Betschwester oder eine Nonne werden? Sag mir, was du im Sinn hast!«

Julia antwortete, sie wolle weder Betschwester noch Nonne sein, sie wisse nicht, was sie wolle, wenn nicht sterben. Diese Antwort erfüllte die Mutter mit Verwunderung und Mißfallen, und sie wußte nicht, was sie sagen oder gar tun sollte. Alle Hausbewohner wußten nichts anderes zu sagen, als daß Julia seit dem Tode des Vetters immer sehr mißmutig gewesen sei, unaufhörlich geweint und sich nicht mehr am Fenster gezeigt habe. Frau Giovanna berichtete alles Herrn Antonio. Dieser rief die Tochter zu sich und sagte ihr nach einigen Erörterungen: »Meine Tochter, ich sehe dich jetzt im heiratsfähigen Alter und habe dir einen sehr vornehmen, reichen und schönen Gatten ausgewählt, den Herrn und Grafen von Lodrone. Darum halte dich bereit, ihn nach meinem Willen zu nehmen; denn solche ehrenvollen Partien finden sich selten.«

Darauf antwortete Julia mit größerem Mut, als es zu einem Mädchen paßte, freiheraus, sie wolle nicht heiraten. Der Vater erregte sich sehr, geriet in Zorn und war nahe daran, sie zu schlagen. Er drohte ihr sehr streng mit scharfen Worten und befahl ihr schließlich, sie habe, ob sie wolle oder nicht, binnen drei oder vier Tagen sich zu entschließen, mit der Mutter und anderen weiblichen Verwandten nach Villafranca zu gehen; denn dorthin werde Graf Paris mit seinem Gefolge kommen, um sie zu sehen. Sie habe sich dem in keiner Weise zu widersetzen, wenn sie nicht wolle, daß er ihr den Kopf zurechtsetzen und sie zum elendesten jungen Mädchen machen würde, das je geboren sei.

In welcher Verfassung sich nun Julia befand und welche Gedanken sie bestürmten, das mag der ermessen, der je die Flammen der Liebe empfunden hat. Sie war so bestürzt, daß es schien, sie sei vom Strahl des Blitzes getroffen worden.

Wieder zu sich gekommen, benachrichtigte sie Romeo durch Bruder Lorenzo von allem. Romeo schrieb ihr zurück, sie solle frohen Mutes sein; denn er werde binnen kurzem kommen, um sie aus dem Haus ihres Vaters zu entführen und nach Mantua zu bringen.

Nun mußte sie gewaltsam nach Villafranca gehen, wo der Vater ein sehr schönes Gut besaß. Sie ging dorthin mit der gleichen Freude, wie die zum Tode Verurteilten zum Galgen gehen, um gehenkt zu werden. Dort sah Graf Paris sie in der Kirche bei der Messe, und obgleich sie abgemagert, blaß und schwermütig war, gefiel sie ihm. Und er kam nach Verona, wo er mit Herrn Antonio den Ehevertrag abschloß. Auch Julia kehrte nach Verona zurück, und der Vater sagte ihr, die Heirat des Grafen Paris mit ihr sei beschlossen, und ermahnte sie, guten Willens zu sein und sich zu freuen. Sie riß sich zusammen, hielt die vielen Tränen ihrer Augen zurück und gab dem Vater keine Antwort. Nachdem sie sich dann versichert hatte, daß die Hochzeit für die Mitte des bevorstehenden September vorbereitet wurde, und keinen Ausweg aus ihrer Zwangslage wußte, entschloß sie sich, selbst zu Bruder Lorenzo zu gehen und sich mit ihm zu beraten, wie sie sich von der Verlobung befreien könne.

Es stand das Fest der glorreichen Himmelfahrt der Heiligen Jungfrau, der Mutter unseres Erlösers, bevor. So benutzte Julia diese Gelegenheit, ging zu ihrer Mutter und sagte zu ihr: »Meine liebe Mutter, ich weiß nicht und kann mir nicht erklären, woher diese meine starke Melancholie entstanden ist, die mich so sehr quält; denn seit Tebaldo tot ist, habe ich mich nie wieder freuen können, und es scheint mir, als ob es dauernd schlimmer mit mir wird und ich nichts mehr finde, was mir Freude macht. Deshalb habe ich gedacht, am gesegneten und heiligen Fest der Himmelfahrt unserer Fürsprecherin, der Jungfrau Maria, zur Beichte zu gehen; denn vielleicht werde ich dadurch etwas Linderung meiner Not finden. Was meint Ihr dazu, meine liebe Mutter? Meint Ihr, daß ich das tun soll, was mir in den Sinn gekommen ist? Wenn Ihr aber meint, ich solle einen anderen Weg einschlagen, so weist ihn mir, denn ich selbst weiß nicht mehr, wo mir der Kopf steht.«

Frau Giovanna, die eine gute Frau und sehr fromm war, hatte Verständnis für die Absicht der Tochter und empfahl ihr sehr, ihrem Vorsatz zu folgen. So gingen sie gemeinsam nach San Francesco und ließen Bruder Lorenzo rufen. Als dieser den Beichtstuhl betreten hatte, trat Julia von der anderen Seite her ihm gegenüber und sprach zu ihm: »Mein Vater, es gibt auf der Welt niemanden, der besser als Ihr wüßte, was zwischen meinem

Gatten und mir geschehen ist; daher brauche ich es Euch nicht noch einmal zu sagen. Ihr werdet Euch auch erinnern, den Brief gelesen zu haben, den ich Euch schickte, damit Ihr ihn lesen und dann an meinen Romeo senden solltet, und in dem ich Euch schrieb, wie mein Vater mich dem Grafen Paris zur Frau versprochen hatte. Romeo schrieb mir zurück, er werde kommen und handeln; aber Gott weiß, wann. Nun aber ist es gewiß, daß sie untereinander die Hochzeit für den kommenden September festgelegt haben und ich dazu gezwungen werden soll. Und weil die Zeit drängt und ich keinen Ausweg sehe, mich diesem Ladrone zu entziehen, denn ein Räuber und Mörder ist er in meinen Augen, da er fremdes Eigentum rauben will, bin ich um Rat und Hilfe hergekommen. Ich möchte mich nicht mit diesem ›Ich werde kommen und handeln‹ abfinden, das mir Romeo schreibt; denn ich bin Romeos Frau, habe mit ihm die Ehe vollzogen und kann keinem anderen als ihm gehören, und auch wenn ich es könnte, will ich es nicht, denn ihm allein will ich ewig gehören. Ich brauche Eure Hilfe und Euren Rat. Aber hört, was zu tun mir in den Sinn gekommen ist. Ich möchte, mein Vater, daß Ihr mir Hosen, Wams und alles übrige, was zur Kleidung eines jungen Burschen gehört, verschafft, damit ich so verkleidet am späten Abend oder am frühesten Morgen Verona verlassen kann. Niemand wird mich erkennen, ich werde nach Mantua gehen und im Haus meines Romeo Zuflucht finden.«

Als der Bruder diese Geschichte hörte, die nicht gerade meisterhaft angezettelt war und ihm gar nicht gefiel, sagte er: »Meine Tochter, dein Plan läßt sich nicht durchführen; denn du würdest dich damit in zu große Gefahr begeben. Du bist noch jung und zart und könntest die Strapazen der Reise nicht ertragen; denn du bist nicht gewohnt, zu Fuß zu gehen, du kennst auch nicht den Weg und würdest umherirren. Dein Vater würde, sobald er dich nicht im Hause fände, dich an allen Toren der Stadt und auf allen Straßen der Umgebung suchen lassen, und die Späher würden dich ohne Zweifel leicht finden. Wenn du nach Haus zurückgebracht wirst, würde dein Vater von dir den Grund hören wollen, warum du als Mann verkleidet fortgegangen bist. Ich weiß nicht, wie du ihre Drohungen und vielleicht die Schläge ertragen könntest, die dir die Deinen verabfolgen würden, um die Wahrheit zu erfahren. Gerade indem du alles tust, um zu Romeo zu gelangen, würdest du die Hoffnung verlieren, ihn jemals wiederzusehen.«

Bei diesen einleuchtenden Worten beruhigte sich Julia und erwiderte ihm: »Da Euch mein Vorhaben nicht gut dünkt, mein Vater, und ich Euch glaube, so ratet mir doch und lehrt mich, diesen meinen verwickelten Knoten zu entwirren, in den ich Elende verstrickt bin, damit ich vielleicht mit geringerer Plage zu meinem Romeo gelangen kann; ohne ihn kann ich unmöglich leben. Und wenn Ihr mir nicht in anderer Weise helfen könnt, so helft mir wenigstens, daß ich, wenn ich schon Romeo nicht gehören soll, auch keinem anderen gehöre. Romeo hat mir gesagt, daß Ihr ein großer Destillierer von Kräutern und anderen Dingen seid und daß Ihr ein Wasser herstellen könnt, das binnen zwei Stunden den Menschen schmerzlos tötet. Gebt mir davon soviel als genügt, mich aus den Händen jenes Räubers zu befreien, wenn Ihr mich anders meinem Romeo nicht geben könnt. Er, der mich so liebt, wie ich es weiß, wird sich eher damit zufriedengeben, daß ich sterbe, als mich in den Händen eines anderen zu sehen. Mich aber und mein Haus werdet Ihr vor einer großen Schande bewahren; denn wenn es keinen anderen Weg gibt, mich aus diesem stürmischen Meer zu retten, auf dem ich jetzt in einem herrenlosen Schiff ohne Steuer umhertreibe, so verspreche ich Euch bei meiner Treue, und diese werde ich Euch halten, daß ich eines Nachts mit einem scharfen Messer gegen mich selbst Gewalt anwenden und die Halsschlagadern durchschneiden werde; denn ich bin entschlossen, eher zu sterben, als Romeo die eheliche Treue zu brechen.«

Der Bruder war ein hervorragender Experimentierer, der zu seiner Zeit durch viele Länder gereist war und zu seinem Vergnügen verschiedene Dinge erforscht und erkannt hatte. Vor allem kannte er die Kraft der Kräuter und der Steine und war einer der größten Destillierer, den man zu jener Zeit finden konnte. Unter anderem braute er einige einfache Schlafmittel zusammen und machte daraus einen Brei, den er dann in ein ganz feines Pulver von wunderbarer Kraft verwandelte. Wenn man es mit etwas Wasser trank, so ließ es nach einer oder zwei Viertelstunden den, der es getrunken hatte, so in den Schlaf sinken und betäubte seine Lebensgeister, daß kein noch so ausgezeichneter und tüchtiger Arzt ihn nicht für tot halten würde. Es hielt dann den, der es zu sich genommen hatte, je nach der Menge des Eingenommenen und nach der Zusammensetzung der Körpersäfte des Trinkenden mindestens etwa vierzig Stunden und manchmal länger in einem süßen Tod befangen. Wenn das Pulver seine Wirkung beendet hatte, so erwachte der Schlafende ohne den geringsten Schaden, nicht anders, als wenn er lange und süß geschlafen hätte.

Als nun der Herr Bruder den festen Entschluß der trostlosen jungen Frau klar verstanden hatte, konnte er vor lauter Mitleid nur mit großer Mühe die Tränen zurückhalten. So sagte er zu ihr mit barmherziger Stimme: »Sieh, meine Tochter, du mußt nicht vom Sterben sprechen, denn ich versichere dir, wenn du einmal stirbst, wirst du nicht mehr hierher zurückkehren, es sei denn am Tage des Jüngsten Gerichts, wenn wir zusammen mit allen Toten auferstehen werden. Du mußt daran denken, so lange leben zu wollen, wie es Gott gefällt. Er hat uns das Leben gegeben, er erhält es uns und nimmt es zurück, wann es ihm gefällt. Verscheuche also von dir diese schwermütigen Gedanken! Du bist jung und mußt dich jetzt deines Lebens und deines Romeo erfreuen. Wir werden für alles ein Mittel finden, zweifle nicht daran! Wie du siehst, bin ich in dieser herrlichen Stadt bei allen angesehen und geachtet. Wenn man erführe, daß ich Mitwisser deiner Heirat gewesen bin, würde ich Schaden und unendliche Schande davontragen. Aber was würde erst sein, wenn ich dir Gift gäbe? Ich habe keins, und selbst wenn ich welches hätte, würde ich es dir nicht geben, weil das eine tödliche Beleidigung Gottes wäre und ich auch mein ganzes Ansehen verlieren würde. Du kannst wohl verstehen, daß gewöhnlich wenige Dinge von Bedeutung geschehen, bei denen ich nicht mit meiner Autorität beteiligt wäre, und es ist noch nicht vierzehn Tage her, daß der Herr der Stadt bei einer Angelegenheit von höchster Bedeutung sich meiner bedient hat. Deswegen, meine Tochter, werde ich mich gern um dich und deinen Romeo bemühen und zu deiner Rettung so handeln, daß du weiter Romeo gehören wirst und nicht diesem Lodrone und daß du nicht sterben mußt; doch muß man die Sache so betreiben, daß man nie davon erfährt. Du sollst sicher und mutig sein und das tun, was ich dir befehle, und es wird dir nicht den geringsten Schaden zufügen. Höre, in welcher Weise das zu tun ist!«

Dann machte der Bruder die junge Frau genau mit seinem Pulver vertraut und nannte ihr dessen Kräfte, die er öfters ausprobiert und immer wirkungsvoll gefunden habe. »Meine Tochter«, sagte er, »dieses Pulver ist so kostbar und wertvoll und von solcher Kraft, daß es dich ohne Schaden in aller Ruhe schlafen lassen wird, wie ich dir gesagt habe. Selbst wenn Galen, Hippokrates, Messue und Avicenna und die ganze Schule der hervorragendsten Ärzte, die es gibt oder je gab, dich sehen und dir den Puls fühlen würden, so würden sie alle einstimmig dich als tot erklären. Nachdem du aber das Pulver verdaut hast, wirst du von diesem künstlichen Schlaf ebenso gesund und schön erwachen, wie du es tust, wenn du am Morgen von deinem Bett aufstehst. Wenn du also dieses Wasser bei Beginn der Morgendämmerung trinkst, wirst du bald danach einschlafen, und wenn dich die Deinen zur Zeit des Aufstehens schlafend finden, werden sie dich wecken wollen und es nicht können. Du wirst ohne Puls und kalt wie Eis sein. Man wird die Ärzte und die Verwandten rufen, und, kurz und gut, alle werden dich für tot halten, und sie werden dich am Abend in der Gruft deiner Capelletti begraben. Dort wirst du in aller Ruhe die Nacht und den nächsten Tag schlafen. In der folgenden Nacht werde ich dann mit Romeo kommen und dich herausholen; denn ich werde Romeo durch einen Boten benachrichtigen. So wird er dich heimlich nach Mantua bringen und dich dort verbergen, bis der ersehnte Frieden zwischen den Seinen und den Deinen geschlossen wird, den auch ich so sehr wünsche. Wenn du diesen Weg nicht einschlägst, weiß ich nicht, wie ich dir helfen soll. Aber sieh: Du mußt, wie ich dir sagte, ganz verschwiegen sein und es für dich behalten; sonst würdest du deine und meine Angelegenheiten verderben.«

Julia, die in einen glühenden Ofen gegangen wäre, um
Romeo zu finden, wieviel lieber erst in eine Gruft,
schenkte den Worten des Bruders volles Vertrauen, und
ohne sich weitere Gedanken zu machen, war sie einverstanden und sagte: »Vater, ich werde alles tun, was Ihr
mir sagt, und überlasse mich ganz Eurer Hand; zweifelt
nicht, daß ich zu niemandem darüber sprechen werde,
denn ich werde ganz verschwiegen sein.«

Der Bruder lief sogleich in seine Zelle und brachte der
jungen Frau, in ein Stück Papier eingewickelt, einen
Löffel voll von dem Pulver. Julia nahm es, steckte es in
einen Beutel und dankte Bruder Lorenzo sehr dafür.
Dieser, der schwerlich glauben konnte, daß eine junge
Frau so sicher und mutig sein würde, sich in einem
Grab zwischen Toten einschließen zu lassen, sprach zu
ihr: »Sag mir, Tochter, wirst du dich nicht vor deinem
Vetter Tebaldo fürchten, der erst vor so kurzer Zeit getötet
wurde? Er liegt in der Gruft, in die du gebracht werden
wirst, und er wird sehr stinken.«

»Mein Vater«, antwortete die beherzte junge Frau, »das
laßt nicht Eure Sorge sein; denn selbst wenn ich durch
die schlimmen Qualen der Hölle hindurchgehen
müßte, wenn ich glaubte, Romeo dort zu finden, würde
ich auch das ewige Feuer nicht fürchten.«

»Dann geschehe es im Namen unseres Herrgotts«, sagte
der Bruder.

Julia kehrte ganz fröhlich zur Mutter zurück und sagte
ihr unterwegs: »Meine Mutter, Bruder Lorenzo ist gewiß ein gar heiliger Mann. Er hat mich mit seinen sanften und heiligen Worten so getröstet, daß er die heftige
Schwermut, unter der ich litt, fast von mir genommen
hat. Er hat mir eine so fromme und für mein Übel passende kleine Predigt gehalten, wie man sich nur vorstellen kann.«

Frau Giovanna, die die Tochter fröhlicher als sonst sah und hörte, was sie sprach, konnte kaum die Freude fassen, die sie über die Fröhlichkeit und den Trost der Tochter empfand, und antwortete ihr: »Meine liebe Tochter, Gott segne dich, ich bin sehr froh darüber, daß du beginnst, dich zu freuen, und wir sind unserem geistlichen Vater sehr zu Dank verpflichtet. Wir wollen ihn in Ehren halten und mit unseren Almosen unterstützen; denn das Kloster ist arm, und er betet jeden Tag für uns. Gedenke auch du oft seiner und schick ihm gute Speise.«

Frau Giovanna schloß aus Julias frohem Aussehen, sie sei von ihrer früheren Schwermut geheilt, und sagte es dem Gatten; und beide waren darüber sehr zufrieden und beruhigt und gaben den Verdacht auf, daß sie in irgend jemanden verliebt sei. Obwohl sie die Ursache für ihre frühere Betrübnis nicht verstehen konnten, meinten sie, daß der Tod des Vetters oder ein anderer sonderbarer Vorfall sie so bekümmert habe. Da sie noch sehr jung war, hätten sie sie, wenn es sich in Ehren machen ließe, gern noch zwei oder drei Jahre zu Haus behalten, ohne ihr einen Gatten zu geben, aber die Sache mit dem Grafen war schon so weit fortgeschritten, daß man nicht ohne Ärgernis hätte rückgängig machen können, was schon besprochen und abgeschlossen war. Man setzte den Tag für die Hochzeit fest, und Julia wurde mit reichen Kleidern und Juwelen prunkvoll ausgestattet. Sie war guten Mutes, lachte und scherzte, und bis zu dem Augenblick, in dem sie das Wasser mit dem Pulver trinken würde, erschien ihr eine Stunde ein Jahrtausend.

Als der Vorabend des Tages gekommen war, an dem sie öffentlich vermählt werden sollte, und das war ein Sonntag, bereitete sie, ohne jemandem ein Wort davon

zu sagen, ein Glas mit dem Wasser; und ohne daß die Alte es merkte, stellte sie es an das Kopfende ihres Bettes. In jener Nacht schlief sie nicht oder nur wenig, denn mancherlei Gedanken gingen ihr im Kopf herum. Als dann die Morgendämmerung anbrach, während der sie das Wasser mit dem Pulver trinken sollte, begann sie sich Tebaldo vorzustellen, wie sie ihn blutüberströmt mit der Wunde in der Kehle gesehen hatte. Und indem sie daran dachte, daß sie neben oder vielleicht über ihm begraben werden würde und daß in jener Gruft viele Leichen und nackte Gerippe waren, da erstarrte sie am ganzen Körper, und alle Haare sträubten sich ihr, die vor Furcht wie ein Blatt im Winde zitterte. Ein kalter Schweiß verbreitete sich über alle ihre Glieder, und sie sah sich von jenen Toten in tausend Stücke zerrissen. Eine Weile wußte sie in dieser Furcht nicht, was sie tun sollte. Dann schöpfte sie wieder etwas Mut und sagte zu sich: ›Weh mir, was will ich tun? Wohin will ich mich bringen lassen? Was würde aus mir werden, wenn ich etwa aufwachen würde, ehe der Bruder und Romeo kommen? Werde ich den großen Gestank ertragen können, den der verweste Leichnam Tebaldos verbreiten muß, wo ich doch zu Haus kaum einen schlechten Geruch, und sei er noch so klein, ertragen kann? Wer weiß, ob nicht in jenem Grab eine Schlange und tausend Würmer sind, die ich so sehr fürchte und verabscheue? Und wenn ich nicht einmal das Herz habe, sie zu sehen, wie werde ich es dann ertragen können, daß sie um mich sind und mich berühren? Habe ich denn nicht oft von vielen schrecklichen Dingen gehört, die sich des Nachts in Gräbern, Kirchen und Friedhöfen zugetragen haben?‹
In dieser Angst stellte sie sich tausend abscheuliche Dinge vor und war beinahe daran, das Pulver nicht zu nehmen und es auf die Erde zu schütten. Sie verfiel auf

verschiedenartige seltsame Gedanken, deren einer sie aufforderte, es zu nehmen, während andere ihr tausend Gefahren vorhielten. Endlich, nachdem sie eine gute Weile ihrer Phantasie nachgegeben hatte und Aurora schon ihr Haupt über dem östlichen Balkon zeigte, verjagte sie, von der heftigen und glühenden Liebe zu ihrem Romeo getrieben, die in ihrer Bedrängnis noch wuchs, alle widrigen Gedanken und trank in einem Zug beherzt das Wasser mit dem Pulver aus. Sie legte sich zur Ruhe nieder und schlief binnen kurzem ein.

Die Alte, die bei ihr schlief, hatte zwar die ganze Nacht gehört, daß die junge Frau nicht oder wenig schlief, aber nicht den Trank bemerkt, den sie zu sich genommen hatte. Sie stand auf und ging, wie sie es gewohnt war, ihren häuslichen Pflichten nach. Als dann die Stunde gekommen war, kehrte die Alte in das Schlafzimmer zurück und sagte: »Auf, auf, es ist Zeit, aufzustehen.« Sie öffnete die Fenster und sah, daß Julia sich weder bewegte noch Anstalten machte, aufzustehen. So näherte sie sich ihr, rüttelte sie und rief: »Auf, auf, du Langschläferin, steh auf!« Aber die gute Alte sprach zu tauben Ohren. Sie begann sie mit allen Kräften zu rütteln und zu schütteln, sie an der Nase zu ziehen und zu kitzeln; aber alle Mühe war vergeblich. Ihre Lebensgeister waren so gefesselt, daß die fürchterlichsten und geräuschvollsten Donner der Welt sie mit ihrem schrecklichen Getöse nicht geweckt hätten. Darüber erschrak die Alte heftig; denn sie sah, daß Julia gefühllos wie ein Toter blieb, und hielt es für sicher, daß sie gestorben war. Darüber war sie über alle Maßen traurig, weinte bitterste Tränen und lief zu Frau Giovanna. Von maßlosem Schmerz übermannt, konnte sie kaum ein Wort herausbringen und sagte keuchend: »Herrin, Eure Tochter ist tot.«

Die Mutter eilte weinend schnell herbei, und als sie ihre Tochter so vorfand, wie ihr gehört habt, war sie unsagbar traurig und von bitterstem Schmerz überwältigt. Sie schickte ihre jammervollen Schreie zu den Sternen empor und hätte sogar Steine und Tiger, wenn sie ihre Jungen verloren haben und besonders zornig sind, zum Mitleid gerührt. Die Klage und das Schreien der Mutter und der Alten wurden im ganzen Haus gehört und veranlaßten jeden, dorthin zu eilen, von wo das Geschrei kam. Auch der Vater lief hin, und als er die Tochter kälter als Eis und völlig gefühllos vorgefunden hatte, wäre er fast vor Schmerz gestorben. Die Kunde von dem Fall verbreitete sich, und bald war die ganze Stadt voll davon. Es kamen Verwandte und Freunde, und je mehr die Zahl der Menschen im Hause anwuchs, desto größer wurde das Klagen. Sofort wurde nach den berühmtesten Ärzten der Stadt geschickt. Diese gebrauchten alle jene Mittel, die sie als die geeignetsten und heilsamsten kannten, konnten aber mit ihrer Kunst nicht helfen, und da sie hörten, was für ein Leben die junge Frau schon viele Tage mit Weinen und Seufzen geführt hatte, stimmten sie alle in der Meinung überein, daß sie wirklich von übergroßem Schmerz erstickt und daran gestorben sei. Darüber vervielfachte sich die Klage ohne Ende, und in Verona trauerte jeder über den so herben und unerwarteten Tod. Aber am bittersten von allen weinte und klagte die schmerzerfüllte Mutter und wollte keinen Trost annehmen. Dreimal wurde sie beim Umarmen ihrer Tochter ohnmächtig und schien ebenso tot wie jene. Schmerz und Klage wuchsen immer mehr an. Um sie waren viele Frauen, die sich, so gut sie konnten, darum bemühten, sie zu trösten. Sie hatte ihrem Schmerz so die Zügel schießen lassen, daß sie gleichsam in Verzweiflung gefallen war, nicht verstand, was man ihr sagte, nur weinte und seufzte und immer wieder Schreie bis zum Himmel sandte und sich wie eine Wahnsinnige die Haare raufte. Herr Antonio empfand nicht geringeren Schmerz als sie, aber indem er ihm weniger mit Tränen Luft machte, so fühlte er, der seine Tochter zärtlich liebte, ihn um so mehr in seinem Inneren, wußte aber als der Klügere ihn besser zu mäßigen.

Bruder Lorenzo schrieb an jenem Morgen ausführlich an Romeo über die Anwendung des Pulvers und die folgenden Ereignisse. In der nächsten Nacht werde er Julia aus der Gruft holen und in seine Zelle bringen. Romeo solle verkleidet nach Verona kommen, er werde bis Mitternacht des nächsten Tages auf ihn warten und mit ihm alles so gut wie möglich regeln. Als er den Brief geschrieben und versiegelt hatte, übergab er ihn einem zuverlässigen Klosterbruder mit dem strengen Auftrag, am gleichen Tag nach Mantua zu gehen, Romeo Montecchio aufzusuchen und ihm den Brief zu geben, aber keinem anderen, sei es wer es wolle. Der Bruder machte sich auf den Weg, kam sehr früh am Morgen in Mantua an und stieg am Franziskanerkloster ab. Er brachte das Pferd unter und suchte den Pater Guardian auf, um sich von ihm einen Gefährten geben zu lassen, der ihn bei der Erledigung seiner Angelegenheiten durch die Stadt begleiten könne. Da hörte er, daß kurz vorher einer der Brüder jenes Klosters gestorben war. Und weil etwas Pestverdacht bestand, urteilte die Gesundheitsbehörde, daß besagter Bruder ohne Zweifel an der Pest gestorben sei, und das um so mehr, als man bei ihm eine mehr als eigroße Beule in der Leistengegend fand, was ein sicheres und ganz deutliches Anzeichen der Pest war. Und siehe da, genau zu der Stunde, als der Veroneser Bruder um einen Gefährten bat, erschienen die Ser-

geanten der Gesundheitsbehörde und befahlen dem Pater Guardian bei schwersten Strafen im Namen des Herrn der Stadt, er dürfe, wenn ihm die Gunst des Fürsten lieb sei, niemanden aus dem Kloster herauslassen. Der aus Verona angekommene Bruder wollte zwar geltend machen, daß er gerade erst angelangt und mit niemandem in Berührung gekommen sei; aber das war vergebliche Mühe, und er mußte gegen seinen Willen mit den anderen Brüdern im Kloster bleiben. So konnte er jenen verwünschten Brief weder Romeo aushändigen noch ihm anderswie eine Nachricht zukommen lassen. Das war, wie ihr bald hören werdet, die Ursache eines gar großen Übels und Ärgernisses.
Inzwischen wurde in Verona die feierliche Bestattung für die junge Frau, die man für tot hielt, vorbereitet, und man entschloß sich, sie am gleichen Tag in später Abendstunde durchzuführen. Pietro, Romeos Diener, hatte von Julias Tod erfahren; ganz bestürzt beschloß er, nach Mantua zu gehen, aber zunächst ihre Beerdigung abzuwarten, um seinem Herrn sagen zu können, daß er sie tot gesehen habe. Er gedachte, sobald er Verona verlassen könne, über Nacht zu reiten und beim Öffnen des Tores in Mantua anzukommen.
So wurde am späten Abend unter allgemeiner Trauer ganz Veronas der Sarg Julias mit dem Prunk der ganzen Geistlichkeit und aller Mönche der Stadt nach San Francesco gebracht. Pietro war so bestürzt und durch das Mitgefühl für seinen Herrn, von dem er wußte, daß er einzig die junge Frau liebte, so außer sich, daß er nicht einmal daran dachte, Bruder Lorenzo aufzusuchen und mit ihm zu sprechen, wie er es sonst zu tun pflegte; denn wäre er zu ihm gegangen, so hätte er die Geschichte mit dem Pulver erfahren und Romeo mitteilen können, und die großen Ärgernisse, die dann

folgten, wären nicht geschehen. Als er nun Julia auf der Bahre gesehen und sie deutlich erkannt hatte, stieg er zu Pferde und ritt eilig nach Villafranca, um dort sein Pferd zu erfrischen und etwas zu schlafen. Mehr als zwei Stunden vor Tagesanbruch stand er auf, kam bei Sonnenaufgang in Mantua an und ging zum Haus seines Herrn.

Aber kehren wir nach Verona zurück. Nachdem die junge Frau in die Kirche gebracht und das feierliche Totenamt gehalten war, wie es bei solchen Bestattungen üblich ist, wurde sie um Mitternacht in der Marmorgruft beigesetzt, die sehr groß und außerhalb der Kirche auf dem Friedhof gelegen war. Auf der einen Seite grenzte sie an eine Mauer, die mit einem weiteren drei oder vier Ellen breiten Raum in einen anderen Friedhof hinüberragte; und wenn man einen Leichnam in der Gruft beisetzte, warf man die Gebeine derer, die früher beerdigt worden waren, dort hinüber, und in der Mauer waren hoch über der Erde einige Öffnungen. Als die Gruft geöffnet wurde, ließ Bruder Lorenzo sogleich den Leichnam Tebaldos auf die eine Seite der Gruft legen. Da dieser von Natur sehr mager gewesen war und bei seinem Tod sein ganzes Blut verloren hatte, war er nur wenig verwest und stank nicht sehr. Dann ließ er die Gruft fegen und reinigen, und da ihm die Bestattung der jungen Frau oblag, ließ er sie darin so sanft wie möglich niederlegen und ihr ein Kopfkissen unter den Kopf schieben. Dann ließ er die Gruft wieder verschließen.

Pietro, der in Romeos Haus eingetreten war, fand ihn noch im Bett, und als er vor ihm stand, brachte er unter unendlichem Schluchzen und Weinen kein Wort heraus. Darüber war Romeo sehr verwundert, und indem er nicht an das dachte, was geschehen war, sondern an

andere Übel, fragte er ihn: »Pietro, was hast du? Was für Nachrichten bringst du mir aus Verona? Wie geht es meinem Vater und den anderen Unsrigen? Sprich, halte mich nicht länger im Ungewissen; was kann es sein, daß du so betrübt bist? Nun, sag es schnell!«
Pietro tat schließlich seinem Schmerz Gewalt an und berichtete ihm mit schwacher Stimme und stockenden Worten von Julias Tod und daß er Zeuge ihrer Beerdigung gewesen sei. Man sage, sie sei vor Schmerz gestorben. Auf diese so traurige und grausame Nachricht hin war Romeo eine ganze Weile wie von Sinnen. Dann sprang er wie ein Wahnsinniger aus dem Bett und sagte zu sich selbst: »O weh, du Verräter Romeo, du Treuloser, Wortbrüchiger, Undankbarster aller Undankbaren! Es ist nicht der Schmerz, der deine Herrin getötet hat, denn vor Schmerz stirbt man nicht; sondern du, Grausamer, bist der Schurke, der Mörder gewesen. Du bist der, der sie getötet hat. Sie schrieb dir doch, sie wolle lieber sterben, als sich von einem anderen heiraten zu lassen, und du solltest unbedingt kommen, um sie aus dem Hause ihres Vaters zu entführen. Und du Undankbarer, Saumseliger, Liebloser, du Fleischerhund gabst ihr dein Wort, du werdest kommen und alles tun, und sie solle guten Mutes sein. Und dann hast du von Tag zu Tag gezögert und zu keinem Entschluß kommen können. Nun hast du die Hände in den Schoß gelegt, und Julia ist tot. Julia ist tot, und du lebst. Ach, du Verräter, wie oft hast du ihr geschrieben und mündlich gesagt, daß du ohne sie nicht leben kannst! Und doch lebst du noch. Wo meinst du wohl, daß sie jetzt ist? Sie irrt hier umher und wartet, daß du ihr folgst, und spricht zu sich selbst: ›Da ist der Lügner, der trügerische Liebhaber und ungetreue Gatte, der auf die Nachricht von meinem Tode noch lebt.‹ Verzeih mir, mein

teuerstes Weib, ich gestehe mein so schweres Verbrechen. Aber da der Schmerz, den ich überaus qualvoll fühle, nicht ausreicht, mir das Leben zu nehmen, so will ich selbst dieses Amt vollziehen, das der Schmerz verrichten müßte. Ihm und dem Tod zum Trotz werde ich mich töten.«
Indem er dies sagte, ergriff er den Degen, der sich am Kopfende seines Bettes befand, zog ihn schnell aus der Scheide, richtete ihn gegen seine Brust und setzte die Spitze auf das Herz. Aber der gute Pietro war flink genug und riß ihm schnell die Waffe aus der Hand, daß er sich nicht verwunden konnte. Er sagte ihm dann jene Worte, die in einem solchen Fall jeder treue Diener seinem Herrn sagen muß, und indem er ihn ehrlich für solche Torheit tadelte, tröstete er ihn, so gut er konnte, und ermahnte ihn, sich mit dem Leben abzufinden, da er der Toten mit menschlicher Hilfe nicht mehr nützen konnte. Romeo war von der grausigen Nachricht über das unvorhergesehene Ereignis betäubt und, wie versteinert, zu Marmor geworden, so daß die Tränen in seinen Augen erstarrten. Wer ihm ins Gesicht geblickt hätte, würde gesagt haben, daß er eher einer Statue als einem Menschen glich. Aber es dauerte nicht lange, bis die Tränen in solcher Menge flossen, daß es schien, eine lebendige Quelle verströme ihr Wasser. Die Worte, die er weinend und seufzend sprach, hätten Herzen, hart wie Diamant, die es je unter Barbaren gab, zum Mitleid gerührt. Als dann sein innerer Schmerz sich Luft zu machen begann, überließ sich Romeo, allerlei Dinge erwägend, seinen bitteren Leidenschaften und seinen schlimmen und verzweifelten Gedanken und beschloß, da seine teure Julia tot war, in keiner Weise mehr leben zu wollen. Aber von diesem stolzen Vorsatz ließ er sich weder etwas anmerken noch sagte er ein Wort davon,

vielmehr verstellte er sich, damit ihn ein anderes Mal
der Diener, oder wer es sonst sei, nicht daran hindern
könne, seinen Willen auszuführen. Er befahl daher Pietro, der allein bei ihm im Zimmer war, keinem Menschen etwas über den Tod seiner Gattin zu sagen und
noch weniger jemandem die Verirrung zu offenbaren,
in die er gefallen war, als er sich selbst töten wollte.
Dann ließ er ihn zwei frische Pferde bereithalten, um
nach Verona zu reiten. »Ich will«, sagte er, »daß du
heimlich aufbrichst, ohne jemandem ein Wort zu sagen.
Sowie du in Verona bist, besorge, ohne meinen Vater etwas von meiner bevorstehenden Ankunft wissen zu lassen, jenes Eisenzeug, das man braucht, um die Gruft zu
öffnen, in der meine Gattin beigesetzt ist, und Stützen,
um die Gruft abzusteifen. Spät am gleichen Abend
werde ich in Verona eintreffen und geradeswegs zu
dem Häuschen kommen, das du hinter unserem Garten
bewohnst. Zwischen der dritten und vierten Nachtstunde werden wir auf den Friedhof gehen; denn ich
will meine unglückliche Frau noch einmal sehen, wie sie
tot dort liegt. Am frühen Morgen werde ich unerkannt
Verona verlassen. Du wirst mich etwas später wiedersehen, und wir werden dann hierher zurückkehren.«
Kurz danach schickte er Pietro los. Als dieser aufgebrochen war, schrieb Romeo einen Brief an seinen Vater
und bat ihn um Verzeihung, daß er ohne seine Erlaubnis geheiratet habe. Darin berichtete er ihm eingehend
von seiner Liebe und seiner Heirat. Er bat ihn sehr
herzlich, am Grabe Julias, die doch seine Schwiegertochter war, ein feierliches Totenamt abhalten zu lassen
und dasselbe ständig zu wiederholen und aus seinen
Einkünften zu bestreiten. Romeo hatte nämlich einige
Besitzungen, die ihm eine Tante als ihrem Erben
durch Testament hinterlassen hatte. Auch für Pietro

sorgte er so, daß er anständig leben konnte, ohne auf die Hilfe anderer angewiesen zu sein. Um diese beiden Dinge bat er seinen Vater mit großer Dringlichkeit, indem er erklärte, daß dies sein Letzter Wille sei; und da jene Tante erst vor wenigen Tagen gestorben war, bat er den Vater, er möchte die ersten Erträge aus seinen Besitzungen um der Liebe Gottes willen den Armen geben.

Den Brief siegelte er und steckte ihn sich in den Busen. Dann nahm er ein Fläschchen, das mit einem sehr giftigen Trank gefüllt war, stieg, als Deutscher gekleidet, zu Pferde, sagte den Seinen, die im Hause blieben, er werde am folgenden Tage zu früher Stunde zurückkehren, und wollte von niemandem begleitet werden. Er ritt also eilig los und erreichte zur Stunde des Ave Maria Verona. Dort suchte er sofort Pietro auf und traf ihn zu Haus an. Pietro hatte alles, was er ihm aufgetragen hatte, vorbereitet. Von dort gingen sie etwa um die vierte Stunde mit den Werkzeugen und dem Eisenzeug, das ihnen nötig zu sein schien, zur Zitadelle und gelangten ungehindert zum Friedhof der Kirche von San Francesco. Sie fanden dort die Gruft, in der Julia lag, öffneten sie geschickt mit ihren Werkzeugen und steiften die Deckplatte mit festen Stützen ab. Pietro hatte im Auftrag Romeos eine kleine Blendlaterne mitgebracht (die manche ›cieca‹, die anderen ›sorda‹ nennen); diese half ihnen, gut abgedeckt, den Sarg zu öffnen und gut abzustützen. Romeo trat ein und sah seine teure Gattin, die wirklich tot schien. Sogleich brach er ohnmächtig zur Seite Julias zusammen, viel mehr tot als sie. Eine Weile blieb er bewußtlos, so vom Schmerz niedergedrückt, daß er dem Tode nahe war. Wieder zu sich gekommen, umarmte er die teure Frau, küßte sie mehrmals und badete ihr blasses Gesicht mit den heißesten

Tränen. Vom heftigen Weinen gehindert, konnte er kein Wort herausbringen. Er weinte sehr und sprach zu ihr viele Worte, die die verhärtetsten Herzen der Welt zum Mitleid gerührt hätten. Nachdem er schließlich beschlossen hatte, nicht mehr leben zu wollen, nahm er das kleine Fläschchen, das er mitgebracht hatte, führte das darin befindliche Gift zum Munde und schluckte es mit einem Zug hinunter. Danach rief er Pietro herbei, der in einer Ecke des Friedhofs stand. Als dieser herangekommen war und sich an den Rand der Gruft stützte, sagte Romeo zu ihm: »Sieh hier, Pietro, meine Frau, von der du weißt, wie sehr ich sie geliebt habe und noch liebe. Ich weiß, daß ich ohne sie leben würde wie ein Körper ohne Seele; deshalb habe ich das Schlangengift mitgebracht, das den Menschen, wie du weißt, in weniger als einer Stunde tötet. Ich habe es froh und gern getrunken, um hier an der Seite derjenigen, die ich im Leben so sehr liebte, den Tod zu finden und wenigstens im Tode bei ihr zu bleiben. Sieh die Ampulle, in der das Gift war. Du wirst dich erinnern, daß es uns in Mantua jener Spoletiner gab, der die lebenden Nattern und andere Schlangen hatte. Gott möge mir in seiner Barmherzigkeit und unendlichen Güte verzeihen; denn ich habe mich nicht getötet, um ihn zu beleidigen, sondern weil ich ohne meine teure Gattin nicht leben konnte. Und wenn du auch meine Augen feucht von Tränen siehst, so denke nicht, daß ich aus Mitleid mit mir selbst weine, der ich so jung sterbe; ich weine aus dem so großen Schmerz um den Tod derjenigen, die würdig gewesen wäre, ein froheres und glücklicheres Leben zu genießen. Du wirst diesen Brief meinem Vater geben, dem ich geschrieben habe, was er nach meinem Tode tun soll, sowohl für dieses Grab als auch für meine Diener in Mantua. Dir, der du mir immer treu gedient hast, habe ich so viel vermacht, daß du es nicht nötig haben wirst, einem anderen zu dienen. Ich bin sicher, daß mein Vater alles, was ich ihm schrieb, vollständig ausführen wird. Nun geh, ich fühle den Tod nahe, denn ich merke, daß das tödliche Gift schon alle meine Glieder durchdringt. Schließ die Gruft, und laß mich bei meiner Herrin sterben.«

Pietro war über das Gesagte so betrübt, daß es ihm schien, das Herz in der Brust würde ihm durch diesen unendlichen Schmerz brechen. Viele Worte sagte er seinem Herrn, aber alle waren vergeblich; denn gegen das Gift konnte kein Mittel mehr helfen, da es schon alle Teile des Körpers ergriffen und verseucht hatte. Romeo nahm Julia in seine Arme und erwartete unter ständigen Küssen den nahen und unvermeidlichen Tod, wobei er Pietro nochmals sagte, er solle die Gruft schließen.

Da erwachte Julia, bei der die Wirkung des Pulvers erschöpft war, und als sie fühlte, daß sie geküßt wurde, kam ihr der Verdacht, der Bruder, der gekommen sei, um sie in seine Zelle zu bringen, halte sie im Arm und küsse sie, von lüsternem Begehren erregt. Und sie sagte: »Ach, Vater Lorenzo, ist das das Vertrauen, das Romeo in Euch setzte? Geht weg von mir!« Und indem sie sich schüttelte, um sich aus seinen Armen zu befreien, öffnete sie die Augen und sah sich in den Armen Romeos, den sie gut erkannte, obwohl er deutsche Kleidung trug. Und sie sagte: »Ach, Ihr seid hier, mein Leben? Wo ist Bruder Lorenzo? Wollt Ihr mich nicht aus dieser Gruft wegbringen? Gehen wir um der Liebe Gottes willen fort von hier!«

Als Romeo Julia die Augen öffnen sah und sie sprechen hörte, merkte er deutlich, daß sie nicht gestorben war, sondern lebte, und empfand zugleich Freude und unsagbaren Schmerz. Unter Tränen drückte er seine teure Frau an die Brust und sagte: »Ach, Leben meines Lebens und Herz meines Körpers, welcher Mann auf Erden hat je eine solche Freude empfunden wie ich in diesem Augenblick? Ich glaubte Euch tot, und doch halte ich Euch lebend und gesund in meinen Armen. Aber welcher Schmerz war jemals dem meinigen gleich, welche noch so schlimme Qual kann sich mit der meinigen messen? Denn ich fühle, daß ich am Ende meiner so unglücklichen Tage angelangt bin und mein Leben lassen muß, wo ich es doch mehr als jemals genießen müßte! Eine halbe Stunde, vielleicht, ist die ganze Zeit, die mir noch vom Leben bleibt. Wo gab es je in einem einzigen Menschen im gleichen Augenblick äußerste Freude und unendlichen Schmerz, wie ich sie deutlich in mir empfinde! Ich bin unsagbar froh und voller Freude und Zufriedenheit, daß ich Euch, meine süße Gattin, unversehens lebend sehe, die ich tot glaubte und so bitter beweint habe. Und wirklich, meine süße Frau, müßte ich mich in diesem Fall mit Euch freuen; aber unsagbaren Gram und Schmerz ohnegleichen leide ich, wenn ich daran denke, daß es mir so bald nicht mehr vergönnt sein wird, Euch zu sehen, zu hören, bei Euch zu sein und die so süße Gemeinschaft mit Euch zu genießen, die ich so sehr ersehnt habe. Zwar übertrifft die Freude, Euch lebend zu sehen, bei weitem jenen Schmerz, der mich quält. Es naht der Augenblick, in dem ich mich von Euch trennen muß, und ich bitte den Herrgott, er möge die Jahre, die er von meiner unglücklichen Jugend fortnimmt, den Eurigen hinzufügen und Euch ein langes Leben, glücklicher als das meine, gewähren; denn schon fühle ich, daß mein Leben endet.«

Als Julia hörte, was Romeo sagte, richtete sie sich etwas

auf und sprach zu ihm: »Was sind das für Worte, mein
Gebieter, die Ihr mir da sagt? Ist das der Trost, den Ihr
mir geben wollt, und seid Ihr von Mantua gekommen,
um mir eine solche Nachricht zu bringen? Was soll das
bedeuten?«
Da erzählte ihr der unglückliche Romeo von dem Gift,
das er getrunken hatte. »O weh mir, o weh«, sagte Julia,
»was höre ich da? Was sagt Ihr mir? Ich Unglückliche!
Demnach hat Bruder Lorenzo nichts von dem geschrieben, was er zusammen mit mir ins Werk gesetzt hatte?
Er hat mir doch versprochen, Euch alles zu schreiben.«
So erzählte die trostlose junge Frau, voll von gar bitterem Schmerz, weinend, jammernd, seufzend und fast
vor Wahnsinn außer sich, was der Bruder und sie getan
hatten, damit sie nicht gezwungen sein sollte, den Mann
zu heiraten, den der Vater ihr geben wollte.
Als Romeo das hörte, wuchs sein Schmerz über den
schon erduldeten Kummer hinaus unendlich an. Und
während Julia heftig über ihr Unglück jammerte und
den Himmel, die Sterne und alle so grausamen Elemente anrief, sah Romeo den Leichnam Tebaldos, den
er vor einigen Monaten, wie ihr schon gehört habt, im
Streit getötet hatte. Er erkannte ihn, wandte sich ihm zu
und sagte: »Tebaldo, wo du auch sein magst, du sollst
wissen, daß ich dir nicht schaden wollte, daß ich vielmehr in das Handgemenge eingegriffen habe, um es zu
schlichten, und dich ermahnte, die Deinen zurückzuziehen, und auch die Meinen veranlassen wollte, die Waffen niederzulegen. Du aber kümmertest dich voller
Zorn und altem Haß nicht um meine Worte, sondern
fielst treulos über mich her. Da wollte ich, von dir gezwungen und die Geduld verlierend, nicht einen Fingerbreit zurückweichen, und indem ich mich vertei-

digte, wollte es das Schicksal, daß ich dich tötete. Jetzt bitte ich dich um Verzeihung für die Beschimpfung, die ich deinem Leib zugefügt habe, und das um so mehr, als ich schon durch deine Kusine, die ich geheiratet habe, dein Verwandter geworden war. Wenn du Rache an mir begehrst, so hast du sie schon erlangt. Und welche größere Rache könntest du wünschen, als zu wissen, daß derjenige, der dich tötete, sich selbst in deiner Gegenwart vergiftet hat, freiwillig vor deinen Augen stirbt und neben dir begraben wird! Wenn wir im Leben Feinde waren, so werden wir im Tod friedlich in der gleichen Gruft bleiben.«

Pietro stand bei diesen erbarmungswürdigen Reden des Gatten und der Klage der Frau wie eine Marmorsäule da. Er wußte nicht, ob das, was er sah und hörte, wahr sei oder ob er träume. Er wußte nicht, was er sagen oder tun sollte, so bestürzt war er.

Die arme Julia, in tieferem Schmerz als je eine andere Frau, denn sie klagte ohne Ende, sagte zu Romeo: »Da es Gott nicht gefallen hat, daß wir zusammen leben sollen, möge es ihm wenigstens gefallen, daß ich mit Euch begraben bleibe; seid also sicher, daß ich, komme was mag, niemals ohne Euch von hier fortgehen werde.«

Romeo nahm sie von neuem in seine Arme und bat sie mit sanften Worten, sie möge sich trösten und am Leben bleiben; denn er könne getrost von ihr scheiden, wenn er sicher wäre, daß sie weiterlebe. Und vieles andere sagte er ihr noch dazu. Er fühlte, wie seine Kräfte allmählich schwanden. Schon waren seine Augen zum Teil getrübt und auch die anderen Körperkräfte geschwächt, so daß er sich nicht mehr aufrecht halten konnte. Er sank nieder und sagte zu seiner betrübten Frau, der er teilnahmsvoll ins Antlitz blickte: »O weh! Mein Leben, ich sterbe.«

Bruder Lorenzo hatte aus irgendeinem Grunde Julia in der Nacht, als sie begraben worden war, nicht in seine Zelle bringen wollen. Als er dann in der folgenden Nacht sah, daß Romeo nicht erschien, nahm er einen zuverlässigen Bruder und ging mit seinem Eisenzeug, die Gruft zu öffnen. Er kam dort in dem Augenblick an, als Romeo niedersank. Als er die Gruft offen fand und Pietro erkannte, fragte er: »Mein Lieber, wo ist Romeo?«

Julia hörte die Stimme, erkannte den Bruder und sagte, den Kopf aufrichtend: »Gott verzeihe es Euch! Ihr habt den Brief ja trefflich an Romeo geschickt!«

»Ich habe ihn abgeschickt«, antwortete der Bruder, »und Bruder Anselmo, den auch du kennst, hat ihn hingebracht. Warum aber sagst du mir das?«

Bitter weinend, sagte ihm Julia: »Kommt her, und Ihr werdet sehen.«

Der Bruder kam heran, sah Romeo dort liegen, in dem nur noch wenig Leben war, und fragte ihn: »Romeo, mein Sohn, was hast du?« Romeo öffnete die matten Augen, erkannte ihn und legte ihm mit leiser Stimme Julia ans Herz, denn für ihn komme jede Hilfe oder jeder Rat zu spät; er habe seine Sünden bereut und bitte ihn und Gott um Vergebung. Der unglückliche Liebende konnte nur mit großer Mühe diese letzten Worte aussprechen. Er verlor alle Kraft, schloß die Augen und starb.

Ich bringe es nicht über das Herz, sagen zu können, wie schwer und unerträglich das für die trostlose Frau war. Wer aber wahrhaft liebt, möge es sich vorstellen und sich selbst bei dem so schrecklichen Schauspiel wiederfinden. Erbarmungswürdig und nutzlos klagend, beweinte sie ihn sehr. Viele Male rief sie vergeblich den geliebten Namen, ließ sich, vom Kummer überwältigt, kraftlos über den Leichnam des Gatten fallen und blieb eine gute Weile ohnmächtig liegen. Der Bruder und Pietro, über alle Maßen betrübt, brachten sie wieder zu sich. Als sie wieder zu sich gekommen war, faltete sie die Hände, ließ ihren Tränen freien Lauf und vergoß deren so viele, wie nie eine Frau vergossen hat, und indem sie den Toten küßte, sagte sie: »O du so süße Wohnung aller meiner Gedanken und aller Freuden, die ich je genossen habe, mein teurer und einziger Gebieter, wie bist du mir aus solcher Süße zur Bitterkeit geworden! Du hast in der Blüte deiner schönen und anmutigen Jugend deinen Lauf beendet und hast das Leben für nichts erachtet, das von allen so sehr geschätzt wurde. Du hast zu einer Zeit sterben wollen, in der andere sich des Lebens am meisten freuen, und hast das Ziel erreicht, zu dem wir alle früher oder später gelangen müssen. Du, mein Gebieter, hast deine Tage im Schoß derjenigen beendet, die du über alles liebtest und von der du allein geliebt wirst; und wo du sie tot und begraben glaubtest, dorthin bist du freiwillig selbst gekommen, um mit ihr begraben zu werden. Du hast nie an meine bitteren und aufrichtigen Tränen gedacht oder daran, daß du mich in der anderen Welt nicht wiederfinden würdest. Ich bin sicher, daß du, da du mich nicht wiederfindest, hierher zurückgekehrt bist, um zu sehen, ob ich dir folge. Fühle ich nicht, daß dein Geist hier umherirrt und sich wundert und darüber klagt, daß ich so lange zögere? Mein Gebieter, ich sehe dich, ich fühle dich, ich erkenne dich, und ich weiß, daß du nur auf mein Kommen wartest. Fürchte nicht, mein Gebieter, denke nicht, daß ich hier ohne deine Gesellschaft zurückbleiben wolle; denn ohne dich wäre mir das Leben weit härter und kummervoller als jede Todesart, die der Mensch ersinnen kann; ohne dich würde ich nicht

leben, und wenn es auch anderen so scheinen würde, als ob ich lebte, so würde mir dieses Leben ein beständiges und qualvolles Sterben sein. Sei also sicher, mein teurer Gebieter, daß ich bald zu dir kommen werde, um immer bei dir zu sein. Und um welcher Gesellschaft willen sollte ich dieses elende und mühselige Leben nicht verlassen, was wäre mir lieber und zuverlässiger, als dir nachzukommen und deinen Spuren zu folgen? Um keiner Gesellschaft willen, dessen bin ich sicher!«
Der Bruder und Pietro, die um sie waren, weinten, von unendlichem Mitgefühl übermannt, und bemühten sich, so gut sie konnten, sie zu trösten; aber alles war vergeblich. Bruder Lorenzo sprach zu ihr: »Meine Tochter, geschehene Dinge lassen sich nicht ungeschehen machen. Wenn Romeo durch Tränen erweckt werden könnte, so würden wir alle uns in Tränen auflösen, um ihm zu helfen; aber da gibt es kein Mittel. Tröste dich und sei darauf bedacht zu leben, und wenn du nicht nach Haus zurückkehren willst, so überlasse es mir, dich in ein heiliges Kloster zu bringen, wo du im Dienst Gottes für die Seele deines Romeo beten kannst.«
Sie aber wollte in keiner Weise auf ihn hören, sondern beharrte auf ihrem stolzen Vorsatz, beklagte sich nur, daß sie mit ihrem Leben nicht das ihres Romeo wiedererlangen konnte, und machte sich zum Sterben bereit. Sie hielt daher mit Gewalt ihren Atem an und starb, ohne noch ein Wort zu sagen, mit ihrem Romeo im Schoß.
Während nun die beiden Mönche und Pietro um die tote junge Frau bemüht waren und sie nur für ohnmächtig hielten, kamen zufällig Wachsoldaten vorbei. Diese sahen Licht in der Gruft und eilten heran. Sie nahmen die Mönche und Pietro fest, und als sie von

dem jammervollen Schicksal der unglücklichen Liebenden gehört hatten, ließen sie die Mönche unter guter Bewachung, führten Pietro zum Herrn Bartolomeo und meldeten ihm, in welcher Weise sie jenen gefunden hatten. Herr Bartolomeo ließ sich die ganze Geschichte der beiden Liebenden in allen Einzelheiten erzählen, und da der Morgen schon dämmerte, erhob er sich und wollte die beiden Leichen sehen. Das Gerücht von diesem Vorfall verbreitete sich durch ganz Verona, so daß groß und klein dort zusammenlief. Den Mönchen und Pietro wurde verziehen, und unter tiefem Schmerz der Montecchi und Capelletti sowie der ganzen Stadt wurde die Leichenfeier mit außerordentlichem Prunk abgehalten. Der Herr der Stadt wünschte, daß die Liebenden in der gleichen Gruft beigesetzt wurden, und das war die Ursache, daß zwischen den Montecchi und Capelletti Frieden geschlossen wurde, der allerdings nicht lange währte.

EIN WITWENLEBEN IN MAILAND

Durch Mailand kommend, hörte ich von einem meiner Freunde, es lebe daselbst eine edle Witwe, die – sehr jung, sehr reich und ausnehmend schön – sich dennoch entschloß, nie wieder zu heiraten, obwohl sie noch nicht über zweiundzwanzig Jahre alt war. Sie hatte ein kleines, noch nicht einjähriges Söhnchen in der Wiege, das sie ihrem Gatten geboren hatte. Als ihr Gatte zu sterben kam, machte er sein Testament und setzte seinen Sohn zum Gesamterben ein. Seiner Frau legte er zu ihrer Mitgift noch fünftausend Dukaten und setzte sie über das ganze Vermögen, ohne Verbindlichkeit, irgend jemandem von ihrer Verwaltung Rechenschaft abzulegen, mit Ausnahme, daß es ihr nicht gestattet war, die liegenden Güter zu veräußern oder zu verpfänden. Als sie nun Witwe geworden war, wandte sie alle ihre Aufmerksamkeit auf die Erziehung ihres Söhnchens. Sie bewohnte einen prächtigen Palast, der ganz mit den prachtvollsten flandrischen und alexandrinischen Teppichen und mit reichen und weichen Betten ausgestattet war wie nur irgendeiner in Mailand. Auch hielt sie eine sehr anständige Kutsche mit vier stattlichen Rossen, und wenn sie auch nicht mehr so viele Aufwärter und Dienerschaft hielt wie zu Lebzeiten ihres Mannes, so hatte sie doch noch zahlreiche Bedienung, unter andern einen sehr alten Sekretär, der schon bei ihrem Schwiegervater und ihrem Gatten gedient hatte, einen Verwalter der auswärtigen Güter und einen bejahrten Hausmeister nebst zwei Reitknechten und einigen Edelknaben. Außerdem hatte sie einige Frauen neben dem Hausvogt und der Amme. Sie verlangte nun, daß sie sich jeden Abend zu schicklicher Stunde in ihre Gemächer zurückzogen, und sobald der Palast abends geschlossen wurde, ließ sie sich die Schlüssel zu den Toren in ihr Schlafzimmer bringen, wo sie sie die Nacht über behielt. So lebte sie in ungestörter Ruhe und Zurückgezogenheit, sah ihre Verwandten selten, andere noch weniger; das einsiedlerische Leben gefiel ihr, und sie war fest entschlossen, kein neues Eheband einzugehen.

Sie war aus edlem Geschlecht, besaß eine schöne Mitgift, der ihr Gemahl noch zugelegt hatte; sie hatte in sehr vornehmer Ehe gelebt, und man nahm für gewiß an, daß sie stets viele Tausende von Dukaten in der Kasse haben mußte, da man die Einkünfte und den geringen Aufwand kannte, der im Hause üblich war. Darum stellte ihr ein hübscher Trupp von Edelleuten nach, um ihre Liebe zu gewinnen, die einen, um ihre hohen Reize zu genießen, die andern, um sie zur Ehe zu bekommen. Aber alles war umsonst; denn sie sagte, sie habe den feinsten und höflichsten Mann, den es geben könne, zum Gatten gehabt und seine ausschließliche Liebe besessen, wie er im Tode noch durch die reinste Anhänglichkeit dargetan habe; sie wolle daher die Götter nicht versuchen, aus Furcht, an irgendeinen jener widerwärtigen, eifersüchtigen und argwöhnischen Männer zu geraten, wie sie der Spott der Nachbarn und die Zuchtrute des Hauses sind, der ihr keine erwünschte Gesellschaft leisten würde. Bei diesem Entschluß kümmerte sie sich gar nicht um die Bewerbungen dieser aller, die ihr den ganzen Tag den Hof machten oder sie zur Frau wollten; und es konnte keiner bemerken, daß sie den einen freundlicher angeblickt hätte als den andern.

Es dauerte etwa zwei Jahre, ohne daß sie für jemanden Neigung faßte; sie schien vielmehr die ganze Welt geringzuschätzen: kein einziges Mal kam ihr der Wunsch, sich zu verlieben oder dem Joche der Ehe zu unterwerfen. Aber Amor ergrimmte nun über die Härte dieser Frau und beschloß, unter allen Umständen sie dahin zu bringen, ihren keuschen Vorsatz zu brechen und ihm den Sieg über sie zu gönnen. Als nun das Jahresfest der Verkündigung der Himmelskönigin gefeiert wurde, wobei, wie mir gesagt wurde, gewöhnlich vollkommener Ablaß gespendet wird, das eine Jahr im größern Hospital, das andere im Dom, sah sie, diesmal im Hospital, fast sich gegenüber einen Edelmann im Gespräch. Die Frau war nämlich zur Beichte gegangen, um vollständigen Ablaß zu erlangen, und ward plötzlich von so heftiger Liebe ergriffen, daß sie die Augen aufschlug, um den Edelmann nochmals zu betrachten, der in der Tat sehr schön, tapfer, tugendhaft und reich und mit den besten Sitten ausgestattet war. Die Frau meinte, in ihrem Leben nie einen edleren und anmutigeren jungen Mann als ihn gesehen zu haben, und vermochte ihre Blicke nicht von ihm abzuwenden. Der Edelmann aber, der nicht an sie dachte, kümmerte sich nicht darum. Sie wünschte gar sehr, daß er sich zu ihr wende; denn sie meinte, daraus, daß er sie ansehe, ein wunderbares Vergnügen zu schöpfen. Indessen trat der Apotheker, dessen sich die Frau sowohl für Arzneien als für Eingemachtes bediente, zu dem Jüngling und fing an, mit ihm zu sprechen. Da ihre Unterhaltung lange dauerte, winkte sie den Hausvogt, der sie begleitet hatte, zu sich heran, der ehrerbietig näher trat. Sie fragte ihn nun mit gedämpfter Stimme, ob er den Edelmann kenne, der mit dem Apotheker spreche. Auf erhaltene verneinende Antwort trug sie ihm auf, in geschickter Weise genau zu erkunden, wie er heiße. Bald darauf ging der junge Mann hinweg, und der Hausvogt schlich bedächtig hinter ihm drein, bis er einem Lastträger begegnete, den er gut kannte. Und da die Lastträger in allen Häusern der Stadt heimisch zu sein pflegen und fast jeden kennen, fragte er ihn, wer der sei, der mit drei Dienern ihm vorausgehe, und ob er ihn kenne.

»Wie?« antwortete der Lastträger, »ich bin ganz gut bekannt in seinem Hause und habe dort die Woche über tausenderlei zu tun.« Dann sagte er ihm den Namen und auch seinen eigenen und in welcher Straße er wohne.

»Sieh doch«, versetzte der kluge Hausvogt, um dem Lastträger die Fährte zu verwischen, »sieh, wie sehr ich mich getäuscht habe! Ich glaubte, es sei ein anderer, dem er sehr ähnlich sieht.«

Dann meldete er alles seiner Gebieterin, sobald er nach

Hause kam. Sie hatte den Namen von ihrem eigenen
Gatten oft nennen und ihn als edel, reich und gebildet
rühmen hören und fing nun an, sich des öfteren an die
Fenster zu stellen, um zu sehen, ob der Jüngling durch
diese Straße komme. Das Glück war ihr hierbei sehr
günstig, da der Jüngling nicht auf geraderem Wege in
den Palast des Podestà kommen konnte, wohin er eines
Prozesses wegen oft ging, ohne eben vor dem Hause
dieser jungen Witwe vorüberzukommen. Diese Beobachtung
verursachte ihr die größte Freude. Da sie ihn
nun oft in ihrer Straße hin- und hergehen sah, bemerkte
sie dabei, daß, wenn er nicht zuweilen in Gesellschaft
eines seiner Advokaten oder eines Sachwalters
war, in dessen Händen sein Prozeß lag, er sich nie sonst
in Gesellschaft blicken ließ. Ebenso ritt er stets allein
durch die Stadt. Wenn sie eine Spazierfahrt über Land
machte, wie das bei allen Edelfrauen dort Sitte ist, begegnete
sie ihm immer allein, und er hatte in der Regel
nur einen Edelknaben oder drei Diener bei sich, obwohl
er zu Hause eine zahlreiche Dienerschaft hielt. Wenn
der junge Mann der Witwe begegnete, sei es zu Wagen
oder zu Fuß, schwenkte er stets sein Barett und bezeigte
ihr seine Verehrung durch eine anständige Verbeugung,
wie nach der löblichen Sitte jeder Edelmann den Edelfrauen
seine Achtung und Verehrung kundgibt. Auch
sie erwiderte nicht nur ihm, sondern allen, die sich vor
ihr verneigten, mit sehr anständigem Kopfnicken und je
nach dem Range der Personen mit tiefen Verbeugungen
die Ehrenbezeigung nach Gebühr, hielt sich dabei
indes so, daß niemand merken konnte, daß sie dem
einen mehr zugetan war als dem andern. Sie fühlte
mehr als gewöhnliche Liebe gegen den jungen Mann,
war aber sittsam und vorsichtig genug, um mit keiner
Gebärde ihre Liebe zu verraten.

Auf diese Weise glühend und schmachtend, sehnte sie sich außerordentlich nach Gegenliebe und wagte doch nicht, mit Briefen noch Botschaften ihm ihre heftige Liebe zu offenbaren, und noch weniger, es ihn mit Blicken und Handlungen merken zu lassen; sie trug also mehrere Tage ihre Liebe still und innig mit sich umher und wußte nicht, wie sie es angreifen sollte. Am Ende brachte ihr die Liebe eine neue Art in den Sinn, wie sie ihres Geliebten sich erfreuen könnte, ohne von ihm erkannt noch gesehen zu werden, eine Weise, die vielleicht sonst nie zur Ausführung kam. Nun hört, meine Herren, die List und Gewandtheit dieses Weibes! Zuerst entdeckte sie sich dem Hausvogt und der Amme und setzte ihnen mit überzeugenden Gründen auseinander, wie sie entschlossen sei, unter keiner Bedingung sich wieder zu verheiraten; bei ihrer Jugend und bescheidenen Lebensweise aber erfahre sie von den Regungen des Fleisches gewaltige Anfechtungen, denen sie zwar lange Zeit Widerstand geleistet habe; am Ende aber sei sie unterlegen und wolle nun nicht mehr auf diese Weise leben, sondern sich nach Abhilfe umsehen. Sie beabsichtige daher mit der größtmöglichen Heimlichkeit, um ihre Ehre unbefleckt zu erhalten, einen jungen und wohlgesitteten Liebhaber aufzufinden, der ihr die Nacht über Gesellschaft leisten könnte. Sie gab daher dem Hausvogt genaue Weisungen darüber, was sie nun von ihm ausgeführt wünschte. Es waren die zügellosen Tage des Faschings, an denen bekanntlich jedermann maskiert umhergehen darf. Sie war etwa ein Jahr Witwe, als ihr im Hospital der Jüngling so sehr gefiel, und seither sann und dachte sie beständig an diese Liebe und wußte nicht, was zu tun sei. Endlich, den Tag, nachdem sie sich dem Hausvogte anvertraut, befahl sie ihm, sich zu maskieren und so den Jüngling aufzusuchen, um mit ihm zu reden. Der tätige Hausvogt schickte sich an, nahm einen Mietgaul und ritt so lange in der Stadt umher, bis er dem Jüngling begegnete, der ohne Gesellschaft auf einem spanischen Klepper durch die Straßen spazierenritt. Der Hausvogt näherte sich ihm und sagte: »Mein Herr, ich möchte mit Euch reden, wenn es Euch gelegen ist.«

Der Jüngling erwiderte, er sei gerne bereit, ihn anzuhören, und bat ihn, ihm zu sagen, wer er sei.

»Wer ich bin, mein Herr, kann ich Euch nicht sagen; aber hört, was ich Euch sonst mitzuteilen habe! Es lebt in dieser Stadt eine sehr schöne und edle Frau, sehr reich an Glücksgütern; diese ist so erglüht von Liebe zu Euch, wie nur je eine Frau in der Welt gegen irgendeinen Mann. Sie hält Euch für einen der wackersten, gebildetsten und klügsten Jünglinge der Stadt, und wenn sie nicht eine solche Meinung von Euch hätte, wünschte sie um alles Gold der Welt keinen Umgang mit Euch. Weil es aber viele junge Leute gibt, die wenig Grütze im Schädel und nicht mehr Hirn unter der Mütze haben als über derselben und die ein freundliches Gesicht und einen holden Blick von ihrer Geliebten sogleich in den Kirchen und auf den Plätzen ausschreien, will sie vorerst Eure Standhaftigkeit, Verschwiegenheit und Treue auf die Probe setzen. Sie wünscht sonach, daß Ihr sie bei Nacht besucht, aber so, daß Ihr sie weder sehen noch erkennen könnt. Wenn es Euch daher gefällig ist, so findet Euch in der künftigen Nacht zwischen drei und vier Stunden nach Sonnenuntergang an der und der Straßenecke ein: ich werde Euch maskiert abholen. Es steht Euch frei, wenn Ihr wollt, bewaffnet zu sein, wie Euch gutdünkt. Sobald ich komme, ziehe ich Euch eine Kapuze über den Kopf, damit Ihr nicht sehen könnt, wohin ich Euch führe. Ich versichere Euch bestimmt, daß Ihr keinerlei Betrug zu fürchten habt; vielmehr führe ich Euch an die Seite der anmutigsten und schönsten Frau in der Lombardei. Überlegt es wohl und handelt dann!«

Nach diesen Worten entfernte sich der Hausvogt und ging auf ungewohnten Wegen nach seiner Wohnung zurück. Der junge Mann aber stand da: tausend Gedanken kreuzten sich wirr in seinem Kopfe, und er wußte nicht, was in einem solchen Falle zu tun sei.

›Weiß ich‹, sprach er bei sich selbst, ›ob nicht ein Feind von mir unter dieser Lockspeise mir Gift gelegt hat und mich wie einen einfältigen Hammel auf die Schlachtbank zu bringen trachtet? Aber ich habe meines Wissens keinen Feind; denn ich habe ja niemanden, sei er von hohem oder niedrigem Stande, beleidigt. Ich kann mir nicht denken, wer nach meinem Blute trachten sollte. Auch sagte ja der, der mit mir sprach, ich könne, wenn ich wolle, gut bewaffnet gehen. Aber freilich, ich mag noch so gut mit Waffen versehen sein, wenn ich eine Kapuze über dem Kopf habe, so sehe ich ja gar nicht, wer mir etwas zuleide tun will. Wer hat je etwas Ähnliches gehört, daß eine Frau heftig in einen Mann verliebt gewesen wäre und sich nicht vor ihm sehen lassen wollte? Weiß ich, ob ich, vermeinend, eine zarte und sanfte junge Frau zu umarmen, mich am Busen einer schnöden, garstigen Hure befinde, die freigebig mit ihren Reizen, unbedenklich jeden Lump und Lastträger über sich läßt? Es könnte auch eine mit dem französischen Übel behaftete sein, die mir ihre Livree mitteilte und mich auf meine Lebtage zum Krüppel machte, so daß ich kein Mensch mehr wäre.‹

Unter diesen und ähnlichen Gedanken überlegte der junge Mann, was aus dieser Sache werden möchte, und war bis zur Nacht ganz außer sich und wußte zu keinem

Entschlusse zu kommen. Er speiste um zwei Uhr zur Nacht, aß aber nur sehr wenig und dachte immer darüber nach, was er zu tun habe. Am Ende entschloß er sich, das Unternehmen zu versuchen, bewaffnete sich um drei Uhr und begab sich an die bezeichnete Stelle. Und er durfte nicht lange warten, so kam der Hausvogt in der verabredeten Weise dahin, grüßte ihn und setzte ihm die Kapuze auf.

»Mein Herr«, sagte er sodann, »faßt mit einer Hand hinten meinen Rock und folgt mir!«

Er ging sodann durch verschiedene Straßen da- und dorthin, kehrte auch manchmal zurück und verfehlte oft seinen Weg absichtlich, so daß der Hausvogt selbst das nächstemal denselben Weg unmöglich wiedergefunden hätte. Zuletzt führte er ihn in das Haus der Witwe und ließ ihn im Erdgeschoß in ein Zimmer treten, das aufs reichste ausgestattet und mit einem so zierlich geputzten Bett und mit kostbaren Vorhängen geschmückt war, mit zwei allerliebsten Kopfkissen, von purpurner Seide und mit Goldfäden so kunstreich und meisterhaft durchwirkt, daß auch der reichste König sich dadurch ehrenvoll befriedigt erachtet hätte. Das Gemach selbst war ganz durchduftet von den lieblichsten Gerüchen. Ein Feuer brannte im Zimmer, und auf einem Tischchen stand ein silberner Leuchter mit einer brennenden Kerze aus dem weißesten Wachse. Daneben lag ein seidenes Tuch, mit bunten Farben durchwebt und meisterhaft mit Gold und Seide nach alexandrinischer Weise gestickt; darauf fanden sich in schönster Ordnung Kämme von Elfenbein und Ebenholz, um Bart und Haupt zu kämmen, nebst den schönsten Netzen und Tüchern, um sie beim Kämmen auf die Schultern zu legen und die Hände abzutrocknen. Was soll ich aber von dem Schmuck des Zimmers rings an den Wänden sa-

Ein Witwenleben in Mailand

gen? Statt der Tapeten waren daran Behänge von überreichen Goldteppichen und in jedem derselben die Wappen des verstorbenen Gemahls und seiner Witwe. Damit aber der Liebhaber nicht etwa sie daraus erkenne, hatte die kluge Frau durch andere anmutige Stickereien diese kunstreich verdeckt, und das Ganze paßte so gut, daß daran nichts auszusetzen war. Ferner war ihm in den feinsten Majolikagefäßen ein feiner, köstlicher Imbiß bereitet, der in dem besten süßen Backwerk und duftenden herrlichen Weinen von Montebriantino bestand.

Sobald er im Zimmer war, nahm ihm der Hausvogt die Kapuze vom Kopfe und sagte zu ihm: »Mein Herr, Euch ist wohl kalt: wärmt Euch nach Belieben!«

Dann bot er ihm den Imbiß an.

Der Jüngling dankte ihm; zu essen und zu trinken begehrte er nicht, stellte sich dagegen ans Feuer und betrachtete die äußerst reiche Ausstattung des Zimmers. Er war vom höchsten Erstaunen erfüllt, ja außer sich, als er im einzelnen den edeln königlichen Schmuck betrachtete, und schloß daraus, die Besitzerin dieses Gemachs müsse eine der vornehmsten Edelfrauen von Mailand sein. Sobald er sich gewärmt hatte, wärmte der vorsichtige Hausvogt mit einer silbernen Wärmflasche das Bett aufs beste durch und half dem Jüngling sogleich, sich zu entkleiden und zu Bette zu legen. Kaum befand er sich daselbst, als die Witwe eintrat mit einer Maske über dem Gesicht. Sie trug ein Jäckchen von schwarzbraunem Damast, das überall mit kleinen Schnüren von feinem Gold und karmesinroter Seide verbrämt war, und darunter hatte sie einen Rock von Goldstoff, der ganz mit der schönsten Arbeit gestickt war. Bei ihr war ihre Amme, gleichfalls maskiert; diese half ihrer Gebieterin sich entkleiden. So betrachtete der glückliche Jüngling unverwandt mit gierigen Blicken die Gestalt der schlanken und wohlgebildeten Frau im vollen Ebenmaß ihrer Glieder mit blendend weißem, sittsam gehobenem Busen, zwei runden, festen Brüsten, die von wahrer Künstlerhand geformt schienen. Ihr schönes, zartes Fleisch war von natürlicher Farbe gerötet.

Sobald sie entkleidet war, legte sie sich neben den Jüngling, ohne ihn indes zu berühren, und behielt fortwährend die Maske vor dem Gesicht. Der Hausvogt und die Amme verdunkelten nun das Feuer so, daß es keine Helle verbreiten konnte, so geschickt war es angebracht und versteckt. Ebenso löschten sie darauf die Kerze und begaben sich hinweg, die Tür der Kammer hinter sich verschließend. Die Witwe nahm sich nun die Maske vom Gesicht, steckte sie hinter das Kopfende und sprach freundlich zu dem Jüngling also: »Mein Herr, gebt mir Eure Hand!«

Der Jüngling tat dies voll Ehrerbietung, und als er die Feinheit und Zartheit ihrer allerliebsten Hand fühlte, rollte ihm das Blut rüstiger durch die Adern, und er harrte begierig, was sie zu ihm sagen werde.

»Mein Herr«, fuhr sie nun fort, »den ich mehr liebe als meine Augen, ich denke mir, daß Ihr sehr verwundert seid über die Art, wie ich Euch hierhergeführt habe. Diese Verwunderung wird jedoch aufhören, da, wie ich weiß, mein Abgesandter Euch den Grund entdeckt hat. Dennoch wiederhole ich, daß, solange ich nicht fest überzeugt bin von Eurer Standhaftigkeit, Verschwiegenheit und Heimlichkeit, Ihr nie erfahren werdet, wer ich bin. Ihr müßt Euch daher dazu verstehen, nie ein Wort verlauten zu lassen über die Art Eures Hierherkommens; denn auf das kleinste Wörtchen, das Ihr darüber ausplaudertet und das mir wieder zu Ohren käme,

würde Euch die Rückkehr zu mir für immer abgeschnitten sein. Das zweite, was ich von Euch begehre, ist, daß Ihr nie zu erfahren strebt, wer ich bin. Wenn Ihr das haltet, so bin ich immer die Eure und werde nie einen Mann auf der Welt lieben außer Euch.«
Der Jüngling versprach, alles getreulich zu halten und noch weit mehr, was sie ihm sonst auftragen werde. Nunmehr gab sie sich den Armen ihres Geliebten hin, und sie genossen die Wonne der Liebe die ganze Nacht durch in beiderseitigem unendlichem Entzücken. Und wenn der Jüngling der Frau gefiel, so genügte nicht minder sie ihm; man kann daher nicht sagen, wer den anderen am meisten befriedigte.
Eine gute Stunde vor Tagesanbruch kam nun der Hausvogt und ließ die Amme das Feuer anzünden; beide waren maskiert und kleideten den Jüngling an. Die Frau hatte, sobald sie das Zimmer öffnen hörte, die Maske genommen und angelegt. »Auf«, sagte sie dann zu dem Geliebten, »auf, Herr! Es ist Zeit, sich zu erheben!«
Der Jüngling zog seine Kleider und Waffen an, sagte der Frau Lebewohl und wurde von dem Hausvogt auf Umwegen an den Ort zurückgebracht, wo er ihn abgeholt hatte, worauf er ihm die Kapuze abnahm und auf anderem Wege nach Hause zurückkehrte.
Dieses Verhältnis dauerte vielleicht sieben Jahre mit der größten Befriedigung der beiden Liebenden, und der Jüngling hielt sich die Zeit über für den seligsten und glücklichsten Liebhaber der Welt. Das neidische Schicksal aber, das Liebenden nie lange ein glückliches Leben verstattet, trennte durch des Jünglings Tod diesen so sorgfältig geleiteten Liebesbund. Ein bösartiges hitziges Fieber befiel den besagten Edelmann, wogegen die Ärzte mit aller ihrer Kunst nicht Abhilfe noch Linderung zu finden wußten. Darum starb er nach sieben

Tagen zum unsäglichen bitteren Schmerz seiner Geliebten, die ihn noch jetzt unablässig Tag und Nacht mit heißen Tränen beweint.

VIEL LÄRMEN UM NICHTS

Im Jahre unseres Heils 1283 geschah es, daß die Sizilianer, welche die Herrschaft der Franzosen nicht länger dulden zu können glaubten, sie eines Tages in der Vesperzeit mit unerhörter Grausamkeit alle ermordeten, soviel ihrer auf der Insel waren; denn dazu hatten sie sich vorher auf der ganzen Insel verschworen. Und nicht bloß Männer und Weiber französischer Nation töteten sie, sondern auch alle sizilianischen Frauen, die man von einem Franzosen schwanger meinte, wurden an jenem Tage ermordet, und wenn es sich späterhin noch ergab, daß ein Weib von einem Franzosen geschwängert war, war sie ohne Erbarmen des Todes. Daher entstand der elende Name der ›Sizilianischen Vesper‹. Als König Pedro von Aragon diese Nachricht vernahm, segelte er sogleich mit der Flotte aus und besetzte die Insel; denn der Papst Nikolaus III. hatte ihn dazu durch die Behauptung ermutigt, ihm als dem Gemahl Konstanzens, der Tochter König Manfreds, gebühre das Eigentum der Insel. König Pedro hielt viele Tage mit königlicher Pracht in Palermo Hof und feierte den Erwerb der Insel durch die glänzendsten Feste. Als er hierauf Kunde erhielt, daß König Karl II., Sohn König Karls I., der das Königreich Neapel besaß, mit einer gewaltigen Flotte dahersegle, um ihn aus Sizilien zu verjagen, segelte er ihm mit seiner aus Kriegsschiffen und Galeeren bestehenden Flotte entgegen; und als sie zusammenstießen, gab es ein großes blutiges Gefecht, das viele Menschen

Viel Lärmen um nichts

mit dem Leben bezahlten. Doch zuletzt schlug König Pedro die Flotte König Karls und machte ihn selbst zum Gefangenen. Um aber künftig dem Kriegsgeschäft besser obliegen zu können, verlegte er den Aufenthalt der Königin und des Hofs nach Messina, weil diese Stadt Italien gegenüberliegt und von dort aus die Überfahrt nach Kalabrien weniger Zeit erfordert. Hier hielt er alsdann ein königliches Hofgelage, wobei um des erfochtenen Sieges willen alles voller Freude war und der ganze Tag mit Ritterspielen und Tänzen hingebracht wurde.

Ein sehr angesehener Ritter und Edelmann, dem König Pedro, seiner persönlichen Verdienste wegen und weil er sich in den letzten Kriegen immer mannhaft gehalten hatte, in höchstem Grade geneigt war, verliebte sich bei dieser Gelegenheit auf das heftigste in ein Fräulein, die Tochter des Lionato de' Lionati, eines Edelmanns aus Messina, die vor allen andern im Lande gebildet, anmutig und schön heißen mochte; und seine Leidenschaft wuchs allmählich zu solcher Stärke, daß er ohne ihren süßen Anblick weder leben konnte noch wollte. Der Name des Barons war Herr Timbreo von Cardona, und das Mädchen hieß Fenicia. Er hatte von Kindheit auf dem König Pedro immer zu Wasser und zu Lande gedient und war von ihm so reich belohnt worden, daß er außer bedeutenden Geschenken von dem König erst in den letzten Tagen die Grafschaft Collisano und andere Güter erhalten hatte, so daß sein Einkommen, das Gehalt, das er vom König bezog, ungerechnet, auf mehr als zwölftausend Dukaten angewachsen war. Herr Timbreo fing nun an, tagtäglich vor dem Hause des Mädchens vorüberzugehen, und schätzte sich an jedem Tage für selig, da er sie erblickt hatte. Fenicia, die, ihres zarten Alters ungeachtet, klug und verständig war, merkte ohne Schwierigkeit die Ursache des häufigen Vorübergehens des Ritters. Er stand in dem Rufe, ein Günstling des Königs zu sein und soviel wie wenige außer ihm am Hofe zu gelten, weshalb er denn von allen Seiten geehrt wurde. Fenicia hatte nicht allein dies gehört, sondern sah auch selbst, daß er immer vornehm gekleidet war, eine stattliche Dienerschaft im Gefolge hatte, und außerdem, daß er ein sehr schöner und, wie es schien, wohlgesitteter junger Mann war, so daß auch sie ihrerseits begann, ihn freundlich anzusehen und ihm seine Ehrerbietung anständig zu erwidern.

Die Leidenschaft des Ritters wuchs von Tag zu Tag; je öfter er sie sah, desto mächtiger fühlte er die Flamme um sich greifen; und als diese niegekannte Glut in seinem Herzen zu solcher Stärke gediehen war, daß er vor Liebe zu dem schönen Kinde zu vergehen glaubte, beschloß er, jedes Mittel zu ergreifen, das ihn zu ihrem Besitze führen könne. Aber alles war vergebens; denn soviel Briefe, Boten und Gesandtschaften er ihr auch schickte, so erhielt er doch nie eine andere Antwort, als daß sie entschlossen sei, ihre Jungfräulichkeit ihrem künftigen Gatten unverletzt zu überliefern. Dies verursachte dem armen Liebhaber großen Kummer, um so mehr, als sie sich niemals hatte bewegen lassen, Briefe oder Geschenke von ihm anzunehmen. Da er aber ihren Besitz um jeden Preis erkaufen wollte und wohl sah, daß bei ihrer Standhaftigkeit kein anderes Mittel sei, sie zu bekommen, als sie zum Weibe zu nehmen, so entschloß er sich nach vielen innern Kämpfen doch zuletzt, bei ihrem Vater um ihre Hand anhalten zu lassen. Zwar glaubte er sich durch diesen Schritt sehr zu erniedrigen; doch da er wußte, daß sie von altem, gutadeligem Blute war, beschloß er, nicht zu zögern: so groß war die Liebe, die er zu dem Mädchen hegte.

Als dieser Vorsatz zur Reife gediehen war, begab er sich zu einem messinischen Edelmann, mit dem er sehr vertraut war, erzählte ihm, was er im Sinn hatte, und trug ihm auf, was er bei Herrn Lionato tun solle. Der Messiner ging hin und überbrachte den Auftrag des Ritters. Herr Lionato kannte den Wert und das Ansehen des Herrn Timbreo zur Genüge und beriet sich daher über eine so gute Nachricht nicht erst lange mit Verwandten oder Freunden, sondern erteilte freudig die Antwort, es sei ihm sehr angenehm, daß der Ritter nicht verschmähe, seine Verwandtschaft zu suchen. Er eilte sofort nach Hause, wo er seiner Gattin und Fenicia mitteilte, welche Zusage er Herrn Timbreo gegeben hatte. Fenicia gefiel die Sache ungemein; sie dankte Gott demütig, daß er ihrer keuschen Liebe einen so rühmlichen Ausgang verleihe, und ihre Freude zeigte sich in ihrem Angesicht.

Aber das Schicksal, das nie müde wird, fremdes Glück zu stören, erfand eine neue Art, die von beiden Seiten so sehr gewünschte Hochzeit zu verhindern. Hört nur, wie! Es hieß bald in ganz Messina, Herr Timbreo von Cardona werde in wenigen Tagen Fenicia, die Tochter des Herrn Lionato, heiraten, und alle Messiner waren über diese Nachricht erfreut, weil Herr Lionato ein allgemein beliebter Edelmann war, der niemandem Schaden zufügte, sondern allen, soviel er konnte, gefällig war. Daher kam es, daß jedermann über diese Verbindung herzliches Vergnügen äußerte. Es lebte aber in Messina noch ein anderer junger Ritter von vornehmer Abkunft namens Girondo Olerio Valenziano, der sich auch in den letzten Feldzügen durch seine Tapferkeit sehr hervorgetan hatte und der sodann einer der glänzendsten und freigebigsten Herren des Hofes war. Diesen ergriff bei dieser Nachricht ein endloser Schmerz;

denn erst kurz zuvor hatte er sich in Fenicias Schönheit verliebt, und die Liebesflammen hatten seine Brust so gewaltig in Besitz genommen, daß er fest überzeugt war, sterben zu müssen, wenn er Fenicia nicht zum Weibe erhalte. Schon war er entschlossen, bei ihrem Vater um sie zu werben, als er vernahm, daß sie dem Timbreo zugesagt sei, worüber er vor Schmerz in Krämpfe zu fallen meinte; und da er kein Mittel fand, seinen Schmerz zu beschwichtigen, geriet er in solche Wut, daß er, von Liebe und Leidenschaft besiegt, die Stimme der Vernunft überhörte und sich zu einem Schritt hinreißen ließ, der nicht bloß einem Ritter und Edelmann, wie er war, sondern einem jeden zur Unehre gereicht hätte. Er war fast bei allen seinen Kriegsunternehmungen der Gefährte des Herrn Timbreo gewesen, und es bestand zwischen beiden eine brüderliche Freundschaft; diese Liebe aber hatten sie einander, was nun auch der Grund davon sein mochte, immer verborgen. Herr Girondo gedachte nun zwischen Herrn Timbreo und seiner Geliebten solche Zwietracht zu säen, daß darum die Vermählung rückgängig gemacht würde, in welchem Falle dann er die Braut vom Vater zu erbitten beabsichtigte und zu erhalten hoffte. Er zögerte nicht, diesen törichten Gedanken zur Ausführung zu bringen; und da er ein für seine zügellosen und verblendeten Gelüste passendes Werkzeug fand, so weihte er dasselbe eifrig in seine Anschläge ein.

Der Mann, den Herr Girondo zu seinem Vertrauten und zum Diener seiner Ruchlosigkeit auserkoren hatte, war ein junger, einfältiger Höfling, dem mehr das Böse als das Gute gefiel und der, nachdem er von allem gehörig unterrichtet worden war, am folgenden Morgen Herrn Timbreo besuchte, der noch nicht ausgegangen war und eben ganz allein in einem Garten seiner Wohnung lustwandelte. Der Jüngling trat in den Garten und ward von Herrn Timbreo, der ihn auf sich zukommen sah, höflich empfangen. Nach den üblichen Begrüßungen sprach der junge Mann also zu Herrn Timbreo: »Mein Herr, ich komme so früh, um dir Dinge von größter Wichtigkeit mitzuteilen, die deine Ehre und deinen Vorteil berühren. Weil ich aber vielleicht etwas sagen könnte, was dich beleidigte, so bitte ich dich, mir zu verzeihen und mich wegen meiner Dienstfertigkeit zu entschuldigen und zu denken, daß ich in guter Absicht mich aufgemacht habe. Wenigstens weiß ich, wenn du noch der ehrliebende Ritter bist, der du immer warst, daß meine Entdeckung dir nicht unnützlich sein wird. Zur Sache zu kommen, so hörte ich gestern, du seist mit Herrn Lionato de' Lionati dahin einig geworden, daß du seine Tochter Fenicia zur Frau nehmest. Hab acht, mein Herr, was du tust, und bedenke deine Ehre! Ich kann dir sagen, daß ein mir befreundeter Edelmann zwei- bis dreimal wöchentlich zu ihr geht, um bei ihr zu schlafen, und sich ihrer Liebe erfreut. Heute abend wird er gleichfalls hingehen, und ich werde ihn auch wieder wie sonst dahin begleiten. Willst du mir nun dein Ehrenwort geben, weder mir noch meinem Freunde ein Leid zuzufügen, so werde ich es einleiten, daß du selbst den Ort und alles sehen kannst. Noch muß ich hinzufügen, daß schon viele Monate mein Freund die Gunst dieser Schönen genießt. Die Verbindlichkeiten, die ich gegen dich habe, und die vielen Gefälligkeiten, die du mir schon erwiesen hast, bestimmen mich, dir dies zu offenbaren. Du kannst nun tun, was dir am meisten ratsam dünkt. Mir genügt es, in dieser Angelegenheit dir einen Dienst geleistet zu haben, wie es meine Pflicht gegen dich verlangte.«

Herr Timbreo war über diese Worte dermaßen bestürzt

und außer sich, daß er nahe daran war, von Sinnen zu kommen. Er stand eine gute Weile, tausend Dinge bei sich erwägend, sprachlos da, und da der bittere und, wie er meinte, gerechte Groll in seinem Herzen mehr über ihn vermochte als seine treue, inbrünstige Liebe zu der schönen Fenicia, antwortete er dem Jüngling unter Seufzen: »Mein Freund, ich muß und kann nicht anders, als dir zu ewigem Dank verpflichtet sein, indem ich sehe, wie du für mich und meine Ehre so liebreich Sorge trägst, und gedenke dir eines Tages zu bestätigen, wie sehr ich dir verbunden bin. Für jetzt sei dir nur mündlich der beste, innigste Dank gesagt, den ich aussprechen kann. Da du dich freiwillig erbietest, mich mit Augen sehen zu lassen, was ich mir nie hätte einbilden können, so ersuche ich dich bei der Menschenliebe, die dich bewogen hat, mich von dieser Sache in Kenntnis zu setzen, deinen Freund unbefangen zu begleiten, und ich verpfände dir mein Wort als treuer Ritter, daß ich weder dir noch deinem Freund Schaden zufügen und deine Mitteilung überhaupt geheimhalten werde, damit dein Freund die Früchte seiner Liebe ungestört genießen kann. Ich hätte von Anfang an mehr auf meiner Hut sein und die Augen recht auftun sollen, um die ganze Sache gründlich zu durchschauen.«

Zuletzt sprach der Jüngling zu Timbreo: »Begebt Euch also, mein Herr, heute nacht um drei Uhr an das Haus des Herrn Lionato und stellt Euch in den verfallenen Gebäuden, die dem Garten des Herrn Lionato gegenüberliegen, auf die Lauer!«

Nach diesen Ruinen ging eine Fassade von Herrn Lionatos Palast, worin sich ein alter Saal befand, an dessen bei Tag und bei Nacht offenstehenden Fenstern sich Fenicia zuweilen zeigte, weil sie von hier aus den schönen Garten besser überschauen konnte. Aber Herr Lionato wohnte mit der Familie auf der andern Seite; denn der Palast war alt und sehr groß, so daß er für den Hof eines Fürsten Raum gehabt hätte, wieviel mehr denn für das Gesinde eines Edelmanns. Nach getroffener Abrede beurlaubte sich der tückische junge Mann, begab sich wieder zu dem treulosen Girondo und erzählte ihm alles, was er mit Herrn Timbreo von Cardona verabredet hatte. Hierüber freute sich Herr Girondo unmäßig, denn er sah seinen Anschlag aufs schönste gelingen.

Zur verabredeten Stunde kleidete der Verräter Girondo einen seiner Diener, den er schon von seiner Rolle unterrichtet hatte, in vornehme Gewänder und balsamte ihn mit den lieblichsten Wohlgerüchen. Der duftende Diener schloß sich nun an den Jüngling an, der mit Herrn Timbreo gesprochen hatte, und ein anderer folgte ihnen mit einer Leiter auf der Schulter.

Wer vermöchte wohl nun den Seelenzustand des Herrn Timbreo treu zu schildern und die vielen und mannigfaltigen Gedanken, die ihm den ganzen Tag durch den Kopf gingen! Ich meinesteils bin überzeugt, daß ich mich vergeblich damit abmühen würde. Von dem Schleier der Eifersucht geblendet, enthielt sich der leichtgläubige unglückliche Ritter den Tag über aller oder doch fast aller Speise; und wer ihm ins Angesicht geschaut hätte, würde ihn eher für tot als für lebendig gehalten haben. Schon eine halbe Stunde vor der festgesetzten Zeit verbarg er sich in dem alten Gemäuer dergestalt, daß er sehr gut jeden sehen konnte, der dort vorüberging, obgleich es ihm unmöglich schien, daß sich Fenicia einem anderen preisgegeben haben könne. Er sagte sich freilich, die Mädchen seien veränderlich, leichtfertig, unbeständig, eigensinnig und lüstern nach allem Neuen; und indem er sie so bald verdammte, bald entschuldigte, hatte er auf jede Bewegung acht.

Die Nacht war nicht sehr finster, aber äußerst still. Siehe, da vernahm er allmählich das Geräusch der Kommenden, er vernahm auch hin und wieder ein halbes Wörtchen. Gleich darauf sah er auch die drei Männer vorübergehen und unterschied darunter ganz deutlich den Jüngling, der ihn am Morgen gewarnt hatte; die zwei andern aber vermochte er nicht zu erkennen. Als die drei an ihm vorbeigingen, hörte er den Duftenden, der sich als Liebhaber gekleidet hatte, zu dem Leiterträger sagen: »Stelle die Leiter nur behutsam ans Fenster, daß du keinen Lärm machst! Als wir das letztemal hier waren, sagte mir meine Fenicia, du habest sie zu laut angerückt. Mache alles geschickt und ruhig!«
Diese Worte, die Timbreo deutlich vernahm, gingen ihm wie ebensoviel scharfe Speerstiche ins Herz. Obgleich er allein war und keine andern Waffen trug als seinen Degen, während die Vorübergehenden außer den Degen zwei Lanzen bei sich trugen und vielleicht auch noch mehr gewaffnet waren, so war doch die Eifersucht, die sein Herz verzehrte, so gewaltig und der Unwille, der ihn ergriffen hatte, so groß, daß er nahe daran war, sein Versteck zu verlassen und in einem leidenschaftlichen Angriff auf die Vorübergehenden den vermeinten Buhlen Fenicias zu ermorden oder selbst den Tod davonzutragen, um auf einmal alle die Leiden zu beenden, die er zur übermäßigen Qual elendiglich duldete. Weil er sich aber des gegebenen Versprechens entsann, schien es ihm der schändlichste Verrat, die anzugreifen, die sich auf sein Ehrenwort verließen. Voll Zorn, Groll, Wut und Grimm, die ihm das Herz verzehrten, wartete er also den Ausgang der Sache ab.
Sobald die drei unter den Fenstern des Palastes des Herrn Lionato angekommen waren, setzten sie an dem beschriebenen Flügel die Leiter ganz leise an dem Bal-

kon an, und der eine, der den Liebhaber vorstellte, stieg hinauf und sprang hinein, als wäre er gutes Empfanges gewiß. Als der untröstliche Herr Timbreo das sah, hielt er es für ausgemacht, daß jener, der die Leiter erstiegen hatte, hingehe, um bei Fenicia zu schlafen, und von dem heftigsten Schmerz ergriffen, fühlte er sich einer Ohnmacht nahe. Aber sein, wie er glauben mußte, gerechter Unwille vermochte, alle Eifersucht zu verbannen und die glühende reine Liebe, die er zu Fenicia trug, nicht allein in Kälte, sondern in grausamen Haß zu verwandeln. Er wollte nun die Rückkehr seines Nebenbuhlers in seinem Versteck nicht mehr abwarten, sondern begab sich nach seiner Wohnung zurück.
Der junge Mann, der ihn weggehen gesehen und genau erkannt hatte, dachte sich das von ihm, was in der Tat auch der Fall war. Er gab daher bald darauf ein gewisses verabredetes Zeichen, worauf der Diener die Leiter wieder herabstieg und alle drei nach der Wohnung des Herrn Girondo zurückgingen. Diesem gewährte die Erzählung von dem Vorgange die äußerste Freude, denn schon träumte er sich im Besitz der schönen Fenicia.
Herr Timbreo, der die übrige Nacht gar wenig geschlafen hatte, stand zu früher Stunde auf, ließ unverzüglich den Messiner Bürger zu sich kommen, durch dessen Vermittlung er um Fenicias Hand bei ihrem Vater angehalten hatte, und trug ihm sein gegenwärtiges Verlangen an ihn vor. Dieser, von dem Willen und der Gesinnung des Herrn Timbreo vollkommen unterrichtet, ging, wiewohl ungern, um die Zeit des Frühmahls zu Herrn Lionato, der in dem Saale auf und ab ging, bis das Frühstück vollends bereit wäre, und wo sich auch die unschuldige Fenicia befand, die in Gesellschaft ihrer beiden jüngern Schwestern und ihrer Mutter mit einer Seidenstickerei beschäftigt war. Als der Bürger zu

ihnen kam, ward er von Lionato sehr artig empfangen und sprach: »Herr Lionato, ich habe einen Auftrag an Euch, an Eure Frau und an Fenicia vom Herrn Timbreo.«

»Seid mir willkommen«, antwortete Herr Lionato; »und was ist es? Frau, und du, Fenicia, kommt und vernehmt mit mir, was uns Herr Timbreo sagen läßt!«

Hierauf fuhr der Bote folgendermaßen zu reden fort: »Man pflegt gemeinhin zu sagen, daß ein Botschafter für die Erfüllung seines Auftrags nicht leiden soll. Ich komme zu Euch im Auftrage eines anderen, und es schmerzt mich unendlich, daß ich Euch etwas Unangenehmes zu hinterbringen habe. Herr Timbreo von Cardona läßt Euch, Herr Lionato, und Eurer Gattin sagen, daß Ihr Euch einen andern Eidam suchen möchtet, dieweil er nicht gedenkt, Euch zu Schwiegereltern zu nehmen, nicht etwa, weil er etwas gegen Euch habe, die er für treu und redlich halte und ansehe, sondern vielmehr, weil er mit seinen eigenen Augen von Fenicia gesehen, was er ihr nimmermehr zugetraut hätte. Darum läßt er Euch freie Wahl, Eure Angelegenheiten zu bedenken. Dir, Fenicia, läßt er sagen, daß die Liebe, die er zu dir getragen, den Dank nicht verdient habe, der ihm von dir geworden sei; du mögest dir einen andern Mann suchen, wie du dir einen andern Liebhaber erwählt hast, oder den nehmen, dem du deine Jungfräulichkeit gegönnt; denn er verzichtet auf alle Gemeinschaft mit dir, nachdem du ihn eher zum Hahnrei als zum Gemahl gemacht hast.«

Fenicia war halbtot vor Schrecken über diese bittere und schmähliche Botschaft; desgleichen Herr Lionato und seine Gattin. Bald aber kam dieser wieder zu Mut und Atem, der ihm vor Schreck fast ausgegangen war, und er sprach zu dem Boten: »Bruder, ich zweifelte im-

mer gleich von Anfang, als Ihr mir von dieser Heirat spracht, daß es dem Herrn Timbreo rechter Ernst mit seinem Antrage sei; denn ich wußte und weiß wohl, daß ich ein armer Edelmann und nicht seinesgleichen bin. Nichtsdestoweniger denke ich, wenn es ihn reute, meine Tochter zur Frau zu nehmen, hätte es ihm genügen sollen, einfach freiheraus zu sagen, er wolle sie nicht, anstatt ihr, wie er gegenwärtig tut, den Schandfleck der Hurerei anzuhängen. Es ist allerdings wahr, daß in der Welt kein Ding unmöglich ist; aber ich weiß, wie ich meine Tochter erzogen habe und welche Sitten ihr eigen sind. Gott, der gerechte Richter, wird, hoffe ich, eines Tages die Wahrheit an den Tag bringen.«
Mit dieser Antwort entfernte sich der Bürger, und Herr Lionato blieb bei der Meinung, Herr Timbreo bereue es, diese Verbindung einzugehen, und halte jetzt dafür, er würde sich vielleicht allzusehr erniedrigen und gegen seine Vorfahren sündigen. Herrn Lionatos Geschlecht war zwar vom ältesten und besten Adel in Messina und wurde hoch geehrt; aber sein Vermögen war nur das eines gewöhnlichen Edelmanns, obwohl die alte Erinnerung da war, daß seine Vorfahren viele Güter und Schlösser mit der ausgedehntesten Gerichtsbarkeit besessen hatten; doch infolge der verschiedenen Wechsel auf der Insel und der Bürgerkriege hatten sie ihren Besitz eingebüßt, wie man es auch bei vielen anderen Familien sieht. Da nun der gute Vater von seiner Tochter nie das mindeste Unehrbare gesehen hatte, konnte er nicht anders glauben, als daß der Ritter angefangen habe, sich ihrer derzeitigen Armut und Einschränkung zu schämen. Fenicia, der aus übermäßigem Leid und aus Herzensangst unwohl geworden war, da sie sich so höchst ungerecht beschuldigen hörte, geriet, als ein zartes und weichliches Kind, das nicht an die Schläge des

Unglücks gewöhnt war, ganz außer sich und würde sich lieber tot als lebendig gesehen haben. Von heftigem und durchdringendem Schmerz erfaßt, sank sie ohnmächtig zu Boden, verlor plötzlich ihre natürliche Farbe und glich viel mehr einem Marmorstandbild als einem lebenden Wesen; daher wurde sie auf ein Bett getragen, und daselbst wurden mit warmen Tüchern und andern Heilmitteln nach kurzem ihre erschöpften Lebensgeister wieder zurückgerufen.

Da man nach den Ärzten geschickt hatte, verbreitete sich das Gerücht durch Messina, wie Fenicia, die Tochter des Herrn Lionato, so schwer erkrankt sei, daß man für ihr Leben fürchte. Auf diese Nachricht kamen viele verwandte und befreundete Edelfrauen, die untröstliche Fenicia zu besuchen, welche sich, da sie den Grund ihres Übels erfuhren, alle Mühe gaben, sie, so gut sie konnten, zu trösten. Und wie es unter so vielen Frauen zu geschehen pflegt, besprachen sie den beklagenswerten Vorfall nach allen Seiten hin ausführlich; aber alle stimmten darin überein, den Herrn Timbreo mit dem bittersten Tadel zu belegen. Die meisten saßen im Kreise um das Bett des kranken Fräuleins, als Fenicia, die alles, was gesagt worden war, wohl verstanden hatte, wieder ein wenig Atem schöpfte, und da sie sah, daß fast alle aus Mitleid mit ihr weinten, bat sie mit schwacher Stimme alle zu schweigen. Darauf sprach sie wie verschmachtend also: »Verehrte Mütter und Schwestern, trocknet nunmehr die Tränen, dieweil sie euch nichts frommen und mir nur meinen Schmerz erneuern, ohne in der Sache etwas zu bessern. So ist es nun der Wille unseres Herrgotts, und ich muß mich in Geduld darein fügen. Das herbe Leid, das ich fühle und das mir allmählich den Faden meines Lebens zernagt, rührt nicht daher, daß ich verschmäht wurde, wie unendlich schmerzlich mir dies auch ist; sondern die Art und Weise, wie dies geschehen, ist es, was mich in tiefster Seele kränkt und mich hilflos darniederwirft. Herr Timbreo konnte freiheraus sagen, er wolle mich nicht zur Gattin, und alles war gut; bei der Art aber, mit der er mich verstieß, weiß ich, daß ich bei allen Messinern ewige Schmach auf mich geladen habe wegen einer Sünde, die ich niemals beging, geschweige, daß ich an deren Begehen auch nur gedacht hätte; dessenungeachtet wird man immer auf mich als eine Metze mit Fingern weisen. Ich habe immer eingestanden und gestehe von neuem, daß mein Rang dem eines solchen Ritters und Barons, wie Herr Timbreo einer ist, nicht gleichkommt und daß auf eine so hohe Heirat Anspruch zu machen das geringe Vermögen der Meinigen mich nicht berechtigt. Was aber den Adel und das Alter des Geblüts betrifft, so kennt man die Lionati als das älteste und edelste Geschlecht dieser Insel, indem wir von einer sehr edeln römischen Familie abstammen, die schon vor der Menschwerdung unseres Herrn Jesu Christi bestand, wie man durch sehr alte Urkunden beweisen kann. Ich sage nun zwar, daß ich um meiner Armut willen eines solchen Ritters unwürdig bin; aber ich sage auch, daß er mich auf die unwürdigste Weise verschmäht hat; denn es ist höchst klar, daß ich nie daran gedacht habe, einem andern das zu geben, was von Rechts wegen dem Gatten aufbewahrt werden soll. Gott weiß, daß ich die Wahrheit sage, und sein heiliger Name sei gepriesen und gefeiert! Wer weiß, ob nicht der Allerhöchste durch dieses Mittel mich zu erlösen gedenkt? Denn vielleicht hätte ich durch eine so vornehme Vermählung mich in Stolz erhoben, wäre hochmütig geworden, hätte diesen und jenen verachtet und vielleicht Gottes Güte gegen mich weniger erkannt.

Möge darum Gott mit mir tun, was ihm gefällt, und mir verleihen, daß diese meine Trübsal zu meinem Seelenheil gereiche! Ich bete zu ihm inbrünstig, daß er dem Herrn Timbreo die Augen öffne, nicht damit er mich wieder als seine Braut annehme – denn ich fühle mehr und mehr mich dem Tode nahe –, sondern damit er, der auf meine Treue so wenig gibt, mit aller Welt erkenne, daß ich niemals die Torheit und den schmählichen Fehltritt begangen habe, dessen man mich ohne allen Grund beschuldigt, damit, wenn ich auch mit diesem Schandfleck sterbe, ich doch in einiger Zeit gerechtfertigt erscheine. Möge er sich einer anderen Frau erfreuen, die Gott ihm bestimmt hat, und lange in Frieden mit ihr leben! Mir werden in wenigen Stunden ein paar Fuß Erde genügen. Mein Vater und meine Mutter und alle unsere Verwandten und Freunde mögen in diesem Unglück sich wenigstens dies zu einigem Trost gereichen lassen, daß ich der Schande völlig unschuldig bin, die man mir aufgebürdet, und mein Wort zum Pfande nehmen, das ich ihnen gebe, wie es einer gehorsamen Tochter Pflicht ist; denn ein besseres Zeugnis oder Pfand kann ich für jetzt in aller Welt nicht bieten. Mein Trost ist, daß ich vor dem gerechten Richterstuhl Christi dereinst von dieser Schande werde freigesprochen werden. Und somit befehle ich dem, der sie mir gab, meine Seele, die, diesen irdischen Kerker zu verlassen begierig, den Weg zu ihm antritt.«
Bei diesen Worten nahm die Gewalt des Schmerzes, der ihr Herz beklemmte, überhand und drängte sie so sehr, daß sie bei dem Versuche, ich weiß nicht was noch hinzuzufügen, anfing die Sprache zu verlieren und nur halbe Worte stammelte, die niemand verstand. Zugleich übergoß ein kalter Schweiß alle ihre Glieder, so daß sie mit gefalteten Händen wie tot zurücksank. Die noch an-

wesenden Ärzte vermochten gegen diesen heftigen Anfall durchaus nicht zu helfen, verließen sie endlich für tot und entfernten sich mit der Erklärung, die Heftigkeit ihres Schmerzes sei so groß gewesen, daß er ihr das Herz abgedrückt habe. Bald darauf war Fenicia in den Armen ihrer Freundinnen und Eltern kalt geworden, ihr Puls stand still, und alle hielten sie für tot. Man ließ einen der Ärzte zurückkommen, und er erklärte, als er keinen Puls mehr verspürte, sie sei tot. Wie viele herzbrechende Klagen, wie viele Tränen, wie viele jammervolle Seufzer nun um sie ausgestoßen wurden, das lasse ich euch bedenken, mitleidige Frauen! Der arme weinende Vater, die trostlose, sich das Haar zerraufende Mutter hätten Steinen Tränen entlocken können. Alle anderen Frauen sowie alle Anwesenden überhaupt erhoben ein erbärmliches Geschrei.

Schon waren fünf bis sechs Stunden seit dem Tode verflossen, und nun ordnete man das Begräbnis auf den folgenden Tag an. Die Menge der Frauen hatte sich verlaufen, und die Mutter, mehr tot als lebendig, behielt nur eine Schwägerin, die Frau eines Bruders des Herrn Lionato, bei sich. Sie waren nun beide allein und wollten sonst niemanden bei sich, ließen Wasser ans Feuer stellen, schlossen sich in dem Zimmer ein, entkleideten Fenicia und fingen an, sie mit warmem Wasser zu waschen. Schon seit etwa sieben Stunden hatten die erschöpften Lebensgeister Fenicias gestockt, als die erkalteten Glieder bei dem Waschen mit warmem Wasser zu ihren Verrichtungen zurückkehrten und das Mädchen deutliche Lebenszeichen von sich zu geben und selbst die Augen ein wenig zu öffnen begann. Die Mutter und die Schwägerin waren nahe daran, laut aufzuschreien; aber doch ermutigten sie sich, legten ihr die Hand an ihr Herz und spürten darin einige Bewegung. Darum

zweifelten sie nicht länger, daß das Kind lebe. Mit warmen Gewändern und andern Mitteln, die sie ohne Geräusch beibrachten, bewirkten sie es endlich, daß Fenicia fast ganz zum Bewußtsein zurückkehrte, die Augen völlig aufschlug und nach einem schweren Seufzer begann: »Weh mir, wo bin ich?«
»Siehst du nicht«, sagte die Mutter, »daß du bei mir bist und bei deiner Muhme? Du hattest eine so heftige Ohnmacht, daß wir dich für tot hielten; aber Gott sei gelobt, daß du am Leben bist!«
»Ach, wieviel besser«, antwortete Fenicia, »wäre es, wenn ich wirklich gestorben und so vielem Jammer entgangen wäre!«
»Mein liebes Kind«, sagten die Mutter und die Muhme, »schicke dich ins Leben, da es Gottes Wille ist! Es wird noch alles gut werden.«
Die Mutter suchte die Freude, die sie empfand, zu verbergen, öffnete ein wenig die Tür des Gemachs und ließ Herrn Lionato rufen, der sogleich herbeikam. Ob er sich freute, die Tochter ins Leben zurückgekehrt zu sehen, ist keine Frage. Sie trafen nun mancherlei Verabredungen, und Herr Lionato bestimmte zuerst, daß niemand von diesem Ereignisse etwas erfahren dürfe, da er beschlossen hatte, die Tochter aus Messina weg auf das Landgut seines Bruders zu schicken, dessen Gattin hier anwesend war. Hierauf suchte er das Kind durch wohlschmeckende Speisen und köstliche Weine zu erquikken, durch deren Genuß sie ihre frühere Kraft und Schönheit wieder erlangte; dann ließ er seinen Bruder rufen und unterrichtete ihn ausführlich von seinem Vorhaben. Die Verabredung, die sie trafen, war folgende: Herr Girolamo, so hieß der Bruder des Herrn Lionato, führte in der folgenden Nacht Fenicia in sein Haus und hielt sie hier in Gesellschaft seiner Gat-

tin auf das strengste verborgen. Auf dem Landgut wurde sodann alles bereitet, was zu ihrem Empfange nötig war, und eines Morgens in der Frühe schickte er seine Frau mit Fenicia und einer seiner Töchter, die dreizehn bis vierzehn Jahre alt war, voraus. Fenicia war sechzehnjährig. Dies geschah, damit Fenicia, wenn sie größer würde und, wie es mit der Zeit geschieht, sich auch im Gesicht verändert hatte, in zwei bis drei Jahren unter einem andern Namen verheiratet werden könnte.

An dem Tage nach jenem Vorfalle, als das Gerücht von Fenicias Tode sich durch ganz Messina verbreitet hatte, ließ Herr Lionato ihr standesgemäß Totenmessen halten und einen Sarg bereiten, in dem er, ohne daß es jemand bemerkte (denn die Mutter Fenicias wollte es nicht zugeben, daß sich ein Dritter damit abgebe), ich weiß nicht was einhüllte; sodann wurde der Sarg verschlossen, vernagelt und mit Pech verstopft, so daß jeder des festen Glaubens war, daß Fenicias Leiche sich darin befinde. Am Abend aber begleitete Herr Lionato mit allen seinen Verwandten in schwarzer Kleidung den Sarg zur Kirche, und Vater und Mutter bezeugten ein so übermäßiges Leid, als ob sie wirklich ihre Tochter zu Grabe gebracht hätten. Der Vorfall erregte allgemeines Mitleid, da die Ursache des Todes bald ruchbar wurde, und so hielten alle Messiner dafür, daß der Ritter jene Fabel erdichtet habe. Der Sarg wurde daher beigesetzt unter allgemeinem Bedauern der ganzen Stadt; über dem Sarg wurde ein Einsatz von Steinen gemacht und darauf das Wappen der Lionati gemalt. Herr Lionato ließ darauf folgende Inschrift setzen:

Fenicia hieß mein Nam'; unwürdig ward
Als Braut ich einem Rohen überwiesen,

Den die Verbindung mußte bald verdrießen:
Drum zieh er eines Fehls mich schwer und hart.

Als Jungfrau war ich rein und keusch bewahrt
Und sah unbillig mich in Kot gerissen:
Eh'r starb ich, als daß mich die Leute wiesen
Mit Fingern, ach, nach feiler Dirnen Art.

Kein Eisen brauchte ich zu meinem Tod:
Der herbe Schmerz war kräft'ger als der Stahl,
Als ich vernahm den unverdienten Spott.

Im Sterben noch fleht' ich, daß doch einmal
Der Welt den Trug enthüllen möge Gott,
Da meine Treu' mißachtet der Gemahl.

Als die tränenreiche Leichenfeier beendigt war, sprach man allenthalben über die Ursache von Fenicias Tod; man erschöpfte den Gegenstand von allen Seiten, aber insgemein stimmte man darin überein, daß man dem kläglichen Tode Mitleid zollte, da die Beschuldigung für erdichtet gehalten wurde. Herr Timbreo fing an, in den bittersten Schmerz zu versinken und eine gewisse Beklemmung des Herzens zu fühlen, die ihn selbst so sehr befremdete, daß er nicht wußte, was er denken sollte. Dennoch meinte er keinen Tadel zu verdienen, da er einen Menschen die Leiter habe besteigen und ins Haus schlüpfen sehen. Aber bei besonnenerem Nachdenken über das Geschehene und da sein Unwille sich merklich abgekühlt und die Vernunft ihm die Augen geöffnet hatte, mußte er sich sagen, daß jener vielleicht auch um einer andern Frau willen oder um zu rauben dort eingestiegen sein könne. Auch fiel ihm ein, daß Herrn Lionatos Haus sehr groß und jener Flügel, wo der Unbekannte eingestiegen, unbewohnt sei, daß überdies Fenicia, die mit ihren Schwestern hinter dem Gemach ihres Vaters und dem ihrer Mutter schlief, in jenen Flügel nicht kommen konnte, ohne durch das Schlafzimmer ihres Vaters zu gehen; und so von seinen Gedanken bestürmt und gequält, wußte er nirgends Ruhe zu finden. Auch dem Herrn Girondo, dem bei der Nachricht von Fenicias Tod das Gewissen sagte, daß er ihr Henker und Mörder sei, wollte das Herz im Übermaße des Schmerzes zerspringen, teils weil er sie in der Tat heftig geliebt, teils weil er die wahre Veranlassung zu so traurigem Ereignisse gegeben hatte. Mehr als einmal war er in dieser Verzweiflung nahe daran, sich den Dolch in die Brust zu bohren. Er konnte nicht essen noch schlafen; wie ein Besessener, Betörter ging er umher, fuhr dann plötzlich wie aus dem Traume empor und konnte nicht Ruhe noch Rast finden. Am siebenten Tage nach der Bestattung Fenicias glaubte er endlich nicht mehr leben zu können, wenn er dem Timbreo die Schandtat nicht entdeckte, die er begangen hatte. Er begab sich also gegen die Mittagsstunde nach dem Palaste des Königs und begegnete dem Herrn Timbreo, der eben vom Hofe weg nach Hause ging. Herr Girondo redete ihn also an: »Herr Timbreo, wenn es Euch nicht beschwerlich ist, so erzeigt mir den Gefallen, mit mir zu kommen!«

Dieser, der den Herrn Girondo als seinen Waffenbruder liebte, begleitete ihn, über dies und jenes sprechend, und nach wenigen Schritten kamen sie zu der Kirche, in der sich Fenicias Grab befand. Daselbst verbot am Eingange Herr Girondo seinen Dienern, ihm weiter in die Kirche zu folgen, und ersuchte Herrn Timbreo, auch die seinigen zurückzulassen. Dieser gab sogleich dazu Befehl, und nun gingen beide zusammen allein in die Kirche, in der niemand war, und Herr Girondo führte seinen Begleiter nach Fenicias Grabkapelle. Als sie darin waren, kniete Herr Girondo vor der Gruft nieder, zog einen Dolch, den er an seiner Seite trug, und gab ihn entblößt Herrn Timbreo in die Hand, der voller Verwunderung erwartete, was daraus werden solle, und noch gar nicht wahrgenommen hatte, vor wessen Grab sein Begleiter niedergekniet war. Darauf sprach Herr Girondo weinend und schluchzend solchergestalt zu Herrn Timbreo: »Großherziger, edler Ritter, ich habe dich zwar nach meinem Dafürhalten tödlich beleidigt, aber ich bin nicht hierhergekommen, um dich um Vergebung zu bitten, da mein Verbrechen der Art ist, daß es keine Vergebung verdient; wenn du aber deiner Ehre würdig handeln, eine ritterliche Tat vollbringen, ein Gott und der Welt wohlgefälliges Werk verrichten willst, so stoß den Dolch, den du in der Hand hast, in diese ruchlose, verräterische Brust und bring der geweihten Asche der unschuldigen und unglücklichen Fenicia mein lasterhaftes, verabscheuungswürdiges Blut zum Opfer: denn in diesem Gewölbe ward sie vor wenigen Tagen begraben, und ich allein war der boshafte Urheber ihres frühen unverschuldeten Todes. Und bist du mitleidiger gegen mich als ich selbst und versagst mir diese Bitte, so werde ich selbst mit eigener Hand Rache an mir vollziehen und meinem Leben ein Ende machen. Sofern du aber noch der edle großherzige Ritter bist, der du immer gewesen, der nie den leisesten Schatten eines Fleckens auf seiner Ehre duldete, so wirst du für dich und zugleich für die unglückliche Fenicia die gebührende Rache nehmen.«

Als der Herr Timbreo hörte, daß der Leichnam der schönen Fenicia hier versenkt sei, und die Worte des Herrn Girondo vernahm, geriet er außer sich und wußte nicht, was er von der Sache zu denken habe. Von unbekannten Gefühlen ergriffen, hub er bitterlich zu weinen an und bat den Herrn Girondo, aufzustehen und ihm den Zusammenhang zu erklären. Zugleich schleuderte er den Dolch weit von sich. Herr Girondo verstand sich endlich dazu, sich von den Knien zu erheben, und erwiderte unter häufigen Tränen folgendes: »Du mußt wissen, Herr, daß Fenicia auf das feurigste und zwar in so hohem Grade von mir geliebt wurde, daß, wenn ich hundert Menschenalter leben würde, ich nie Hilfe noch Trost zu finden hoffe, weil meine Liebe dem unseligen Mädchen den bittersten Tod bereitet hat. Denn als ich die Gewißheit erlangt hatte, von ihr nie einen freundlichen Blick noch den geringsten Wink, der mit meinen Wünschen übereinstimmte, zu erhalten, da ich hörte, daß sie dir zur Gemahlin beschieden sei, ließ ich mich von meinem zügellosen Verlangen verblenden, mir einzubilden, wenn ich nur Mittel und Wege auffände, ihre Verbindung mit dir rückgängig zu machen, so würde sie ihr Vater auf meine Bewerbung leicht mir selber zugestehen. Für meine inbrünstige Liebe wußte ich keinen andern Ausweg, und ohne also etwas weiteres zu bedenken, erfand ich den verwegensten Anschlag von der Welt und ließ dich betrügerischerweise in jener Nacht in einem meiner Diener einen in ihr Haus einsteigenden Liebhaber sehen. Ebenso war auch derjenige, der zu dir kam und dir anzeigte, daß Fenicia ihre Liebe einem andern zugewandt habe, durchaus von mir unterrichtet und bestochen, dir jene Nachricht zu bringen. Dies veranlaßte dich am folgenden Tage, Fenicia zu verschmähen. Die Unglückliche grämte sich darüber zu Tode, und hier ist ihr Grab. Ich war ihr Mörder, ihr Henker, ihr grausamer Würger, und für diese so schlimme Unbill gegen dich und gegen sie beschwöre ich dich mit gekreuzten Armen« (hier warf er sich von neuem vor ihm auf die Knie), »die meiner Schandtat würdige Rache an mir zu nehmen; denn das Bewußtsein, so viele Greuel veranlaßt zu haben, macht mir das Leben zur unerträglichsten Last.«

Als Herr Timbreo diese Worte vernahm, weinte er bitterlich; doch sah er wohl ein, daß der begangene Fehler nicht ungeschehen zu machen sei, da Fenicia tot war und niemand sie ins Leben zurückrufen konnte. Er beschloß darum, sich an Girondo nicht zu vergreifen, sondern ihm alle seine Schuld zu verzeihen und nur daran zu denken, wie Fenicias Ruf wiederherzustellen und ihre Ehre von den Flecken zu reinigen sei, die sie so ungerechterweise betroffen hatten. Er bat also Girondo aufzustehen und sprach zu ihm nach vielen heißen Seufzern und bittern Tränen also: »Wieviel besser wäre es für mich, mein Bruder, wenn ich nie geboren oder doch taub zur Welt gekommen wäre, daß ich so Schreckliches, Herzzerreißendes nie gehört hätte; denn nun kann ich nie wieder froh werden, weil ich mir sagen muß, daß meine Leichtgläubigkeit diejenige ermordet hat, deren Liebe, deren seltene Tugenden und bewundernswürdige Gaben wohl einen andern Lohn von mir verdient hätten als Schimpf, Verleumdung und frühzeitigen Tod. Gott, gegen dessen Willen sich kein Blatt auf dem Baume regt, hat es freilich also zugelassen, und da vergangene Dinge leichter zu tadeln als besser zu machen sind, so will ich keine weitere Rache an dir nehmen; denn wenn ich so Freund über Freund verlöre, so hieße das nur Schmerz auf Schmerz häufen, und bei alledem würde ja doch Fenicias seliger Geist nicht in ihren engelkeuschen Körper zurückkehren, der seinen Lauf vollendet hat. Nur über eines will ich dich tadeln, damit du nicht wieder in einen ähnlichen Fehler verfällst, und das ist, daß du mir nicht deine Liebe entdeckt hast, da du wußtest, daß ich in sie verliebt war und nichts von dir wußte; denn statt sie von ihrem Vater zu begehren, wäre ich in diesem Liebesunternehmen dir gewichen, und wie großherzige und edle Geister tun, hätte ich mich selbst überwunden und eher auf unsere Freundschaft als auf meine Begierde gehört; vielleicht auch hättest du, nachdem du meine Gründe vernommen, von dem Unternehmen Abstand genommen, und es wäre nicht das entsetzliche Ereignis daraus entsprungen wie jetzt. Doch jetzt ist es geschehen, und nichts auf der Welt kann es ungeschehen machen. Darum wünsche ich, daß du mir den Gefallen erzeigtest, zu tun, was ich dir sagen werde.«

»Befiehl mir, mein Gebieter«, sagte der Herr Girondo, »ich werde dir ganz ohne Ausnahme Folge leisten.«

»Ich wünsche«, fuhr Herr Timbreo fort, »daß wir es unsere erste Sorge sein lassen, Fenicia, die wir so ungerecht gelästert haben, ihre Ehre und ihren unbescholtenen Ruf wiederzugeben, zuerst bei ihren trostlosen Verwandten und dann bei allen Messinern; denn da das Gerücht verbreitet hat, was ich ihr sagen ließ, so könnte leicht die ganze Stadt glauben, sie sei eine feile Dirne. Täten wir dies nicht, so müßte ich ewig ihren erzürnten Schatten vor mir zu sehen glauben, der zu Gott wider mich um Rache ruft.«

Girondo antwortete ihm alsbald und immer unter Tränen: »Du hast zu befehlen, mein Gebieter – ich gehorche. Erst war ich dir durch Freundschaft verbunden, jetzt bin ich es durch die Unbill, die ich dir zugefügt habe, und da du als allzu großmütiger und edler Ritter mir treulosem, gemeinem Manne so hochherzig verziehen hast, bleibe ich ewig dein Diener und Sklave.«

Nach diesem Gespräch knieten beide bitterlich weinend vor dem Grabe nieder und baten Fenicia und Gott mit demütig gekreuzten Armen um Verzeihung, der eine für die begangene Schandtat, der andere für die allzu große Leichtgläubigkeit. Sodann trockneten sie sich die Augen, und Herr Timbreo wünschte, daß Herr Girondo mit ihm nach dem Hause des Herrn Lionato gehe. Sie gingen daher miteinander in das Haus und fanden Herrn Lionato, der soeben mit einigen seiner Verwandten zu Mittag gegessen hatte, von der Tafel aufstehend; als er hörte, daß die beiden Ritter mit ihm sprechen wollten, ging er ihnen voll Verwunderung entgegen und hieß sie willkommen. Die beiden Ritter sahen Herrn Lionato und seine Gattin in schwarzen Kleidern; sie fingen bei dieser grausigen Erinnerung an Fenicias Tod an zu weinen und konnten kaum zu Worte kommen. Es wurden ihnen nun zwei Stühle gereicht; sie setzten sich zusammen nieder, und nach einigen Seufzern und tiefen Atemzügen erzählte Herr Timbreo vor allen Anwesenden die traurige Geschichte, die den bittern und frühzeitigen Tod Fenicias, wie er meinte, veranlaßt hatte; dann warf er sich mit Herrn Girondo auf die Knie und bat ihre Eltern um Vergebung für dieses Verbrechen. Herr Lionato weinte vor Rührung und Freude, umarmte sie beide liebevoll, verzieh ihnen alle Schuld und dankte Gott, daß er die Unschuld seiner Tochter ans Licht gebracht habe. Nach mancherlei Gesprächen wandte sich Herr Timbreo zu Herrn Lionato und sagte zu ihm: »Mein Vater, da das Unglück meinen heißen Wunsch, Euer Eidam zu werden, vereitelt hat, so bitte und beschwöre ich Euch, so dringend ich kann, über mich und das Meinige zu verfügen, als wäre ich wirklich Euer Schwiegersohn geworden: denn ich werde Euch ewig die Ehrerbietung und den Gehorsam erzeigen, den ein liebevoller Sohn dem Vater schuldig ist. Würdigt mich Eurer Befehle, und Ihr werdet finden, daß meine Handlungen meinen Worten entsprechen;

denn wahrlich, ich weiß in der Welt nichts, und wäre es auch noch so schwer, das ich um Euretwillen nicht tun wollte.«

Mit liebreichen Worten dankte der gute Alte dem Herrn Timbreo und sagte endlich: »Da Ihr mir aus gutem Herzen ein so uneigennütziges Anerbieten macht und ein widriges Geschick mich Eurer Verwandtschaft nicht für würdig hält, so wage ich es, eine Bitte an Euch zu richten, die Ihr mir leicht gewähren könnt. Bei dem Edelmut, der Euch beseelt, und bei aller der Liebe, die Ihr je zu der armen Fenicia trugt, bitte ich Euch nämlich, wenn Ihr Euch dereinst vermählen wollt, mir es gefälligst anzuzeigen, und wenn ich Euch dann eine Gattin gebe, die Euch ansteht, sie aus meinen Händen zu nehmen.«

Herr Timbreo hielt dafür, daß der bedauernswürdige Greis in Ansehung seines schweren Verlustes hiermit doch nur eine äußerst geringe Entschädigung fordere, reichte ihm die Hand und entgegnete, ihn auf den Mund küssend, folgendes: »Mein Vater, Ihr verlangt so gar wenig von mir, daß ich mich Euch nur desto mehr verpflichtet fühle. Und um Euch meine Dankbarkeit zu bestätigen, will ich nicht nur nie ohne Euer Vorwissen eine Frau nehmen, sondern sogar keiner andern mich vermählen als derjenigen, die Ihr mir empfehlt und zuführt. Dies verspreche ich Euch auf mein Ehrenwort angesichts aller dieser edeln Herren.«

Herr Girondo brachte bei Herrn Lionato auch seine guten Worte an und stellte sich unbedingt zu seiner Verfügung. Hierauf gingen die beiden Ritter zu Tisch; die Kunde von dem Vorfall aber verbreitete sich alsbald durch Messina, und es wurde jedermann klar, daß Fenicia unverdientermaßen beschuldigt worden war. An demselben Tage noch wurde Fenicia von ihrem Vater durch einen ausdrücklich abgesandten Boten von allem Geschehen benachrichtigt. Sie war darüber im höchsten Grade erfreut und dankte Gott mit frommem Herzen für ihre wiedererlangte Ehre.

Etwa seit einem Jahre befand sich jetzt Fenicia auf dem Landgute, wo man sie so geheimgehalten hatte, daß niemand ahnen konnte, daß sie noch lebe. Inzwischen hatte Herr Timbreo in dem vertrautesten Verhältnis zu Herrn Lionato gelebt, und dieser unterrichtete nun Fenicia von seinem Vorhaben und bereitete in der Stille alles vor, was zu dessen Ausführung gehörte. Fenicia war unterdessen unglaublich schön geworden; sie hatte eben ihr siebzehntes Jahr erreicht und war so erwachsen geworden, daß sie niemand mehr für Fenicia erkannt hätte, um so mehr, als man diese schon tot glaubte. Ihre Schwester, die ihr Gesellschaft leistete, war jetzt etwa fünfzehn Jahre alt und hieß Belfiore; auch glich sie in der Tat der schönsten Blume und gab an Reizen ihrer ältern Schwester wenig nach. Dieser Umstände versah sich Herr Lionato, der die beiden häufig besuchte, und er beschloß, seinen Gedanken unverzüglich ins Werk zu setzen. Als er eines Tages mit den beiden Rittern zusammen war, sagte er nämlich lächelnd zu Herrn Timbreo: »Es ist jetzt die Zeit gekommen, Herr, daß ich Euch der Verpflichtung, die Ihr gegen mich eingegangen seid, entledige. Ich bin der Meinung, Euch zu Eurer Gattin ein schönes und artiges junges Mädchen gefunden zu haben, mit dem Ihr meiner Ansicht nach, wenn Ihr es gesehen habt, gewiß zufrieden sein werdet. Und wenn Ihr auch weniger Liebe für sie empfändet als einst für Fenicia, so kann ich Euch jedenfalls versichern, daß sie nicht minder schön, edel und anmutig ist als diese. Sie ist mit andern weiblichen Gaben und anmutigen Sitten Gott sei Dank in Fülle versehen und ge-

schmückt. Ihr sollt sie sehen und sodann immer noch ihretwegen tun und lassen können, was Euch beliebt. Sonntag morgen komme ich mit einer Begleitung, meinen Verwandten und Freunden, zu Euch: Haltet Euch mit Herrn Girondo bereit, denn wir müssen auf ein etwa drei Meilen von Messina entferntes Landgut gehen. Dort hören wir die Messe; dann besuchen wir das Mädchen, von dem ich Euch gesprochen habe, und wir speisen darauf miteinander zu Mittag.«
Herr Timbreo nahm die Einladung und die Verabredung an und bereitete sich am nächsten Sonntag in der Frühe mit Herrn Girondo vor, um über Land zu reiten. Und siehe, da kam Herr Lionato mit einer Schar von Edelleuten, nachdem er auf dem Landgut bereits alles Notwendige anständig hatte rüsten lassen. Sobald Herr Timbreo von der Ankunft des Herrn Lionato benachrichtigt war, stieg er mit Herrn Girondo und seinen Dienern zu Pferd, und nachdem sie sich gegenseitig guten Morgen gesagt, verließen sie alle miteinander die Stadt. Unter mancherlei Gesprächen, wie dies bei dergleichen Ritten zu geschehen pflegt, kamen sie, ehe sie sich's versahen, auf dem Landgut an und wurden ehrenvoll empfangen. Sie hörten in einer nahe dem Hause gelegenen Kirche die Messe, und als diese vorbei war, verfügten sich alle in den Saal, der mit alexandrinischen Teppichen und Tapeten anständig geziert war. Als sie daselbst versammelt waren, siehe, da traten aus einem Zimmer viele Edelfrauen heraus, darunter Fenicia mit Belfiore, und Fenicia war recht eigentlich dem Monde zu vergleichen, wenn er in seinem vollsten Schimmer am Sternhimmel aufgeht. Die beiden Herren nebst den andern Edelleuten empfingen sie mit ehrerbietiger Begrüßung, wie stets jeder Edelmann gegen Frauen zu tun verpflichtet ist. Herr Lionato nahm sodann den

Herrn Timbreo bei der Hand und führte ihn zu Fenicia, die, seit man sie auf das Land gebracht hatte, immer Lucilla genannt worden war.

»Seht, Herr Ritter«, sagte er, »dies ist das Fräulein Lucilla, die ich Euch zur Gattin auserkoren habe; wenn sie Euch gefällt und wenn Ihr meiner Ansicht beipflichtet, so ist sie Eure Verlobte. Trotzdem steht es Euch frei, sie zu nehmen oder zu verschmähen.«

Herrn Timbreo hatte die in der Tat sehr schöne Jungfrau gleich auf den ersten Blick ausnehmend wohlgefallen. Er hatte schon bei sich beschlossen, Herrn Lionato zu folgen, und sprach daher nach kurzem Nachdenken: »Herr Vater, ich nehme nicht nur diese an, die Ihr mir zuführt und die mir eine wahrhaft königliche Jungfrau scheint, sondern ich hätte auch jede andere, die mir von Euch gezeigt worden wäre, angenommen. Und damit Ihr seht, wie sehr ich verlange, Euch zufriedenzustellen, und damit Ihr erkennet, daß mein Euch gegebenes Versprechen ernstlich war, nehme ich diese und keine andere zu meiner rechtmäßigen Gattin, wofern ihr Wille mit dem meinigen übereinstimmt.«

Darauf versetzte die Jungfrau und sprach: »Herr Ritter, ich bin hier bereit, alles zu tun, was Herr Lionato mir befiehlt.«

»Und ich, schönes Mädchen«, fügte Herr Lionato hinzu, »ermahne Euch, den Herrn Timbreo zum Gatten zu nehmen.«

Um die Sache nicht weiter zu verzögern, wurde einem anwesenden Doktor ein Wink gegeben, daß er die üblichen Worte sprechen solle nach dem Gebrauch der heiligen Kirche. Der Herr Doktor tat dies in bester Art, und Herr Timbreo vermählte sich auf der Stelle mit seiner Fenicia, in der Meinung, eine Lucilla zu heiraten. Gleich zuerst, als Herr Timbreo das Mädchen aus dem

Zimmer treten sah, hatte er in seinem Herzen ein leises Beben empfunden, weil es ihm bedünken wollte, in ihren Gesichtszügen eine gewisse Ähnlichkeit mit seiner Fenicia wahrzunehmen. Er konnte sich nun nicht satt an ihr sehen und fühlte bereits, wie sich alle seine alte Liebe zu Fenicia nun auf diese Jungfrau übertrug. Unmittelbar nach der Vermählung wurde Handwasser herumgereicht; oben an den Tisch setzte man die Braut, ihr zur Rechten, an der Seite, kam Herr Timbreo, ihm gegenüber Belfiore, auf die sodann der Ritter Girondo folgte, und auf diese Weise ging es in bunter Reihe abwärts. Es kamen köstliche und aufs schönste geordnete Speisen; das ganze Gastmahl war prachtvoll und ruhig und aufs beste bedient. Gespräche, Scherze und tausend andere Unterhaltungen fehlten nicht. Als nun zuletzt die Früchte, die die Jahreszeit bot, herumgereicht wurden und Fenicias Tante, die fast das ganze Jahr über auf dem Lande bei ihr gewesen war und bei Herrn Timbreo am Essen saß, sah, daß das Gastmahl zu Ende ging, fragte sie scherzend ihren Nachbar, als hätte sie nie etwas von den früheren Vorfällen vernommen: »Herr Bräutigam, seid Ihr nie vermählt gewesen?«
Auf diese Frage aus dem Munde einer solchen Frau füllten sich seine Augen mit Tränen, ehe er noch antworten konnte. Dessenungeachtet überwand er die Weichheit seiner Natur und sagte: »Frau Tante, Eure gütige Frage erinnert mich an einen Gegenstand, der mir stets im Herzen lebt und um dessentwillen ich bald meine Tage zu beschließen glaube. Denn wiewohl ich mit Frau Lucilla völlig zufrieden bin, so empfinde ich doch um einer andern willen, die ich liebte und noch jetzt nach ihrem Tode mehr als mich selbst liebe, einen ununterbrochenen und so schmerzlichen Herzenskummer, daß ich fühle, wie er allmählich den Faden meines

Lebens zernagt und mich heftig quält, da ich höchst pflichtwidrig Veranlassung zu ihrem bittern Tode geworden bin.«

Herr Girondo wollte ihm in die Rede fallen; er wurde jedoch lange Zeit von Schluchzen und einem reichlich hervorstürzenden Tränenstrom verhindert. Am Ende sagte er mit halberstickter Stimme: »Ich, mein Herr, ich bin der strafbare Urheber und Vollstrecker des Todes der unglücklichen Jungfrau, deren seltene Vorzüge sie eines längeren Lebens so würdig machten; Ihr habt nicht die mindeste Schuld daran; denn ich allein bin der Schuldige.«

Über diese Reden begannen auch der Braut die Augen sich mit einem Tränenregen zu füllen im Andenken an ihr vergangenes bitteres Leiden. Die Tante der Braut fuhr dann fort und richtete folgende Frage an den Neffen: »Ach, Herr Ritter, seid doch so gut, da das Geschehene nun nicht zu ändern ist, erzählt mir doch das Ereignis, das Euch und diesen andern ehrenwerten Herrn noch gegenwärtig in solche Rührung und Tränen versenkt!«

»Wehe mir«, antwortete Herr Timbreo, »Ihr verlangt, Frau Tante, daß ich den verzweifeltsten und grausamsten Schmerz erneuere, den ich je erlitten habe und der mir schon, wenn ich im entferntesten daran denke, alle Kraft und alles Bewußtsein entzieht. Indessen will ich, Euch zu Gefallen, Euch meinen ewigen Schmerz und die Schande meiner Leichtgläubigkeit ausführlich erzählen.« Er hub nun an, von Anfang bis zu Ende nicht ohne die heißesten Tränen und unter der innigsten Teilnahme und Verwunderung der Zuhörer die betrübliche Geschichte vorzutragen. Als er geendet hatte, sprach die Matrone zu ihm: »Ihr erzählt mir da eine wundersame, furchtbare Geschichte, Herr Ritter, dergleichen wohl noch nie auf Erden vorgekommen ist. Aber sagt mir, so wahr Gott Euch helfe, wenn ich Euch, bevor Ihr Euch diesem Fräulein verlobtet, Eure erste Geliebte wieder hätte auferwecken können, was würdet Ihr getan haben, um sie wieder ins Leben zu bekommen?«

Herr Timbreo erwiderte unter Tränen: »Ich schwöre bei Gott, gnädige Frau, ich bin sehr zufrieden mit meiner jetzigen Gemahlin und hoffe es in kurzem noch mehr zu werden; aber hätte ich vorher die Gestorbene wiederkaufen können, so hätte ich die Hälfte meines Lebens hingegeben, um sie wiederzubekommen, dazu das Geld, das ich während desselben ausgegeben haben würde; denn ich liebte sie so aufrichtig, als nur ein Mann eine Frau lieben kann, und wenn ich tausend und aber tausend Jahre lebte, werde ich sie, tot wie sie ist, immer lieben und aus Liebe zu ihr alle ihre Verwandten stets lieb und wert halten.«

Hier vermochte nun Fenicias getrösteter Vater nicht länger die Freude seines Herzens zurückzuhalten, und er sagte, zu seinem Eidam gewandt, vor überströmender Wonne und Rührung weinend: »Mein Sohn und Eidam, denn so darf ich Euch nennen, was Ihr tut, paßt schlecht zu dem, was Ihr sagt; denn Ihr habt Euch mit Eurer so innig geliebten Fenicia vermählt, habt den ganzen Morgen an ihrer Seite zugebracht – und kennt sie noch nicht? Wohin hat sich Eure inbrünstige Liebe verirrt? Hat sich ihre Gestalt, haben sich ihre Züge so sehr verändert, daß Ihr sie nicht wiedererkannt habt, während sie doch neben Euch sitzt?«

Auf diese Weise öffneten sich allmählich die Augen des verliebten Ritters, und er warf sich seiner Fenicia an den Hals, küßte sie tausendmal und konnte in seinem grenzenlosen Entzücken nicht aufhören, sie unverwandt

zu betrachten. Dabei weinte er fortwährend voll Rührung und vermochte kein Wort hervorzubringen, nannte sich aber selbst in seinem Innern blind. Herr Lionato erzählte ihm darauf, wie sich alles zugetragen habe, und alle waren äußerst verwundert und sehr heiter beisammen. Herr Girondo sprang jetzt von der Tafel auf, warf sich heftig weinend Fenicia zu Füßen und bat sie demütigst um Verzeihung. Diese hob ihn sogleich freundlich auf und verzieh ihm mit liebreichen Worten die erlittenen Unbilden. Darauf wandte sie sich zu ihrem Gatten, der sich selbst bei der Sache für schuldig erklärte, und bat ihn mit den zärtlichsten Worten, nie wieder in diesem Sinne zu sprechen: denn er brauche nicht für eine Schuld um Verzeihung zu bitten, die er nicht begangen habe. Dann küßten sie sich und tranken, vor Freude weinend, ihre heißen Tränen im Übermaß des Entzückens und der Wonne.
Während sich nun alle der angenehmsten Freude hingaben und zu Tänzen und Festlichkeiten anschickten, näherte sich der Ritter Girondo dem Herrn Lionato, der so vergnügt war, daß er den Himmel mit dem Finger zu berühren wähnte, und bat ihn, ihm eine sehr große Gnade erzeigen zu wollen, wodurch er ihn unendlich glücklich machen werde. Herr Lionato antwortete ihm, er möge nur fordern; denn wenn es in seiner Macht stehe, seine Bitte zu gewähren, so werde er sie gern und freudig erfüllen.
»So verlange ich denn«, fuhr Herr Girondo fort, »Euch, Herr Lionato, zum Vater und Schwäher, Frau Fenicia und Herrn Timbreo zu Geschwistern und Fräulein Belfiore zu meiner rechtmäßigen und geliebten Gattin.«
Der gute Vater fühlte sein Herz von neuer Freude überwältigt. Wie von Sinnen über ein so großes unverhofftes Glück, wußte er nicht, ob er träume oder ob es Wahr-

heit sei, was er sah und hörte. Als er endlich doch erkennen mußte, daß er nicht schlief, dankte er Gott von Herzen für so vielen unverdienten Segen und antwortete, zu Herrn Girondo gewandt, diesem freundlich, er sei mit allem zufrieden, was in seinem Belieben stehe. Da es nun soweit war, rief er Belfiore zu sich und sagte: »Du siehst, meine Tochter, wie es geht: dieser Herr Ritter bewirbt sich um deine Hand. Willst du ihn zum Gatten haben, so bin ich es zufrieden; du hast alle möglichen Gründe, es auch zu sein; also sage mir deine Meinung freiheraus!«
Das schöne Mädchen antwortete ihrem Vater mit leiser, bebender Stimme voll Scham, daß sie bereit sei, zu tun, was er verlange. Und so steckte Herr Girondo, um die Sache nicht weiter zu verzögern, mit Einwilligung aller Verwandten unter den gewöhnlichen und geziemenden Äußerungen des Anstandes der schönen Belfiore den Ring an, worüber Herr Lionato und alle die Seinigen äußerst vergnügt waren. Und weil Herr Timbreo seine teure Fenicia unter dem Namen Lucilla geheiratet hatte, vermählte er sich nunmehr von neuem feierlich mit ihr unter dem Namen Fenicia.
So ging der ganze Tag unter Tänzen und Vergnügungen hin. Die schöne, liebenswürdige Fenicia war in den feinsten Damast gekleidet, weiß wie der reinste Schnee. Der Putz, der ihr Haupt schmückte, stand ihr wunderbar reizend. Sie war für ihre Jahre ziemlich groß von Wuchs und prangte in genügender Fülle der Glieder; doch konnte sie bei ihrer Jugend noch zu wachsen hoffen. Unter der verräterischen Hülle der feinsten und edelsten Seide zeigte sich erhaben der Busen, zwei runden Äpfeln gleich vordringend, eine Brust in reizender Entfernung von der andern. Wer die holde Farbe ihres Angesichts sah, der erblickte eine reine, liebliche

Weiße, von süßer jungfräulicher Scham übergossen, die nicht die Kunst, sondern die Meisterin Natur, dem Wechsel der Gebärden und der Umstände gemäß, in glühenden Purpur tauchte. Die schwellende Brust glich an Weiße und Frische dem lebendigsten weißen Alabaster, der runde Hals glänzte wie Schnee. Wer den holden Mund, wenn er die süßen Worte bildete, sich öffnen und schließen sah, der konnte zuversichtlich sagen, er habe ein unschätzbares Kleinod sich öffnen sehen, umschlossen von den feinsten Rubinen und voll der reichsten und schönsten Perlen, wie sie nur je das reiche Morgenland uns gesandt. Sah er aber diese schönen Augen, diese funkelnden Sterne, diese blitzenden Sonnen, die sie so meisterlich widerstrahlen ließ, so konnte man wohl beschwören, daß in diesen reizenden Flammen die Liebe wohne und in diesem hellen Glanz ihre scharfen Pfeile wetze. Und wie lieblich flatterten die krausen losen Locken umher, welche, die reine freie Stirn umspielend, gesponnener Seide und glänzendem Golde gleich, bei dem leisesten Hauch eines Lüftchens kosend umherschaukelten! Ihre Arme waren so ebenmäßig, ihre beiden Hände so zierlich gebildet, daß der Neid selbst daran nichts hätte ändern können. Überhaupt ihre ganze Gestalt war so anmutvoll und lebendig, so liebenswürdig von der Natur gebildet, daß ihr gar nichts fehlte. Sodann bewegte sie sich so leicht und heiter, je nach den Umständen, mit dem ganzen Körper oder teilweise, daß jede ihrer Handlungen, jeder Wink, jede Bewegung voll unendlicher Anmut war und es schien, sie dringe mit offener Gewalt in die Herzen der Beschauer ein. Wer sie daher Fenicia nannte, der entfernte sich nicht von der Wahrheit: denn sie war in der Tat ein Phönix, der alle anderen Jungfrauen unendlich weit an Schönheit übertraf. Und nicht weniger schön war das Aussehen Belfiores; nur hatte sie als ein jüngeres Kind noch nicht die Hoheit, den mächtigen Reiz in ihren Gebärden und Bewegungen.

Der ganze Tag also wurde in festlicher Freude hingebracht, und die beiden Bräutigame schienen sich an dem Anblick und der Unterhaltung mit ihren Frauen nicht ersättigen zu können. Herr Timbreo besonders schwelgte in Seligkeit und Entzücken und wollte sich fast selber nicht glauben, daß er wirklich da sei, wo er sich befand; denn immer fürchtete er, nur zu träumen, oder alles sei ein holder Sinnentrug, den die Kunst eines Zauberers ihm vorspiegelte.

Am folgenden Tage schickten sie sich an, nach Messina zurückzukehren und dort die Hochzeit mit jener Feierlichkeit zu begehen, die sich für den Rang der beiden Ritter geziemte. Die beiden Ehemänner hatten schon durch einen Eilboten einen ihrer Freunde, der das Vertrauen des Königs besaß, von ihrem Glück unterrichtet und ihm aufgetragen, das für sie zu tun, was sie wünschten. Daher ging dieser noch desselben Tages zu König Pedro, ihm im Namen der beiden Ritter aufzuwarten, und erzählte ihm die Geschichte ihrer Liebe und was sich von Anfang bis zu Ende mit ihnen begeben habe. Der König bewies hierüber eine nicht geringe Freude. Er ließ die Königin herbeirufen und befahl dem Vermittler, noch einmal in ihrer Gegenwart die ganze Geschichte zu erzählen. Dies tat er denn auch gewissenhaft und zur größten Genugtuung und nicht geringen Verwunderung der Königin, die, da sie von Fenicias beklagenswertem Schicksale vernahm, aus Mitleid für das Mädchen zu Tränen gerührt wurde. Da nun der König Pedro freisinniger herrschte als irgendein Fürst seiner Zeit und besser als andere das Verdienst zu belohnen wußte, und da auch die Königin höflich und freundlich war, eröffnete ihr der König seine Gesinnung und was er zu tun willens war. Als die Königin einen so großmütigen Vorsatz hörte, rühmte sie sehr die Absicht und den Willen ihres Herrn und Gemahls. Er ließ daher in aller Eile festliche Zubereitungen am Hofe treffen, den ganzen Adel von Messina, Herren und Frauen, einladen und verordnete, daß die vornehmsten Barone des Hofes mit zahlloser Begleitung anderer Ritter und Edeln unter Führung und Leitung des Infanten Don Giacomo Dongiavo, seines Erstgeborenen, den neuvermählten Schwestern vor Messina hinaus entgegenritten. Dieser sein Beschluß wurde in schönster Ordnung ausgeführt; sie ritten zur Stadt hinaus und waren noch nicht eine Meile weit gekommen, als sie den beiden Bräuten begegneten, die mit ihren Gatten und vielen andern Personen in frohem Zuge auf Messina zukamen. Als sie zueinanderkamen, ließ der Infant Don Giacomo die Ritter wieder aufsitzen, welche abgestiegen waren, um ihm ihre Ehrerbietung zu bezeigen, und beglückwünschte sie und die schönen Schwestern im Namen seines Vaters höflich zu ihrer Vermählung; er selbst aber wurde von allen mit der größten Ehrerbietung empfangen. Auch alle Hofbeamten und anderen Teilnehmer an dem Zuge, der aus Messina gekommen war, empfingen die beiden Ehepaare nicht minder zuvorkommend und höflich. Die beiden Ritter mit ihren Frauen andererseits dankten auf das schmeichelhafteste, und vor allem sagten sie dem Infanten Don Giacomo den verbindlichsten Dank für die ihnen erwiesene Ehre.

Hierauf setzte sich die ganze Gesellschaft gegen die Stadt in Bewegung unter fröhlichen Gesprächen und Scherzen, wie es bei dergleichen Lustbarkeiten herzugehen pflegt. Don Giacomo unterhielt sich sehr lange und freundlich bald mit Frau Fenicia, bald mit Frau Belfiore. Der König, der durch Boten von dem Vorrücken des Zuges genauestens unterrichtet war, stieg, als es ihm Zeit schien, mit der Königin und einer ansehnlichen Gesellschaft von Rittern und Edelfrauen zu Pferde und begegnete am Eingang der Stadt dem schönen Zuge, der eben anlangte. Alle stiegen sogleich ab, um den König und die Königin zu begrüßen, wofür sie von diesem gnädig empfangen wurden. Der König ließ alsdann alle wieder aufsitzen und nahm seinen Platz zwischen Herrn Lionato und Herrn Timbreo ein, während die Königin die schöne Fenicia an ihre rechte und Belfiore an die linke Seite nahm. Der Infant Don Giacomo ließ sich von Herrn Girondo begleiten. Ebenso stellten sich die übrigen Herren und Frauen vom Adel; alle ritten paarweise in der schönsten Ordnung und bewegten sich so nach des Königs Willen gegen den königlichen Palast. Daselbst wurde ein prächtiges Mittagsmahl eingenommen, zu dessen Schluß auf Befehl des Königs in Gegenwart der ganzen Tischgesellschaft Herr Timbreo die ganze Geschichte seiner Liebe erzählte. Als dies vorbei war, fing man an zu tanzen, und die ganze Woche über hielt der König offenen Hof und befahl, daß alle in diesen Tagen im königlichen Palaste speisen sollten.

Als die Feste zu Ende waren, rief der König Herrn Lionato zu sich und fragte ihn, welche Aussteuer er seinen Töchtern zugedacht und wie er sie ihnen ausfolgen wolle. Herr Lionato antwortete dem König, über die Aussteuer sei noch gar nicht gesprochen worden, er werde ihnen aber eine seinen Kräften angemessene Mitgift zukommen lassen. Der König sagte darauf: »Wir wollen Euren Töchtern selbst eine Aussteuer geben, wie sie uns ihnen und meinen Rittern angemessen scheint,

und wollen nicht, daß Ihr ferner irgend für sie zu sorgen habt.«
Und also ließ der großherzige König, der deshalb nicht allein von allen Sizilianern, sondern von jedermann, der es hörte, höchlich gepriesen wurde, die beiden neuvermählten Paare zu sich kommen, forderte sie auf, feierlich ihren Ansprüchen an das Vermögen des Herrn Lionato zu entsagen, und fügte sogleich den königlichen Befehl hinzu, der diese Verzichtleistung bestätigte. Unverzüglich darauf stattete er sie, nicht wie Bürgerstöchter, sondern wie seine eigenen, auf das ehrenvollste aus und erhöhte das Jahresgehalt, das die beiden Ritter von ihm bezogen. Die Königin, nicht minder Aufwand liebend, großmütig und freigebig als der König, ernannte beide Frauen zu ihren Hofdamen, warf ihnen von ihren eigenen Einkünften ein ansehnliches jährliches Gehalt aus und hielt sie immer lieb und wert. Sie, die in der Tat äußerst liebenswürdig waren, wußten bald durch ihr Benehmen die Hochschätzung aller Hofbeamten zu erwerben. Auch dem Herrn Lionato gab der König ein ehrenvolles Amt in Messina, das ihm keine geringen Einkünfte brachte. Weil er aber schon bei Jahren war, so brachte er es dahin, daß der König einen seiner Söhne darin bestätigte.
So also erging es dem Herrn Timbreo mit seiner redlichen Liebe. Das Böse, das ihm Herr Girondo hatte zufügen wollen, schlug zum Guten aus, und beide erfreuten sich noch lange ihrer Frauen und lebten in Glück und Frieden.

AGNOLO FIRENZUOLA

DAS SCHNEEKIND

In der Gegend von Vernia, in einem Dorf namens Mercatale, lebte ein sehr reicher Bauer. Dieser hatte unter anderem Vermögen einen schönen Bestand an Vieh, und um dieses zu hüten, pflegte er, wie es dort üblich ist, den ganzen Winter über damit in die Maremmen zu gehen. Er hatte eine Frau, die viel schöner als treu war, sich in einen jener Herren verliebte und immer, wenn der Mann außerhalb war, darauf ausging, ihre Zeit vergnügt mit dem anderen zu verbringen. Aber eines Tages wurde sie von ihm schwanger und gebar einen Sohn zur Zeit, als der Mann nicht zu Haus war. So gab sie ihn heimlich zu einer Amme nach Mangona. Als er aber halb erwachsen war, nahm sie ihn aus großer Liebe, und auch weil ihr Gatte sich als guter Mensch herausgestellt hatte, wieder ins Haus und pflegte ihn als ihren Sohn.

Als dann jedoch der Gatte von seinen Geschäften heimkehrte und das Kind im Hause sah, fragte er die Frau, wer es sei. Darauf antwortete sie, ohne die geringste Angst der Welt, es sei das ihrige.

»Wieso das deinige?« fragte er ganz betroffen.

»Jawohl, das meinige«, sagte die Frau, ohne ihn ausreden zu lassen. »Erinnerst du dich nicht, mein zuckersüßer Gatte, gehört zu haben, daß wir vor zwei Jahren hier einen schlimmen Winter hatten und es eine schneidendere Kälte gab, als ich mich je entsinnen kann? Unter anderem lag der Schnee bei Santa Caterina mehrere Ellen hoch. So ging ich, als junge Frau, die sich weiter keine Gedanken machte, mit anderen Mädchen, wie man das so tut, dorthin, um im Schnee zu spielen. Als ich am Abend heimkehrte, um mich umzuziehen – denn ich war bis auf die Haut durchnäßt –, fand ich mich, beim Auskleiden – o ich Unglückliche! Ich schäme mich, es zu sagen –, schwanger. Es war nichts anderes als jener Schnee; denn nach neun Monaten gebar ich dieses schöne Söhnchen. Du siehst gut, wie weiß es ist, so weiß wie der Schnee, dem er ganz gleicht. Da ich aber sehr gut weiß, wie ihr Männer geartet seid, daß ihr im ersten Augenblick von den armen Frauen alles Schlechte denkt, so schickte ich ihn, um dich nicht argwöhnisch zu machen, zur Pflege außer Hause. Dann gedachte ich, in aller Ruhe, wenn du durch lange Erfahrung deine Frau gut kennengelernt hättest, ihn holen zu lassen und dir die ganze Sache zu offenbaren; und das habe ich getan.«

Obwohl der gute Mann gewöhnlich etwas einfältig war, war er trotzdem gegen eine so große Erschütterung nicht gefeit; denn er erkannte gut die Ausrede des treulosen Weibes. Dennoch liebte er sie sehr; denn sie war, wie gesagt, schön und von gutem Benehmen, und er war einer jener Trottel, die nie das Kinn aus dem Wettermantel heraufheben, und ein solcher, der sie nicht zu verdienen glaubte. Außerdem hatte er sie aus Sehnsucht genommen, und vielleicht wollte er auch nicht das, was er in seiner Brust verborgen hatte, sich in den Kopf setzen. So handelte er diesmal wie ein verständiger Mann und tat so, als glaube er es. Er beschloß aber, nicht die

Kinder anderer auf seine Kosten zu ernähren. Eines Tages paßte er die Gelegenheit ab und nahm das Schneekind mit sich. Was er mit ihm tat, weiß ich nicht genau; jedenfalls wurde das arme Kind niemals mehr gesehen.

Die Frau wartete einen Tag, sie wartete zwei Tage. Als sie den Sohn nicht heimkehren sah, begann sie argwöhnisch zu werden. Daher fragte sie den Gatten, was mit dem Kind los sei, und er antwortete ihr: »Mein süßes Weib, als ich neulich nicht mehr als unbedingt nötig bedachte, führte ich den armen Bianchino« – denn so hatte ihn die Mutter wegen des Schnees genannt – »spazieren. Wir gerieten in eine der heißesten und mörderischsten Sonnen, die es in diesem Jahr gegeben hat. Wenn du dich gut erinnerst, an jenem Abend klagte ich über ein leichtes Schwindelgefühl, und das kam von jener Sonne. Das arme Kerlchen zerschmolz auf einmal, ehe ich es recht bemerkte, und wurde zu Wasser. Da war ich wirklich sicher, daß du mir die Wahrheit gesagt hast: daß er aus Schnee geboren ist, denn sobald er die Sonne sah, wurde er zu Wasser.«

Die gute Frau wußte nicht, was sie erwidern sollte; denn sie bemerkte gut die Anspielung. Voller Zorn und Verachtung verließ sie ihn, ohne noch mehr zu fragen.

ANTON FRANCESCO GRAZZINI

DES FISCHERS
GLÜCK UND LIST

Pisa gehörte in alter Zeit zu den volkreichen, wohlhabenden Städten nicht nur der Toskana, sondern sogar ganz Italiens, und wurde von vielen edlen, angesehenen und reichen Leuten bewohnt. Lange Zeit bevor es der Florentiner Herrschaft und Gewalt unterworfen wurde, kam zufällig ein Mailänder Doktor aus Paris, wo er studiert und sich in der ärztlichen Kunst unterrichtet hatte, nach Pisa, und wie es das Schicksal wollte, konnte er nach einiger Zeit seine Geschicklichkeit an einigen angesehenen Leuten erproben, denen er, da es Gott gefiel, die verlorene Gesundheit wiedergab. So stieg der Glaube an seine Kunst immer höher, er wurde immer besser angesehen, verdiente immer mehr Geld und beschloß, da ihm die Stadt, die Sitte und Lebensart ihrer Bewohner gefielen, nicht mehr nach Mailand zurückzukehren, sondern sich dort niederzulassen. Er hatte daheim nur eine schon bejahrte Mutter zurückgelassen, und wie er wenige Tage vor seiner Ankunft in Pisa erfuhr, war sie aus diesem Leben geschieden und er hatte auf niemanden mehr Rücksicht zu nehmen. Also wählte er Pisa zum Wohnsitz, wo er seine ärztliche Kunst übte, in kurzer Zeit durch seine große Geschicklichkeit ein reicher Mann wurde und sich Maestro Basilio aus Mailand nennen ließ.

Es geschah natürlich, daß einige Pisaner ihm ein Weib zu geben versuchten, aber es wurden ihm viele ausgesucht und gezeigt, ehe er sich zufriedengestellt erklärte, und es gefiel ihm endlich ein Mädchen, das weder Vater noch Mutter hatte, aus edlem Hause war, aber arm und ihm nur ein Haus als Heiratsgut brachte, in das der Doktor sie hocherfreut nach der Hochzeit führte und das er zu ihrer Wohnung erkor, wo sie, während ihr Vermögen wuchs und ihre Kinder sich mehrten, viele Jahre in aller Freude zusammen verbrachten. Sie hatten drei Söhne und eine Tochter, die sie in Pisa zur gebührenden Zeit verheirateten, wie sie auch für den ältesten ihrer Söhne eine Frau erwählten. Der jüngste Sohn widmete sich den Studien, während der mittlere, Lazzaro, zwar viel Zeit mit Lernen zugebracht, aber so gut wie gar nichts profitiert hatte. Das Lernen machte ihm sehr wenig Freude, außerdem war er träge und hatte einen harten Schädel, war melancholisch, verschlossen, lebte für sich, war sehr wortkarg und so starrköpfig, daß niemand, hatte er einmal nein gesagt, ihn zu einer Sinnesänderung hätte bewegen können. Da der Vater ihn so plump, ungeschliffen, eigensinnig sah, beschloß er, ihn aus der Stadt wegzuschicken. Er brachte ihn aufs Land, wo er in einiger Entfernung von der Stadt vier schöne Besitzungen gekauft hatte. Hier lebte Lazzaro ganz vergnügt, denn ihm gefielen die ländlichen Sitten und Gebräuche besser als die städtischen. Zehn Jahre waren verflossen, seit Maestro Basilio Lazzaro aufs Land geschickt hatte, da kam nach Pisa eine merkwürdige und gefährliche Krankheit, die die Menschen in das heftigste Fieber stürzte, so daß sie in Schlaf versanken und, ohne noch einmal zu erwachen, starben, und die sich so schnell wie die Pest verbreitete. Der Maestro, den es, wie die anderen Ärzte ebenfalls, nach Gewinn gelüstete, gehörte zu den ersten, die sich um eine Heilung bemühten, und nach wenigen Fällen befiel ihn die gefährliche giftige Krankheit derart, daß ihm keine Arzneien und Heilmittel mehr nutzten und er nach einigen Stunden eine Leiche war; und die Krankheit war so gefährlich und ansteckend, daß sie sofort die anderen Hausbewohner ergriff, so daß, um euch nicht mit Einzelheiten zu langweilen, sie alle nacheinander starben und begraben wurden und im Haus einzig und allein eine alte Dienerin am Leben blieb; und wie sie in diesem Hause wütete, so tat die Krankheit in Pisa selbst den größten Schaden und hätte noch viel mehr Opfer gefordert, wenn nicht viele Leute die Stadt verlassen hätten.

Allmählich aber, als der Frühling kam, verschwand die gefährliche, todbringende Krankheit, die man damals die Wurmkrankheit nannte, die Menschen beruhigten sich, kehrten in die Stadt zurück, nahmen ihre gewöhnlichen Geschäfte wieder auf und gingen an ihre hergebrachte Arbeit. Lazzaro wurde nach Pisa gerufen, um die sehr bedeutende reiche Erbschaft anzutreten. Als er sie in Besitz genommen hatte, lebte er nur mit der alten Dienerin, zu der er noch einen Diener nahm, und bestätigte den Verwalter, der seine Besitztümer und sein Vermögen unter sich hatte. Die ganze Stadt versuchte, ihm zu einer Frau zu verhelfen; man kümmerte sich nicht um seine Plumpheit noch um seine Starrköpfigkeit; er aber antwortete entschlossen, daß er noch vier Jahre ledig bleiben wolle, dann würde er daran denken. Darauf sagte man ihm kein Wort mehr, denn man kannte ja zur Genüge sein Wesen. Er lebte nach seinem Belieben, wollte mit keinem Menschen aus besserem Hause verkehren, im Gegenteil, er floh den Umgang mit den Menschen wie der Teufel das Kreuz.

Ihm gegenüber wohnte ein armer Mann, Gabriello, mit

seiner Frau Santa und zwei Kindern, einem Jungen von fünf und einem Mädchen von drei Jahren, der nichts weiter besaß als ein sehr kleines Häuschen. Gabriello aber war der beste Fischer und Vogelsteller und ein ausgezeichneter Meister in der Kunst, Netze und Fallen zu legen. Durch den Fisch- und Vogelfang erhielt er sich und seine Familie, so gut es ging, wobei er von seiner Frau unterstützt wurde, die Leinentücher webte. Nach Gottes Willen hatte dieser Gabriello mit Lazzaro solche Ähnlichkeit, daß es rein wunderbar war: beide hatten eine gerötete Haut, den Bart lang und in derselben Form und Farbe. Sie schienen Zwillinge zu sein und ähnelten sich nicht nur in der Gestalt und im Gesicht, sondern sie waren auch ungefähr zur selben Zeit geboren und glichen sich so, daß, wären sie gleich angezogen gewesen, man nicht leicht den einen von dem andern hätte unterscheiden können und Gabriellos Frau selbst sich hätte täuschen können. Allein die Kleider machten einen Unterschied, der eine trug sie von grobem Zeug, der andere von feinstem Tuch.

Als Lazzaro bei seinem Nachbarn eine so große Ähnlichkeit mit sich feststellte, meinte er, das habe nicht wenig zu bedeuten und könne nicht ohne Grund sein. Er begann also, mit ihm zu verkehren, und schickte ihm und der Frau oft etwas zum Essen und Trinken. Oft lud er Gabriello auch zum Mittag und zum Nachtmahl ein, dabei schwatzten sie über alles mögliche. Gabriello wußte ihm die schönsten Geschichten, die man sich denken kann, zu erzählen, denn er war, obwohl von niederem Stand und arm, doch klug und sehr gewitzt und wußte dem Lazzaro so nach dem Munde zu reden, mit ihm so gut und geschickt umzugehen, daß Lazzaro nicht mehr ohne ihn leben konnte. Wie sie nun einmal so beim Mittagstisch beieinandersaßen, kamen sie, nach einer sehr reichlichen Mahlzeit, auch auf das Fischen zu sprechen. Gabriello erklärte ihm die verschiedenen Arten des Fischfanges, kam dann auf das Tauchen mit den Netzen am Hals und sagte darüber so viel Schönes und wie gewinnbringend und ergötzlich es wäre, daß Lazzaro die höchste Lust bekam, einmal zuzusehen, wie man auf diese Weise tauchend Fische fangen könne, ob man da wirklich so große Fische fange, nicht nur mit den Netzen und Händen, sondern sogar mit dem Mund, und er bat den Fischer herzlich, es ihm zu zeigen. Gabriello, der ihm gern jeden Gefallen tat, fragte, ob es ihm gleich passe. Es war damals nämlich Hochsommer, und er konnte ihm leicht gefällig sein. Sie beschlossen also sofort, sich aufzumachen, erhoben sich vom Tisch und verließen das Haus.

Gabriello holte die Netze und ging mit Lazzaro zusammen aus der Porta a Mare über den Arno dicht an dem Pfahlwerk entlang, das einen Damm bildete, wo zahllose hohe Bäume, meist Erlen, standen, die unten den schönsten, frischesten Schatten verbreiteten. Als sie dort waren, sagte Gabriello zu Lazzaro, er solle sich im Schatten niedersetzen und ihm zusehen. Gabriello zog sich nackt aus, nahm die Netze auf die Arme, während Lazzaro sich am Ufer niederließ und der Dinge harrte, die da kommen würden.

Sobald Gabriello in den Fluß gestiegen war, tauchte er unter. Da er seine Netze vorzüglich zu handhaben wußte, währte es nicht lange, bis er wieder an die Oberfläche kam und in den Netzen acht bis zehn Fische hatte, die ganz ansehnlich waren. Als Lazzaro das sah, erschien es ihm ein Wunder, daß sie sich unter dem Wasser so gut fangen ließen. Plötzlich erwuchs in ihm der heiße Wunsch, es besser zu sehen. Und da die Sonne, die hoch am Himmel stand, mit ihrer Hitze die

Erde versengte, so daß ihre Strahlen wahren Feuerpfeilen glichen, dachte er sich auch noch ein wenig zu erfrischen und zog sich mit Gabriellos Hilfe aus. Er wurde von ihm an eine Stelle geführt, wo ihm das Wasser gerade bis an die Knie ging und sanft über den Grund rieselte. Dort ließ Gabriello ihn und sagte, er solle sich nicht weiter rühren als bis zu dem Pfahl, der die anderen um ein beträchtliches überragte, zeigte ihm diesen und setzte dann seinen Fischfang fort. Lazzaro patschte hin und her, fühlte eine unvergleichliche Freudigkeit und vergnügte sich damit, Gabriello zuzusehen, der mit den Netzen hantierte, in ihnen und mit den Händen Fische fing und mehr als einmal einen zum Scherz in den Mund nahm. Darüber wunderte sich Lazzaro über die Maßen und hielt es für sicher, daß man unter Wasser sehr gut sehen könne. Da er selbst niemals untergetaucht war, konnte er sich nicht denken, wie man im dunklen Wasser so viele Fische fangen könne. Er wollte darüber Gewißheit gewinnen, wie Gabriello es anstelle, sie zu fangen, und einmal, als jener untergetaucht war, tauchte er selbst den Kopf unter Wasser, und ohne sich dabei etwas zu denken, tauchte er ganz unter und ging, um mehr sehen zu können, auf den Pfahl zu, aber als wäre er aus Blei, sank er auf den Grund. Lazzaro verstand weder den Atem anzuhalten noch zu schwimmen, und so erschien ihm seine Lage merkwürdig; er versuchte zappelnd wieder nach oben zu kommen, dabei drang ihm das Wasser nicht nur in den Mund, sondern in die Ohren und in die Nase; obwohl er nach Kräften strampelte und alle Anstrengungen machte, nach oben zu kommen, gelang es ihm nicht. Je mehr er es versuchte, desto mehr erfaßte ihn die Strömung und führte ihn in die Tiefe, so daß er in kurzer Zeit die Besinnung verlor.

Gabriello war indessen in ein großes Loch bei jenem Pfahldamm getreten, wo ihm das Wasser bis zum Nabel ging, und dachte nicht daran, da er dort viele Fische bemerkte, mit denen er seine Netze wohl füllen konnte, so bald wieder zum Vorschein zu kommen. Der arme Lazzaro, der halbtot zwei- oder dreimal an die Oberfläche gekommen war, kam das vierte Mal nicht mehr nach oben, ertrank und endete auf elende Weise sein Leben.

Als Gabriello so viele Fische, als ihm gut schien, gefangen hatte, kam er mit vollem Netz aus dem Wasser und blickte sich vergnügt nach Lazzaro um. Er sah dahin und dorthin, bemerkte ihn aber nirgends und war ganz verwundert und von Furcht erfüllt. So stand er bestürzt und sah nur auf der grünen Wiese Lazzaros Kleider. Er geriet in das größte Erstaunen und empfand noch mehr Schmerz als vorher und begann erschrocken das Wasser abzusuchen. Endlich sah er weiter hinten den toten Körper von der Strömung an das Ufer geworfen. Traurig und zitternd lief er dorthin und fand Lazzaro ertrunken. Nun überkam ihn solches Leid und solche Angst, daß er beinahe jedes Gefühl verlor und ganz versteinert war. Er stand eine Weile in Gedanken versunken und wußte nicht, was er tun sollte, weil er fürchtete, wenn er die Wahrheit sagte, würde das Volk meinen, er hätte ihn ertränkt, um ihn zu berauben. So machte er aus der Not eine Tugend, und durch die Verzweiflung waghalsig geworden, beschloß er, einen Gedanken auszuführen, der ihm eben gekommen war. Da er keine Augenzeugen sah, weil die meisten Menschen wegen der Hitze im Kühlen waren oder schliefen, legte er zuerst die Netze und Fische, die er hatte, in einen dazu bestimmten Behälter, der zu ihrer Aufnahme diente, nahm dann den toten Lazzaro auf die Schultern und trug ihn, obwohl er schwer war, auf das feuchte Ufer. Er legte ihn in das grüne, üppige Gras, zog sich die Hosen aus, streifte sie ihm über, holte die Netze, band sie fest an die Arme des ertrunkenen Lazzaro, nahm ihn von neuem auf die Arme, tauchte mit ihm ins Wasser, und in der Tiefe schlang und befestigte er die Netze an einem Pfahl und verknüpfte sie so, daß man sie nur mit großer Mühe losmachen konnte. Er tauchte wieder auf, sprang ans Ufer, zog sich erst das Hemd, dann nacheinander alle Sachen Lazzaros an, setzte sich schließlich dessen Mütze auf und beschloß, zu sehen, nachdem er das Glück herausgefordert hatte, ob es ihm gelingen würde, zuerst sich zu retten, dann auch seiner Sorgen ledig zu werden, und ob ihm nicht die wunderbare Ähnlichkeit mit Lazzaro zum höchsten Glück und dauerndem Wohlstand verhelfen könnte. Da er klug und beherzt war, schien ihm jetzt die Zeit gekommen, seinen ebenso gefahrvollen wie kühnen Plan ins Werk zu setzen. Er schrie und rief, als ob er Lazzaro wäre: »Gute Leute, Hilfe, Hilfe, kommt doch und helft dem armen Fischer, der nicht mehr nach oben kommt!« Er schrie, was er konnte, und so lange, bis der Müller in der Nähe mit einigen Bauern auf den Lärm hin herbeieilte. Gabriello sprach mit rauher Stimme, um Lazzaro gut nachzuahmen, gab ihnen jammernd zu verstehen, daß der Fischer, nachdem er viele Male untergetaucht war und viele Fische gefangen hatte, nun schon fast eine Stunde unter Wasser sei, weshalb er sehr zweifle, ob er nicht ertrunken wäre. Als sie ihn fragten, wo er untergetaucht sei, zeigte er ihnen den Pfahl, an dem er Lazzaro angebunden hatte. Der Müller, der vertrauteste Freund Gabriellos, zog sich sofort aus, und da er ein guter Schwimmer war, tauchte er bis zum Fuß des Pfahls und fand ihn sofort tot und an den Pfahl gefesselt. Er versuchte ihn mit sich zu ziehen,

konnte ihn aber nicht losmachen, kam voller Schmerz wieder nach oben und schrie: »Oh, der arme Mensch hat sich unten am Pfahl mit den Netzen verstrickt, ohne Zweifel ist er ertrunken und tot!«
Die Gefährten des Müllers zeigten in Worten und Gebärden ihren Schmerz, zwei warfen ihre Kleider ab, tauchten mit dem Müller unter, und es gelang ihnen, den toten Körper nach oben zu bringen. Sie zogen ihn aus dem Wasser und legten ihn am Ufer nieder. Ihre Arme waren zerschunden, auch waren die Netze zerrissen, und daß er sich in ihnen verstrickt hatte, hielten sie für die Ursache seines unglücklichen Todes. Indessen verbreitete sich die Nachricht, ein Priester aus der Nachbarschaft kam, der Tote wurde endlich auf eine Bahre gelegt und nach einem Kirchlein, nicht weit von dort, gebracht, wo man ihn in der Mitte niedersetzte, damit ihn jedermann sehen und betrachten konnte, und jedermann hielt ihn für Gabriello.
Die traurige Nachricht war mittlerweile schon nach Pisa gelangt und der unglücklichen Santa zu Ohren gekommen, die weinend mit ihren Kindern zu der Kirche lief, von ihren nächsten Verwandten und Nachbarn begleitet. Als sie den, der nicht ihr Mann war, tot in der Kirche sah, meinte sie auch, daß er es wirklich wäre. Sie beugte sich über ihn, klagte und streichelte ihn, konnte ihn nicht genug küssen und umarmen, warf sich neben ihm nieder, schrie, zerriß sich die Kleider, raufte sich das Haar, jammerte und klagte mit ihren Kindern, die alle herzzerreißend weinten, und jeder, der es sah, vergoß aus Mitleid und Barmherzigkeit Tränen.
Gabriello, der sein Weib und seine Kinder zärtlich liebte, konnte selbst nicht an sich halten, sie taten ihm zu leid. Und um die schmerzerfüllte und trauernde Frau zu trösten, sagte er, den Hut Lazzaros vor die Au-

gen haltend, mit einem Taschentuch die Tränen trocknend und von jedem für Lazzaro gehalten, mit heiserer Stimme in Gegenwart des ganzen Volkes: »Verzweifelt nicht, Frau, weint nicht, ich will Euch nicht verlassen. Weil Euer Mann mir zuliebe und mir zum Vergnügen heute gegen seinen Willen fischen ging, glaube ich, an seinem Tode und an deinem Verlust zum Teil schuld zu sein. Deshalb will ich dir immer beistehen und dich und deine Kinder unterhalten. Darum höre auf mit Klagen, gib dich zufrieden und kehre nach Hause zurück; solange ich lebe, soll es dir an nichts fehlen. Und wenn ich sterbe, will ich dir so viel hinterlassen, daß du für deinen Stand zufrieden leben sollst.«

Diese letzten Worte sagte er klagend und seufzend, als wäre er über Gabriellos Tod und ihren Verlust schier untröstlich. Und, als wäre er Lazzaro, wurde er vom Volke hoch gelobt und gepriesen. Santa, die sich die Augen schon müde geweint hatte und vom vielen Jammern schon heiser geworden war, kehrte, als die Stunde gekommen war, da der Tote beigesetzt werden sollte, von ihren Verwandten begleitet, nach Hause zurück, von dem, den sie steif und fest für den lebenden Lazzaro hielt, mit Trostworten bedacht.

Gabriello, der Lazzaro so ähnlich war und sich in ihn verwandelt hatte, war schon als Lazzaro in Lazzaros Haus eingetreten, weil er gut darin Bescheid wußte und genau alle seine Gewohnheiten kannte; ohne Gruß war er in eine reich ausgestattete Kammer gegangen, die auf einen sehr schönen Garten hinausging, zog die Schlüssel aus der Geldtasche des Toten und begann alle Kästchen und Kisten zu öffnen. In ihnen fand er andere Schlüsselchen, mit denen er Truhen, Kassetten, Kistchen und Kassettchen öffnete, in denen er außer Stickereien, Woll- und Leinentuchen, Sammet und anderem

Stoff viele reiche Kleidung fand, die von dem Arzt und den Brüdern des ertrunkenen Lazzaro herrührte. Was ihm aber das liebste war, abgesehen von den Goldsachen und edlen Steinen, waren gegen zweitausend Goldflorinen und vierhundert in Silber. Darüber konnte er sich vor Freude kaum halten, und er dachte fortwährend daran, wie er es am besten anstellen könnte, daß die im Haus und alle anderen ihn für Lazzaro hielten. Da er dessen Wesen sehr gut kannte, verließ er um die Stunde des Abendessens leise klagend die Kammer. Der Diener und die Magd, die von dem Unglück der Santa gehört hatten, woran, wie man sagte, Lazzaro sein gut Teil Schuld hatte, glaubten, er gräme sich um Gabriello.

Er rief den Diener, hieß ihn sechs Brote nehmen, zwei Flaschen mit Wein füllen und mit der Hälfte des Abendessens zur Santa bringen. Darüber empfand diese ein wenig Freude, wenn sie auch nicht zu klagen aufhörte. Als der Diener zurückkam, befahl ihm Gabriello, Essen herzurichten, er aß wenig, um mehr dem Lazzaro zu gleichen, stand dann auf, ohne ein Wort zu sagen, und verschloß sich in der Kammer nach Lazzaros Gewohnheit, aus der er erst morgens um die dritte Stunde trat. Dem Diener und der Magd schien sich seine Miene und Sprache etwas verändert zu haben, aber sie dachten, es käme von dem Schmerz über das schreckliche Unglück des armen Fischers. Sie aßen wie gewöhnlich und gingen, als es Zeit war, zu Bett.

Als die trauernde Santa ein wenig mit ihren Kindern gegessen hatte, ging sie ebenfalls zu Bett, von ihren Verwandten, die ihr Trost zusprachen, beruhigt, da sie die von dem vermeintlichen Lazzaro gesandte Spende gesehen, und ihre Verwandten verabschiedeten sich.

In der Nacht ging Gabriello vielerlei durch den Kopf,

er schloß kein Auge und erhob sich morgens um die Stunde, da Lazzaro aufzustehen pflegte, hocherfreut. Je mehr Zeit verging, desto besser wußte er den Toten nachzuahmen. Er ließ es zwar seiner Santa an nichts fehlen, aber er hörte doch von dem Diener heraus, daß sie zu jammern und zu klagen nicht aufhörte. Da er sie so zärtlich liebte, wie ein Mann seine Frau nur lieben kann, hatte er Mitleid mit ihrem Schmerz, dachte daran, sie zu trösten, und endlich wurde ihm klar, was er zu tun hatte. Eines Tages nach dem Essen begab er sich zu ihr ins Haus und fand sie, wie es der Zufall wollte, in Gesellschaft eines seiner Vettern. Er gab ihr daher zu verstehen, daß er sie in einer wichtigen Sache sprechen müsse, worauf sich der andere, der die Freundlichkeit, die ihr der vermeintliche Lazzaro erwies, wohl kannte, um nicht zu stören, sofort von ihr verabschiedete, als sie sagte, sie müßte mit ihrem mitleidsvollen Nachbarn sprechen. Sobald der Vetter gegangen war, verschloß Gabriello die Tür, ging in sein kleines Kämmerchen und winkte der Santa, ihm zu folgen.

Sie wußte nicht, ob ihr ihre Ehre, da sie jetzt allein zurückgeblieben, gestattete, hineinzugehen. Dann dachte sie an den Nutzen, den sie von ihm hatte, und die Wohltaten, die er ihr erwiesen hatte und, wie sie hoffte, weiterhin erweisen würde, nahm das älteste Kind an die Hand und ging in die Kammer, wo er auf einem Bett ruhte, in dem immer ihr Mann gelegen hatte, wenn er müde war; und sie stand erstaunt still. Als Gabriello sie mit seinem Sohn sah, freute er sich lächelnd der Reinheit seiner Frau, wandte sich zu ihr und sagte ein Wort, das er häufiger im Munde geführt hatte. Darüber war die Santa noch mehr als vorher erstaunt, und ganz fassungslos wurde sie, als Gabriello das Söhnchen um den

Hals faßte und es küßte. »Deine Mutter«, sagte er, »beweint in ihrer Unwissenheit dein gutes Glück, das ihre und das ihres Mannes.« Er ließ das Kind nicht von sich, nahm es, als wäre es noch ganz klein, auf den Arm und trug es in die Stube, wo er ihm eine Menge Quattrinen zum Spielen gab und es neben das andere Kind niedersetzte, worauf er zu seiner Frau, die über seine Worte nachdachte und ihn beinahe wiedererkannt hätte, zurückkehrte und die Kammertür verriegelte.

Jetzt offenbarte er ihr alles, was er getan, und erzählte ihr die ganze Geschichte von Anfang bis Ende. Darüber empfand die Frau eine unermeßliche Freude, nachdem sie die Gewißheit erlangt hatte, daß es wirklich ihr Mann war, durch vielerlei Zeichen und Dinge, die nur sie beide wissen konnten. Jetzt konnte sie sich in ihrem Jubel nicht genugtun, sie streichelte ihn, umarmte ihn und gab ihm so viele Küsse in ihrer Freude, da sie ihn am Leben sah, wie sie ihm Schmerzensküsse gegeben, da sie ihn tot geglaubt. Beide hielten sich eng umschlungen, und in ihrem übergroßen Glück küßten sie sich die Freudentränen aus den Augen. Damit die Gewißheit vollkommen werde, wollte Santa als Entschädigung für die erlebte Bekümmernis den Gipfel der Süßigkeit mit ihrem teuren Mann genießen, und er zeigte sich durchaus nicht spröde und hatte vielleicht noch größere Lust als sie, und mehr als an allem anderen erkannte die Frau daran, daß es wirklich der Fischer Gabriello, ihr Mann, war.

Als sie nun ihr Vergnügen gehabt hatten und wieder miteinander plauderten, schärfte ihr Gabriello ein, daß sie sich verstellen müsse und von allem schweigen und so tun, als wäre alles wie früher. Er sagte ihr, wie glücklich ihr Leben sein könnte, erzählte ihr von neuem von den Reichtümern, die er gefunden hatte, und erklärte ihr, was er vorhabe; das gefiel ihr, und sie verließen die Kammer.

Santa heuchelte Leid, und als Gabriello draußen war und mitten auf der Straße, rief sie, so daß es viele hören konnten: »Ich empfehle Euch meine Kinderchen!«

Er erwiderte, sie könnte sich darauf verlassen, und ging heim, indem er daran dachte, wie er am schlauesten seine Gedanken in die Tat umsetzen und seine Wünsche verwirklichen könnte. Der Abend kam, er beobachtete alle nötigen Formalitäten, um Lazzaro ganz ähnlich zu sein, aß zur Nacht und ging ohne ein Wort in die Kammer, legte sich zu Bett, um zu schlafen, dachte aber die ganze Nacht an das, was er zu tun vorhatte, und konnte wenig oder gar nicht die Augen schließen.

Sobald der Morgen kam, stand er auf und ging zur Kirche Santa Caterina, wo damals ein ehrwürdiger, trefflicher, frommer Geistlicher lebte, von allen Pisanern wie ein Heiliger verehrt, Fra Angelico genannt. Ihm ließ er sagen, er müßte ihn in einer sehr bedeutungsvollen Angelegenheit sprechen, um sich bei ihm Rat zu holen in einer wichtigen und merkwürdigen Sache, die ihm begegnet sei. Der gute Pater führte ihn, obwohl er ihn nicht kannte, voller Mitleid in seine Zelle, Gabriello gab sich für Lazzaro, den Sohn Maestro Basilios aus Mailand, aus, den er so gut wie sich selbst kannte, erzählte ihm den ganzen Stammbaum, wie er infolge der vergangenen Sterblichkeit allein zurückgeblieben wäre, und alles andere nach und nach, bis er zu Gabriello kam. Er sprach von allem, was sich mit ihm begeben, und sagte, wie er, um fischen zu gehen, ihn gegen seinen Willen zum Arno geführt habe und wie jener, der ihm durch den Fischfang habe ein Vergnügen bereiten wollen, ertrunken sei, und sprach von dem Verlust, der die Frau und die Kinder betroffen hätte. Die Frau hätte weder bewegliches noch unbewegliches Gut, und die Familie habe von dem, was der Vater verdient, gelebt. Er glaube sich der Schuld an dem Verlust zeihen zu müssen, habe auch seinen Tod zum größten Teil verschuldet. Ihm läge, sagte er, ein Stein auf dem Herzen, und er fühle sein Gewissen schwer bedrückt. Also habe er, wie von Gott getrieben, beschlossen, Santa, obwohl sie arm und aus niederem Stande sei, zur Frau zu nehmen, wenn sie damit einverstanden wäre und ihre Verwandten ebenfalls. Die Kinder des toten Fischers wolle er halten, als wären es seine eigenen, sie aufziehen und hüten wie eigene und ihnen, je nachdem ihm noch andere Kinder geschenkt würden, ein anständiges Erbe hinterlassen. So dächte er auf die beste Weise der Verzeihung Gottes teilhaftig zu werden und Lob bei den Menschen zu ernten.

Dem ehrwürdigen Vater schien das ein verdienstvolles Werk, und da er einen ersprießlichen löblichen Vorsatz sah, bestärkte er ihn darin und riet ihm, ihn möglichst bald zur Ausführung zu bringen, wobei er ihm sagte, was er zu tun im Begriff stehe, sei Gottes Lob sicher. Um sich seiner Hilfe noch besser zu versichern, zog Gabriello seine Börse, nahm aus ihr dreißig Silberlire und sagte ihm, es wäre sein Wunsch, daß er drei Sonntage nacheinander die Messen San Gregorios singen sollte für die Seele des toten Fischers. Obwohl er ein heiliger Mann war, strahlte Fra Angelicos Gesicht doch, als er das Silber sah, er nahm das Geld und sagte: »Mein lieber Sohn, mit den Messen beginne ich am nächsten Montag, wir brauchen uns jetzt nur noch um die Ehe zu kümmern, zu der ich dich nach bestem Gewissen nur ermuntern kann und zu der ich dir meinen vollen Segen gebe. Sieh nicht auf Reichtümer und nicht auf edle

Geburt, du brauchst dich um beides nicht zu kümmern, du bist ja gottlob sehr reich und brauchst das nicht zu berücksichtigen, wir stammen ja alle von einem Vater und einer Mutter ab, der wahre Adel besteht in der Tugend und Gottesfurcht, und beides hat, wie ich weiß, die junge Frau, die ich wohl kenne, und auch ihre Verwandten haben es in hohem Grade.«

»Gerade deswegen bin ich hergekommen«, sagte Gabriello, »und ich möchte Euch bitten, mir behilflich zu sein.«

»Wann wollt Ihr ihr den Ring geben?« fragte der Bruder.

»Heute, wenn sie es zufrieden ist«, antwortete Gabriello.

»Laß mich nur in Gottes Namen machen«, meinte der Bruder. »Geh in dein Haus und verlaß es nicht eher, bis diese gesegnete Hochzeit gefeiert worden ist!«

»Ich bitte Euch, nehmt Euch meiner an, ich empfehle mich Eurem Wohlwollen«, sagte Gabriello, empfing den Segen, verließ die Zelle des Bruders und kehrte hocherfreut nach Hause zurück. Er meinte jetzt eines glücklichen Ausgangs seiner Sache sicher zu sein. Der heilige Vater steckte die dreißig Lire fort, nahm sich einen Begleiter und suchte einen Oheim von Santa auf, einen Schuhmacher, und ebenfalls einen ihrer Vettern, einen Barbier. Er erzählte ihnen alles, worauf sie zusammen zum Haus der Santa gingen und ihr die ganze Sache auseinandersetzten.

Sie konnte sich erst dann, scheinbar schweren Herzens, entschließen einzuwilligen, als die anderen ihr sehr zuredeten und ihr mit tausend Gründen klarmachten, daß es ein Glück für sie und für die Kinder sei. Endlich willigte sie ein, tat es aber nur klagend und sagte, sie täte es aus keinem anderen Grunde, als weil sie Nutzen und

Vorteil davon für ihre Kinder erwartete, und dann noch, weil Lazzaro in allem ihrem Gabriello glich. Am selben Morgen also noch brachte es der gute Pater so weit, daß in Gegenwart der meisten Zeugen und des Notars, die alle im Hause Lazzaros zusammengekommen waren, Gabriello zum zweiten Mal – als Lazzaro – in höchster Freude Santa den Ring gab. Sie legte das schwarze Gewand alsbald ab und bekleidete sich mit einem sehr reichen und schönen, das einst die Frau des Bruders des ertrunkenen Lazzaro am liebsten getragen und das ihr paßte, als wäre es für sie eigens angefertigt worden.

Am Morgen nahmen sie ein sehr schönes Frühstück ein, und am Abend gaben sie ein prachtvolles Essen, und danach empfahlen sich die Gäste.

Die Vermählten gingen zu Bett, wo sie froh miteinander schwatzten, über die Einfalt des ehrwürdigen Bruders, die Leichtgläubigkeit ihrer Verwandten, Nachbarn und aller anderen Leute lachten, sich ihres unbeschreiblichen Glücks freuten und die Nacht wonnevoll und in Freuden verbrachten. Die Magd und der Diener wunderten sich über den Aufwand bei der Hochzeit und waren wenig mit der Verwandtschaft zufrieden. Spätmorgens erhoben sich die Neuvermählten, tranken frische Eier, nahmen den Besuch der Verwandten von Santa entgegen, gaben ein ausgezeichnetes Mahl, und die Feste währten drei bis vier Tage, in denen Gabriello seine Kinder mit neuen Kleidern ausstattete. Santa, die sich von der Erde zum Himmel erhoben sah, von der Hölle aufgestiegen zum Paradies, beschloß, nachdem sie sich mit ihrem Mann beraten, ihre Dienerschaft zu vermehren. Gabriello war sehr damit einverstanden und entschied sich, die, die er im Hause hatte, vorsichtshalber zu entlassen. Eines Tages rief er sie, sagte ihnen einige

Worte und schenkte der Alten, die lange Zeit im Hause gewesen war, außer ihrem Lohn dreihundert Lire, mit denen sie ihre Nichte verheiraten konnte. Dem Diener, der erst kurze Zeit bei ihm war, gab er außer dem, was ihm zukam, ein gutes Trinkgeld. Beide entließ er in Güte, und sie gingen froh und zufrieden davon, und ins Haus kamen neue Mägde und Diener.
Mit seiner zweimal geehelichten Frau lebte Gabriello lange Zeit ruhig, glücklich und zufrieden. Er hatte noch zwei Söhne, denen er einen neuen Namen erfand. Er nannte sie Fortunati, und von ihnen stammten späterhin viele Männer ab, die sich als Kriegsleute und Gelehrte einen berühmten und geachteten Namen machten.

GIAMBATTISTA GIRALDI CINZIO

DER MOHR VON VENEDIG

In Venedig lebte vorzeiten ein sehr tapferer Mohr, dessen streitbarer Arm sowohl als die große Klugheit und Geistesgegenwart, die er in Kriegssachen bewiesen hatte, ihn den Herren jener Stadt sehr wert machten, die immer in Belohnung vorzüglicher Handlungen alle Republiken der Welt übertroffen hat. Nun begab es sich, daß ein tugendreiches Fräulein von wunderbarer Schönheit, Disdemona genannt, nicht von weiblichen Begierden, sondern von den Tugenden dieses Mohren angezogen ward, sich in ihn zu verlieben, während er, von der Schönheit und der edlen Gesinnung der Dame besiegt, gleichfalls für sie entbrannte. Die Liebe war ihnen so günstig, daß sie sich beide durch die Ehe verbanden, obgleich die Eltern des Fräuleins alle ihre Kräfte aufboten, um sie zu veranlassen, einen andern Mann zu nehmen; und solange sie in Venedig blieben, lebten sie beide in solcher Eintracht und Zufriedenheit zusammen, daß nie auch nur ein unzärtliches Wort zwischen ihnen fiel. Unterdessen geschah es, daß die Herren von Venedig ihre Kriegsmannschaft ablösten, die sie in Cypern zu halten pflegten, und den Mohren zum Anführer des Heeres wählten, das sie dahin schickten. So vergnügt dieser auch über die ihm gewordene Ehre war – denn eine Ehrenstelle dieser Art wird gewöhnlich nur Männern übertragen, die sich durch Adel, Tapferkeit und ausgezeichnete Verdienste empfehlen –, so verminderte doch der Gedanke an die Länge und Beschwerlichkeit der Reise, welche seine Disdemona scheuen möchte, diese Freude. Sie aber, die außer dem Mohren kein Glück auf der Welt kannte und über die Achtung, die eine so mächtige und edle Republik ihrem Mann bezeigte, sehr erfreut war, konnte die Stunde kaum erwarten, in der ihr Gemahl mit seinen Leuten die Reise antreten und sie ihn auf einen so ehrenvollen Posten begleiten würde; aber es betrübte sie sehr, ihren Gatten mißgestimmt zu sehen. Da ihr die Ursache unbekannt war, sprach sie eines Tages bei Tische zu ihm: »Wie kommt es, daß Ihr so schwermütig seid, da Euch doch der Staat ein so ehrenvolles Amt übertragen hat?«

Der Mohr antwortete Disdemona: »Die Liebe zu dir trübt die Freude über die Ehre, die mir geschieht; denn ich sehe, daß notwendig eins von zwei Dingen geschehen muß, entweder, daß ich dich mit mir den Gefahren des Meeres aussetze, oder, daß ich dich in Venedig zurücklasse, um dir diese Unannehmlichkeit zu ersparen. Das erste würde mir sehr schwer ankommen, weil jedes Leiden, das dir widerführe, und jede Gefahr, die wir zu überstehen hätten, mir den äußersten Kummer verursachen würde; das andere, dich hier zu lassen, würde mir selbst unerträglich sein, weil ich, von dir scheidend, zugleich von meinem Leben schiede.«

Als Disdemona ihn so reden hörte, sprach sie: »Ei, lieber Mann, was sind das für Gedanken, die Euch durch den Sinn gehen? Wie könnt Ihr Euch solcher Dinge halber beunruhigen? Ich folge Euch gern allerwege, wohin Ihr geht, und müßte ich im Hemd durchs Feuer gehen, so wie ich jetzt mit Euch in einem sichern, wohlbewahrten Schiffe durchs Wasser gehen soll. Gibt es dabei auch Gefahren und Mühen, so will ich sie freudig mit Euch teilen, und ich würde mich für wenig von Euch geliebt halten, wenn Ihr mich nicht mit Euch über das Meer führen und in Venedig lassen wolltet, als ob ich mich hier sicherer glaubte, als wenn ich mit Euch dieselbe Gefahr bestehe. Darum schickt Euch von meinetwegen nur mit all der Heiterkeit zur Reise an, die Euer jetziger hoher Rang verdient!« Hierauf schlang der hocherfreute Mohr die Arme um den Hals der Gattin und sagte zu ihr mit einem zärtlichen Kusse: »Gott erhalte uns lange in so liebevollem Einverständnis, meine teure Gattin!«

Bald darauf vollendete er seine Zurüstungen, brachte alles zur Reise in Ordnung und bestieg mit seiner Gemahlin und seinen Leuten die Galeere, die die Segel aufzog und in See stach, worauf sie denn bei vollkommen ruhigem Wasser nach Cypern gelangten. In seinem Gefolge hatte er einen Fähnrich von sehr schönem Äußern, wenn auch von der ruchlosesten Sinnesart, die je ein Mensch auf der Welt haben konnte. Er war bei dem Mohren sehr beliebt, weil dieser nichts von seiner Bosheit ahnte; denn so niederträchtig sein Herz war, so wußte er doch die Niederträchtigkeit, die sein Inneres beherbergte, so hinter hochtrabenden, gleisnerischen Worten und seiner Schönheit zu verbergen, daß er von außen einem Hektor oder Achilles gleichsah. Dieser Nichtswürdige hatte auch seine schöne und sittsame junge Frau mit sich nach Cypern gebracht, die als Italienerin von der Gemahlin des Mohren sehr geliebt wurde und die meiste Zeit des Tages bei ihr zubrachte. Ferner war in dem Gefolge des Mohren ein Rottenführer, den dieser sehr wert hielt. Er kam häufig in das

Haus des Mohren und aß mit ihm und seiner Gemahlin, die, da sie ihn bei ihrem Gemahl so sehr in Gunst sah, ihm gleichfalls Beweise des größten Wohlwollens gab, und dies war dem Mohren sehr erwünscht. Der verruchte Fähnrich nun, aller Treue gegen seine Gattin und aller Freundschaft, Treue und Pflicht gegen den Mohren vergessend, verliebte sich leidenschaftlich in Disdemona und richtete all sein Sinnen und Trachten darauf, sich ihrer Reize zu erfreuen, wiewohl er nicht den Mut hatte, sich ihr zu erklären, weil er befürchtete, der Mohr werde ihn auf der Stelle töten, sobald er die Sache merke. Er bestrebte sich daher vielfach, so heimlich er konnte, der Dame seine Liebe zu verstehen zu geben; ihr Gemüt war aber einzig nur dem Mohren zugewandt und wußte weder etwas von dem Fähnrich noch von einem andern, und alle seine Versuche, sie in ihn verliebt zu machen, blieben wirkungslos. Er bildete sich daher ein, schuld daran sei, daß sie für den Rottenführer entbrannt wäre, und nahm sich vor, ihn aus ihren Augen zu entfernen; aber er blieb dabei nicht stehen, sondern verwandelte seine Liebe zu der Dame in den bittersten Haß und gab sich alle Mühe, ein Mittel zu finden, wie er den Rottenführer umbringen und, wenn er selbst die Dame nicht genießen solle, auch den Mohren hindern könne, sie zu genießen. Nachdem er zu diesem Zwecke mehrere Bubenstücke und Schurkenstreiche überlegt, beschloß er endlich, sie bei ihrem Gemahl des Ehebruches anzuklagen und den Rottenführer als den Ehebrecher zu bezeichnen. Da ihm aber die zärtliche Liebe des Mohren gegen Disdemona und seine Freundschaft gegen den Rottenführer bekannt waren, so sah er wohl ein, es werde unmöglich sein, ihm das eine oder das andere einzureden, wenn er ihn nicht durch feine List betrüge. Er nahm sich daher vor abzuwarten, bis Zeit und Gelegenheit ihm den Weg zu einem so verbrecherischen Unternehmen eröffnen würden.

Es währte nicht lange, so entsetzte der Mohr den Rottenführer seines Ranges, weil er gegen einen Soldaten auf der Wache den Degen gezogen und ihn verwundet hatte. Disdemona, der dies sehr leid tat, versuchte oft, ihren Gemahl mit dem Rottenführer auszusöhnen. Um diese Zeit sagte der Mohr zu dem verräterischen Fähnrich, seine Gemahlin lasse ihm so wenig Ruhe wegen des Rottenführers, daß er fürchte, er müsse ihn zuletzt wieder in seinen Rang einsetzen. Dies sah der Bösewicht sogleich als einen Wink an, seinen hinterlistigen Plan auszuführen, und sagte: »Disdemona hat vielleicht Ursache, dies gern zu sehen.«

»Und welche?« fragte der Mohr.

»Ich möchte nicht gern Mann und Frau entzweien«, antwortete der Fähnrich; »aber Ihr dürft nur die Augen auftun, um es selbst zu bemerken.«

Weiter wollte der Fähnrich nicht gehen, sosehr der Mohr auch in ihn drang, sich näher zu erklären. Aber seine Worte ließen einen so scharfen Dorn in der Brust des Mohren zurück, daß er ganz trübsinnig wurde und an nichts dachte als daran, was die Worte des Fähnrichs wohl zu bedeuten haben möchten. Als es daher seine Gattin eines Tages von neuem versuchte, seinen Zorn gegen den Rottenführer zu besänftigen, indem sie ihn bat, er möchte doch die treuen Dienste und die Freundschaft so vieler Jahre nicht um eines kleinen Vergehens willen vergessen, zumal der Rottenführer mit dem verwundeten Soldaten wieder ausgesöhnt sei, geriet der Mohr in heftigen Zorn und sprach: »Es ist doch auffallend, daß du soviel Anteil an dem Manne nimmst. Er ist doch weder dein Bruder noch dein Anverwandter, daß er dir so sehr am Herzen liegen sollte.«

Ganz demütig und liebreich antwortete die Dame: »Ihr werdet mir hoffentlich deshalb nicht zürnen. Ich habe dazu keinen andern Beweggrund, als daß es mir leid tut, Euch eines so teuren Freundes beraubt zu sehen, wie der Rottenführer nach Eurem eigenen Zeugnis Euch gewesen ist. Er hat doch keinen so schweren Fehler begangen, daß Ihr ihm so sehr zürnt. Aber ihr Mohren seid so hitziger Natur, daß jede Kleinigkeit euch zu Zorn und Rache reizt!«

Über diese Worte noch mehr erzürnt, antwortete der Mohr: »Das könnte wohl noch mancher erfahren, der es nicht dächte. Ich will die Beleidigungen, die man mir zufügt, rächen, bis ich gesättigt bin mit Rache.«

Die Dame erschrak heftig bei diesen Worten, und da sie ihren Gemahl gegen seine Gewohnheit wider sich erzürnt sah, sagte sie mit vieler Demut: »Nur die beste Absicht hat mich bewogen, mit Euch hiervon zu sprechen; um Euch aber nicht ferner wider mich zu erzürnen, will ich nie mehr ein Wort davon reden.«

Da der Mohr sah, wie seine Gemahlin sich von neuem zugunsten des Rottenführers verwandt hatte, bildete er sich ein, die Worte, die er vom Fähnrich vernommen, könnten nichts anderes bedeutet haben, als daß Disdemona den Rottenführer liebe. Er begab sich also ganz trübsinnig zu jenem Schurken und fing an, in ihn zu dringen, daß er sich deutlicher erklären möge. Der nach dem Verderben des unglücklichen Weibes trachtende Fähnrich stellte sich zuerst an, als wolle er nichts sagen, was dem Mohren mißfallen könnte, sprach aber am Ende, wie von seinen Bitten überwältigt, zu dem Mohren also: »Ich kann nicht leugnen, daß ich, so leid es mir auch tut, etwas zu sagen habe, was Euch überaus unangenehm sein muß; aber da Ihr nun einmal verlangt, daß ich reden soll, und da mich die Sorge um

Eure als meines Gebieters Ehre selbst dazu antreibt, so will ich jetzt Eurer Forderung und meiner Pflicht Genüge tun. Ihr sollt also wissen, daß Eure Gemahlin aus keinem andern Grunde sich die Ungnade, in der der Rottenführer bei Euch steht, so zu Herzen nimmt, als weil sie, sooft er in Euer Haus kommt, sich mit ihm vergnügt; denn sie ist Eurer Schwärze bereits überdrüssig.«
Diese Worte schnitten dem Mohren bis in die Wurzel seines Herzens ein; aber um noch mehr zu erfahren, und wiewohl er bei dem Argwohn, der schon vorher in seiner Seele erweckt war, den Worten des Fähnrichs durchaus Glauben beimaß, brach er doch, finster blickend, in die Worte aus: »Ich weiß nicht, was mich abhält, dir diese freche Zunge ausreißen zu lassen, die sich unterfängt, meine Gemahlin einer solchen Schmach zu bezichtigen.« Der Fähnrich entgegnete: »Ich erwarte für meinen Liebesdienst keinen andern Lohn von Euch, mein Hauptmann! Aber da mich meine Pflicht und der Eifer für Eure Ehre einmal so weit geführt hat, beteuere ich Euch wiederholt, daß die Sache sich so verhält, wie Ihr gehört habt, und wenn das schlaue Weib Euch durch den Anschein ihrer Liebe zu Euch die Augen so getrübt hat, daß Ihr bis jetzt nicht gesehen habt, was Ihr doch hättet sehen sollen, so ist es darum nicht minder wahr, was ich Euch sage; denn der Rottenführer selber hat es mir gesagt, weil es ihm scheinen mochte, daß seine Glückseligkeit keine vollkommene sei, wenn er nicht jemand in ihre Mitwisserschaft ziehe.« Er fügte hinzu: »Hätte ich nicht Euren Zorn gefürchtet, so würde ich ihm, als er mir dies sagte, seinen verdienten Lohn gegeben und ihn getötet haben. Da mir aber die Mitteilung einer Sache, die Euch doch mehr als irgend jemand sonst angeht, einen so übeln Lohn eingetragen, muß ich bereuen, nicht stillgeschwiegen zu haben, wo

ich mir dann wenigstens nicht Eure Ungnade zugezogen hätte.«
Der Mohr versetzte ärgerlich: »Wenn ich mich nicht durch Augenschein von der Wahrheit deiner Angaben überzeugen kann, so sei versichert, daß du zu der Erkenntnis kommen sollst, du wärest besser stumm geboren!«
»Diese Überzeugung hätte ich Euch leicht verschaffen können«, fügte der Bösewicht hinzu, »solange er noch Euer Hausfreund war; jetzt aber, da Ihr ihn ohne Notwendigkeit, vielmehr aus einer ganz geringfügigen Ursache verjagt habt, geht das nicht so bequem; denn wenn ich auch der Ansicht bin, daß er Disdemona genießt, sooft Ihr ihm Gelegenheit dazu gebt, so fängt er es doch jetzt sicherlich viel vorsichtiger als vorher an, da er weiß, daß Ihr ihn jetzt haßt, was früher nicht der Fall war. Aber dessen ungeachtet gebe ich die Hoffnung noch nicht auf, Euch durch den Augenschein zu beweisen, was Ihr mir nicht glauben wollt.«
Nach diesen Worten schieden sie voneinander.
Der unglückliche Mohr ging nach Hause, wie von dem schärfsten Pfeil getroffen, und erharrte den Tag, an welchem ihm der Fähnrich das zeigen sollte, was ihn für immer unglücklich machen mußte. Aber nicht weniger ärgerte den verwünschten Fähnrich die Keuschheit, die, wie er wohl wußte, Disdemona beobachtete und bei der es ihm unmöglich schien, einen Weg zu finden, dem Mohren seine falsche Angabe zu erhärten. Die Gedanken hin und her wälzend, verfiel der Verleumder auf eine ganz unerhörte Bosheit. Die Gattin des Mohren kam, wie schon gesagt, oft zu der Gattin des Fähnrichs ins Haus und brachte einen guten Teil des Tages bei ihr zu. Da nun der Fähnrich bemerkte, daß sie bisweilen ein Schnupftuch trug, das ihr, wie er wußte, der Mohr

geschenkt hatte, das äußerst fein auf maurische Weise gearbeitet war und von der Dame wie von dem Mohren sehr wertgehalten wurde, so faßte er den Vorsatz, ihr dieses Tuch heimlich zu entwenden und sie damit ins Verderben zu stürzen. Er hatte ein Töchterchen von drei Jahren, das Disdemona sehr liebte. Dies nahm er, als die unglückliche Dame eines Tages in das Haus dieses Bösewichts kam, auf den Arm und setzte er ihr auf den Schoß. Disdemona nahm es und drückte es an ihre Brust. Indes nahm ihr der Betrüger, der sich vortrefflich aufs Taschenspielen verstand, das Taschentuch so geschickt vom Gürtel, daß sie nicht das geringste davon bemerkte, und ging voller Freuden von ihr hinweg. Disdemona, die davon nichts ahnte, ging nach Hause und vermißte, da sie mit andern Gedanken beschäftigt war, das Schnupftuch nicht. Einige Tage nachher aber, da sie es suchte und nicht fand, war sie sehr in Furcht, der Mohr möchte, wie er öfter tat, danach fragen. Der gottlose Fähnrich ersah sich indes eine gelegene Zeit, ging zu dem Rottenführer und ließ mit verschmitzter Bosheit das Schnupftuch zu Häupten seines Bettes zurück, was der Rottenführer erst am folgenden Morgen bemerkte: als er vom Bett aufstand, trat er mit dem Fuß auf das Schnupftuch, das zur Erde gefallen war. Er erkannte es als das Eigentum Disdemonas, ohne begreifen zu können, wie es in sein Haus gekommen war, und beschloß, es ihr zurückzugeben. Er wartete, bis der Mohr ausgegangen war, begab sich an die Hintertür des Hauses und klopfte an. Aber das Glück, das sich mit dem Fähnrich zum Verderben der Armen verschworen zu haben schien, wollte es, daß der Mohr in demselben Augenblicke wieder nach Haus kam. Da er nun an der Tür klopfen hörte, trat er an das Fenster und rief, heftig erzürnt: »Wer klopft da?«

Der Mohr von Venedig

Als der Rottenführer die Stimme des Mohren vernahm, fürchtete er, er möchte herabkommen, um ihn zu verderben, und ergriff die Flucht, ohne zu antworten. Der Mohr stieg die Treppe hinab und öffnete die Tür. Als er aber auf die Straße trat und ihn suchte, fand er ihn nicht mehr. Er ging also voller Wut ins Haus zurück und fragte seine Gattin, wer unten geklopft habe. Sie antwortete der Wahrheit gemäß, sie wisse es nicht.

»Mich deucht aber«, sagte der Mohr, »es war der Rottenführer.«

»Ich meinesteils«, antwortete sie, »weiß nicht, ob er es war oder wer sonst.«

Der Mohr hielt seine Wut zurück, obgleich er vor Zorn glühte, und wollte nicht eher etwas unternehmen, bis er mit dem Fähnrich gesprochen, zu dem er sich schleunigst begab und den Vorfall erzählte, mit der Bitte, den Rottenführer so genau als möglich darüber auszuforschen. Über einen ihm so willkommenen Vorfall höchst erfreut, versprach der Fähnrich, es auszuführen. Darauf traf er eines Tages mit dem Rottenführer an einem Orte zusammen, wo der Mohr zugegen war und ihre Unterredung beobachten konnte. Er sprach mit dem Rottenführer über tausend Dinge, aber mit keiner Silbe von Disdemona, schlug das hellste Gelächter auf, stellte sich sehr verwundert und gebärdete sich mit Haupt und Händen wie einer, dem unerhörte Dinge erzählt werden.

Sobald der Mohr sah, daß sie voneinandergegangen waren, begab er sich zu dem Fähnrich, um zu hören, was ihm jener gesagt habe. Dieser ließ sich erst lange bitten und sprach dann endlich: »Er hat mir nicht das geringste verhehlt und gestanden, daß er Eure Gemahlin genossen, sooft Ihr durch Eure Abwesenheit dazu Gelegenheit gegeben habt. Das letztemal, da er bei ihr war, hat sie ihm jenes Taschentuch geschenkt, welches Ihr bei Eurer Vermählung ihr gegeben habt.«

Der Mohr dankte dem Fähnrich und war nun überzeugt, wenn es sich finde, daß sie das Schnupftuch nicht mehr besitze, so sei kein Zweifel mehr, daß alles wahr sei, was der Fähnrich ihm gesagt habe. Er verlangte daher eines Tages, nach Tische und mancherlei Gesprächen mit seiner Gattin, das Schnupftuch zu sehen. Die Unglückliche, die diese Frage längst gefürchtet hatte, wurde darüber feuerrot im Gesicht und lief, um ihr Erröten zu verbergen, das der Mohr jedoch wohl bemerkt hatte, an ihren Schrein, wo sie tat, als suche sie es. Nach langem Suchen sprach sie endlich: »Ich weiß nicht, warum ich es heute nicht finden kann. Solltet Ihr es vielleicht haben?«

»Hätte ich es gehabt«, sagte er, »würde ich dich dann darüber befragen? Aber suche doch noch einmal genauer nach!«

Von jetzt an war sein Sinnen nur darauf gerichtet, wie er seine Frau und den Rottenführer töten könne, ohne ihres Mordes beschuldigt zu werden. Er dachte Tag und Nacht an nichts anderes, und seine Frau konnte nicht umhin zu bemerken, daß er nicht mehr wie sonst gegen sie war. Sie sagte mehrmals zu ihm: »Was habt Ihr nur, das Euch so verstört? Ehemals waret Ihr der fröhlichste und nunmehr seid Ihr der schwermütigste Mann von der Welt.«

Der Mohr ersann darauf die verschiedensten Antworten, aber keine einzige genügte ihr; und wiewohl sie wußte, daß kein Vergehen von ihrer Seite diese Stimmung des Mohren veranlaßt haben könne, so fürchtete sie doch, gerade durch ihre große Zärtlichkeit ihm zur Last gefallen zu sein. Sie sagte einigemal zu der Gattin des Fähnrichs: »Ich weiß nicht, was ich von dem Mohren denken soll. Er war mir sonst ganz in Liebe zugetan und ist jetzt, ich weiß nicht, seit wieviel Tagen, ein ganz anderer geworden. Ich fürchte sehr, ich werde den Mädchen ein warnendes Beispiel werden, sich nicht gegen den Willen der Ihrigen zu vermählen, und die italienischen Frauen werden von mir lernen können, daß man sich nicht zu einem Mann gesellen soll, welchen Natur, Himmel und Lebensweise von uns absondern. Da ich nun aber weiß, daß der Mohr ein vertrauter Freund Eures Gatten ist und ihm seine Angelegenheiten mitteilt, so ersuche ich Euch, wenn Ihr irgend etwas von ihm hörtet, das mir zu wissen nützlich wäre, mir Eure Hilfe damit nicht zu versagen.«

Sie vergoß, während sie diese Worte sprach, die bittersten Tränen; die Gattin des Fähnrichs aber, die alles wußte, da sie ihr Mann als Beteiligte des Rufmordes an der Dame hatte gebrauchen wollen, wiewohl sie sich mit allen Kräften dagegen gesträubt, wagte aus Furcht vor ihrem Gatten ihr nichts von alledem zu verraten. Nur soviel sagte sie: »Sorget ja, daß Ihr Eurem Gatten keinen Grund zum Argwohn gebt, und sucht ihm Eure Liebe auf alle Weise zu bestätigen!«

»Das tue ich«, sprach Disdemona, »aber es hilft mir nichts.«

Der Mohr strebte mittlerweile, sich immer mehr von dem zu überzeugen, was er doch so gar nicht zu finden wünschte, und bat den Fähnrich, alles zu tun, daß er das Schnupftuch im Besitz des Rottenführers sehen könne. Dem Bösewicht war dies freilich eine schwierige Aufgabe; indessen versprach er, sein möglichstes zu tun, damit er sich dessen versichern könne. Der Rottenführer hatte eine Frau bei sich im Hause, die am Stickrahmen ungemein feine Stepparbeiten machte. Als diese das Tüchelchen sah und hörte, es gehöre der Gattin des

Mohren, begann sie, ehe es fortkam, sich ein ähnliches danach zu verfertigen. Bei dieser Arbeit sah sie einst der Fähnrich am Fenster sitzen, und zugleich bemerkte er, daß sie damit jedem Vorübergehenden auf der Straße sichtbar war. Er zeigte dies daher dem Mohren, der nun vollkommen überzeugt war, daß seine so keusche Frau in Wirklichkeit eine Ehebrecherin sei. Er beschloß also mit dem Fähnrich, sie und den Rottenführer umzubringen, und indem sich beide berieten, wie dies anzustellen sei, bat ihn der Mohr, den Mord des Rottenführers auf sich zu nehmen, wogegen er ihm auf ewige Zeiten verpflichtet zu bleiben versprach. Der Fähnrich weigerte sich zwar, diese Tat zu begehen, weil sie, wie er sagte, sehr schwierig und gefährlich wäre, da der Rottenführer nicht minder gewandt als tapfer sei. Nachdem ihn aber der Mohr lange gebeten und ihm viel Geld gegeben hatte, brachte er ihn endlich zu der Zusage, er wolle sein Glück versuchen.

Nachdem sie diese Verabredung getroffen hatten, kam der Rottenführer eines Abends aus dem Hause einer Buhlerin, bei der er sich zu vergnügen pflegte, und der Fähnrich benützte die Dunkelheit, schlich sich mit gezogenem Schwert an ihn heran und richtete einen Hieb nach seinen Beinen, um ihn zu Fall zu bringen. Der Zufall fügte es, daß er ihm den rechten Schenkel entzweischlug, so daß der Unglückliche niederstürzte, worauf der Fähnrich herbeieilte, um ihm den Garaus zu machen. Aber der Rottenführer, der Herzhaftigkeit genug besaß und an Blut und Tod gewöhnt war, zog das Schwert und suchte sich, so schwer verwundet er auch war, zu verteidigen, wobei er mit lauter Stimme schrie: »Man bringt mich um!«

Als der Fähnrich Leute herlaufen hörte und einige Soldaten, die in der Nähe Quartier hatten, ergriff er, um nicht erwischt zu werden, die Flucht, drehte aber plötzlich, als komme er auch auf den Lärm hin herbeigelaufen, um. Er mischte sich unter die übrigen, und da er das Bein zerschlagen sah, so schloß er, daß der Rottenführer, obgleich noch nicht tot, doch ganz gewiß an dem Schlage sterben werde, und obwohl er darüber sehr froh war, so bezeigte er doch dem Rottenführer so viel Mitleid, als wäre er sein leiblicher Bruder.

Den andern Morgen verbreitete sich die Sache durch die ganze Stadt und kam auch zu Ohren Disdemonas, und sie, die sehr liebreich war und nicht ahnte, daß dies schlimme Folgen für sie haben könne, zeigte sich schmerzlich betrübt über diesen Vorfall. Der Mohr legte ihr dies sehr übel aus, ging wieder zu dem Fähnrich und sagte zu ihm: »Denke nur, die Närrin, meine Frau, ist über den Unfall des Rottenführers so betrübt, daß sie fast von Sinnen kommt.«

»Und wie konnte es anders sein«, versetzte der Fähnrich, »da er wie ihre Seele war?«

»Ihre Seele, ha!« entgegnete der Mohr. »Ich will ihr schon die Seele aus dem Leibe reißen. Ich würde mich für keinen Mann halten, wenn ich diese Schändliche nicht aus der Welt schaffte!«

Sie beratschlagten hierauf, ob sie Disdemona mit Gift oder Dolch umbringen sollten; aber keines von beiden schien ihnen tunlich.

»Da fällt mir ein«, sagte der Fähnrich, »wie Ihr Euch Genugtuung verschaffen könnt, ohne daß Euch der geringste Verdacht trifft. Nämlich, das Haus, worin Ihr wohnt, ist alt und die Decke Eurer Kammer voller Risse. Ich denke also, wir schlagen Disdemona, damit man keine Spur, daß sie geschlagen worden, an ihr wahrnimmt, mit einem mit Sand gefüllten Strumpf, so lange, bis sie stirbt, und wenn sie dann tot ist, werfen wir einen Teil der Decke auf sie herab und zerschlagen ihr den Kopf, als hätte ein herabgefallener Balken sie zerschmettert und getötet. Auf diese Weise wird niemand Verdacht auf Euch werfen und jedermann ihren Tod einem bloßen Zufalle zuschreiben.«

Dem Mohren gefiel der grausame Rat. Er paßte also die Zeit ab, die ihm am gelegensten schien, und da er eines Nachts mit ihr im Bette lag, machte der Fähnrich, den er vorher in einem Kabinett verborgen hatte, plötzlich der Verabredung gemäß in dem Kabinett ein Geräusch. Der Mohr hörte es sogleich und sagte zu seiner Gattin: »Hast du das Geräusch gehört?«

»Ja, ich habe es gehört«, entgegnete sie.

»So steh auf«, versetzte der Mohr, »und sieh, was es sein mag!«

Die unglückliche Disdemona stand auf, und sobald sie sich dem Kabinett näherte, trat der Fähnrich heraus und gab ihr, stark und kräftig, wie er war, einen so grausamen Schlag mit einem Strumpf, gefüllt mit Sand, über den Nacken, daß sie sofort zu Boden fiel und kaum noch zu atmen vermochte. Doch mit der schwachen Stimme, die ihr noch blieb, rief sie den Mohren um Hilfe an. Dieser sprang aus dem Bett und sprach: »Das ist der Lohn, du ruchloses Weib, für deine Untreue! So behandelt man die Weiber, die unter dem Schein der zärtlichsten Liebe ihren Männern Hörner aufsetzen!«

Als die unglückliche Frau dies hörte und ihr Ende nahen fühlte – denn der Fähnrich hatte ihr noch einen Schlag versetzt –, so rief sie zum Zeugen ihrer Unschuld, da ihr auf Erden kein Recht widerfahren sollte, die himmlische Gerechtigkeit an und flehte zu Gott, ihr beizustehen, währenddessen der ruchlose Fähnrich sie mit dem dritten Streich völlig tötete. Darauf legten die beiden sie in das Bett, zerschlugen ihr das Haupt und rissen, wie sie zuvor ausgemacht hatten, die Stubendecke ein. Sodann hub der Mohr an, um Hilfe zu rufen, da das Haus einfalle, bis die Nachbarn auf seinen Ruf herbeistürzten und bei Untersuchung des Bettes das arme Weib unter den Balken erschlagen fanden.

Die Trauer hierüber war allgemein wegen der Vorzüge der Dame, und so wurde Disdemona am folgenden Tage unter den Klagen der ganzen Einwohnerschaft zur Erde bestattet. Der gerechte Gott aber, der die Herzen der Menschen durchschaut, wollte nicht, daß eine so unerhörte Schandtat der ihr gebührenden Strafe ermangeln sollte. Denn der Mohr hatte seine Gattin mehr als das Licht seiner Augen geliebt, und von der Stunde an, da er sich ihrer beraubt sah, überkam ihn eine solche Sehnsucht nach ihr, daß er wie außer sich geriet und sie allerwärts in seiner Wohnung suchte. Ja, indem er bedachte, daß er durch die Schuld des Fähnrichs mit seiner Gattin allen Reiz des Lebens und sich selber verloren hatte, wurde ihm der Bösewicht so in der Seele verhaßt, daß er ihn nicht mehr ansehen konnte und ihn wohl gar auf offener Straße umgebracht haben würde, hätte er nicht vor der unbestechlichen Gerechtigkeit der Herren von Venedig Scheu getragen. Da er nun so etwas in Sicherheit nicht wohl vollbringen konnte, so entzog er ihm die Fahne und stieß ihn aus seinem Gefolge, woher eine so heftige Feindschaft zwischen beiden entsprang, wie man sie sich nicht ärger denken konnte. Der Fähnrich, garstiger als jeder Verbrecher, richtete alle seine Gedanken darauf, dem Mohren zu schaden, und da er dereinst den Rottenführer antraf, der wiederhergestellt war und statt seines abgehauenen Beines mit einem hölzernen Bein einherging, sagte er zu ihm: »Die Zeit ist gekommen, da du dich für dein abgehauenes

Bein rächen kannst, und wenn du mit mir nach Venedig kommen willst, so werde ich dir sagen, wer der Verbrecher ist; denn hier habe ich aus mancherlei Rücksichten dazu nicht den Mut. Ich will es dir aber dort vor Gericht bezeugen.«

Der Rottenführer, der so schwer beleidigt war, ohne zu wissen, warum, dankte dem Fähnrich und ging mit ihm nach Venedig. Sobald sie dort angelangt waren, sagte ihm der Fähnrich, der Mohr sei es, der ihm das Bein abgehauen, weil dieser sich in den Kopf gesetzt, er habe bei Disdemona geschlafen, und aus demselben Grunde habe er diese getötet und nachher ausgeschrieen, die eingefallene Stubendecke hätte sie erschlagen. Sobald der Rottenführer diese Nachricht erhalten hatte, verklagte er den Mohren bei der Regierung wegen seines abgehauenen Beines und wegen Ermordung der Dame und brachte als Zeugen den Fähnrich vor Gericht, der aussagte, das eine wie das andere sei wahr, denn der Mohr habe ihm alles mitgeteilt und ihn zuerst überreden wollen, beide Verbrechen für ihn zu begehen, und nachdem er, aus tierischer Eifersucht, die er sich in den Kopf gesetzt, sein Weib gemordet, habe er ihm anvertraut, auf welche Weise er diese Tat zustande gebracht.

Als die Herren von Venedig vernahmen, welche Grausamkeit der Barbar gegen eine ihrer Mitbürgerinnen begangen habe, ließen sie den Mohren in Cypern verhaften und nach Venedig bringen, wo sie ihn durch vielerlei Martern zu zwingen suchten, die Wahrheit einzugestehen. Aber die Kraft seines Mutes half ihm alle Marter zu besiegen und die Tat mit solcher Hartnäckigkeit zu leugnen, daß nichts aus ihm herauszubringen war. Obgleich er aber durch seine Standhaftigkeit dem Tod entging, so ward er doch nach langer Gefangenschaft zu lebenslänglicher Verbannung verurteilt, in der er zuletzt von den Verwandten seiner Frau, wie er es verdiente, umgebracht wurde.

Der Fähnrich kehrte nach seiner Heimat zurück, und da er von seiner Gemütsart nicht lassen wollte, so beschuldigte er einen seiner Gefährten, er habe ihn verleiten wollen, einen Edelmann, der sein Feind gewesen, ums Leben zu bringen. Der Beschuldigte ward hierauf ergriffen und auf die Folter gebracht, und da er die Anklage leugnete, ward der Fähnrich ebenfalls auf die Folter gespannt und so heftig gemartert, daß ihm die Eingeweide zersprangen. Als er daher aus dem Gefängnis entlassen und nach Hause gebracht wurde, verschied er elendiglich. So rächte Gott die Unschuld Disdemonas. Und den ganzen Hergang erzählte die Frau des Fähnrichs, die alles wußte, nachdem ihr Mann, so wie ich es euch erzählt habe, ums Leben gekommen war.

ANTONFRANCESCO DONI

DER EHEMANN ALS BEICHTVATER

In einem gewissen Königreich von dieser Welt, den Ort will ich nicht nennen, begab es sich vor einigen Jahren, daß ein sehr vornehmer Ritter, wohl einer der ersten Edelleute der Krone, eine junge, schöne Frau zur Ehe nahm, die ebenso von edelm Blute wie für seinen Rang passend war. Sie waren sehr glücklich miteinander, und ihre gegenseitige Neigung war so groß und gewaltig, daß, sooft der Baron in Geschäften des Königs außer Landes ging, er immer bei seiner Rückkehr seine schöne Ehegenossin entweder mißmutig, wie von Sehnsucht angegriffen, oder krank antraf. Unter andern wurde denn auch einmal der Baron vom König als Botschafter an den Kaiser geschickt, und da er gegen seine Gewohnheit mehrere Monate ausblieb, sei es aus zufälligen Gründen oder um wichtige Geschäfte zu besorgen, oder wie es nun kam, fügte es das Schicksal, daß der Blick seiner Frau zufällig und nach vielen schmerzlichen Seufzern und Klagen, indem sie die Männer ihres Hofes anschaute, auf einen anderen fiel, und das war so gewaltig, daß sie sich heftig in einen sehr vornehmen und wohlgesitteten Edelknaben, der sie bediente, verliebte, ohne sich der Sache erwehren zu können. Sie spähte oft nach einer gelegenen Zeit, ohne von

dieser ihrer Liebe mit irgend jemand zu sprechen, bis eines Abends ihr Gedanke zur Reife gedieh. Geschickt richtete sie es so ein, daß sie mit dem Jüngling allein im Zimmer war und tat, als ließe sie sich einige Briefe reichen, um sie zu lesen. Bei dieser Gelegenheit ermutigte sie den Jüngling, weiterzugehen, als recht war, durch ein gewisses, halb nach Sittsamkeit, halb nach Lüsternheit schmeckendes Betragen, durch Blicke, die Jupiter hätten in Glut setzen müssen, indem sie manchmal den weißen, zarten Busen plötzlich enthüllte und schnell wieder bedeckte, oft den kleinen Fuß mit einem Teil des blendenden schneeweißen Beines aufdeckte, als ob sie über einem beengenden Gedanken sich Luft machen wollte; diese Gebärden begleitete sie hin und wieder mit einem Seufzer und griff die Sache so keck und listig an, daß der Jüngling endlich schüchtern sagte: »Ach, Madonna, habt Erbarmen mit meiner Jugend! So hier in Zange und Folter leben, zersprengt mir das Herz.«
Bei diesen Worten warfen glühende Liebesflammen, die in der Brust von feinstem Alabaster verschlossen waren, einen Feuerfunken auf ihr Gesicht, das sich entflammte und wie eine glühende Sonne brannte. Sie nahm ihn bei der Hand, die so heiß war, daß sie einen Diamanten zum Schmelzen gebracht hätte, und nach mancherlei Gesprächen und einem enggeschlossenen Bunde, ach, pflückte er die Frucht jener Lust, deren Verlangen jeden Liebenden verzehrt.
Nachdem sie viele, viele Tage mit großer Wonne ihr Liebesglück genossen, begegnete ihnen ein unerwarteter Unfall. Ein Baron nämlich, der mit ihrem Gatten im vertraulichsten Verhältnisse stand und fast einem Bruder gleich gehalten wurde, pflegte, da ihm die Tür des Palastes nicht verschlossen war, er vielmehr mit Achtung und Ehre empfangen wurde, der Edelfrau oft seine

Höflichkeit und Verehrung zu bezeigen. So kam er eines Morgens, da es schon spät war, ohne bis zu dem Zimmer selbst auf ein Hindernis zu stoßen, fand unglücklicherweise die Tür offen und meinte wie sonst eintreten zu können, ohne zu stören. Die junge Frau und der wunderschöne Edelknabe waren aber nach den anmutigsten Unterhaltungen in einen tiefen, wohltuenden Schlaf gesunken, wie das meist in ähnlichen Fällen zu sein pflegt. Da der Baron die Frau nicht sah, hob er mit unerhörter Keckheit einen Zipfel des Bettvorhanges auf, erkannte das Verbrechen der Frau und die Vermessenheit des Jünglings und konnte sich in der Überraschung und bei seiner Neigung zu ihrem Gatten nicht enthalten auszurufen: »Ha, verbrecherisches Weib, benimmt sich so eine treue Gattin? Ha, zügellose Jugend, was sehe ich hier?«

In diesem Tone fuhr er noch lange fort. Bei dem Schreien erwachten die beiden Liebenden, und in starrem Staunen über den unerwarteten Vorfall wußten sie sich nicht anders zu helfen, als demütig unter heißen Tränen und dringenden Bitten um Gottes Barmherzigkeit willen um Gnade zu flehen, was sie denn auch unter so viel Schluchzen taten, daß jedes harte Herz erweicht werden mußte. Der Baron, der nicht von Stahl und Eisen war, fühlte von einem einzigen Bogenschuß sich zwiefach verwundet, von Mitleid und Erbarmen und dann von Liebe und Wollust, und nach mancherlei Hinundwiderreden beruhigte er sich unter der Bedingung, daß er einmal einen Teil der Güter genießen dürfe, in deren glücklichen Besitz der Edelknabe sich befinde. Damit war die Frau zufrieden, der Baron beruhigt, der Edelknabe heiter, und sie genossen diese Wonne, die jedes andere menschliche Vergnügen übersteigt, von einem Tag zum andern.

Das Schicksal aber ist den Zufriedenen feindlich gesinnt und weiß die Glückseligkeit nicht lange auf derselben Stufe zu erhalten; so war es ihm auch mit dem ersten und zweiten Unrecht nicht genug, die beide schon häßlich waren; es fügte vielmehr noch ein drittes, über die Maßen garstiges dazu. Ein Mönch nämlich, der Kaplan der Dame, ein gesunder, rüstiger Mann, war gewohnt, in das Vorzimmer zu kommen, um die Beichte der Dame entgegenzunehmen, fand aber den gewohnten Weg verschlossen. Damit es ihm nun nicht zu spät wurde, sein Amt zu versehen, ging er in gewohnter Anmaßung über eine geheime Treppe in das Vorzimmer, lauschte mehrmals an der Tür und fand, da er immer wieder hinzutrat, daß sie offen und nur angelehnt war. Er öffnete sie daher ganz sacht ein wenig und sah, daß der ihm vertraute Baron in großen Ehren bei der Frau lag und alle seine Wünsche in Wonne befriedigte. Da hierbei der Wunsch in dem Kaplan rege wurde, denselben Weg zu gehen, dachte er hin und her, wie er es angreifen solle, um zu diesem Ziele zu gelangen. Als der Baron danach aus dem Bett gestiegen war und das Zimmer verlassen hatte, trat der Mönch unverzüglich an das Bett der Dame und sprach zu ihr: »Es sind schon mehrere Jahre, gnädige Dame, daß ich dem ehrenwerten Baron, Euerm Gemahl, diene; der Dienst aber, den ich ihm geleistet, geschah aus keinem andern Grund als der Schönheit wegen, die in diesem engelhaften Angesicht und in den glänzenden und blitzenden Lichtern Eurer schönen Augen ruht. Die Liebe, die ich zu Euch trage, hat nicht Ende noch Ziel, sie achtet nicht auf mein Gelübde noch meinen Stand und hat mich mit der Glut Eurer schönen lebhaften Strahlen so gewaltig überfallen, daß ich oftmals, über die Bahn alles Bestehenden mich hinwegsetzend, nahe daran war, mich ums

Leben zu bringen. Ich war dazu fest entschlossen, und es fehlte nicht mehr viel, so hätte ich die Grausamkeit an mir ausgeführt; Amor aber, der mein wahnsinniges, verrücktes Vorhaben bemerkte, hat mir, Dank sei ihm dafür, ein bißchen Licht geworfen in diese dunklen Schatten meiner Leiden, indem ich nämlich mit eigenen Augen sehen durfte, was zu meiner Rettung erforderlich ist.«

Hier erzählte er sodann der Frau, welche voll Staunens war, viele Einzelheiten und zeigte ihr in ausführlicher Rede den Schaden, der daraus entspringen mußte, und die Vorwürfe, die sie sich damit zuziehe, wenn sie ihm ihre Zustimmung versage. Andererseits stellte er ihr das treuste Schweigen, einen ewigen Frieden, eine ungestörte Ruhe in Aussicht. Endlich setzte er ihr auseinander, daß sie ihm das Leben schenke und sich und ihrem Gemahl gleicherweise es erhalte, so daß die mitleidige Frau, von Furcht und Angst vor Aufdeckung und dem Versprechen, das Geheimnis zu bewahren, in der Schwebe gehalten, für ein einziges Mal mit großem Widerwillen und Ärger seinen sittenlosen Wünschen sich fügte, und er wich nicht aus dem Zimmer, ehe alles in Ausführung gebracht war.

Als die Zeit vorüber war und nun der Edelmann zum König und in seine Heimat zurückkehrte, fand er seine Gemahlin gegen ihre Gewohnheit nicht nur gesund, sondern heiter und viel schöner und glücklicher vor. Darüber war er sehr verwundert, bedachte sich vielfach, woher denn das kommen möge, erkannte und verstand aber diesen Zufall durchaus nicht, soviel er sich auch bemühte, ihn aufzuhellen. Da ihm aber alles nichts half, beschloß er, mit einem nicht sehr empfehlenswerten Mittel sich über die Angelegenheit Aufklärung zu verschaffen und sich zu vergewissern, ob seine Vermutung wahr sei.

Der Ehemann als Beichtvater

Als nun die Zeit gekommen war, wo die Menschen den größten Teil ihrer Geheimnisse in die Brust der Beichtväter niederlegen, suchte der Baron einen braven Priester auf, bei dem die Frau zu beichten gewohnt war, und es gelang ihm, zuerst mit Bitten, dann mit Anwendung seines Ansehens und seiner Gewalt, ihn dahin zu bringen, daß er ihm sein Gewand und seine Stelle abtrat.

Die Frau kam nun mit ihren Jungfrauen eines Morgens beizeiten dahin, fiel andächtig auf die Knie und fing an, für ihre Sünden um Vergebung zu bitten. Als sie nun auf das Kapitel der Ehe kam, brach sie in heftiges Weinen aus, und auf die Frage des Beichtigers und die Versicherung der Vergebung ihrer Sünde sagte sie ihm, wie sie in einen ehrenwerten und ihr sehr teuern Edelknaben sich verliebt, was dann unerhörte, unerwartete und schwere Folgen gehabt habe. Nach diesen Worten brach sie von neuem und noch heftiger in Tränen aus, und der Baron, der den ersten Schlag für seinen Vorwitz erhalten hatte, mit dem er suchte, was er nicht hätte suchen sollen, und bei dem er fand, was er nicht hatte finden wollen, wurde vom Unwillen so übermannt, daß er sich fast entdeckt hätte. Aber aus Begierde, weiterzuhören, beruhigte er sie mit freundlichen Worten und stellte ihr diese Sünde als eine leichte dar.

Die Frau fuhr daher fort: »Nach dem Edelknaben, mein Vater, und mit seiner Beistimmung sah ich mich genötigt, da ich nicht anders konnte und dazu gezwungen ward, Gott verzeih mir's, auch einem edlen Baron, sooft er wollte, mich fleischlich hinzugeben, und nach diesem Fehltritt ward ich zuletzt, was mir am meisten leid ist, mit Zwang und gegen meinen Willen die Beute eines verwünschten Mönchs, den Gott verdamme, denn ich sehe ihn nie mit den heiligen Gewändern am Leib, ohne daß ich ihm nicht alles Übel der Welt auf den Hals wünschte!«

In ihrem Unwillen über die Sünde und dem Schmerz über die erlittene Unbill brach sie in so heftiges Schluchzen aus, daß sie durchaus nicht imstande war, weiterzusprechen. Der Gatte, der sich vor Ärger gar nicht zu raten wußte, geriet durch das neue Ereignis in eine wahnsinnige Wut; vor Erstaunen außer sich, zog er die Kapuze vom Kopf, öffnete zugleich das Gitter, hinter dem sich die Beichtiger verbergen, und sprach: »So hast du also, verruchtes Weib, nicht umsonst gelebt und deine Tage nicht vergeudet, da du sie so sittenlos und unkeusch hingebracht hast!«

Jede Frau, die in ähnlichen Verhältnissen gewesen, mag sich hier vorstellen, wie betrübt die schuldbeladene Frau war, als sie sich so entdeckt und entlarvt und alle Möglichkeiten einer Ausflucht abgeschnitten sah. Es fehlte nicht viel, so wäre sie in Ohnmacht gesunken, sowohl wegen der frühern Fehltritte als auch wegen des jetzigen Unglücksfalls. Gott aber wollte die an der Frau geübte List und Täuschung bestrafen und verlieh ihr ebensoviel Kraft wie Festigkeit. Sie erhob daher die Augen zu dem wütenden Gatten, als wäre sie aus einem seltsamen Traum erwacht, und sagte mit Unwillen, aber voller List: »Oh, welch edler Ritter, welch adeliges Fürstenblut, welcher königliche Baron bist du geworden! Weh meinem Schicksal! Ich weiß nicht, was an dir mehr zu tadeln ist, die niedrige Denkungsart, die in deiner Brust eingekehrt ist, oder die Meinung, deine brave Frau tue Unrecht, oder daß du dich so gemein verkleidet hast, verleitet ebensowohl von der Unfähigkeit deines Geistes als von der Neugier deines Unverstandes! Nun bin ich zufrieden, daß du endlich den Lohn, den du verdienst, gefunden hast. Übrigens will ich nicht mit

dir verfahren wie du mit mir und will dir deine Torheit nicht verborgen halten und meine Treue dir nicht offenbaren. Sag mir, bist du von Sinnen? Bist nicht auch du Edelknabe des Königs, bist nicht auch du Baron, bist nicht auch du zuletzt ein verwünschter Mönch geworden? Welche anderen Edelknaben, welche anderen Barone, welcher andere Mönch hätte mit mir zu tun gehabt als du selbst? Bist du so hirnlos, das nicht zu wissen? Ich bin nahe daran, wegen dieses schändlichen Vorfalls und wegen des geringen Vertrauens, das du in meine Person setzt, mir die Augen auszukratzen, um ein so häßliches Schauspiel nicht mehr sehen zu müssen. Wenn du klug bist, so hege diesen gräßlichen Verdacht nicht mehr und tue dein törichtes und tadelnswürdiges Verhalten, als Mönch verkleidet, ab; denn ich schwöre dir bei Gott, daß ich nicht länger vor dir knien kann, so sehr tut mir dieser Vorfall leid und weh!«
Damit stand sie mit zornglühendem Gesicht auf und kehrte ohne ein weiteres Wort zu ihren Frauen zurück. Der Baron aber, der seinen törichten Schritt enthüllt sah und fest an die Worte der wackern Frau glaubte, suchte ebenso den Fehltritt zu verhüllen wie seinen Irrtum wiedergutzumachen.

FRANCESCO ANGELONI

DER GESTOHLENE ESEL

An einem Markttag war eine Bäuerin mit ihrem mit Obst beladenen Esel vom Lande nach Neapel gekommen. Sie bezog ihren Platz inmitten anderer Verkäufer, baute die Körbe vor sich auf und stellte den Esel auf die eine Seite, gab ihm Futter und behielt ihn gut im Auge, damit er ihr nicht gestohlen würde. Im übrigen beschäftigte sie sich damit, auf ihrer Waage das Obst zu wiegen und dafür den vereinbarten Preis zu nehmen. Nun standen aber, wie es an solchen Tagen üblich ist, mehr als sieben Diebe um den Platz herum, und allen sah man an, daß sie findig im Aufspüren ungewöhnlicher Arten von Spitzbübereien waren. Als einer von ihnen den besagten Esel wahrgenommen hatte, der groß und schön war und den er für sehr geeignet hielt, ihn recht bald zu Geld zu machen, gingen sie beherzt ans Werk. Als sie jedoch sahen, mit welcher Sorgfalt die Frau ihn im Auge behielt, dort, wo er angebunden war, stellten sich zwei von den Dieben so hin, daß sie ihr den Blick auf den Esel versperren konnten, taten so, als wollten sie ihr alle Körbe abkaufen, und hielten sie mit Worten so lange hin, bis ein dritter ihrer Gefährten den Esel losgebunden hatte und ihn wegführte. Das wurde von den beiden anderen gut verstanden, und sie entfernten sich, ohne weiter um den Preis zu feilschen. Die Frau, deren Blicke den Esel vergeblich suchten und die ihn nirgends sah, stieß zur Verwunderung und zum Mitleid der Umstehenden Schreie aus, zerkratzte sich das Gesicht, schlug mit den Händen um sich und äußerte in weiteren Gebärden ihren höchsten Schmerz – alles zu gleicher Zeit; aber weder gab es jemanden, der ihr hätte helfen können, noch wagte sie, sich von dort zu entfernen, um nicht noch das zu verlieren, was ihr zum Verkauf geblieben war.

Inzwischen hatten sich die vier ruchlosen Diebe wieder zusammengetan und führten sogleich, in Trauerkleider gehüllt, den Esel in beflissener Eile zum Kloster S. Maria la Nova, wo Barfüßermönche wohnten. Sie riefen den Pater Guardian, und einer von ihnen erklärte ihm, ihr Vater sei gestorben und habe durch Testament bestimmt, jenen Mönchen sollten zehn Dukaten Almosen gegeben werden. Da jedoch zur Zeit die Summe nicht bereitliege, mit der sie den Willen des Vaters erfüllen könnten, hätten sie den Esel gebracht. Trotzdem möge Seine Ehrwürden geruhen, ihn auf Rechnung des Vermächtnisses anzunehmen; wenn er ihnen zwanzig Dukaten herausgebe, würden sie ihn ihm überlassen. Der Pater Guardian nahm das Angebot an und ließ den Pferdeknecht kommen. Dieser sah das Tier an und erachtete es nicht nur als schön, gesund und jung, sondern meinte auch, daß die Klosterbrüder einen guten Kauf damit machen würden. So ließ der besagte Superior den jungen Leuten vom Schatzmeister des Klosters zwanzig Dukaten auszahlen, verabschiedete sich und ließ den Esel im Stall unterbringen und mit guter Streu versorgen.

Die Diebe jedoch, nicht zufrieden mit dem Erreichten, spannten ein weiteres Netz, um auch aus der Frau noch etwas Nützliches zu ihrem Vorteil herauszuholen. So begab sich einer von ihnen zu ihr, die immer noch klagte und heulte. Er fragte nach der Ursache und erfuhr sie durch ihre von Schluchzen unterbrochene Rede. »Tröste dich«, sprach er zu ihr, »denn wenn der Esel so ist, wie du ihn beschreibst, und du mir ein Trinkgeld gibst, so werde ich dir genau verraten, wo er sich befindet, und wenn du beweist, daß es wirklich der deinige ist, wirst du ihn leicht wiedererlangen können.« Die Frau überlegte ein wenig; dann hinterlegte sie für ihn fünfzehn Carlini, die ihm nach Rückerlangung des Esels übergeben werden sollten. Er sagte ihr, er habe soeben, als er bei Santa Maria la Nova vorbeiging, gesehen, wie der Esel in den Stall der Brüder geführt wurde. »Geh also hin und sorge dafür, daß du ihn wiederbekommst; ich werde dich hier erwarten.« Die Frau vertraute ihre Körbe einer Bekannten an, die sich dort neben ihr befand, und nahm zwei ihrer Landsleute, die zufällig auf ihre Schreie herbeigeeilt waren, mit sich, damit sie nötigenfalls bezeugen konnten, daß der Esel ihr gehörte. Schnell lief sie zu dem angegebenen Ort. Sie fand den Stall offen und erkannte, ebenso wie ihre beiden Begleiter, das Tier als das ihrige. Als sie es aber fortführen wollte, wurde ihr das von den Brüdern verboten. Sie benachrichtigten den Pater Guardian, weil ein großer Tumult durch das Geschrei der Frau entstand, die versicherte, der Esel gehöre ihr, und ihn unter allen Umständen mitnehmen wollte. Nachdem einige unbeteiligte Anwesende den Vorfall durchschaut hatten und die beiden Zeugen im Verein mit der Bäuerin überzeugend schworen, daß es ihr Esel sei und daß er ihr gestohlen war, überredeten sie den Pater Guardian, ihn zurückzugeben, damit er sich nicht weiteren Ärger aufhalse; denn jene Leute würden beweisen, er habe den Diebstahl begünstigt oder den Esel von den Dieben gekauft, was seinem und des Klosters Ansehen nur schaden könne. So erwog jener ehrwürdige Geistliche gründlich die ganze Angelegenheit, und obgleich ihm der Verlust der zwanzig Dukaten maßlos mißfiel, so gab er trotzdem, um größere Ungelegenheiten zu vermeiden, den Überredungskünsten der jungen Leute nach und erstattete der Frau ihren Esel zurück, die mit Freuden ihr Versprechen der hinterlegten fünfzehn Carlini erfüllte. Da sie sich nicht länger auf dem Markt aufhalten wollte, lud sie ihre Körbe auf, kehrte in ihr Dorf zurück und hatte erfahren, daß auch offene Augen nicht ausreichen, um sich vor den Nachstellungen listiger Diebe zu schützen.

GIAMBATTISTA BASILE

DER KNOBLAUCHGARTEN

Es lebte einmal in dem Dorfe La Varra ein Bauer namens Ambrosio, der sieben Töchter und dazu nichts anderes besaß, um sie anständig in der Welt zu erhalten, als einen Knoblauchgarten. Dieser wackere Mann war mit Biasillo Guallecchia eng befreundet, einem in Resina sehr reich begüterten Manne, der Vater von sieben Söhnen war, von denen Narduccio, der Erstgeborene und des Vaters Herzblatt, krank wurde und auf keine Weise geheilt werden konnte, obwohl der Beutel des Vaters in einem fort offenstand. Als ihn nun Ambrosio eines Tages besuchte, fragte ihn Biasillo, wie viele Kinder er habe, worauf jener, der sich schämte, daß er nur Töchter gezeugt hatte, erwiderte: »Ich habe vier Söhne und drei Töchter.«

»Wenn das so ist«, versetzte Biasillo, »so schicke mir einen von deinen Söhnen her, damit er meinem Sohne Gesellschaft leiste: du würdest mir dadurch einen großen Gefallen erweisen.«

Ambrosio, der sich auf diese Weise selbst gefangen hatte, wußte nicht, was er anfangen sollte, sondern nickte nur mit dem Kopf; und nach La Varra zurückgekehrt, geriet er vor Ärger fast außer sich, indem er gar nicht wußte, wie er dem Freunde die eingegangene Verpflichtung erfüllen sollte. Endlich jedoch rief er alle seine Töchter von der kleinsten bis zur größten herbei und fragte sie, welche von ihnen es wohl zufrieden wäre, sich die Haare abschneiden zu lassen, Mannskleider anzuziehen und sich für eine Mannsperson auszugeben, um dem kranken Sohne des Biasillo Gesellschaft zu leisten; woraufhin die älteste Tochter, namens Annuccia, entgegnete: »Ist mir denn der Vater gestorben, daß ich mir das Haar abschneiden sollte?« Die zweite Tochter, namens Nora, antwortete: »Noch bin ich nicht verheiratet, und schon willst du mich mit abgeschorenen Haaren sehen?« Die dritte, namens Sapatina, versetzte: »Ich habe immer sagen hören, daß Frauenzimmer keine Hosen anziehen sollen.« Die vierte, namens Rosa, erwiderte: »Was Kuckuck noch einmal, komm mir nicht damit, daß ich mir zur Unterhaltung eines Kranken das anschaffen soll, was selbst in keiner Apotheke zu finden ist.« Die fünfte, namens Cianna, sprach: »Sage dem Kranken, daß er zum Abführen einnehme und sich zur Ader lasse, denn ich würde auch nicht eins von meinen Haaren für hundert Lebensfäden eines Mannes hingeben.« Die sechste, namens Lella, sagte: »Als Frauenzimmer bin ich geboren, als Frauenzimmer lebe ich, und ich mag nicht, um mich in einen vorgeblichen Mann zu verwandeln, meinen ehrlichen Namen verlieren.« Das jüngste Nestvögelchen jedoch, namens Belluccia, welches hörte, daß der Vater bei jeder Antwort seiner Töchter einen schmerzlichen Seufzer ausstieß, antwortete: »Ich würde mich dir zuliebe nicht nur in einen Mann, sondern sogar in ein Tier verwandeln und selbst noch Ärgeres erdulden, wenn ich dir damit dienen könnte.«

»Segne dich der Himmel«, antwortete Ambrosio, »denn für das Leben, das ich dir gegeben, gibst du mir ein neues Leben wieder. Darum keine Zeit verloren, sondern frisch ans Werk!« – und nachdem er ihr die Haare, die den Häschern Amors als vergoldete Schlingen dienten, abgeschnitten und ihr einen zerrissenen Männeranzug geflickt hatte, brachte er sie nach Resina, wo sie von Biasillo und seinem kranken Sohne, der im Bette lag, mit den größten Freundschaftsbezeigungen der Welt empfangen wurden. Ambrosio ging hierauf nach Hause und ließ Belluccia zurück, damit sie den kranken Narduccio bediene.

Als dieser nun die schwindelerregende Schönheit Belluccias unter den Lumpen hervorleuchten sah, sprach er bei sich selbst, indem er sie immer wieder von neuem anschaute und sie mit den Augen fast verschlang: ›Wenn ich nicht ganz blind bin, so ist das ein Frauenzimmer; die Zartheit ihres Angesichts zeigt es, ihre Sprache bestätigt es, ihr Gang bekräftigt es, mein Herz sagt es, und Amor verrät es: es ist ohne Zweifel ein Frauenzimmer; und sie wird wohl hierhergekommen sein, um durch die List mit der Männertracht meinem Herzen einen Hinterhalt zu legen.‹ Indem er sich nun ganz diesem Gedanken ergab, versank er in eine solche Traurigkeit, daß das Fieber noch viel mehr zunahm und die Ärzte ihn in einem sehr gefährlichen Zustande fanden, so daß die Mutter, die ihn von ganzer Seele liebte, zu ihm sprach: »Mein lieber Sohn, du Licht meiner Augen, Stab und Krücke meines Alters, was soll das bedeuten, daß du, statt an Kraft zuzunehmen, an Gesundheit abnimmst und, statt vorwärtszukommen, immer rückwärts gehst? Ist es möglich, daß du deine arme Mutter so betrüben willst, ihr nicht die Ursache deiner Krankheit zu sagen, damit sie sie entfernen kann? Sprich doch, mein Juwel, verheimliche mir nichts, öffne mir dein Herz, wirf deine Bürde ab und sage mir frei-

heraus, was du brauchst und wünschest: für das übrige
laß mich sorgen; denn ich werde alles tun, was du verlangst.«

Durch diese Worte ermutigt, fing Narduccio an, ihr
seine Leidenschaft zu entdecken und ihr zu sagen, wie
er sich davon überzeugt hielte, daß der Sohn Ambrosios
ein Mädchen sei, und daß, wenn er sie nicht zur Frau
bekomme, er beschlossen habe, dem Lauf seines Lebens
ein Ende zu machen.

»Nur sachte«, erwiderte die Mutter, »um dich beruhigen zu können, wollen wir erst untersuchen, ob sie ein
Frauenzimmer oder eine Mannsperson, ob das Feld flach
oder hügelig ist. Ich will mit ihr in den Stall gehen und
sie eines der wildesten Pferde, die wir haben, besteigen
lassen; denn wenn sie ein Frauenzimmer ist, so fehlt ihr, wie
allen Frauen, der Mut, und sie wird nicht daran wollen,
so daß wir dann gleich wissen, woran wir sind.«

Dieser Einfall gefiel dem Sohne; die Mutter stieg mit
Belluccia in den Stall hinunter und ließ ihr ein unbändiges junges Roß geben, das Belluccia jedoch sogleich
sattelte, mit einem wahren Löwenmut bestieg und anfing, einen Paß zu reiten zum Verwundern, einen Galopp zum Erstaunen, Volten zu machen zum Entzükken, Pirouetten, um außer sich zu geraten, Courbetten,
um Maul und Ohren aufzusperren, und Kapriolen, die
mehr jener als dieser Welt angehörten; weswegen die
Mutter zu Narduccio sagte: »Laß deine närrische Grille
fahren, mein Sohn: denn du siehst, daß dieser Bursche
fester im Sattel ist als der älteste Kavallerist von Porta
Reale.«

Trotzdem beharrte Narduccio auf seinem Willen und
sagte aufs neue, daß es durchaus ein Frauenzimmer sei
und selbst Skanderbeg ihm nicht diesen Glauben rauben würde.

Um ihm nun diesen Wahn zu benehmen, begann die Mutter wieder: »Nur nicht so hitzig, mein Sohn: wir wollen noch eine Probe machen und sehen, woran wir sind.« Darauf ließ sie eine Muskete holen, hieß Belluccia herbeirufen und sagte zu ihr, sie solle sie laden und abfeuern. Diese ergriff sogleich das Gewehr, schüttete Schießpulver in den Lauf und damit Liebespulver dem Narduccio in den Leib, legte die Lunte an das Schloß und Feuer an das Herz des Kranken, und indem jene sich entlud, wurde das Herz des Ärmsten von Liebessehnsucht schwer.

Als die Mutter die Fertigkeit, Gewandtheit und Geschicklichkeit sah, mit der der Bursche die Muskete abfeuerte, sprach sie zu Narduccio: »Was du denkst, ist eitel Torheit; denn ein Frauenzimmer kann das nicht alles tun, was der tut.« Narduccio jedoch beruhigte sich nicht dabei, sondern stritt immerfort und würde sein Leben gewettet haben, daß diese schöne Rose keinen Stachel hatte; daher er wiederum zur Mutter sprach: »Glaub mir nur, liebe Mutter, wenn dieser schöne Baum der Liebesanmut mir Kranken nur eine einzige Feige geben wollte, so würde ich Kranker dem Arzte die Feige weisen; darum müssen wir in jedem Falle suchen, Gewißheit zu erlangen; wenn nicht, so ist es mit mir vorbei; denn ich werde entweder in ihrem Schoße oder in dem der Erde ruhen.«

Da die arme Mutter sah, daß er hartnäckiger war als je, durchaus bei seinem Sinn beharrte und immer wieder auf den besagten Hammel zurückkam, so sprach sie zu ihm: »Um dir noch genauere Überzeugung zu verschaffen, so gehe mit ihm baden, und dann wirst du sehen, ob Berg oder Tal, ob ein freier Platz oder eine Sackgasse, ob ein Circus Maximus oder eine Trajanssäule vorhanden ist.«

»Richtig«, rief Narduccio aus, »das ist das rechte, und jetzt hast du den Nagel auf den Kopf getroffen: heut muß es sich endlich zeigen, ob es Bratspieß oder Pfanne, Wirkholz oder Sieb, Spritze oder Trichter ist.«
Belluccia jedoch, die den Anschlag witterte, ließ rasch einen Knecht ihres Vaters zu sich kommen, der gar schlau und pfiffig war, und wies ihn an, daß, wenn er sie am Meeresufer im Begriff sehe, sich auszukleiden, er ihr die Nachricht bringen solle, daß ihr Vater nahe daran wäre zu sterben und sie noch einmal sehen wolle, ehe der Kreisel des Lebens Stillstand mache. Als dieser nun, genau aufpassend, wahrnahm, daß Narduccio und Belluccia sich bereits am Meere befanden und schon anfingen, sich auszukleiden, tat er, wie ihm geheißen war, und führte seinen Auftrag aufs beste aus, so daß Belluccia nach Anhörung der ihr gebrachten Nachricht sich von Narduccio verabschiedete und den Weg nach Resina einschlug.
Narduccio aber kehrte mit gesenktem Kopf, verdrehten Augen, erblaßtem Angesicht und bleichen Lippen zur Mutter zurück und erzählte ihr, wie schief die Sache gegangen sei und daß er wegen des Querstrichs, der ihm gemacht wurde, nicht habe den letzten Versuch tun können.
»Nur nicht verzweifelt«, versetzte die Mutter, »Geduld überwindet alles. Drum geh also ohne weiteres in das Haus Ambrosios und rufe seinen Sohn, und an dem schnellen oder langsamen Herunterkommen wirst du dann sehen können, woran du bist und ob man dir eine Nase drehen will oder nicht.«
Bei diesen Worten färbten sich die erbleichten Backen Narduccios wieder, und als am folgenden Morgen die Sonne ihre Strahlen ergriff und stolz die Sterne verjagte, begab er sich geraden Wegs nach dem Hause

Ambrosios, ließ diesen herausrufen und ersuchte ihn, ihm doch seinen Sohn herunterzuschicken, da er etwas Wichtiges mit ihm zu sprechen habe.

Ambrosio sah sich in einer heiklen Lage und bat ihn, ein wenig zu warten, er werde ihm bald seinen Sohn senden, worauf Belluccia, um nicht in flagranti ertappt zu werden, sich schnell Rock und Mieder aus- und die Hosen anzog; indem sie dann aber Hals über Kopf hinuntereilte, vergaß sie, daß sie noch die Ohrringe in den Ohren hatte, so daß Narduccio, wie man an den Ohren des Esels das schlechte Wetter erkennt, an denen Belluccias ein Zeichen desjenigen heitern Wetters erkannte, wonach er sich so sehr sehnte, und, sie packend wie ein Bullenbeißer, zu ihr sprach: »Du sollst mein Weib sein, zum Trotz des Neides, zum Tort des Schicksals und sogar zum Hohn des Todes.«

Als Ambrosio die redlichen Absichten Narduccios sah, sagte er zu ihm: »Wenn nur dein Vater zufrieden damit ist und mit einer Hand zufaßt, so greife ich mit hundert zu«; worauf alle miteinander sich nach dem Hause Biasillos begaben, der ebenso wie seine Frau, voll Freude darüber, den Sohn frisch und gesund wiederzusehen, die Schwiegertochter mit unsäglicher Herzlichkeit empfing, und da sie nun von Ambrosio wissen wollten, wie er denn auf den Einfall gekommen sei, seine Tochter in Mannskleider zu stecken, und hörten, er habe es getan, um nicht zu entdecken, daß er so ein Pinsel gewesen sei, sieben Mädchen zu zeugen, sprach Biasillo: »Da der Himmel mir so viel Söhne und dir so viel Töchter geschenkt hat, so wollen wir auch sieben Fliegen mit einem Schlage totmachen; drum bringe sie nur sämtlich her zu mir: ich will sie alle meinen Söhnen zu Weibern geben; denn ich habe, Gott sei Dank, so viel Tunke, als diese Fische brauchen.«

Kaum hatte Ambrosio diese Rede vernommen, so holte er wie im Fluge alle seine anderen Töchter herbei, worauf in dem Hause Biasillos die siebenfache Hochzeit mit großen Festlichkeiten gefeiert wurde, so daß die Musik und das Jauchzen bis zum siebenten Himmel emporscholl, und indem sie nun alle auf diese Weise froh und fröhlich waren, sah man ganz deutlich die Wahrheit des Sprichworts: ›Gottes Treu' ist alle Tage neu.‹

GIANFRANCESCO LOREDANO

DERCELLA

Eudosia, die Tochter des Grafen von Vancastro, war so reich an Gütern der Seele, des Leibes und des Glücks, daß sie kaum das dreizehnte Jahr ihres Alters erreicht hatte, als sie schon die Bewerbungen vieler Männer rege machte, die nach ihrem Besitze trachteten. Und wenn schon der Reichtum ihres Vaters die Habsucht von manchen bewog, sie zur Frau zu begehren, so überwältigte doch die Schönheit ihres Gesichts die Neigungen aller, da sie, von allen Grazien begünstigt, nicht für geringer als diese geachtet ward und nur in der Zahl ihnen nachstand. Das Geschick bescherte diesen Himmel der Liebe dem Evandro, dem edelsten, aber auch dem ältesten von allen Freiern; ein häufiger Unstern dieser Auroren, nur in den Besitz von Tithonen zu kommen. In den Augen der Welt erschien diese Vereinigung ganz unnatürlich, da man glaubte, Evandro stehe dem Grabe weit näher als dem Hochzeitsbette. Er stand schon im dreiundfünfzigsten Lebensjahre, und bei dem Winter, den er in den Runzeln seines Gesichts und in dem Schnee seiner Haare trug, wollte man nicht an eine Vereinigung mit diesem Frühling von Schönheit glauben, da er nur erst Blüten und herbe Früchte trug. Eudosia fügte sich leicht in die kalten Umarmungen eines

Greises, da ihr Alter höhere Begierden nicht gestattete und alle Vorteile der Ehe nur in dem Reichtum der Kleider, der Mannigfaltigkeit der Kleinode, dem Überfluß des Goldes, der Zahl der Dienerschaft und der beständigen Aufmerksamkeit ihres Gatten suchte, der sehr eifersüchtig über sie wachte und schon glaubte, er habe sie verloren, sobald sie ihm einen Augenblick aus dem Gesichte war.

Dieses beständige Zusammensein verleitete Evandro zu Anstrengungen, die seine Kräfte, sein Alter überstiegen, und die Hochzeit war daher kaum vorüber, als man schon die Leiche sah. Evandros Tod ward von seiner Gattin mit so lebhaftem Ausdruck begleitet, daß Tränen, Seufzer und Wehklagen nur die geringsten Beweise für ihren Schmerz waren. Gerne wäre sie mit ihm in das Grab gestiegen, wenn nicht der Gedanke an ihre nahe Entbindung ihr mit der Hoffnung geschmeichelt hätte, ihn wieder ins Leben zu rufen, indem sie einen Knaben zur Welt brächte. Aber dieser Wunsch wurde vereitelt durch die Geburt eines Mägdleins, das noch in den Windeln diejenigen, die es sahen, zu ausgezeichneten Urteilen über seine Schönheit bewog.

Eudosia wollte von einer anderen Verbindung nichts hören, geschweige daran denken; sie glaubte, mit Evandro seien alle gestorben, die sie glücklich machen könnten. Sie begrub sich selbst aus freiem Antrieb in ihrem Hause und beschäftigte sich mit der Erziehung ihrer Tochter, aber nach so strengen Grundsätzen, daß diese, nahezu dreizehn Jahre alt, sich rühmen konnte, keine anderen Männer als die Diener ihrer Mutter gesehen zu haben und von keinen anderen Männern gesehen worden zu sein. Sie kam nur zwei- oder dreimal des Jahres aus dem Haus, und zwar so bedeckt und unter so vielen Vorsichtsmaßregeln, als könnte die Luft sie entführen. Ihr Zimmer verstattete kaum der Sonne Zutritt, geschweige den Augen der Sterblichen. Sodann erlaubte ihr auch die beständige Anwesenheit ihrer Mutter keine andere Zerstreuung als die Beschäftigung mit kindlichen Spielen.

Das Geschick, die gewöhnliche Vermittlerin der Liebe, fügte es, daß Eudosia und Dercella, denn so hieß die Tochter, unwillkürlich an das Fenster gezogen wurden durch ein Geschrei, das um so mehr ihre Neugier reizte, je heftiger es wurde. Sie sahen das Leben Assirdos, ihres Nachbarn, von vielen Schwertern bedroht, während er sich mit einer für seine Jahre ungewöhnlichen Kühnheit verteidigte. Die Jugend und die Schönheit Assirdos flößten Eudosias Gemüt ein plötzliches Mitleid ein. Daher befahl sie ihren Dienern, ihn in das Haus zu bringen, und befreite ihn dadurch aus den Händen jener Meuchelmörder, die ihn an einer Hand und besonders schwer an der Seite verwundet hatten und nahe daran waren, ihn umzubringen. Assirdo nahm nach kurzer Begrüßung die Aufforderung an, sich in ein Bett zu legen. Man rief seine Mutter herbei, die seine Heilung mit ihrer Pflege unterstützte; die Ärzte erlaubten ihm aber nicht, dieses Haus zu verlassen, um nicht durch Bewegung und Luft seine Wunden gefährlicher zu machen.

Wiewohl Dercella die Liebe nicht einmal dem Namen nach kannte, ließ sie sich doch so sehr ihr Herz beim ersten Anblick von Assirdo gefangennehmen, daß sie verliebt war, ehe sie noch merkte, daß sie ihn liebe. Und da sie sich dieses ersten Dranges nicht erwehren konnte, lauschte sie bald mit begierigem Ohr den Reden der Ärzte, bald befragte sie die Mägde, bald wußte sie sich, obgleich mehrmals von der Mutter getadelt, Eintritt in das Zimmer zu verschaffen, indem sie dem Wunsche, ihn zu sehen, die Maske ganz verschiedener Vorwände lieh. Die Nacht steigerte ihre Bewegungen noch mehr; denn da der Schlaf nicht mächtig genug war, ihre Unruhe in Schlummer zu lullen, ließ sich ihr Herz von einer wirren Masse von Gedanken beherrschen. Und wenn einmal die Augen von Müdigkeit, wenn nicht vom Schlafe überwältigt, nachgaben, so mußte sie sie doch gleich wieder öffnen, um den Schreckbildern zu entfliehen, die sie noch mehr im Schlaf als im Wachen peinigten.

Dercella schwebte mehrere Tage in diesem Liebeswahnsinn, bis Assirdo, dessen Heilung fortschritt, in sein eigenes Haus hinübergebracht wurde. Er hatte oftmals in den Augen des Kindes Zeugnisse mehr von Liebe als von Mitleid gelesen; aber selbst noch unerfahren, verbannte er alle diese Gedanken, die ihn überzeugen konnten, daß er geliebt sei, als sündhaft. Angelockt jedoch von den Reizen jener Schönheit, die jede Kühnheit entschuldbar machen kann, und noch immer zu Hause gehalten, um seine Gesundheit sich erst wieder festigen zu lassen, wich er nicht von einem Fenster, das nach der Wohnung der Dercella hinüberging. Hier wurde er leicht von ihr entdeckt, die, von tausendfacher Liebesungeduld getrieben, nichts anderes wünschte, als ihn zu sehen. Sie fand ein Mittel, ein Fenster, dem ihres Geliebten gegenüber, zu öffnen, das von der Eifersucht der Mutter mit gutem Vorbedacht verschlossen gehalten worden war, und hatte nun Gelegenheit, ihn nach Herzenslust anzuschauen, noch nicht aber, ihn zu sprechen: denn daran hinderte sie entweder ihre eigene Sittsamkeit oder die Furcht vor der Mutter.

Auch er war vor lauter Liebe stumm geworden und übertrug alle Verrichtungen der Zunge auf die Augen. Endlich aber gewann er es über sich, einem Blatte seine Leidenschaft einzuhauchen, und schrieb also:

›Mein Fräulein!

Die Liebe, die mir gewaltsam die Zunge fesselt, bewegt mir jetzt mit derselben Tyrannei die Hand. Sie zwingt mich, mit diesen Zeilen Euch die längst eingegangene und mit den Augen beschworene Lehenspflicht meines Herzens zu beurkunden. Es brauchte wohl große Gewalt dazu, um mich zu einer Erklärung zu bewegen, die in Anbetracht der Vortrefflichkeit Eures Verdienstes nicht anders als verwegen genannt werden kann. Die Schönheit, die ein Abglanz des göttlichen Lichtes ist, verschmäht es, mit gemeinen Worten der Menschheit verehrt und angebetet zu werden. Ich weiß das ganz gut, aber es ist nicht in meiner Gewalt, anders zu handeln. Genehmigt denn, o Schöne, diesen Ausdruck eines Herzens, das sich mehr Eurer Herrschaft rühmt als seines eigenen Wesens. Bekräftigt mit Eurer Antwort die Hoffnungen, die, wie ich weiß, imstande sind, das Leben zu erhalten Eures innigst ergebenen und verbundenen

Assirdo.‹

Ohne Schwierigkeit förderte er diesen Brief in die Hände Dercellas, denn er paßte die Gelegenheit ab, wo sie unter dem Fenster stand, um ihr ihn zierlich in den Busen zu schleudern. Das Mädchen, nicht weniger neugierig als verliebt, verabschiedete sich mit den Augen und lief hinweg, um ihn zu lesen. Während aber ihre ganze Seele auf jenen Schriftzügen haftete, merkte sie nicht, daß sie von ihrer Mutter beobachtet wurde, die in jedem Augenblick alles Tun ihrer Tochter ihrer Beobachtung und Genehmigung unterworfen wissen wollte.

Die erste Regung des Unwillens Eudosias ging dahin, ihr den Brief aus der Hand zu reißen, und sie fügte dazu so viele Scheltworte und Drohungen, daß die Tränen und Seufzer nur die geringsten Zeugnisse für die Marter Dercellas waren. Der Verlust dieses Blattes aber, der ihr für ihre Liebe und ihre Hoffnungen Schiffbruch prophezeite, war das größte ihrer Leiden. Eudosia verließ sie in einer Flut von Tränen und zog sich in ein anderes Zimmer zurück, um den Brief zu lesen und auf die Spur zu kommen, wie er in ihre Hände gelangt sei. Kaum bemerkte sie, daß er von Assirdo war, als in ihrem Herzen tausend Gedanken sich zu kreuzen begannen. Jugend und Schönheit bahnten dem Verlangen den Weg, das Besitz ergreifen wollte. Es befiel sie Reue, so viele Jahre ihr Leben hingeschleppt zu haben, ohne es zu genießen. Nur ein eitler Schein seien alle Freuden außer denen, die die eheliche Liebe bereite. Auf der anderen Seite ward sie unschlüssig durch die freien Urteile der Welt über einen dreizehn Jahre lang verzögerten Entschluß. Sie hegte Besorgnisse wegen der Verwegenheit ihrer Tochter und des zarten Alters des Assirdo und überlegte, wenn sie zu einer zweiten Verbindung schreite, nachdem sie so lange die erste beweint, so heiße das nichts anderes, als sich den freien Äußerungen der Öffentlichkeit bloßstellen und vorsätzlich ihre Freiheit aufgeben. Da jedoch in unseren Neigungen diejenige Seite die Oberhand gewinnt, die vorzugsweise von den Sinnen beherrscht wird, entschloß sie sich, lieber jeden anderen Verlust zu wagen, als die Liebe Assirdos zu verlieren. Sie ergriff daher die Feder und schrieb an Stelle ihrer Tochter also:

›Assirdo!

Wer dem ersten Angriff weicht, zeigt um so deutlicher die eigene Schwäche und kann dem Verdacht der Feigheit und Nichtswürdigkeit nicht ausweichen, die viel eher Haß als Liebe verdienen. Dennoch aber kann, wer wahrhaft liebt, sich nicht verstellen. Die Liebe ist ein Feuer, das, je mehr es unterdrückt wird, mit desto größerer Gewalt wirkt. Ich erkläre Euch daher durch diesen Brief, daß ich Euch von ganzem Herzen liebe und daß, wäre mir nicht der Zweifel hemmend entgegengetreten, Eure Geringschätzung auf mich zu ziehen, Euer Schreiben mir nicht hätte zuvorkommen sollen. Wenn Ihr also beabsichtigt, unsere Liebe durch die Ehe zur rechtmäßigen zu machen, so erwarte ich Euch diese Nacht an der Gartentür, die Ihr angelehnt finden werdet. Wo nicht, so verbannt Eure Gedanken als tollkühn und vertreibt ihnen die Hoffnung, mich je zu besitzen!

Dercella.‹

Dieser Brief wurde vorsichtig dem Assirdo in die Hände gespielt, erregte aber, statt ihn zu erfreuen, in seiner Seele eine Verwirrung von Gedanken, die ihm ganz alle Ruhe raubten. Sei es Unerfahrenheit in Angelegenheiten der Liebe oder daß er sich so ohne Hindernis dem Besitz dieses Schatzes von Schönheit gegenübersah, den er um so höher achtete, je größer ihm die Schwierigkeit schien, ihn zu erreichen, – kurz, er gestand sich selbst seine Reue darüber, so weit gegangen zu sein. Während er ohne festen Entschluß sich von tausend Zweifeln bekämpfen ließ, kam zu ihm auf Besuch der Graf von Bellombra, ein Jüngling von hoher Geburt, aber von geringem Vermögen. Gleich beim Eintreten bemerkte er, daß Assirdo irgend etwas Unangenehmes begegnet sei, und er erkundigte sich daher mit außerordentlicher Vorsicht nach der Ursache seines Unmutes. Assirdo, der ebensoleicht zum Unwillen zu bewegen war als dazu, seinen Unwillen zu offenbaren, teilte dem

Grafen alle Gründe mit, die sein Gemüt in Unruhe versetzten, und bat, ihn als Freund mit seinem Rat auf den besten Entschluß zu leiten. Der Graf, der sich alsbald überzeugte, daß dies eine Gelegenheit wäre, seine Verhältnisse emporzubringen, und für sich selbst nach dem begehrte, was das Geschick anderen anbot, ermahnte Assirdo, den Einladungen eines Mädchens kein Gehör zu schenken, das eher Verachtung als Liebe verdiene, da sie so bereitwillig sich dem Verlangen eines Liebhabers preisgebe.

»Wenn sie bei Nacht einen Mann einläßt«, sagte er, »von dem sie nur glaubt, er werde ihr Gemahl werden wollen, so zeigt dies klar, daß sie auch anderen Zutritt gewährt hat.« Auch sei er noch nicht ganz von seinem Unfall wiederhergestellt und würde somit Gefahr laufen, sich zugrunde zu richten, wenn er, den sinnlichen Gelüsten folgend, die Einladung würde annehmen wollen.

Diesen Gründen fügte er noch so viel andere bei, daß sie, vereint mit der geringen Lust Assirdos selbst, diesen zu dem Entschluß brachten, das Unternehmen ganz aufzugeben, um so mehr, da nur ungern und schwer seine Mutter ihm erlaubt hätte auszugehen. Der Graf verabschiedete sich kurz darauf unter dem Vorwand von Geschäften, und als die Nacht kam, stand er schon an der Gartentür Eudosias, die ihn mit offenen Armen empfing, in der Meinung, es sei Assirdo, während er seinerseits nicht minder in der Annahme getäuscht war, es sei Dercella. Nach einigen kurzen Begrüßungen mit gedämpfter Stimme, da beide erkannt zu werden fürchteten, zogen sie sich, ohne Licht zu machen, in ein Gemach im Erdgeschosse zurück, wo sie auf einem kostbaren Pfühl den Sinnen freien Lauf ließen, die Früchte der Liebe zu genießen.

Unterdessen glaubte Dercella ihre Mutter nicht in Wollust, sondern in Schlaf versenkt; sie verließ daher ihr Bett, das ihr verhaßt geworden war, weil es ihr die Ruhe verweigerte, und trat an das Fenster in demselben Augenblick, wo auch Assirdo, von nicht geringerer Unruhe getrieben, an das seinige trat. Dercella stieß hin und wieder einen Seufzer aus, teils wegen der von der Mutter erduldeten Schmähung, teils weil sie das Ende ihrer Liebe herbeiwünschte, da sie einen so unglücklichen Anfang genommen hatte. Assirdo, in der Überzeugung, diese Seufzer kämen daher, daß er ihrem Anliegen nicht entsprochen habe, tat sich Gewalt an und sagte zu ihr: »Mein Fräulein, ich weiß nicht, muß ich mich über das Geschick beklagen oder über meine Unwürdigkeit, daß ich die Gunst der Liebe nicht empfangen kann?«

Dercella glaubte, er wolle ihr darüber Vorwürfe machen, daß sie ihm nicht geantwortet habe, und versetzte: »Die Liebe ist größer als alle Dinge, und wenn sie in meinen Erwiderungen sich selbst unähnlich ist, so kann ich darüber nur das Geschick anklagen, welches will, daß ich ohne Hoffnung liebe.«

Er antwortete: »Es gibt keine Liebe ohne Hoffnung, denn an ihr allein erkennt sie den wahren Bestand ihres Wesens.«

»Und was wollt Ihr«, fuhr sie fort, »daß ich hoffe, wenn alle Unfälle sich zu meinem Schaden vereinigen, um mich in Verzweiflung zu stürzen?«

Er versetzte: »Wenn Euch volle Gegenliebe zuteil wird, reicht Euch das also nicht hin, in Euerm Herzen eine vollkommene Ruhe zu befestigen?«

»Aber wer versichert mich dessen«, fügte sie hinzu, »da die Versprechungen der Liebenden gemeiniglich das Spiel der Winde sind?«

»Ich«, fiel Assirdo ein, »indem ich mich ganz Euch weihe.«
»Das sind Worte«, sagte Dercella, »die in der Luft zerfließen, wie sie daraus gebildet sind.«
»Ich würde sie gern mit der Tat bekräftigen«, antwortete er, »wenn ich glaubte, nicht wegen meiner Kühnheit bestraft zu werden.«
»Und wie würdet Ihr das anstellen?« fragte sie.
»Ich möchte«, erwiderte er, »auf einem Brette in Euer Zimmer hinüberkommen, um unsere Liebe zu Ende zu führen und mein Herz zu retten von dem Schiffbruche der Hoffnung und der Furcht.«
Dercella hielt ein wenig inne, als wäre sie im Zweifel, ob sie dieses Anerbieten abweisen oder annehmen solle. Sodann sagte sie zu ihm: »Auf einen so wichtigen Vorschlag habe ich nicht den Mut, so schnell zu antworten.«
Er, der durch die Kraft der Liebe alle Furcht in einem Augenblick von sich geworfen und sich in einem kecken Aufraffen angekleidet hatte, das noch größer ward, da er sich so übermäßig geliebt sah, versetzte ihr: »Wer so vorsichtig sein will, liebt nicht. Liebe läßt keine langen Überlegungen zu, und in Liebesangelegenheiten geht alles verloren, was verschoben wird. Hier ist kein Mittelweg: entweder müßt Ihr meinen Vorschlägen zustimmen oder bekennen, daß Ihr nicht liebt.«
Dercella antwortete: »Wiewohl mein Verlangen, die Eurige zu werden, bei weitem größer ist, als ich auszudrücken vermag, so werde ich doch niemals sagen, daß Ihr Euch entschließen sollt, durch dieses Fenster herüberzukommen, um nicht meinen guten Ruf wie ebenso Euer Leben in Gefahr zu bringen.«
Assirdo überlegte, daß diese Worte eine Einladung enthielten, wenngleich sie als Weigerung erschienen, legte

ein Brett hinüber an Dercellas Fenster und kam in ihr Zimmer. Nach einigem verstellten Unwillen mit Abweisungen, die in der Tat einluden, gab sich Dercella hin und ließ ihn die Früchte pflücken, nach denen die Liebenden sich so sehr sehnen.

Unterdessen hatte Eudosia einigermaßen dem Kitzel Genüge getan, der keinen höheren Ursprung kennt als die Sinnlichkeit. In Besorgnis, ihr Tun möchte belauscht werden, überließ sie den Grafen der Ruhe und durchspähte mit leisen Tritten das ganze Haus. Zuletzt kam sie in das Zimmer der Tochter, gerade in dem Augenblick, wo unter lautem Geräusche neckischer Küsse die Liebenden sich zu neuen Unternehmungen der Lust vorbereiteten. Es erschien ihr auffallend, daß ihre Tochter in so zartem Alter die Keckheit gehabt habe, sich den Umarmungen eines Liebhabers preiszugeben. Doch war sie der Meinung, daß Verirrungen der Liebe alles Mitleid verdienen, und da sie sich auch desselben Vergehens schuldig fühlte, beschloß sie bei sich selbst, die fremden Fehltritte zu übersehen, um ihre eigenen nicht zu entdecken. Dessenungeachtet hätte sie gern in Erfahrung gebracht, wer der Buhle der Tochter sei, um zu sehen, ob sie durch eine würdige Wahl ihren unbesonnenen Entschluß einigermaßen zu Ehren bringe. Kaum aber hatten ihre Augen den Assirdo erblickt, als sie, getäuscht von dem Wahne, es sei ihr Liebhaber, sich ganz den Furien hingab und aussah, als wäre sie von einer Legion böser Geister gepeinigt. Sie zerschlug sich das Gesicht, raufte sich das Haar, schlug sich an die Brust und unterließ keine Äußerung, um ihren Unwillen kundzutun und ihren Schmerz auszudrücken. Endlich erklärte sie unter Schmähungen und Vorwürfen ihre Leidenschaft und sprach: »Treuloser, nachdem du die Mutter genossen hast, kommst du, um die Unschuld der Tochter zu beflecken? Warum haben doch Natur und Glück diesen Verruchten, diesen Betrüger so liebenswürdig gebildet? Sind das die Versprechungen, die du kurz zuvor mir gemacht hast? Sollen diese Verrätereien dein Gelübde bekräftigen? O Himmel, deine Bewegung ist unnütz, dein Einfluß ist blind, wenn du nicht deine Blitze schleuderst auf diesen Gottlosen, diesen Verräter, diesen Tempelschänder!«

Als Dercella diese Worte der Mutter hörte und sich von Assirdo hintergangen glaubte, erhob sie ein so lautes Geschrei, um ihren Schmerz auszudrücken, daß sie auch Geschöpfen ohne Verstand hätte Mitleid einflößen müssen. Sie sagte: »Warum, du Grausamer, die Einfalt, die Unschuld eines Mädchens verraten? Warum mich mit einem Verrat betrügen, der um so fluchwürdiger ist, je mehr er die Maske der Liebe trägt? Wo, wo, du Verruchter, hast du ein so unmenschliches Verfahren gelernt, ein Verfahren, das nicht einmal die Tiere befolgen, denen vom Himmel keine Vernunft zuteil geworden ist? Mutter, verzeih dieser Leidenschaft, die nicht daran dachte, mit ihrem Sinnentaumel das Recht der Natur zu kränken noch die Freuden derjenigen zu beeinträchtigen, die mir das Dasein gegeben hat!«

Sie hätte noch mehr gesprochen, wenn Assirdo, der bis dahin unbeweglich wie ein Stein geblieben war, sie nicht unterbrochen hätte mit den Worten: »Dercella, wer an meiner Treue zweifelt, der kann auch zweifeln, daß er lebe. Ich erkläre mich für den Eurigen und erbiete mich, das Zeugnis meiner Rede mit der Ehe zu bekräftigen, gegen die von meiner Seite keine Verzögerung stattfinden wird als diejenige, die Euerm Willen entspringt.«

Eudosias Unwille wuchs bei diesen Worten noch

mehr. Sie verdoppelte ihr Schreien und lief hinzu, um mit ihren Händen dem Verlangen ihrer eigenen Leidenschaft zu genügen. Der Tochter aber ließ die Liebe nicht so viel Geduld, daß sie Assirdo beschimpft sehen konnte, ohne ihn zu verteidigen. Sie schlug sich ins Mittel, um die Mutter zu beruhigen; da diese aber mit jedem Augenblick sich mehr ärgerte, war sie nahe daran, einem unsinnigen Entschlusse Raum zu geben, hätte nicht die unvermutete Ankunft des Grafen sie zurückgehalten und verstummen gemacht. Der Graf hatte einige Zeit ungeduldig auf die Rückkehr der Geliebten geharrt, da er sie aber nicht wiedererscheinen sah, das Zimmer verlassen, um sie zu suchen, nicht ohne Ahnung, diese Verzögerung möchte das Zeichen irgendwelchen Unfalls sein. Kaum hatte er das Geschrei gehört, das seinen Verdacht und seine Besorgnis gar sehr bekräftigte, als er plötzlich in das Zimmer eintrat, wo Eudosia mit Kratzen und Beißen ihre Wut und ihren Unwillen kühlte. Alle waren erstaunt über diese Erscheinung; dem Grafen aber standen die Haare zu Berge bei dem Anblick Assirdos. Da gewann Eudosia Zeit, ihn zu fragen, wie er in diesem Hause Zutritt gefunden habe. Er antwortete: »Auf Einladung Dercellas.«

»Das lügst du«, antwortete das Mädchen. »Kein Mann lebt außer Assirdo, der sich meiner Ehre oder meiner Liebe rühmen könnte.«

»Diese Lügen«, versetzte er, »sind aus dem Munde eines Mädchens keine Beleidigung, zumal da diese Schriftzüge Euch schuldig erklären.«

Bei diesen Worten zog er den Brief hervor und wollte ihn lesen, wurde aber von Assirdo unterbrochen, welcher sprach: »Treuloser Freund, mir gehört dieser Brief.«

»Allerdings«, fügte der Graf hinzu; »aber da Ihr Euch geweigert habt, hierherzukommen, habe ich Eure Stelle eingenommen und sie genossen unter dem Versprechen der Ehe.«

»Sonach«, antwortete Assirdo, »wird Dercella zwei Männer bekommen, da auch ich sie genossen habe unter demselben Versprechen.«

Eudosia merkte, daß sie getäuscht war, während sie täuschte, und da sie nicht wünschte, daß die Veröffentlichung dieser Vorfälle müßigen Kreisen zur Unterhaltung diene, sagte sie zum Grafen und zu Assirdo: »Ihr Herren, wenn Ihr mit ritterlichem Handeln Euer gegebenes Eheversprechen aufrechterhalten wollt, so bin ich bereit, zu veranstalten, daß jeder diejenige zur Frau bekommt, die er genossen hat.«

»Ich«, versetzte der Graf, »bestätige, was ich versprochen habe, und halte mich dadurch für geehrt.«

Dasselbe sagte Assirdo, wiewohl beide mit großem Ärger, da sie wußten, daß Dercella doch nur einem angehören könne. Das Wundern hörte aber auf, als Eudosia entdeckte, sie habe den Brief geschrieben und habe sich dem Grafen hingegeben in der Annahme, es sei Assirdo.

Da der Graf nun seinen Zweck, reich zu werden, erreicht hatte, machte er keinen Unterschied zwischen Mutter und Tochter und zeigte sich zufrieden, und so beschlossen sie die Hochzeiten, indem sie in allgemeiner Heiterkeit zu erkennen gaben, daß sinnliche Liebe, wofern sie nur das rechte Maß einhält, stets ein gutes Ziel erreichen wird.

GIOVANNI SAGREDO

DER PFIFFIGE DIEB

Ein pfiffiger Dieb betrat einen Gasthof in Padua, in dem mehrere Studenten wohnten. Er stieg zur Halle hinauf und stahl drei Mäntel der Genannten, die in einem Zimmer beim Spiel waren; er benutzte die günstige Gelegenheit, sie unbemerkt fortzutragen, bedeckte sie mit seinem eigenen Mantel und machte sich davon. An der Haustür traf er einen anderen Studenten, der von der Vorlesung kam. Als der ihn mit Mänteln beladen aus der Tür kommen sah, fragte er ihn, wohin er sie trage. Der junge Dieb antwortete geistesgegenwärtig: »Sie wurden mir von jenen Herren dort oben übergeben; denn da ich der Fleckenreiniger bin, haben sie mich beauftragt, sie in einen besseren Zustand zu versetzen und die Flecken zu entfernen.« – »In der Tat«, sagte der Student, »hat auch meiner, der fleckig ist, eine solche Behandlung nötig: nimm ihn und bring ihn mir bald mit den anderen zurück!« Jener nahm ihn und fügte ihn mit großem Vergnügen dem anderen Diebesgut hinzu.

DER SCHLAUE SCHÄFER

Ein Schäfer, den es gelüstete, den Zoll zu unterschlagen, der für die Tiere beim Eintritt in die Stadt Padua zu zahlen ist, beriet sich mit einem seiner Landsleute, der den gleichen Beruf hatte. Dieser riet ihm, er solle eines Morgens frühzeitig und sofort nach der Öffnung des Tores hineingehen, weil der Zollwächter bis dahin noch nicht aufgestanden sei und er ihn um den Zoll prellen könne. Genauso tat es der Schäfer; aber die Ausführung hatte nicht den glücklichen Ausgang, den der Ratgeber erwogen hatte. Denn der Zollwächter, der halb angekleidet am Fenster stand, bemerkte die Schafe, wie sie ohne Zoll hineinliefen, und ließ sie nicht nur verfolgen, sondern verklagte den Schäfer vor Gericht und verlangte, man solle wegen des Betrugs alle Schafe beschlagnahmen.

Durch diesen Mißerfolg betrübt, ging der Schäfer zu einem Doktor der Rechtswissenschaft, um sich Rat in der Angelegenheit zu holen, und bot ihm zwanzig Dukaten, wenn er ein Mittel finden würde, ihn selbst aus der Verlegenheit und seine Herde aus der Gefahr zu retten. Der Advokat dachte des langen darüber nach und sagte ihm, es gebe keinen anderen Ausweg, als sich blöde zu stellen; denn wenn der Stadtrichter an einen Gehirnschaden glauben und ihn bemitleiden würde, werde er ihm sein Vergehen leicht verzeihen.

Als nun der Schäfer vom Zollwächter vor das Stadtgericht gerufen und vom Richter gefragt wurde, ob er jener verwegene Bursche sei, der es gewagt habe, den Zoll zu betrügen, holte er aus seiner Tasche eine Flöte, hüpfte, tanzte, machte tausend alberne Bewegungen und spielte so gut den Verrückten und antwortete auf die ihm gestellten Fragen mit einer so natürlichen Dummheit, daß der Stadtrichter ihm die vorgespielte

Blödheit glaubte und trotz des Einspruchs des Zollwächters befahl, ihn und seine Schafe freizulassen.

Der Advokat, der ihm einen so guten Rat gegeben hatte, freute sich außerordentlich über den guten Ausgang. Um in den Genuß der ihm versprochenen zwanzig Dukaten zu gelangen, ging er dem Schäfer nach und forderte ihn auf, seiner Verpflichtung nachzukommen. Aber der Schäfer spielte, weiter hüpfend und tanzend, den Narren. Der Advokat ergriff ihn am Arm und sagte zu ihm: »Spiel nicht den Narren! Du weißt, daß ich dir diesen Rat gegeben habe und daß du deshalb die Schafe noch besitzt, die sonst verloren wären. Bezahle mich also und halte, was du mir versprochen hast.« Der Schäfer aber wiederholte seine Narrheiten schlimmer denn je und wandte sich, von viel Volk begleitet, zum Tor. Der betrogene Advokat dagegen blieb zurück, ohne die Hilfe des Stadtrichters in Anspruch nehmen zu können und ohne eine Entschädigung für seinen boshaften Rat bekommen zu haben. Der Schäfer hatte vor Gericht die Wirkung des Rates erprobt, den der Advokat ihm gegeben hatte, und bediente sich dessen nun gegen seinen Ratgeber. Er kehrte nach Hause zurück, ohne durch irgendein Urteil in seine Börse greifen zu müssen.

TOT ODER LEBEND?

Die Hugenotten hatten in einem französischen Dorf eine Kirche zerstört und einen heiligen Sebastian so mißhandelt, daß ihm der Kopf und ein Arm fehlten. Nach der Messe machte der Pfarrer der Gemeinde Vorwürfe, weil sie den Heiligen in diesem Zustand gelassen, und überredete sie, einen neuen in Auftrag zu ge-

ben. Der Gemeindevorsteher und andere Bauern gingen in die Stadt, fanden dort einen Bildhauer und bestellten bei ihm einen neuen heiligen Sebastian.
»Aus welchem Holz wollt ihr ihn?« fragte der Künstler.
»Aus dauerhaftem Holz«, antworteten sie, »damit wir ihn vergolden lassen können.«
»Wollt ihr, daß ich ihn mit vielen Pfeilen durchbohrt darstelle?«
Sie antworteten bejahend.
»Wollt ihr, daß ich ihn lebend oder tot darstelle?«
Diese Frage brachte die Bauern in Verlegenheit, und sie sahen einander hilflos an. Der erste sagte, er wisse es nicht. Der zweite meinte, man müsse zurückkehren, um den Priester zu fragen. Der dritte, der die anderen an Klugheit übertreffen wollte, obwohl er dümmer als sie war, erklärte: »Ich wundere mich, Brüder, daß ihr wegen dieses Zweifels ohne Ergebnis nach Haus gehen wollt.« Und an den Künstler gewandt, sagte er: »Macht ihn lebend; denn wenn der Priester oder die anderen aus der Gemeinde ihn lieber tot wollen, können sie ihn ja totschlagen.«

FRANCESCO REDI

DER BUCKLIGE VON PERETOLA

Ein Buckliger aus Peretola hatte gesehen, daß ein anderer Buckliger, sein Nachbar, nach einer Reise als schöner und wohlgestalteter Mensch ins Dorf zurückgekehrt war, nachdem man ihm liebenswürdigerweise den Buckel abgesägt hatte. Er fragte ihn, wer sein Arzt gewesen sei und in welchem Krankenhaus so schöne Kuren gemacht würden. Der gute Bucklige, der nicht mehr bucklig war, berichtete es ihm ganz genau: Auf der Reise verfehlte er eines Nachts den Weg und geriet nach langen Umwegen zufällig an den Noce di Benevento, um den sehr viele Hexen mit unendlich vielen Hexenmeistern und Teufeln fröhlich ein Tänzchen machten. Als er verstohlen stehengeblieben war, um dem Treiben dieses Tanzes zuzuschauen, wurde er, ich weiß nicht wie, von einer Hexe entdeckt. Sie forderte ihn zum Tanz auf, bei dem er sich mit so viel Anmut und Geschicklichkeit bewegte, daß alle darüber staunten und so begeistert waren, daß sie ihn keck in ihre Mitte nahmen, eine Säge aus Butter holen ließen und ihm damit ganz schmerzlos den Buckel absägen, mit einem Pflaster aus Marzipan sofort die Wunde heilten und ihn schön und geheilt nach Haus schickten.

Als der andere Bucklige aus Peretola das hörte, stellte er

sich dumm und sagte kein Wort. Aber am nächsten Tag brach er auf und suchte kreuz und quer jeden Winkel ab, bis er eines Nachts an den Ort des ersehnten Noce kam, wo mit allen möglichen sonderbaren Instrumenten jenes Gesindel von Hexen und Hexenmeistern gewöhnlich in Gesellschaft der Teufel, Teufelinnen und Gespenster tanzte. Ein Gespenst, oder vielleicht war es auch eine Teufelin, forderte ihn mit einer anmutigen Verbeugung zum Tanz auf; aber er benahm sich dabei so ungeschickt und zimperlich, daß er alle Teilnehmer des nächtlichen Hexentanzes enttäuschte und abstieß. Sie stellten sich um ihn herum, ließen in einem Becken jenen Buckel kommen, den sie dem ersten Bucklingen abgesägt hatten, und klebten ihn mit zähem Höllenpech auf seine Brust. So kehrte er, der gekommen war, um sich von seinem Buckel heilen zu lassen, voller Scham, hinten und vorn bucklig, in sein Dorf zurück.

LORENZO MAGALOTTI

DIE KATZEN
DES HERRN ANSALDO

Zur Zeit, als unser Amerigo Vespucci die Neue Welt entdeckte, lebte in unserer Stadt ein Kaufmann mit Namen Ansaldo degli Ormanni. Obgleich er sehr reich war, rüstete er dennoch, vielleicht begierig darauf, seinen Reichtum zu verdoppeln, ein sehr großes Schiff aus und begann, in den kürzlich entdeckten Ländern des Westens Handel zu treiben. Nachdem er jene Reise schon zwei- oder dreimal glücklich und mit riesigem Gewinn unternommen hatte, wollte er zum vierten Mal dorthin zurückkehren; aber kaum hatte er sich von Gade entfernt, als ein wütender Sturm aufkam und er viele Tage lang dahintrieb, ohne zu wissen, wohin. Aber das Glück war ihm so gewogen, daß es ihn auf einer Insel landen ließ, die man Canaria nennt.

Kaum war er dort angekommen, da wurde dem König jener Insel die Ankunft des Schiffes gemeldet, und er kam mit allen seinen Baronen zum Hafen. Er hieß Herrn Ansaldo herzlich willkommen und lud ihn in den Königspalast ein, um ihm zu zeigen, wie angenehm ihm sein Kommen sei. Dort wurde mit großer Pracht ein Gastmahl angerichtet, und der König nahm zusammen mit Herrn Ansaldo Platz. Dieser wunderte sich, als er viele junge Leute sah, die den König bedienten und wie

die Büßer lange Stöcke in den Händen hielten. Aber kaum waren die Speisen aufgetragen, als er sofort die Ursache eines solchen Dienstes erriet; denn viele und fette Mäuse kamen von allen Seiten und fielen über die leckeren Speisen her, daß man sich schier grauste. Die jungen Leute konnten nur mit großer Mühe Abhilfe mit ihren Stöcken schaffen und die Teller verteidigen, vor denen der König und Ansaldo aßen. Als dieser hörte und dann auch sah, welche unzählige Menge dieser schmutzigen Tiere es auf der Insel gab und daß man keinen Weg gefunden hatte, sie zu vertilgen, versuchte er, sich mit dem König durch Zeichen zu verständigen und gab ihm zu verstehen, daß er ihm ein Mittel geben wolle, durch das sein Land von solchen Tieren gesäubert werden würde. Er lief sofort zum Schiff, nahm zwei sehr schöne Katzen, eine männliche und eine weibliche, und brachte sie dem König. Dann ließ er noch einmal die Tafel anrichten. Sobald der Duft der Speisen sich auszubreiten begann, kam sofort die gewohnte Prozession. Als aber die Katzen diese sahen, begannen sie so tüchtig zu scharmützeln, daß sie in ganz kurzer Zeit ein großes Gemetzel angerichtet hatten. Der König, darüber sehr froh, wollte Herrn Ansaldos Gefälligkeit mit reichen Geschenken vergelten und ließ viele Säcke voll Perlen, Gold, Silber und anderer sehr kostbarer Steine herbeitragen und schenkte sie Herrn Ansaldo. Dieser meinte, für seine Ware einen sehr hohen Preis erhalten zu haben, hißte, ohne noch weiter westlich Geschäfte machen zu wollen, die Segel und kehrte reich nach Hause zurück.
Dort erzählte er mehrmals im Freundeskreis, was ihm beim König von Canaria widerfahren war. Das brachte einen von ihnen, namens Giocondo de' Fifani, zu dem Entschluß, nach Canaria zu segeln, um dort ebenfalls

sein Glück zu versuchen. Darum verkaufte er eine Besitzung, die er im Val d'Elsa hatte, und kaufte von dem Erlös viele Juwelen, Ringe und Gürtel von hohem Wert. Da er fürchtete, er könne wegen seines Entschlusses getadelt werden, verbreitete er das Gerücht, er wolle ins Heilige Land ziehen. Er machte sich auf den Weg nach Gade, wo er sich einschiffte, gelangte nach Canaria und übergab jene Schätze dem König; denn nach dem Prinzip ›soundso viel bringt soundso viel ein‹ errechnete er: Wenn Herr Ansaldo für ein Paar Katzen so reich beschenkt wurde, wie groß wird dann erst das Geschenk sein, das mir als gerechte Belohnung zukommt? Aber der arme Mann täuschte sich; denn der König von Canaria, der Giocondos Geschenke sehr hoch schätzte, glaubte sie nicht anders erwidern zu können als mit einer Katze. Er ließ daher ein sehr schönes Kätzchen, ein Junges der Katzen des Herrn Ansaldo, holen und schenkte es ihm. Giocondo fühlte sich verspottet und kehrte als ganz armer Mann nach Florenz zurück. Immer wieder verfluchte er den König von Canaria, die Mäuse, Herrn Ansaldo und seine Katzen; aber er hatte damit unrecht, denn der gute König hatte ihm mit der Katze das Wertvollste, was sein Land zu bieten hatte, gegeben.

GASPARO GOZZI

DIE VERTAUSCHTEN FRAUEN

In London lebte einst ein rechtschaffener und reicher Mann namens Johann, und der nahm zur Frau das wildeste und grillenhafteste Weib, das je gelebt hat. Und damit ihr nichts fehle, um im Hause ihres Gatten nach ihrer Weise wirtschaften zu können, brachte sie ihm auch noch eine starke und reiche Mitgift mit. In wenigen Tagen wurde die Familie, die früher unter der Herrschaft Johanns eine Wohnstatt der Zufriedenheit schien, kaum war die Neuvermählte in das Haus eingetreten, eine Hölle, und nicht ein Weib, sondern hunderttausend Teufel schienen hier ihren Wohnsitz aufgeschlagen zu haben. Sie war über alle Begriffe stolz, mürrisch, widerwärtig in allen Dingen und so mißlaunisch in allem, was sie sagte oder tat, daß Knechte und Mägde darüber in Verzweiflung gerieten. Und überdies: zu den groben und pöbelhaften Schimpfreden, die sie gegen sie ausstieß, nahm sie auch oft noch die Hände zu Hilfe, teilte Hiebe und Faustschläge aus und schleuderte ihnen, je nach Umständen, einen Teller, eine Tasse oder dergleichen ins Gesicht; sie bedachte nicht, daß der wahre Adel weder auf Geburt noch auf Reichtum beruht, und wollte ihre Herrschaft darin zeigen, daß sie ihre Diener wie Sklaven behandelte. Wiewohl

Johann sie oft darüber tadelte und mit freundlichem und mildem Betragen zur Erkenntnis ihres Irrtums zu bringen suchte, war es doch immer dasselbe, als hätte er gar nichts gesagt. Ja, manchmal trat sie ihm sogar, mit trotzigem Gesichte und die Hände in die Seiten gestemmt, entgegen, hielt ihm das schöne Heiratsgut vor, das sie ihm mitgebracht, und fragte ihn, ob er beabsichtige, sie einem Trupp Vieh und einem Galeerenpöbel unterzuordnen; er sei ein Einfaltspinsel, ein Tropf, der sich von jedermann an der Nase herumführen lasse; ihre Absicht sei, zu machen, daß ihre Angelegenheiten nach ihren Wünschen, und wie sich's gehöre, gingen. Der arme Mann zuckte die Achseln, bat seine Diener, Geduld zu haben, indem er ihnen bemerklich machte, wieviel Geduld er selber habe; und um nicht ganz verrückt zu werden, ging er oft aus dem Hause, brachte seine Zeit unter seinen Freunden hin und verwünschte den Augenblick, wo er sich diese Schlange an den Busen genommen.

Eines Tages begab es sich, daß sie in Gesellschaft ihres Mannes auf ein nicht weit von der Stadt gelegenes kleines Gut ging; ihre Diener waren in der Stadt zurückgeblieben und wollten sich einige ruhige Zeit gönnen. Sie machten sich einen Salat zurecht, holten Bier herbei und wollten sich so gütlich tun. Zu ihrer Mahlzeit hatten sie auch zufällig einen gewissen Schuhmacher namens Thaddäus eingeladen, von dessen Eigenschaften ich zum völligen Verständnis der Geschichte notwendig etwas vorausschicken muß.

Er war ein Mann von der heitersten Laune, und wenn er ein Schlückchen getrunken hatte, so sang er auch gar zierlich einige Liederchen, die der Gesellschaft, bei der er sich befand, nicht geringes Vergnügen bereiteten, und deshalb war er von allen Leuten gern gesehen. Sosehr er nun aber gegen jedermann sich freundlich zeigte, so war er doch nicht gleich artig gegen Vevchen, sein Weib, ein junges und so gutmütiges Geschöpf, daß es nicht weiter sah und dachte, als Thaddäus ihr befahl. Trotzdem brummte er häufig mit ihr und gab ihr wohl auch Püffe, so daß das unglückliche Vevchen ein recht trauriges Leben bei ihm führte. Wie dem nun auch sei, Thaddäus feierte nun bei Tische mit den Dienern Johanns, auch hatten sie einen Blinden eingeladen, der sehr gut auf der Geige spielte. Nachdem sie nun im Chor viele Lieder gesungen hatten und mit dem Essen fertig waren, machten sie einen Rundtanz, mit einer Freude und Heiterkeit, daß es eine Lust gewesen war, ihnen zuzusehen. Sei es aber, daß sie nicht gehörig auf die Uhr achthatten oder daß die Gebieterin vor der bezeichneten Stunde wiederkam, kurz, sie überraschte sie auf der Tat, und es fehlte wenig, so hätte sie sie alle, so viele ihrer waren, umgebracht, so sehr geriet sie in Wut. Sie schalt alle gehörig aus, versetzte dem einen eine Maulschelle, dem andern einen Fausthieb, wie es ihre Art war, lief hinter Thaddäus her, schlug auf dem Kopf des Blinden die Geige in Stücke und machte einen Lärm, daß man glaubte, die Welt gehe unter. Ihr Mann wandte alle freundlichen Ermahnungen an, die er wußte; als er aber sah, daß es ihm nichts nützte, beschloß er bei sich, sie am folgenden Tage nach Hause zu schicken und sich diesen Tiger vom Halse zu schaffen.

Während er nun darüber nachdachte und seinen Entschluß im stillen zur Reife kommen ließ, war es schon finstere Nacht geworden, und es regnete, als sich bei Johann und seiner Frau ein Mann meldete, der nicht weit von ihnen entfernt wohnte und der von jedermann wegen seiner Gelehrsamkeit geachtet wurde, da er ein bißchen den Wahrsager spielte und aus den Kalendern sehr geschickt die Zukunft prophezeite. Niemand wußte aber, daß er auch ein Zauberer war und mit seiner Kunst Wunderdinge ausrichtete, wiewohl er nur selten sich ihrer bediente und nur in der Absicht, seinen Freunden damit zu nützen, ja, zuweilen auch mehr nur zum Scherze. Dieser Mann also kam zu Johann und seinem Weibe und fing an, sie freundlich zu bitten, ihn diesen Abend zu beherbergen, denn da die Nacht sehr finster und regnerisch und ihm noch ein gutes Stück Weges übrigblieb, um nach Hause zu gelangen, wußte er nicht, ob er es wagen sollte, und fürchtete sehr, den Hals zu brechen. Kaum hatte Johann das Anliegen des Wahrsagers vernommen, der ein höflicher und freundlicher Mann war, so sagte er zu ihm: »Du hast recht; bleib nur heute nacht bei uns und geh morgen deines Weges weiter!«

»Was?« rief nun das Weib. »Er soll zur Hölle fahren. Und wenn du nicht im Regen und in der Finsternis heimgehen willst, so bleib über Nacht auf der Straße! In meinem Hause sollst du dich auch nicht einen Augenblick aufhalten. Hinaus zur Türe, hinaus, sofort!«

Als der Doktor (denn so hieß man ihn) diese Roheiten hörte, zuckte er die Achseln, ging hinweg, schwur aber, sich zu rächen. Nicht weit von dort klopfte er an Vevchens Tür und wollte Thaddäus bitten, ihn, so gut es möglich sei, die Nacht über zu beherbergen. Thaddäus war noch nicht heimgekehrt, seit ihn die Wut von Johanns Frau in die Flucht getrieben hatte, sondern hatte sich seither in einem Stalle aufgehalten, wo er viel Zeit in Gesellschaft eines Kochs damit verbrachte, über die Hausfrau loszuziehen und sich noch die Kehle mit einem Kruge Bier zu netzen, den sie in dem Augenblick des wütenden Ausbruchs mitgenommen hatten. Als nun der Doktor das Vevchen allein fand, machte er ihr seine Empfehlung, und sie, die wußte, daß Thaddäus ihn kannte, bewirtete ihn so anständig, als sie konnte, und setzte sich mit ihm zu Tische, da sie auf ihren Mann nicht wartete; denn da er auswärts eingeladen war, hatte er zu ihr gesagt, sie möge diesen Abend allein speisen, sobald es ihr gelegen sei, und hatte ihr ein paar Kreuzerchen zurückgelassen, weshalb sie, wie ihr schien, trotz ihrer Armut im Überflusse schwelgen konnte. Als nun der Doktor mit ihr aß, fingen sie an, von den großen Vorzügen des Wahrsagens zu reden; nach und nach kam er darauf, daß er Vevchen bat, ihn ihre Hand sehen zu lassen; sie zeigte sie ihm, der Doktor studierte die Linien und sprach folgendermaßen zu ihr: »Liebes Vevchen, ich bin gerade zurechtgekommen, denn morgen wird dir ein großes Glück zuteil. Denk dir nur, du wirst bald nicht mehr in dieser rauchigen Hütte sein, sondern in einem der reichsten Paläste in London, wo man dich feiern wird wie eine Königin. Die armseligen Lumpen, die du anhast, werden sich in reiche, vornehme Kleider verwandeln; du wirst nimmermehr spinnen noch unter den Schlägen deines Mannes leiden, sondern Lakaien und Kammerfrauen um dich haben, denen du gebieten kannst, und eine Kutsche, um wie eine Edelfrau umherzufahren. Und willst du noch mehr? Du sollst außer dem allem einen der reichsten und artigsten Männer bekommen, die es gibt, und die reichste und glücklichste Frau werden, die auf Erden lebt. Nur mahne ich dich, wenn du deinen Stand wechselst, so nimm auch, soviel du kannst, adeliges Betragen an! Wisse dich edlen Sitten anzuschmiegen, daß man in dir nicht mehr das arme Vevchen erkennt, das du jetzt bist; denn sonst würde dir in einem Augenblick dein ganzes Glück zunichte.«

Vevchen lauschte den Worten des Doktors mit offenem Munde und war versucht, ihm nicht zu glauben. Allein er erriet so viele vergangene Dinge, die bis jetzt ganz geheim und nur ihr und Thaddäus bekannt waren, daß sie ihm am Ende Glauben schenkte und ihr eine solche Wonne ins Herz einkehrte, die ihr den Atem stocken ließ, und ihr war zumute, als schwimme sie in Gold und Seide und befehle mit Zepter einer Schar von Dienern.

Thaddäus hatte sich endlich von der Gesellschaft des Kochs losgemacht, kehrte nach Hause zurück und langte dort an, als eben seine Frau auf dem Gipfel der Wonne stand. Als sie ihn erblickte, schien sie fast von Sinnen, stand auf, lief ihm entgegen und erzählte in wenigen verwirrten Worten, in kurzem werde sie mehr sein als eine Königin, und machte ihm den Kopf voll von Geld, Kleidern und Livreen und verschwieg ihm nur den neuen Mann, der vielleicht in der Reihe der ersehnten Tröstungen bei ihr nicht zuhinterst stand. Thaddäus war halb außer sich und fast rasend, da er den Doktor allein bei Vevchen fand, und wenig fehlte, so hätte er auf der Stelle ihr mit einem tüchtigen Knüttel den Takt zu ihrer Melodie auf den Rücken geschlagen. Doch faßte er sich in Geduld, bot dem Gast einen mürrischen Gruß und fragte Vevchen, ob sie besoffen sei und was all das törichte Zeug bedeute, das sie hier rede. Da wandte sich der Doktor zu Thaddäus, erzählte ihm, wie er von der Gattin Johanns vertrieben worden sei und sich nun an seine Tür geflüchtet habe; er habe Vevchen ein großes Glück vorhergesagt, und darüber sei sie, wie er sehe, vergnügt; dann bat er ihn, gleichfalls seine Zustimmung zu geben, daß er heute nacht ein Unterkommen behalte in ihrem Häuschen, des anderen Morgens wolle er sich bei bester Zeit auf den Weg machen. Als Thaddäus den verhaßten Namen von Johanns Weib hörte, geriet er in solchen Zorn, daß er alles andere, ja sogar seinen Argwohn gegen Vevchen und den Doktor vergaß, und nachdem er sich über den Stolz und die Halsstarrigkeit von Johanns Weib stark ausgelassen hatte, nahm er den Sterndeuter so gut wie möglich auf und gewährte ihm Unterkunft.

Der Doktor aber schlief nicht, sondern sann eifrig, wie er Johanns Weib eine Züchtigung erteilen könnte, um sie zur Besinnung zu bringen über so schlecht geübte Gastfreundschaft, und wie er andererseits Vevchen belohnen könnte für die freundliche Aufnahme, die er bei ihr genossen. Vor Tagesanbruch stand er auf, begab sich an einen einsamen Ort und wandte seine Kunst an, indem er einige Geister zwang, die Frau Johanns und Vevchen plötzlich gegeneinander zu vertauschen. Der Himmel verdunkelte sich, es entstand ein heftiges Getöse von Donner und Blitz, daß es war, als stehe das Firmament in Flammen, und das Ende war, daß Johanns Weib dem Aussehen nach in Vevchen verwandelt wurde, ihrem Gemüte nach aber sie selbst blieb; so ward sie schlafend in das Haus und auf das Bett oder vielmehr die Pritsche des Thaddäus gelegt; Vevchen dagegen mit dem Äußern von Johanns Weib wurde gleichfalls schlafend in Johanns Palast gebracht und daselbst in ein weiches, breites Bett und in ein königliches Gemach niedergelegt.

Thaddäus war schon aufgestanden, zum Teil aufgeweckt vom Krachen des Donners, zum Teil getrieben von dem Bedürfnis, zu arbeiten. Er öffnete daher das Fensterchen seiner Kammer und schickte sich an, auf seiner kleinen Bank ein Paar Pantoffeln fertigzumachen. Er wollte für jetzt sein vermeintliches Vevchen nicht aufwecken; denn er meinte, sie habe am vorigen

Abend zuviel getrunken und müsse nun den Bierdampf ausschlafen. Er nahm also Draht und Ahle in die Hand, fing an zu bohren und durchzuziehen und von Zeit zu Zeit mit dem Hammer auf die Sohlen und sein Nähwerk zu klopfen, um sein Werk zu festigen, und sang zu seiner Erholung für sich ein Liedchen, bis der Lärm das vermeintliche Vevchen aufweckte. Sie war nur erst halb wach und hatte keine Ahnung davon, nicht in ihrem eigenen Zimmer zu sein, und fing daher an, mit noch geschlossenen Augen zu rufen und zu schreien: »Was ist das für ein verwünschtes Zeug? Wer lärmt hier so? Welche Unverschämtheit! Wer hat die Verwegenheit, um diese Stunde so nahe an meinem Gemache zu singen und mich aufzuwecken? Ist das die Achtung, die man vor Damen hat? Aber ich will nicht mehr ich selbst sein, wenn ich nicht dem Esel Kopf und Beine zerschlagen lasse, der schon mit Tagesanbruch sein Geschrei erhebt. Ich will ihm die Ohren stutzen.«

»Gut«, sagte Thaddäus lachend, »sie glaubt schon das geworden zu sein, was der Sterndeuter ihr vorausgesagt hat, und faselt.«

Damit sang er weiter. Die Frau schlägt die Augen auf und erblickt Thaddäus. Voll Wut ruft sie alle ihre Diener beim Namen, aber keiner gibt Antwort. Sie blickt im Zimmer umher und sieht ein wahres Mäuseloch; sie sieht auf die Leinwand und findet sie vom gröbsten Trilch. Sie weiß nicht, was das bedeutet, und beginnt voll Verwunderung und Wut, Thaddäus zu schmähen, indem sie behauptet, er habe vielleicht gemeinschaftlich mit Johann die Sache so ausgesponnen, um sie zu demütigen, sie sei aber eine vornehme Frau und kümmere sich nicht darum; denn sie werde sich bald an ihrem Gatten rächen und den Schuster an den Galgen bringen. Bei dem Worte Galgen geriet Thaddäus auch in

Zorn, er verlor seine Geduld, nannte sie eine Närrin, eine Säuferin und noch Schlimmeres, ja, er fing an, sie zu bedrohen: Wenn sie nicht sogleich aufstehe, werde er zum Stocke greifen und sich versucht fühlen, sie auf diese Weise von ihrer Narrheit zu heilen. Sie gab ihm eine böse Antwort, so daß Thaddäus genötigt war, seine Fäuste zu gebrauchen. Nun half ihr nichts mehr. Sie schwieg, um nur loszukommen, zog voll Staunen und Wut Vevchens Rock und Mieder an und setzte sich ganz verzweifelt auf einen wackligen Strohstuhl nieder. Thaddäus wollte aber nicht leiden, daß sie müßig dasaß; sie fing von neuem an zu knurren, er reichte ihr den Spinnrocken, sie aber warf ihn zu Boden. Thaddäus schlug sie abermals und sprach: »Meinst du, die Weissagungen eines Sterndeuters haben dich zur Königin gemacht? Noch gestern und deine Lebtage warst du ein armes Weibsstück, dazu bestimmt, dich zu placken bis an dein Ende. Spinn sogleich, sonst will ich dir zeigen, wer du bist und was dein Königreich bedeutet, du Lumpenkönigin! Ich weiß nicht, was mich abhält, dich alsbald so durchzuwalken, daß du einsiehst, daß man dem gehorchen muß, der die Hosen trägt. Spinn, verdammtes Weib, sonst geht mir die Geduld aus.«

Diese letzten Worte sprach Thaddäus mit so zornigem Blicke und einer so eindringlichen Stimme, daß das neue Vevchen wie Espenlaub zitterte und vor Angst und Ärger anfing zu spinnen, so gut sie konnte; denn diese Arbeit war ihr sehr ungewohnt, und gewiß hatte sie sie in ihrem Leben nie versucht.

Während dies nun im Hause des Thaddäus vorging, erwachte in Johanns Palaste auch Vevchen und begann, vor sich hin zu sprechen: »Ach, welchen schönen, süßen Traum habe ich heute nacht geträumt! Es war mir, als sei ich aus dieser Welt entrückt und in ein Bett von Rosen und Veilchen gebracht mit dem schönsten Gatten zur Seite, den man jemals sah.« Wir bemerken zum Frommen der Sittsamkeit der Geschichte, daß Johann, aus Ärger über die schlechte Aufführung seiner Frau, sich für diese Nacht in ein anderes Zimmer gelegt hatte.

»Aber wo bin ich denn?« fuhr Vevchen fort. »Kein Frühlingsgarten kommt der Augenweide gleich, die ich sehe. Bin ich in einem Bette? Wahrhaftig, und das Bettzeug ist von Damast. Es gibt keine feinere, weichere Leinwand. Ich träume, aber ich wollte, ich erwachte nicht wieder. Ich sehe, daß ich tot bin und in einer anderen Welt lebe.«

So sprach Vevchen, und ohne zu wissen, was sie tat, ergriff sie die Glockenschnur und zog zufällig daran. Da kam eine Kammerfrau, voll Angst, wie gewöhnlich von der verwünschten Gebieterin einen tüchtigen Verweis zu empfangen, auf den Zehenspitzen herein und stellte sich vor das Bett, fast kaum zu atmen wagend. Als Vevchen sie so schön gekleidet erblickte, bot sie ihr den allerfreundlichsten Gruß, worüber die Kammerfrau vor Freuden fast außer sich geriet und sie fragte, was sie diesen Morgen für ein Kleid anziehen wolle. Vevchen war in großer Verlegenheit, erinnerte sich aber, daß der Wahrsager ihr eingeschärft hatte, sich wie eine vornehme Frau zu betragen, und da sie nicht wußte, was sie verlangen sollte, sagte sie, sie wolle das nämliche, das sie gestern getragen habe. So ward sie denn in ihrer Weise gekleidet, war aber so verwundert, daß sie gar nicht wußte, wo sie stand. Gar schön war es auch, daß eine zweite Kammerfrau eintrat und der ersten sagte, die Schokolade für die Herrin sei bereit. Da besann sich Vevchen, was wohl Schokolade für ein Ding sein möge, sie kam endlich auf den Gedanken, es sei etwa ein Hut, und sagte: »Wohlan, setzt mir ihn auf!«

Nachdem sie aber gehört hatte, sie sei in die Tasse eingeschenkt und sie sei ein Getränk, verbesserte sie sich dahin: »Ich wollte sagen, ihr sollt mir sie auf den Tisch setzen, dann will ich sie gleich nachher trinken.«
Die zwei Kammerfrauen verbreiteten sogleich in der ganzen Hausgenossenschaft, ihre Gebieterin sei gar nicht mehr zu erkennen, sie sei wie ein Lamm geworden, so daß alle Diener sie sehen wollten; und während sie zuvor ihr aus dem Wege liefen wie vor einem Feuer, war es jetzt, als könne sich keiner mehr von ihr losmachen. Dadurch entstand denn im Hause eine Freude, wie wenn die Hochzeit an dem Tage gefeiert wurde. –
Die größte Zufriedenheit und Beruhigung aber fühlte Johann, als er von seinen Dienern die große Umwandlung vernahm, die in dem Gemüte seiner Gattin vorgegangen war. Er ging daher in ihr Zimmer, um sie zu besuchen und das große Wunder zu sehen. Vevchen war ebenso neugierig, unter den Glücksgütern, die ihr der Wahrsager prophezeit hatte, auch den neuen Gemahl zu sehen, als ihr von einem Diener seine Ankunft gemeldet wurde. Ich kann euch versichern, daß dem armen Weibchen das Herz wie einer Turteltaube pochte und noch mehr, als sie einen so schönen und feinen jungen Mann vor sich treten sah. Sie wußte nicht mehr, was sie sagen oder tun sollte. Sie wurde in einem Augenblick blaß und rot und wechselte in allen Farben. Johann äußerte seine Freude gegen sie, von der ganzen Dienerschaft gehört zu haben, wie gütig und freundlich sie sei. Sie versicherte ihrerseits, sie werde ihm in jeder Hinsicht gehorsam sein, küßte ihm die Hand und sank vor ihm auf die Knie. Johann weinte vor Rührung, und allen Umstehenden traten Tränen in die Augen, als das vermeintliche Vevchen, das die Wut und Schläge des Thaddäus nicht länger aushalten konnte, ihm entfloh

und sich laufend nach Johanns Haus auf den Weg machte, wo sie gerade in dem Augenblick ankam, als die Beglückungsszene vorfiel. Die erste unter allen, die sie erblickte, war Vevchen, und sie kam fast von Sinnen, als sie sah, daß sie es selbst war und daß alle ihr den Hof machten wie ihrer Gebieterin. Aber während sie so staunte und nichts zu sagen wußte, fragten sie alle: »Was heißt das, Vevchen? Welcher günstige Wind führt dich hierher?«

In demselben Augenblick trat auch Thaddäus ein, und das wahre Vevchen, in Besorgnis, von ihm geschlagen zu werden, trat entsetzt ein paar Schritte rückwärts. Thaddäus aber bat Johann und dessen vermeintliche Gemahlin um Verzeihung und erzählte ihnen, sein Vevchen sei verrückt geworden durch die Worte eines Wahrsagers und halte sich nun für eine vornehme Frau; ja, sie meine, sie sei Johanns Gemahlin, und sei zu ihm geflohen. Johann ersuchte ihn, sie gut zu pflegen und sie barmherzig zu behandeln; denn vielleicht sei sie von dieser Krankheit noch zu heilen; Thaddäus aber sagte, es gebe kein anderes Mittel als den Stock. Die beiden Frauen standen ganz betreten da und wußten nicht, was sie sagen und was sie tun sollten, als der Doktor oder Sterndeuter oder Schwarzkünstler, oder wie wir ihn heißen wollen, herein- und vor Johann hintrat, ihn um Verzeihung bat für seine Keckheit und ihm erklärte, was er in dieser Sache getan habe und wie alles geschehen sei, um seine Frau zu züchtigen und ihr Unrecht ihr zum Bewußtsein zu bringen. Er bedrohte sie dabei, er würde sie in noch Schlimmeres als ein Vevchen verwandeln, wenn sie ihre Lebensweise nicht ändere, und machte andererseits darauf aufmerksam, daß er den Augenblick seiner Wirksamkeit wahrgenommen habe, daß Thaddäus während des Tausches schon das Bett verlassen und Johann die ganze Nacht in einem anderen Zimmer zugebracht habe. Das vermeintliche Vevchen begann darauf laut zu weinen und Johann für ihr früheres hochfahrendes Wesen um Verzeihung zu bitten; das wahre Vevchen aber hätte in der Tat dem Sterndeuter gern die Augen aus dem Kopfe gerissen, daß er ihr ihr Glück nur auf so kurze Zeit verschafft hatte. Der Doktor stellte nun durch seine Zaubermittel den beiden Frauen ihr natürliches Äußeres wieder her, und Johann machte dem Thaddäus ein Geschenk von fünfhundert Talern, wodurch dieser ein sehr reicher Schuster wurde; und da ihm fürder nicht mehr die Armut Kopf und Herz in Beschlag nahm, liebte er Vevchen zärtlich und ließ den Stock ruhen.

WEINSELIGE SPÄSSE

Wenn einer unterwegs müde ist oder keine Lust hat, weiterzugehen, wäre es doch eine schöne Sache, wenn er nicht unbedingt bis zu seinem Hause zu gehen brauchte, sondern alle Häuser allen gehören würden. Nun, wird man sagen, du kannst ja in eine Schenke oder ein Wirtshaus gehen. Das stimmt, aber dort muß man Geld ausgeben. Wäre es nicht ein schöner Brauch, wenn ich die Miete für ein Haus bezahlte und dieses auch für einen anderen verfügbar wäre, während das Haus eines anderen, das von ihm bezahlt würde, auch mir nützen würde, je nach Gelegenheit oder Bedarf und nach den Geschäften, denen man heute in dieser, morgen in jener Gegend nachzugehen hat?
Dieser Gedanke kam mir in den Sinn, als ich hörte, was am Sonntag abend ein rechtschaffener Mann tat, der, in einer gewissen Nachtstunde, den Kopf voll vom Nebel

des Weins und schläfrig wie ein Dachs, sich an die Mauern stützend, im Zickzack dahinging. Er sah und fühlte tastend eine Tür, trat ein und stieg, so gut er konnte, eine Treppe hinauf, ging in ein Zimmer, fand ein Bett, und ohne nachzusehen, ob es das seinige war, entkleidete er sich bis aufs Hemd, legte sich zwischen die Laken und begann nach Herzenslust zu schnarchen. Inzwischen hatte eine Dame, die in diesem Hause wohnte, zwei Kindern das Abendessen gegeben, das Licht genommen und sie ermahnt, in der Nacht brav zu sein. Sie ging ganz leise hinauf, um sie gerade in jenem Zimmer zu Bett zu bringen, in dem der Mann, der sich dort ausgestreckt hatte, ohne jeden Argwohn schlief. Die Dame trat ein, sah das Bett besetzt, stieß einen lauten Schrei aus und verließ das Zimmer – alles im gleichen Augenblick. Sie geht zum Fenster und schreit um Hilfe. Die Kinder weinen wie verzweifelt. Die ganze Nachbarschaft stürzt herbei: »Was ist los? Was hat das zu bedeuten? Schnell, holt Waffen, Spieße, Flinten!« Sie laufen zu der Tür der Frau und kommen in Scharen die Treppe hinauf. Als sie hören, daß ein Mann im Zimmer ist, beratschlagen sie, wer vorangehen soll; schließlich stecken zwei von ihnen ganz vorsichtig den Kopf hinein, und als sie sehen, daß der Mann schläft, laufen sie hin und schreien: »Du bist des Todes«, aber er schnarcht als Antwort. Da folgen alle und lärmen und kreischen, um den Schläfer zu wecken. Aber nichts desgleichen; er schläft weiter. Der eine faßt ihn an den Händen, der andere an den Armen, der eine schüttelt ihn auf dieser, der andere auf jener Seite. Er brummt ein wenig, gähnt ein paarmal, aber hält die Augen geschlossen. Inzwischen kommt der Gatte der Frau heim, und nachdem er dort ein ganzes Heer von Leuten vorfindet und den Fall hört, den ihm alle auf einmal erzählen, nähert er sich dem Bett und erkennt den Mann. Er kennt dessen Gewohnheit und sagt: »Ihr glaubt, hier mit einem Menschen aus Fleisch und Knochen zu tun zu haben, aber er besteht aus Dauben und Reifen: ergreift ihn bitte und macht mir das Bett frei.« – »Was sollen wir tun, wohin sollen wir ihn bringen?« fragen die Umstehenden. »In einen Lagerraum im Erdgeschoß«, antwortet der Hausherr. Sie bringen also eine Matratze in den Lagerraum, und vier der stärksten und kräftigsten Männer nehmen den Schläfer, nicht ohne daß fünf oder sechs mit einer Hand helfen, tragen ihn wie einen nassen Sack hinunter und laden ihn dort ab, wo er bleiben soll, so daß man nicht weiß, was Matratze und was Mann ist, denn beide liegen gleich leblos da. Lachend lehnen sie die Tür an, und jeder geht seines Wegs. Sie gehen schlafen, und es vergeht die Nacht und noch die Hälfte des folgenden Tages, bis er die Augen öffnet. Als es dem Himmel gefällt, erwacht er und weiß nicht, wo er ist. Das erfuhr er erst, als der Hausherr, der ihn kannte, ihm lachend berichtete, was vorgefallen war; und als man ihn fragte, wie er das fertiggebracht habe, antwortete er, er habe jenes Haus für sein eigenes gehalten und Tür, Treppe, Zimmer und Bett wie in dem seinigen gefunden. Und das war Entschuldigung genug.

Im Kapitel über die Säufer liest man, daß zwei Freunde, die voll des Weines schlafen gegangen waren, am nächsten Abend gegen elf aufwachten. Der eine sagte zum anderen: »Ich glaube, es ist spät, geh und öffne das Fenster.« Der Gefährte ging und sagte: »Man sieht noch kein Licht«, und er hatte recht; denn statt eines Fensters hatte er einen Schrank geöffnet. So schliefen sie den Rest des Tages, die folgende Nacht und noch einen guten Teil des dritten Tages weiter.

MICHELE COLOMBO

DER MÖNCH ALS ESEL

In vielen Gegenden Italiens sah man in früheren Zeiten auf dem Gipfel eines entlegenen Hügels eine einsame Hütte errichtet, die man Einsiedelei nannte. Man sieht solche zuweilen noch heutzutage, doch sind sie sehr selten geworden. Diese Hütten waren entweder von einem oder von zwei, höchstens drei Männern bewohnt, die dort ein einsames Leben führten und ihren Unterhalt durch Almosen erwarben, die sie von Woche zu Woche in den umliegenden Dörfern und in den benachbarten Städten einsammelten. Sie bekannten sich zu keiner Ordensregel, wiewohl sie Mönchskleider trugen, sondern hielten sich, wie Sankt Benedikt sich ausdrückt, nach ihrer Phantasie, indem sie für gut und heilig erklärten, was mit ihren Wünschen übereinstimmte, und für unerlaubt erachteten, was ihnen nicht behagte. Manche von ihnen lebten allerdings untadelhaft in ihren Einsiedeleien; deren Zahl aber war gering.

In der Treviser Mark lebte vor nicht gar langer Zeit in einer solchen Einsiedelei ein ehrwürdiger Greis, der sich zurückgezogen hatte, um Buße zu tun für seine jugendlichen Verfehlungen, und ganz allein daselbst wohl fünfzig Jahre hingebracht hatte in langen Entsagungen und fortwährender Selbstpeinigung. Weil er aber in seinen gebrechlichen Tagen fremden Schutzes bedurfte, entschloß er sich, in seine ärmliche Wohnung zwei andere Eremiten aufzunehmen, von denen einer Teodelindo, der andere Arsenio hieß. Teodelindo war ein allerliebstes Eremitchen und gewann sich durch die Holdseligkeit seines Wesens alle Herzen und erhielt von jedem, was er wollte. Der andere Eremit war ein lebenslustiger, heiterer Spaßvogel, dessen Kopf voll Schnurren und wunderlicher Einfälle steckte; er überlistete die Leute und brachte sie dahin, ihm seine Wünsche zu erfüllen, ohne daß sie es nur merkten. Die beiden lustigen Brüder durchzogen die Umgegend an bestimmten Tagen, um Brot, Wein und alles, was ihnen sonst vonnöten war, zu erbetteln, und ich kann versichern, daß sie mit guter Ernte in ihre Einsiedelei zurückkamen.

Eines Tages begab es sich unter anderem, daß die zwei Einsiedler, die nach ihrer Gewohnheit Almosen bettelnd durch das Land gezogen waren, gegen Abend die Schritte nach ihrer Behausung zurücklenkten; da erblickten sie einen an einen Baum gebundenen Esel, der von niemandem bewacht war. Er gehörte einem armen Landmann jener Gegend, namens Gianni, der, um sich und seine kleine Familie zu erhalten, ein kleines Gütchen bewirtschaftete. Alle Zeit, die er erübrigte, brachte er in einem nahe gelegenen Wäldchen zu, woselbst er sich mit Holzvorräten versah. Er belud damit seinen Esel und führte das Holz nach Haus; von dort aber brachte er es von Zeit zu Zeit nach der Stadt und bestritt mit dem daraus erlösten Geld seine sonstigen Bedürfnisse. Dieser Gianni war ein plumper und so einfältiger Mensch, daß man ihm hätte weismachen können, in gewissen Ländern hätten die Esel Flügel und flögen wie die Adler. Dieser Mensch nun hatte sein Lasttier vor dem Walde stehen lassen und war bereits hineingegangen, als die Eremiten dort ankamen. Sie waren heute schon lange auf schlüpfrigen und schmutzigen Pfaden zu Fuß gewandert, trugen volle Quersäcke und wurden von Müdigkeit geplagt, so daß sie ihre Schritte kaum noch weiterführen konnten. Als daher Arsenio den Esel sah, kam ihm ein ungewöhnlicher Einfall in den Sinn. Er wandte sich zu seinem Begleiter und sagte lachend: »Was würdest du zahlen, Teodelindo, wenn du das Tier bekämest, um dir diesen Quersack tragen zu lassen?«

»Wahrhaftig«, antwortete dieser, »das käme mir jetzt gerade gelegen; ich kann fast nicht mehr weiter.«

»Nun sage mir, Bruder«, fügte der andere hinzu, »scheint es dir angemessen, daß ein rüstiges Lasttier in Ruhe und müßig dasteht, während wir, ermüdet, wie wir sind, zu Fuß diese Last nach unserer Einsiedelei schleppen sollen? Siehst du nicht, daß die göttliche Vorsehung selber uns auf diesen Esel hat stoßen lassen? Und wir wollen doch das Gute, das sie uns vorsetzt, nicht ausschlagen.«

Er trat zu dem Eselein hin, legte den Quersack auf seinen Rücken und forderte den anderen Eremiten auf, das gleiche zu tun. Dann band er das Tier vom Baume los und zog ihm den Halfter ab, legte diesen dann um seinen eigenen Hals und band sich selbst hin in der Weise, wie vorher das Lasttier angebunden gewesen war. Darauf wandte er sich zu Teodelindo und sprach: »Geh, Bruder, und bringe die Last in die Einsiedelei! Bist du dort, so sagst du dem ehrwürdigen Alten, ich sei vor Müdigkeit nicht mehr vorwärts gekommen und habe mich bei einem braven Manne einquartiert, der mich menschenfreundlich aufgenommen hat; dir habe er, damit du alles Brot mitnehmen könnest, freundlich diesen seinen Esel geliehen, den wir ihm künftige Woche, wenn wir wieder des Weges kommen, zurückbringen können. Was mich betrifft, so sagst du ihm, daß ich im Laufe des morgigen Tages mit Gottes Hilfe nachzukommen hoffe.«

Teodelindo kam die Sache so seltsam vor, daß er zu träumen glaubte; und wiewohl er von dem andern schon allerhand tolle Streiche erlebt hatte, so schien ihm doch dieser so ganz eigentümlich, daß er fürchtete, der arme Arsenio habe den Verstand verloren. Er sah ihm mit weit aufgerissenen Augen ins Gesicht und konnte weder etwas sagen noch etwas tun.

»Nun vorwärts«, fuhr jener halb erzürnt fort, »mache, daß du weiterkommst! Das geringste Zögern könnte unsere Sache verderben. Für mich laß du nur mich selber sorgen! Vielleicht steht mir dieser Halfter nicht so übel zu Gesichte, wie du glaubst. Ich habe dir mehr als einmal bewiesen, was ich durchzuführen imstande bin. Verlaß dich vollständig auf mich und tue, was ich dir aufgegeben habe!«

Er sprach dies mit solcher Entschlossenheit und Zuversicht, daß der andere sich sogleich fügte und sprach: »Nun gut, da du es willst, will ich es tun. Denke du an das übrige!«

Er trieb das Eselein vor sich her und ging weiter; und als er bei dem Einsiedel war, richtete er genau aus, was ihm sein Genosse aufgetragen hatte. Dem alten Eremiten tat es erst leid um Arsenio; doch kam er am Ende zu dem Schlusse, da Gott die Dinge immer aufs beste lenke, müsse man sich in allen Stücken seiner Fürsorge fügen und müsse ihm danken, daß er dem mitleidigen Bauern ins Herz gegeben habe, einen so erschöpften Einsiedel aufzunehmen und dem andern seinen Esel zu

leihen, damit schnell der Mundvorrat herbeigeschafft werden konnte, dessen er so sehr benötigt war.
Gianni hatte unterdessen sein Holz gesammelt und in kleine Bündel gebunden und verließ den Wald, um den Esel zu beladen. Als er nun einen Eremiten an dessen Stelle sah, rief er: »Herr Gott, steh mir bei!«
Er war ganz außer sich, die Haare standen ihm zu Berge, er schlug ein Kreuz und fürchtete alles Ernstes, es möchte eine Posse sein, die ihm der Teufel spielte. Aber er dachte wieder auch, daß des Teufels Großmutter doch nicht die Gestalt eines frommen Einsiedlers angenommen hätte, und so beruhigte er sich einigermaßen: doch so ganz ließ sein Erstaunen nicht nach, er glaubte immer noch, er sei verrückt geworden. Als der Einsiedel die Verwunderung und das Entsetzen Giannis sah, hielt er mit Mühe das Lachen zurück; doch zügelte er sich und sprach zu dem braven Landmann: »Du wunderst dich höchlich, mein Sohn, über das, was du jetzt siehst, und du hast wohl Ursache dazu. Wie sehr wirst du dich aber nun erst wundern, wenn du hörst, was ich dir jetzt sagen werde. Tritt zu mir ohne Furcht, mein Sohn! Hier ist nichts für dich zu fürchten, wiewohl wir unsern Herrgott sehr preisen und sein geheimes Wirken bewundern dürfen. Du glaubtest einen Esel in deinem Stalle zu haben und besitzest in seiner Gestalt ein armes Eremitchen, wie ich es bin.«
»Was sagt Ihr?« rief nun der mehr als je erstaunte Gianni, den Einsiedler unterbrechend, »was sagt Ihr, mein Vater?«
»Ich sage nichts als die Wahrheit«, versetzte Arsenio. »Aber wenn du willst, daß ich dir erzähle, wie dies zugegangen ist, so mache mich zuerst von dem schimpflichen Bande los, das mir noch um den Hals geschlungen ist! – Denke nicht«, fuhr er fort, als ihm der Halfter ab-

Der Mönch als Esel

genommen war, »daß der Mensch, welch heiliges Leben er hienieden auch führen möge, sündenfrei werden kann! Die menschliche Hinfälligkeit ist so groß, die Gelegenheiten zum Sündigen sind so zahlreich, die Versuchungen so stark und anhaltend, daß er nur schwer widerstehen kann. Und wenn er auch aus der Welt flieht und in der Einsamkeit lebt, so geht doch das Fleisch mit ihm und stachelt ihn mit seinen Verführungen überall. Daher ist es kein Wunder, wenn er manchmal der Versuchung erliegt und in Sünden verfällt, selbst in den der Frömmigkeit bestimmten Freistätten. Auch ich hatte das Unglück zu sündigen, und meine Sünden waren der Art, daß die Gerechtigkeit Gottes, um mich zu strafen, mich in ein gemeines Lasttier verwandelte. In diesem Zustand leistete ich schwere Buße, wie du weißt, bis es der himmlischen Barmherzigkeit am Ende gefiel, mich aus einem so verworfenen Zustande zu erheben und mich zur Würde der menschlichen Natur wiederherzustellen.«

Gianni schenkte Arsenios Worten vollständig Glauben; er erinnerte sich an alles, was das unglückliche Tier von ihm zu leiden gehabt hatte, und spürte darüber bittere Reue. Er warf sich vor ihm auf die Knie und sprach fast weinend: »Mein Vater, wollt Ihr mir die Schläge verzeihen, die Ihr von mir bekommen habt und deren Zahl unendlich war, und ebenso all die Flüche, die aus meinem Munde über Euch ausgestoßen wurden? Dies tut mir nun um so mehr leid, als ich gegen die frommen Eremiten die tiefste Verehrung hege.«

Arsenio hob ihn freundlich auf und antwortete lächelnd: »Betrübe dich nicht, lieber Sohn: denn indem du auf meinem Rücken trommeltest und mir mit dem Stecken die Rippen zähltest, wie du oft tatest, peinigtest du eben nur mein Fleisch, wie es Gottes Wille war. Die-

ses war aufrührerisch wider ihn geworden, und das Recht verlangte, daß ich gezüchtigt würde, um es zu seiner Pflicht zurückzuführen. Und ich sage dir, daß du mir hierin einen vortrefflichen Dienst geleistet hast; denn je rauher und rüstiger du die Stockschleuder führtest, um so mehr beschleunigtest du den Zeitpunkt meiner Befreiung, indem sich meine Buße um so schneller vollendete. Weit entfernt daher, dir darüber böse zu sein, muß ich vielmehr dir dafür Dank wissen. Und ich verspreche dir, wenn ich in meine Zelle zurückkomme, will ich deiner gedenken; ich werde nie unterlassen, Gott so heiße Gebete für dein Bestes darzubringen, daß, wenn du auch jetzt den Schaden hast, ohne Esel zu sein, der himmlische Segen dir das reichlich einbringen soll, der sich auf deine kleine Hütte herablassen wird, um deine Tage zu erfreuen und zu erheitern. Darum, mein Sohn, nimm frohen Mutes dein Holz auf den Rücken und zieh hinweg! Gott sei mit dir!«
Gianni versetzte: »Ei, wollt Ihr nicht heute nacht bei mir herbergen? Der Himmel wird schon dunkel, und Ihr tut nicht wohl daran, Euch um diese Stunde auf den Weg zu machen.«
»Du hast recht«, antwortete der Einsiedler; »aber wie sehr muß mir der Anblick der Herberge zur Beschämung gereichen, wo ich so schmählich lange Zeit verlebt habe? In jedem Falle aber, da die Erduldung einer solchen Schande mich vor Gott verdient macht, bin ich gerne damit einverstanden. Gehen wir!«
Nach diesen Worten machte er sich mit Gianni auf den Weg nach seiner Behausung. Während sie nun in heiteren Gesprächen des Weges gingen, lenkte Arsenio listig die Rede auf Giannis Familie und erlangte, ohne daß dieser es merkte, allmählich Kunde von seinem Weibe, seinen Kindern und seinem Vater. Als sie daher in das

Haus traten, tat er, als kenne er alle Anwesenden, und fing an, bald mit diesem, bald mit jenem zu sprechen, als bestünde zwischen ihnen eine lange Bekanntschaft. Darüber waren alle erstaunt, und um seinen Spaß noch zu erhöhen, sagte der Einsiedler, er wundere sich höchlich, daß er ihnen unbekannt vorkomme, da er doch lange Zeit in diesem Hause gelebt habe. Gianni bekräftigte diese Aussage des Eremiten, und nachdem er sie alle eine Weile ihrem Staunen überlassen hatte, erzählte er ihnen, wer das gute Eremitchen sei und unter welcher Gestalt er bei ihnen geweilt habe. Ein hochbetagter Mann, der Vater Giannis, ein junges Weib, seine Frau, und zwei Knäbchen, ihre Kinder, bildeten die einfache Familie. Alle standen da mit offenem Munde, hochgeschwungenen Brauen und ohne mit einem Augenlid zu zucken, als sie diese Erzählung vernahmen. Man las in diesen bäurischen Gesichtern eine Mischung von Verwunderung, Andacht und Heiterkeit und gleichzeitig von Reue und Mitleid. Sie bedachten die langen Mühsale, die der arme Esel erdulden mußte, die spärliche Nahrung von schlechtem Stroh oder noch schlechterem Heu oder geringen Kräutern, wie man sie als Unkraut aus dem Garten ausgerissen und ihm in die Krippe geworfen hatte, und die Prügel, womit er von ihnen geschlagen und geschunden wurde. Zum Ersatz dieser schlechten Behandlung bemühten sie sich nun, ihm einen möglichst freundlichen Empfang zu bereiten. Sogleich wurden zwei Hühner geschlachtet, die einzigen, die sie im Stall hatten; mit ihnen und anderem, was im Hause war oder was von anderwärts besorgt wurde, veranstalteten sie ein leckeres Abendessen und erheiterten es durch einen würzigen Wein, den Gianni eifersüchtig in einem Fäßchen verwahrte, den er aber seinem Gaste zu Ehren heute nacht springen lassen wollte.

Inmitten der Speisen und vollen Becher gab sich der von Natur heitere Eremit der Freude dermaßen hin, daß er alle auf das höchste ergötzte durch seine artigen Witze und Erzählungen von den seltsamsten und wunderlichsten Dingen der Welt. Und obgleich er die Klugheit hatte, von Zeit zu Zeit durch erbauliche Worte die heitere Gesellschaft zum Ernste zurückzurufen, um sich als ebenso fromm und gottesfürchtig wie lustig und spaßhaft zu erweisen, konnte er doch sich nicht so weit bewachen, daß nicht mit der Zeit in Giannis Innerem ein gewisser Verdacht gegen seinen Gast auflebte, und dies geschah, weil Arsenio mit seiner Frau Cecca, die in ihrer Art etwas Auffälliges hatte, sich lieber zu unterhalten schien als mit den andern. Andererseits war auch Cecca neben ihrer Verehrung für Mönche überhaupt auch von den lustigen Späßen Arsenios angetan und schoß ihm feurige Blicke zu, was ihr Mann, Gott weiß wie, mehr als einmal bemerkt hatte. Deshalb konnte er sich am Ende nicht mehr halten und sprach zu dem Einsiedler: »Mein Vater, man sieht wohl, wie sehr Ihr nötig habt, Euer Fleisch zu kreuzigen. Heute abend ist es, da Ihr ihm ein wenig nachgegeben habt, wieder störrisch geworden und bringt Euch in Gefahr, wieder in Sünde zu verfallen. Wenn das frische Gedächtnis Eurer überstandenen Erniedrigung Euch so schlecht bewahrt vor den Reizen des Fleisches, so prophezeie ich Euch mit großem Bedauern, daß Ihr große Gefahr lauft, wieder Eselsgestalt anzunehmen, und vielleicht in ganz kurzem. Daher rate ich Euch, morgen früh in Eure heilige Einsiedelei zurückzukehren und diese nie mehr zu verlassen, vielmehr ohne Unterbrechung Euer Fleisch selbst zu peinigen, wenn Ihr nicht wollt, daß es von andern wieder gepeinigt wird.«

Es ist in der Tat zu verwundern, wie die Lebendigkeit

mancher Leidenschaften oft imstande ist, den Verstand auch bei solchen zu schärfen, bei denen er sonst ganz trübe und stumpf ist. Gianni, über dessen Lippen nie andere Worte gekommen waren, als man sie von einem rohen und derben Manne erwarten konnte, stachelte das spitze Schwert der ruchlosen Eifersucht dermaßen seinen schläfrigen Sinn auf, daß er sich auf kurze Zeit aus seiner natürlichen Müdigkeit aufrütteln ließ. So kam es, daß er durch eine Art von Wunder wie ein listiger und höchst umsichtiger Mann sprach. Der Eremit merkte aus Giannis unerwarteten Worten, daß er auf seiner Hut sein und mit zuchtvollen Reden und wohlbewachten Handlungen dem Stachel des Fleisches ausweichen müsse, wie er denn auch fortan den ganzen Rest des Abends tat.

Am folgenden Morgen nahm er nach einem kleinen Frühstück Abschied, kehrte in die Einsiedelei zurück und sagte zu dem ehrwürdigen Alten, daß dem braven Manne, der ihn heute nacht aufgenommen habe, hernach noch die Eingebung geworden sei, ihnen das Eselchen zu schenken, das er gestern Teodelindo geliehen habe. Der ehrliche Einsiedel pries die Christenliebe des frommen Landmanns; weil es den Leuten aber hätte scheinen können, es passe nicht wohl zu dem frommen Bettelstande und zu dem harten Leben, das sie führen mußten, wenn sie sich einen Esel zur Erleichterung ihrer Mühen hielten, woraus eine Erkühlung in der Liebe der Gläubigen gegen sie entstehen konnte, erklärte er klüglich, es sei besser, den Esel zu verkaufen, da sie ja auch bisher ohne einen solchen ausgekommen seien. Er übergab ihn daher einem ehrlichen Manne, der oft in die Einsiedelei kam, damit er ihn auf den Markt führe.

Zufällig war an demselben Tage auch Gianni daselbst.

Er sah seinen Esel und erkannte ihn alsbald an einem der Ohren, das ein wenig verstümmelt war. Er war sehr betrübt, trat zu ihm hin, näherte sich seinem Ohre, um insgeheim mit ihm zu sprechen, und sagte ganz leise: »Ach, lieber Vater, hat das aufrührerische Fleisch Euch schon wieder einen schlimmen Streich gespielt? Ich hab es Euch doch vorhergesagt, daß es so kommen werde.«
Der Esel, als er das Geflüster in seinem Ohre vernahm, schüttelte mit dem Kopfe, als wollte er nein sagen.
»Leugnet es nicht«, antwortete Gianni, wieder ihm ins Ohr. »Ich erkenne Euch nur zu gut: Ihr seid derselbe.«
Der Esel schüttelte den Kopf.
»Ei, so lügt doch nicht«, versetzte der ehrliche Kerl mit etwas gehobener Stimme, »lügt nicht, Vater! Das Lügen ist eine Sünde. Ihr seid es. Ich erkenne Euch wider Euern Willen. Es ist viel besser, Ihr gesteht es. Ihr wißt ja, eine Sünde, die man gebeichtet hat, ist schon halb vergeben.«
Die Leute, die einen Menschen mit einem Esel ein Zwiegespräch führen sahen, hielten jenen für verrückt und stellten sich um ihn her; um ihn zu foppen, fragte ihn einer dies, der andere das. Gianni gab nun Antworten zum Totlachen und behauptete steif und fest, es sei kein Esel, sondern ein unglücklicher Einsiedel, der durch die Gebrechlichkeit des Fleisches schon wenigstens zweimal in einen Esel verwandelt worden sei. Er fing dann von vorne an und erzählte die ganze Geschichte von dem Eremiten, der wegen seiner Sünden zum Esel geworden sei. Bei dieser Erzählung entstand ein schallendes Gelächter, und Gianni war den ganzen Tag das Gespötte aller Marktleute. Wer es schon gesehen hat, wie der Eule ein ganzer Schwarm von Vögeln

nachzieht, die sie mit tausend Tönen und Gezwitscher umschwirren, mag sich das Schauspiel vorstellen, wie man diesem Tölpel auf Schritt und Tritt nachlief und wie die Menge ihn umschwärmte, die mit Späßen und schallendem Gelächter sich wunderbar an ihm ergötzte. Am Ende redete ihm einer im Scherze zu, das unglückliche Tier wieder anzukaufen, es mit Korn und dem besten Heu, das er habe, zu füttern und ihm eine möglichst gute Behandlung angedeihen zu lassen, zum Ersatze für die Unbill, die er ihm vorher angetan. Der Rat gefiel Gianni; er kaufte den Esel und nahm ihn mit nach Hause.
Wie staunten der Alte, Cecca und die beiden Knaben, als sie ihren alten Esel wiedersahen! Wer vermöchte den freundlichen Empfang zu schildern, den sie ihm widmeten, und die Pflege, die sie ihm angedeihen ließen! Nie ward ein Esel auf der Welt besser genährt und mehr gehätschelt. Auch ward in kurzem sein Fleisch fett, seine Haut glatt und glänzend wie die eines Hermelins. Allein das schändliche Tier war nun so unverschämt und nahm so üble Gewohnheiten an, daß es nicht nur dem Alten, sondern auch dem Weibe, den beiden Söhnlein, ja Gianni selbst sehr zur Last zu werden begann. Es biß heftig, stieß mit den Füßen und schrie so laut Tag und Nacht ohne Aufhören, daß es allen wirklich unausstehlich wurde. Gianni hatte sich unterdessen eine Eselin zu seinen Geschäften gekauft; der gemästete Esel aber zerriß mehr als einmal den Strick, womit er an die Krippe gebunden war, und belästigte die gute Eselin. Wie sehr die ehrlichen Leute hieran ein Ärgernis nahmen, ist unschwer einzusehen, und alle ihre sonstige Bekümmernis schien gar nichts in Vergleich mit dieser. Am Ende sah Gianni ein, daß das schlimme Tier alle Tage böser wurde und, wenn das gottlose und garstige Leben fort-

dauerte, nie wieder in seinen früheren Zustand zurückkäme, woran er sich selbst die Schuld beimessen zu müssen fürchtete, da weder Eremiten- noch Eselsfleisch das Verzärteln leiden können; er erkannte die Notwendigkeit, dieses Fleisch recht tüchtig zu peinigen, wie er sonst zum großen Vorteil und mit Billigung Arsenios selber getan hatte; er nahm daher von neuem seine Zuflucht zum Prügel und zu Hieben. Aber sei es, daß der Herr Esel, allzu verwöhnt, eine übermäßig zarte und feine Körperbeschaffenheit bekommen hatte oder daß Gianni im Eifer mit seiner Strenge etwas über die Pflicht hinausging – der unglückliche Esel konnte eine so harte Zucht nicht ertragen und war in kurzem des Todes. Die ehrlichen Leute beweinten die ewige Verdammnis des unglücklichen Einsiedels, der zweimal, wie sie glaubten, zum Esel geworden und ohne Reue gestorben war über ein verwünschtes Laster, wovor die armen Einsiedler nie zu sehr auf der Hut sein können, die ja, wie Gianni bemerkte, auch aus Fleisch und Blut gebaut sind wie andere Menschenkinder.

GAETANO CIONI

HEILUNG EINES
ARGWÖHNISCHEN JUNGEN EHEMANNES

Vor vielen Jahren lebte in meinem Florenz eine sehr weise Frau namens Madonna Ricciarda, die mit zwei kleinen Söhnen und einer älteren Tochter Witwe geworden war und nach nichts anderem trachtete, als ihre Familie gut und ehrenhaft aufzuziehen und zu einem lobenswerten Ziel zu führen. Da sie sehr klug war, verwendete sie die größte Sorgfalt auf ihre Tochter, bewachte sie sehr und ließ sie nie irgendwohin zu einem Fest gehen, wenn nicht in ihrer Gesellschaft. Als sie schließlich ins heiratsfähige Alter gekommen war, setzte die weise Frau Ricciarda ihr mit Rat und Hilfe ihrer Verwandten eine reiche Mitgift aus und verheiratete sie mit einem jungen Mann aus sehr guter Familie namens Lippozzo. Vor der Hochzeit wurde das Mädchen mehrmals von der Mutter belehrt, daß sie immer nur daran denken und wünschen solle, dem Lippozzo Vergnügen zu bereiten, und daß sie sich immer in allem seinen Wünschen fügen solle. Nachdem sie so belehrt war, wurde die Hochzeit mit angemessenem, aber bescheidenem Aufwand gefeiert. Nachdem Lippozzo die Braut in sein Haus geführt und mit ihr das Schlafzimmer betreten hatte, begann er sie zu küssen und zu umarmen, und sie leistete gehorsam und still keinen Widerstand;

und als ihr der Gatte sagte, sie solle sich ausziehen und ins Bett legen, tat sie es schnell und voll Freude. Der Gatte, der sich ebenfalls ausgezogen und niedergelegt hatte, sah, daß sie ihm ohne jede Sprödigkeit nachgab. So begann er zu argwöhnen, daß ihr solche Dinge nicht ganz neu seien. »Nun hab Vergnügen an dem, was ich tue«, sagte Lippozzo zu Lisa – denn das war ihr Name –, »und laß es mich merken.« Und während er sie an sich drückte und die Ehe vollzog, begann das Mädchen, das im frischen und reifen Alter war, deren Süße zu genießen. Denn da sie sich zum Vergnügen gereizt sah, schien sie auf tausend liebliche Arten zu vergehen, indem sie mit sich nichts anderes tat als ein Sperling oder eine Bachstelze im Liebesspiel, und sie umarmte den Gatten mit einer Leidenschaft, als wäre sie seit Jahren mit ihm zusammengewesen. Lippozzo, der maßlos argwöhnisch war – denn ihre Gebärden schienen eher zu einem schamlosen Weibsbild als zu einem jungen Mädchen zu passen –, meinte, sie habe einen lockeren Lebenswandel geführt. In seiner Unzufriedenheit beschloß er, sie nicht mehr anzurühren. Ohne ein Wort zu sagen, zog er sich zurück und erwartete den Anbruch des Tages. Dann stand er schnell auf, verließ das Schlafzimmer und blieb den ganzen Tag traurig und in Gedanken. Als der Abend kam und er mit Lisa zu Bett ging, sprach er kein Wort zu ihr. Das Mädchen wunderte sich sehr darüber; da sie aber fürchtete, etwas zu tun, was Lippozzo mißfallen und gegen die Gebote der Mutter sein würde, sagte auch sie keinen Ton. Am Morgen standen Lippozzo und Lisa zeitig auf, nahmen ein gutes Frühstück ein, und das Mädchen kehrte, wie es noch üblich ist, in das Haus ihrer Mutter zurück, wo sie mit großer Freude empfangen wurde. Dort blieb sie, wie es die Sitte erfordert, mehrere Tage. Als die Zeit gekom-

men war, zu der der Gatte wieder nach ihr schicken
sollte, es aber nicht tat, wunderte sich Frau Ricciarda
sehr darüber. Nachdem sie aber die Tochter mehrmals
in allen Einzelheiten über jede Gebärde und Manier
ausgefragt und Lisa der Mutter alles erzählt hatte, begriff sie, welche Meinung sich Lippozzo gebildet hatte;
denn sie kannte ihn auch als argwöhnischen Menschen.
Sie fand dafür einen schnellen und guten Rat und beschloß, mit der Tochter auf eine ihrer Besitzungen
außerhalb des Tores nach San Friano zu gehen. Sie
blieb dort einige Zeit und lud dann Lippozzo für den
nächsten Morgen zum Frühstück ein. Als dieser die
Botschaft erhalten hatte, beschloß er aus großer Ehrfurcht vor Madonna Ricciarda hinzugehen, obwohl es
ihm hart ankam. Diese bereitete ihm einen herzlichen
Empfang, sprach mit ihm über vielerlei Dinge und
führte ihn an ein Fenster, von dem aus man die ganze
Lieblichkeit des Ortes sah. Sie unterhielten sich über
die Schönheit der Besitzung und besonders über die
vielen Wassergräben, die dort waren, und gingen dann
zu diesen hinunter. Unterdessen kam eine Magd und
sagte: »Herrin, wißt Ihr, daß die Entenküchlein ausge-
schlüpft sind und daß sie das Schönste auf der Welt
sind!« Darauf befahl ihr die Herrin, sie ihr schnell zu
bringen. Die Magd sammelte sie in ein Körbchen und
brachte sie der Herrin. Da begann die kluge Frau darüber zu sprechen, wieviel schöne Dinge, alle mit ihren
besonderen Eigenschaften, die Natur hervorbringe,
nahm eins nach dem anderen aus dem Körbchen und
warf es in den Graben. Als Lippozzo das sah, fragte er
die Herrin: »Wollt Ihr sie denn ertränken?« Die Herrin
entgegnete lachend: »Das werdet Ihr gleich sehen.« In
der Tat begannen die Entchen, sobald sie im Graben
gelandet waren, ihre Flügel zu bewegen und konnten

sich durch Schwimmen helfen, bis sie das Ufer erreichten. Der junge Mann wunderte sich darüber und sagte, wenn er es nicht sähe, würde er es nicht glauben. Darauf Frau Ricciarda: »Und du wunderst dich noch, wenn meine Tochter, deine Gattin, die in dem Alter ist, in dem man die Kraft der Natur fühlt, Vergnügen daran gefunden hat, das zu tun, was dir und ihr Freude macht? Siehst du jetzt nicht, welche Macht die Natur in jedem Lebewesen hat? Und du argwöhnst, töricht wie du bist, daß meine Tochter, die nie etwas anderes als Ehrbares hörte und sah und die von mir belehrt wurde, sich in allen Dingen zu bemühen, dir Freude zu bereiten, nicht ehrenhaft wäre, weil sie etwas tat, von dem sie zu ihrer Freude glaubt, daß es auch dir gefällt? Laß also von diesen Torheiten und denk daran, daß meine Tochter, hätte sie unehrbar gelebt, dir mit allen Mitteln Reinheit geheuchelt hätte, während du sie in der größten Einfalt vorgefunden hast, weswegen du sie eher noch mehr achten müßtest. Nun geh, bereue, was du gedacht und getan hast, und bleibe bei deiner Gattin, wie es sich ziemt. Denn wie du siehst, lassen sich die natürlichen Dinge nicht verhindern und geschehen ohne Lehrer oder Unterricht. Wer hat jene Entlein das Schwimmen gelehrt? Ich schwöre dir beim Kreuz Christi, daß du anderes verdienen würdest als die Liebe, die ich dir entgegenbringe, sowohl aus Achtung vor dir als auch, weil du der Gatte und Führer meiner Tochter bist und sein sollst.« Lippozzo, den diese Worte aus seinem Irrtum erwachen ließen, antwortete nur: »Herrin, Ihr habt recht, und ich habe keine Entschuldigung; ich bitte Euch nur, mir meinen Irrtum zu verzeihen.« Darauf rief die Dame ihre Tochter und sagte ihr, sie möge mit Lippozzo sprechen, was diese auch zu beider gegenseitigen Freude tat. Das Frühstück wurde mit viel Lachen und Scherzen aufgetragen und fröhlich beendet. Dann ging Lippozzo zum großen Trost der klugen Frau Ricciarda mit der Gattin zum Mittagessen. Alle kehrten in die Stadt zurück, Lippozzo führte seine Lisa nach Haus, und sie blieb in ständigem Frieden und in Eintracht bei ihm und genoß mit ihm die süßen Früchte der Liebe.

ANHANG

ERLÄUTERUNGEN

NOVELLE ANTICHE

Von unbekannten Autoren um 1300 verfaßte Novellen, die später nach dem Vorbild von Boccaccios ›Decameron‹ zu einem Sammelwerk von 100 Texten unter den Titeln ›Cento novelle antiche‹ (erstmalig 1525 herausgegeben) oder ›Novellino‹ zusammengefaßt wurden.

41 *Alexandria ... im Gebiet der Romania:* Unter Romania ist hier vermutlich das alte Römische Reich zu verstehen. Die Erwähnung des Sarazenenviertels sowie des Sultans und seiner sarazenischen Weisen läßt darauf schließen, daß es sich um das 331 v. u. Z. gegründete Alexandria in Ägypten, die bedeutendste Stadt dieses Namens, handelt.
Alexander: Alexander der Große (356–323 v. u. Z.), seit 336 v. u. Z. König von Makedonien.
im März vor seinem Tode: Daß Alexander zwölf Städte namens Alexandria im März vor seinem Tode gegründet haben soll, entspricht einer im Mittelalter weit verbreiteten Überlieferung.
Sarazenen: Araber, Mohammedaner.

43 *Azzolino:* Ezzelino III. da Romano (1194–1259), grausamer Tyrann der Mark von Treviso, zur Zeit Kaiser Friedrichs II. Führer der kaisertreuen ghibellinischen Partei gegen die lombardischen Städte.
Bisante: alte, in Byzanz geschlagene Goldmünzen.

44 *Tristan von Cornwall:* keltische Sagengestalt, Held zahlreicher Romane, deren bedeutendste die von Thomas d'An-

gleterre, Bérol und vor allem der ›Tristan‹ Gottfrieds von Straßburg sind.

45 *Amoroldo:* der Riese Morolt, gegen den Tristan nach der epischen Überlieferung im Feenreich zu kämpfen hat.

46 *Papirius:* Die römische Geschichte kennt mehrere Träger dieses Namens, gemeint ist hier gewiß Lucius Papirius Cursor, der berühmteste seines Geschlechts, seit 326 v. u. Z. mehrmals Konsul. ›Seine Biographie wurde von der Nachwelt so ausgeschmückt, daß der historische Kern nur noch schwer zu erkennen ist.‹ (Der kleine Pauly, Bd. 4)

Narcissus: in der antiken Mythologie schöner Jüngling, der sich in sein eigenes Spiegelbild im Wasser verliebt, vor Sehnsucht vergeht, stirbt und sich in die gleichnamige Blume verwandelt.

49 *Bischof Mangiadore:* Giovanni Mangiadore, Bischof von Florenz (1251–1274).

50 *Kaiser Friedrich:* Friedrich II. (1194–1250), König von Sizilien (1208), deutscher König (1212) und seit 1220 römischer Kaiser. Die Novelle ist eine Fassung der seit dem klassischen Altertum bekannten und schon im 1. Jahrhundert u. Z. in Petronius' Satiren erscheinenden Erzählung, die als ›Matrone von Ephesus‹ in zahlreichen orientalischen und europäischen Versionen überliefert ist. Friedrich II. wird jedoch erst in der vorliegenden Novelle mit der erzählten Begebenheit in Verbindung gebracht.

GIOVANNI BOCCACCIO

Als Sohn eines Florentiner Kaufmanns 1313 wahrscheinlich in Certaldo bei Florenz, nach älterer Auffassung in Paris geboren, 1375 in Certaldo gestorben. Abgesehen von Jugendjahren in Neapel und einigen Reisen in diplomatischen Missionen, verbrachte er sein ganzes Leben in Florenz. Jugendwerke: ›Filocolo‹ (um 1336, Liebesroman nach dem Vorbild des französischen Romans von Floire und Blancheflor); ›Filostrato‹ (um 1338, eine Liebesepisode aus der im Mittelalter beliebten Trojasage); die ersten italienischen Schäferdichtungen ›Ninfale d'Ameto‹ (um 1341) und ›Ninfale Fiesolano‹ (nach 1343); ›L'Amo-

rosa Visione‹ (1342, eine Nachahmung von Dantes ›Divina Commedia‹); ›L'Elegia di mad. Fiammetta‹ (nach 1340, Geschichte seiner Liebe zu Maria d'Aquino, einer natürlichen Tochter des Königs Robert von Anjou in Neapel); das Epos ›Teseida‹ (um 1340). Hauptwerk ›Il Decameron‹ (1348–1353). Spätere italienische Werke: ›Il Corbaccio‹ (1354 oder 1355, Abrechnung mit einer ungetreuen Geliebten); ›Rime‹ (Liebes- und religiöse Lyrik). Lateinische Werke: eine Biographie Petrarcas sowie eine Reihe von Werken über Persönlichkeiten des Altertums, über geographische Namen der antiken Literatur, über antike Mythologie u. a. In den letzten Lebensjahren (seit 1373) Lehrauftrag für Dante-Erklärung in Florenz, Verfasser einer Dantebiographie und eines Kommentars der ›Divina Commedia‹ bis zum 17. Gesang des Inferno.

55 *Simonie:* Ämterkauf. Die Bezeichnung leitet sich von dem in der Apostelgeschichte (8, 9–24) genannten Simon dem Zauberer her, der für Geld des Heiligen Geistes teilhaftig werden wollte.

57 *Saladin* (1138–1193): Sultan von Ägypten und Syrien.

64 *Girgenti:* das heutige Agrigento, Stadt an der Südküste Siziliens.

Welfe: Anhänger der päpstlichen Partei, Gegner der kaisertreuen Ghibellinen.

König Karl: Karl von Anjou (1220–1285), Vorkämpfer des Papsttums gegen die Staufer, seit 1265 König von Neapel.

König Friedrich: Friedrich II. (s. Anm. zu S. 50).

71 *Buttafuoco:* Spitzname eines bekannten, historisch bezeugten Kupplers (Bedeutung: Feuerwerfer, Brandstifter).

Filippo Minutolo: Bischof von Neapel (gest. 1301).

76 *Lamporecchio:* Ort bei Pistoja in der Toskana.

84 *Guiglielmo Rossiglione:* Die Biographie des Troubadours Guillem de Capestaing nennt statt dessen einen Herrn Raimon de Castel Rossillon. Beide Namen sind historisch nicht verbürgt.

Guiglielmo Guardastagno: Guillem de Capestaing (um 1190 bis 1220), provenzalischer Troubadour, bekannt

durch eine in mehreren Fassungen vorliegende provenzalische Biographie und einige erhaltene Liebeslieder (Kanzonen).
Tjost: Turnier zwischen nur zwei Gegnern, die mit abgestumpften, oft auch mit scharfen Waffen fochten.

88 *Federigo di Messer Filippo Alberighi:* Die Alberighi waren eine aus Fiesole stammende Familie, nach dem Bericht des Chronisten Giovanni Villani (1280–1348) etwa seit 1000 in Florenz ansässig. Anhand dieser Novelle entwickelte der deutsche Dichter Paul Heyse (1830–1914) seine Novellentheorie, die sog. ›Falkentheorie‹.
95 *Arezzo:* Stadt in der Toskana, südöstlich von Florenz.
101 *Vigilien:* Nachtwachen
102 *Kapitel:* Versammlungssaal des Klosters.
103 *Saluzzo:* in der heutigen Provinz Cuneo (Piemont); vom 11. bis 16. Jahrhundert Markgrafschaft.

FRANCO SACCHETTI

Um 1330 oder wenige Jahre später in Florenz (nicht wie früher irrtümlich angenommen in Ragusa/Dalmatien, dem heutigen Dubrovnik/Jugoslawien) geboren, 1400 in Florenz gestorben. Übte in Florenz und anderen Städten verschiedene öffentliche Ämter aus. Neben seinem Hauptwerk, dem ›Trecentonovelle‹ (300 Novellen), von dem 228 Novellen, fünf davon fragmentarisch, erhalten sind, umfaßt seine schriftstellerische Tätigkeit ein ›Libro delle rime‹ (Kanzonen, Sonette, Madrigale und andere Dichtungen) sowie einige Werke untergeordneter Bedeutung.

117 *Bernabò, Herr von Mailand:* Bernabò Visconti (1323 bis 1385), von 1352 bis zu seinem Tode Herr von Mailand. Das Geschlecht der Visconti herrschte über Mailand von 1277 bis 1447.
118 *Salomo:* biblischer jüdischer König von 1015 bis 975 v. u. Z., Idealgestalt eines weisen Herrschers.
Aristoteles: griechischer Philosoph (384–322 v. u. Z.), nach Marx der ›größte Denker des Altertums‹.
120 *Dante:* Dante Alighieri (1265–1321), größter italienischer

Dichter, Verfasser der ›Divina Commedia‹ (Göttliche Komödie).
125 *Alchemie:* hier im Sinne von Astrologie (Sterndeutung).
Guido: Bischof Guido d'Arezzo, gestorben 1327.
Casentiner Landschaft (Terra Casentina): das Tal des Arno oberhalb von Arezzo.
130 *Cicero:* Marcus Tullius Cicero (106–43 v. u. Z.): berühmtester römischer Redner.
Quintilian: Marcus Fabius Quintilianus, um 35–95, Lehrer der Beredsamkeit in Rom.
Genua, wo ich mich vor schon mehreren Jahren befand: Sacchetti war 1383 in Genua.
Giovanni dell'Agnello: 1364–1368 Doge von Pisa, lebte seit 1371 als Verbannter in Genua und starb dort 1387.
Lucchesen: Einwohner der Stadt Lucca bei Pisa.
Sienesen: Einwohner der Stadt Siena.
131 *Alfonso:* Alfons X., der Weise (1221–1284), König von Kastilien und León (1252–1284).
Ptolemäus: hervorragender Astronom und Geograph des Altertums, lebte im 2. Jahrhundert u. Z. in Alexandria.
133 *Mongibello:* Bezeichnung für den Ätna.

GIOVANNI FIORENTINO

Über den Autor ist außer seinem Vornamen kaum etwas bekannt. Der Beiname Fiorentino deutet auf florentinische Herkunft. Nach einer Angabe im Vorwort zu seiner Novellensammlung ›Il Pecorone‹ hat er dieses Werk 1378 begonnen. Über den Titel ›Il Pecorone‹ (Schafskopf) sagt er an gleicher Stelle, er habe diesen Titel gewählt, weil darin viele Schafsköpfe vorkämen, zu denen er auch sich selbst rechnet.

139 *Kirche der Minoritenbrüder:* Als Minoriten werden verschiedene Zweige des von Franz von Assisi 1208 gegründeten Franziskanerordens bezeichnet.
151 *Tana:* südpiemontesische Ortschaft südlich von Asti und westlich von Alexandria.
154 *Damaskus:* die heutige Hauptstadt Syriens. Die Schönheit dieser Stadt wurde im Mittelalter viel gerühmt; Moham-

med soll die Umgebung von Damaskus als ein zweites Paradies bezeichnet haben.
164 *Mestri:* das heutige Mestre, Vorort Venedigs, diesem gegenüber auf dem Festland gelegen.
Sankt-Johannis-Tag: der 24. Juni.
176 *Zendal:* eine Art Seidengewebe.

GIOVANNI SERCAMBI

Geboren 1347 in Lucca, gestorben 1424, Verfasser eines 155 Novellen umfassenden ›Novelliere‹ sowie einer Chronik seiner Vaterstadt Lucca. Die Geschichte von Amicus und Amelius ist eine Fassung der im Mittelalter besonders in Frankreich verbreiteten Freundschaftssage.

179 *König Pippin von Frankreich:* Aus einer lateinischen Vita, die Sercambi wahrscheinlich als Quelle für seine Erzählung diente, geht hervor, daß es sich um Pippin den Kurzen (714–768), König der Franken (751–768), den Vater Karls des Großen, handelt.
Burgund: zur Zeit der Merowinger und Karolinger Teilreich des Frankenreichs, umfaßte in wechselnder Ausdehnung den Südosten Frankreichs. Die fränkischen Könige waren zugleich Herzöge von Burgund.
181 *Legoriade:* Eine Königin Legoriade ist historisch nicht nachweisbar.
183 *Arderigo:* In der Vita erscheint der Name Ardericus.

GENTILE SERMINI

Über den Autor weiß man nur, daß er in der ersten Hälfte des 15. Jahrhunderts lebte, aus Siena stammt und unter dem Titel ›Novelle‹ vierzig Novellen hinterlassen hat.

190 *Colle im Elsatal:* Die Elsa mündet als linker Nebenfluß bei Empoli oberhalb von Florenz in den Arno.
192 *Salsinen:* schmackhafte Saucen.
Castri: Castri di Lecce, Ortschaft südöstlich von Lecce in Apulien.

Erläuterungen

MASUCCIO SALERNITANO

Tommaso Guardati, der sich in Verkleinerung seines Vornamens Masuccio nannte, geboren um 1410 in Salerno oder Sorrento, gestorben um 1480. Verkehrte als Sekretär des Fürsten von Salerno am Hof der Aragonesen in Neapel. Sein in neapolitanischem Dialekt abgefaßter, 50 Novellen enthaltender ›Novellino‹ wurde 1476 veröffentlicht.

197 *Don Fernando von Aragon:* Ferdinand I. (1380–1416), Infant von Kastilien, 1412–1416 König von Aragonien.
Königreich Kastilien: Kastilien bestand als Königreich bis 1479 und wurde im genannten Jahr unter den Reyes Católicos (Isabella von Kastilien und Ferdinand II. von Aragonien), die seit 1469 verheiratet waren, zum Königreich Spanien vereinigt.
Salamanca: spanische Universitätsstadt nordwestlich von Madrid.
thomistische Lehre: die Lehre des Scholastikers Thomas von Aquino (1225–1274).
scotische Lehre: Lehre des Scholastikers Johannes Duns Scotus (1265–1308).

198 *sophistische Beweise:* hier im Sinn von ›spitzfindige Beweise‹.

204 *Guardian:* Vorgesetzter in Franziskanerklöstern.
Medina: Stadt in Spanien, nordöstlich von Salamanca.

210 *Prokurator ihres Ordens:* Die Prokuratoren der Mönchsorden waren für die ökonomischen und andere weltliche Angelegenheiten der Klöster zuständig.

211 *der heilige Bernardino:* Bernardino von Siena (1380 bis 1444), hervorragender franziskanischer Prediger, Gründer zahlreicher Klöster, 1450 heiliggesprochen.

214 *Reliquien des heiligen Greif:* Der Greif als Fabeltier genoß im Altertum und Mittelalter vielfach religiöse Verehrung.

217 *Dominikanerbrüder:* Mönchsorden, 1216 vom hl. Dominikus gegründet.

220 *Tabernakel:* Behälter für die Hostie.

222 *Avicenna* (980–1037): berühmter persischer Philosoph und Arzt.

Messer: italienische Anrede (Herr).
223 *Trevi:* Ortschaft bei Perugia.
San Michele in Bosco: ehemaliges Kloster auf einer Höhe südlich von Bologna; heute ein beliebtes Ausflugsziel mit herrlichem Blick auf die Stadt.
227 *Königreich Neapel:* Ein Königreich Neapel hat unter wechselnder Herrschaft (Normannen, Staufer, Haus Anjou, Aragonesen, Habsburger, Bourbonen, Joseph Bonaparte, Murat und nochmals Bourbonen) von 1130 bis zu seiner Eingliederung in das Königreich Italien 1861 bestanden.
231 *Trevisaner Tänze:* Tänze der nordnordwestlich von Venedig gelegenen Stadt Treviso.

GIOVANNI SABADINO DEGLI ARIENTI

Geboren um 1450 als Sohn eines Barbiers in Bologna, gestorben 1510; Notar in Bologna, dann Sekretär des Grafen Andrea Bentivoglio, später im Dienst des Herzogs Ercole I. von Ferrara. Hauptwerk: die Novellensammlung ›Le Porretane‹. Daneben einige Gelegenheitsdichtungen (Verherrlichung von Festen seiner Gönner).

235 *Ronciglione:* Kleinstadt nördlich von Rom.
Plato: bedeutender griechischer Philosoph (427–347 v. u. Z.). In der vorliegenden Erzählung wird auf Platos Lehre von der Seelenwanderung Bezug genommen.
237 *Graf Francesco, Sohn Sforzas* (1401–1466): Herzog von Mailand.
Sforza von Codignola: Das Herrschergeschlecht der Sforza stammte aus Codignola in der Romagna. In den Besitz von Mailand gelangte es durch Francescos Vermählung mit Bianca Maria aus der Familie der Visconti, die dahin über Mailand geherrscht hatten.
Sertorius (123–72 v. u. Z.): römischer Politiker und Feldherr.
Marcellus: Marcus Claudius Marcellus (gest. 208 v. u. Z.), bedeutender Feldherr im Zweiten Punischen Krieg, mehrmals römischer Konsul.

Lucullus: Lucius Licinius Lucullus (um 117–56 v. u. Z.), römischer Feldherr, bekannt durch seinen erfolgreichen Kampf gegen Mithridates, den König von Pontus, seine umsichtige Finanzpolitik in Kleinasien sowie durch seinen Reichtum und seine glanzvolle Lebensführung.
Cäsar: Gaius Julius Caesar (100–44 v. u. Z.), römischer Politiker, Feldherr und Schriftsteller.
Pompejus: Gnaeus Pompejus (106–48 v. u. Z.), römischer Politiker und Feldherr, Gegner Cäsars im Bürgerkrieg 49–48 v. u. Z.
Lombardei: norditalienische Landschaft, so genannt nach dem germanischen Stamm der Langobarden, die in der Völkerwanderungszeit 568 ihr Reich in Italien gründeten.
des jungen Schützen: Amors.

NICCOLÒ MACHIAVELLI

Geboren 1469 als Sohn eines Rechtsanwalts in Florenz, gestorben 1527 in Florenz. Bedeutender Staatswissenschaftler und Historiker, Begründer der Politik als Wissenschaft, im Dienst des Stadtstaates Florenz. Bedeutendste Werke: ›Discorsi sopra la prima deca di Tito Livio‹ und vor allem ›Il Principe‹ (Verherrlichung der Gewaltherrschaft nach dem Vorbild Cesare Borgias). Weitere Werke: ›Dell'arte della guerra‹, ›Istorie Fiorentine‹, zwei Komödien, darunter ›Mandragola‹, die als beste italienische Renaissancekomödie gilt. Als seine einzige Novelle schrieb Machiavelli die vom Erzteufel Belfagor.

243 *Minos:* sagenhafter König von Kreta, der wegen seiner Gerechtigkeit gerühmt und in der antiken Mythologie als Richter in die Unterwelt versetzt wurde. Nach christlicher Vorstellung fungiert er dann als Höllenrichter, so in Dantes Inferno.
Radamanth: Rhadamanthys, Bruder des Minos, ebenfalls sagenhafter gerechter König von Kreta und Totenrichter im Hades.
Pluto: in der antiken Mythologie der Beherrscher der Unterwelt, von Machiavelli als Herrscher der Hölle aufgefaßt.

247 *Luzifer:* Bezeichnung für den Satan.
248 *Levante:* italienische Bezeichnung für den Orient.
249 *Porta al Prato:* Tor im Nordwesten der Stadt Florenz.
Peretola: Ort am Arno, wenig oberhalb von Florenz.
251 *Fiorini:* in Florenz geprägte Gold- und Silbermünzen (fiorini d'oro seit 1252, fiorini d'argento seit 1296).
252 *König Karl von Neapel:* Um welchen König Karl von Neapel es sich hier handelt, ist aus dem Text nicht ersichtlich. Die Geschichte kennt drei neapolitanische Könige dieses Namens: Karl I. von Anjou (1220–1285, König von Neapel 1265–1285); Karl II. (1246–1309, König von Neapel 1285–1309) und Karl III. (1345–1386, König von Neapel 1381–1386).
253 *Ludwig VII.* (1120–1180): französischer König von 1137 bis 1180.
Signoria: Regierung, Obrigkeit; in Florenz Bezeichnung für die oberste Staatsbehörde.

BALDASSARE CASTIGLIONE

Adliger Herkunft, geboren 1478 in Casatico bei Mantua, gestorben 1529 in Toledo, zeitlebens im Dienst verschiedener Fürstenhöfe Italiens tätig. Hauptwerk: ›Il Cortegiano‹, bedeutendste Darstellung der vornehmen italienischen Renaissancegesellschaft, Ideal des nach griechischem Vorbild mit allen körperlichen und geistigen Fähigkeiten ausgestatteten Hofmanns, der zum Ideal des Menschen der Renaissance überhaupt wird. Form eines Gesprächs in einer vornehmen, zeitgenössischen Gesellschaft, wobei einige Novellen, darunter auch die hier mitgeteilte, eingeflochten sind.

257 *Pistoja ... Prato:* Städte nordwestlich von Florenz.
258 *Loreto:* bekannter Wallfahrtsort an der adriatischen Küste südlich von Ancona. Nach einer Legende sollen Engel bei der Eroberung des Heiligen Landes durch die Türken das Haus der Maria von Nazareth nach Loreto getragen haben.

GIANFRANCESCO STRAPAROLA

Geboren 1483 in Caravaggio (Lombardei), lebte vorwiegend in Venedig, gestorben um 1557, bekannt durch die ›Piacevoli notti‹, eine Sammlung von Märchen und Novellen mit märchenhaften Zügen. Straparola verfaßte ferner eine Gedichtsammlung ›Sonetti, strambotti, epistole e capitoli‹ (1508). Die ›Piacevoli notti‹ erschienen in zwei Teilen 1550 und 1553.

268 *Skythien:* Land der Skythen, die im Altertum das Gebiet an der nördlichen Schwarzmeerküste zwischen Don und Donau bewohnten.

271 *Bithynien:* Landschaft in Kleinasien.
    Serpentin: ein Gestein.

277 *Chiappino:* eigentlich Bedeutung: Sbirro, Scherge, Polizist.

MATTEO BANDELLO

Geboren 1485 in Castelnuovo Scrivia (Piemont), aus adliger Familie, gestorben 1561 in Agen (Südwestfrankreich); Dominikanermönch in einem Mailänder Kloster, dann im Dienst verschiedener Fürstenhöfe (der Bentivoglio in Bologna, der Gonzaga in Mantua) sowie des venezianischen Generals Fregoso, deren Familien er in mehreren Gelegenheitsdichtungen verherrlichte; später Bischof von Agen. Sein der Königin Margarete von Navarra gewidmeter ›Canzoniere‹ erschien 1544. Hauptwerk: seine 214 Novellen umfassende Novellensammlung (Teil I–III 1554, Teil IV postum 1573 erschienen).

281 *Lucretia:* Gattin des Tarquinius Collatinus. Nach einer durch den Geschichtsschreiber Livius berichteten Überlieferung verübte Lucretia Selbstmord, nachdem sie durch Sextus Tarquinius, den Sohn des letzten römischen Königs Tarquinius Superbus, entehrt worden war, was der Anlaß für den Sturz des Königtums (509 v. u. Z.) gewesen sein soll.

Lodovico Gonzaga: Das Geschlecht der Gonzaga, die seit 1328 Herrscher von Mantua waren, weist drei Träger des Namens Lodovico auf (Lodovico I. Gonzaga, 1328–1360;

Lodovico II. Gonzaga, 1369–1382; Lodovico III. Gonzaga, 1444–1478). Welcher von diesen hier gemeint ist, läßt sich nicht ermitteln.

Gazzuolo: Ortschaft südwestlich von Mantua.

San Bartolomeo: Vorort von Brescia in der Lombardei.

282 *Gagliarde:* alter italienischer Tanz.

284 *Basilisk:* hier im Sinn eines Fabelwesens gebraucht, dessen Blick angeblich tödlich wirkte.

287 *Boccaccin* (italienisch boccaccino): Doppelbarchent, Drillich.

Sarsch (italienisch saia): eine Art Wolle.

288 *Oglio:* linker Nebenfluß des Po.

289 *Scaliger* (italienisch della Scala oder Scaligeri): bekanntes Adelsgeschlecht, 1260–1387 Herrscher über Verona.

Bartolomeo Scala: Herr von Verona 1301–1304.

300 *Destillierer* (italienisch distillatore): eigentliche Bedeutung: Schnapsbrenner; hier im Sinn von ›Kräuterkenner, Trankhersteller‹ gebraucht.

305 *Corso:* der heutige Corso Cavour, eine der Hauptstraßen Veronas.

Castelvecchio: Burg der Scaliger in Verona, im 14. Jahrhundert erbaut.

307 *Podestà:* Gerichtsherr, Stadtrichter.

311 *Tag der heiligen Euphemia:* 16. September.

Lodrone: Grafschaft an der Etsch bei Rovereto zwischen Trento und Verona.

313 *Villafranca:* Ort zwischen Verona und Mantua, nahe Verona.

314 *Fest der glorreichen Himmelfahrt der Heiligen Jungfrau:* katholischer Festtag (15. August).

315 *Ladrone:* Wortspiel mit Lodrone (italienisch ladrone: Räuber).

319 *Galen* (129–199): bedeutender Arzt des Altertums.

Hippokrates (um 460–um 377 v. u. Z.): hervorragender griechischer Arzt des Altertums.

Messue (eigentlich Mesuë): arabischer Arzt, entweder Johannes Mesuë der Ältere (777–857), Verfasser medizinischer Werke, oder der sogenannte Mesuë der Jüngere, unter dessen Pseudonym in der zweiten Hälfte des 13. Jahrhunderts ein danach oft wieder aufgelegtes pharmakologisches Werk veröffentlicht wurde.

323 *Aurora:* die (Göttin der) Morgenröte.
331 *Ave Maria:* katholisches Gebet an die Jungfrau Maria.
332 *Spoletiner:* Mann aus der umbrischen Stadt Spoleto.
342 *Jahresfest der Verkündigung der Himmelskönigin:* Mariä Verkündigung, katholischer Feiertag (25. März, früher 18. Dezember).
344 *Palast des Podestà:* Justizpalast.
347 *Livree:* Ausstattung, hier im Sinn von ›ihre Krankheit‹.
352 *König Pedro von Aragon:* Pedro III (1239–1285), König von Aragonien von 1276 bis 1285.
Nikolaus III.: Papst (1277–1280).
Konstanzens, Tochter König Manfreds: Manfred (1231 bis 1266), Sohn Friedrichs II., war 1258–1266 König von Sizilien. Seine Tochter Konstanze heiratete 1262 König Pedro III. von Aragonien.
386 *Phönix* (italienisch fenice): legendärer Vogel von außerordentlicher Schönheit, der sich einer alten ägyptischen Sage zufolge alle 500 Jahre verbrannte und aus seiner Asche in neuer Schönheit wiedererstand.
388 *Giacomo Dongiavo:* Jaime (Jakob) II., der Gerechte (1264 bis 1327), Sohn Pedros II., 1285–1295 König von Sizilien, seit 1291 König von Aragonien, seit 1295 König von Sardinien und Korsika.

AGNOLO FIRENZUOLA

Geboren 1493 in Florenz, gestorben 1543 in Prato. Zunächst Mönch in Vallombrosa bei Florenz, doch nach einigen Jahren durch Papst Clemens VII. von den Gelübden entbunden; später päpstlicher Prokuratur unter Leo X.; Abt in Prato. Seine bekanntesten Werke: ›La prima veste dei discorsi degli animali‹ (1541, freie Übersetzung indischer Fabeln und Novellen aus dem Pantschatantra, nach einer spanischen Fassung), eine nicht vollendete Novellensammlung, ›Ragionamenti d'amore‹, sowie eine Bearbeitung des ›Goldenen Esels‹ von

Apulejus (1550 postum erschienen). Die Novelle ›Das Schneekind‹ ist der Sammlung ›La prima veste dei discorsi degli animali‹ entnommen.

391 *Vernia:* vermutlich Verwechslung mit Vernio, Ortschaft nördlich von Prato.
Maremmen: toskanischer Küstenstreifen zwischen Livorno und Grosseto, ungesundes Sumpfgebiet.
Mangona: Ortschaft östlich von Vernio.

ANTON FRANCESCO GRAZZINI

geboren 1503 in Florenz, aus einer Notarsfamilie, gestorben ebenda 1584; gehörte zu den Gründern der ›Accademia degli Umidi‹ (1540) und der ›Accademia della Crusca‹ (1542). Werke: ›Le Cene‹ (Sammlung von 30 Novellen, von denen nur 22 erhalten sind); dazu zahlreiche Dichtungen, teils petrarkistischer, teils burlesker Prägung, sowie einige Komödien.

394 *Pisa ... der Florentiner Herrschaft ... unterworfen:* Das geschah im Jahr 1406.
406 *Quattrinen:* seit dem 15. Jahrhundert geprägte italienische Silbermünzen.
408 *Messen San Gregorios:* eine Art Totenmesse für die Erlösung einer Seele aus dem Fegefeuer.
411 *Fortunati:* ital., die Glücklichen.

GIAMBATTISTA GIRALDI CINZIO

Geboren 1504 in Ferrara, gestorben ebenda 1573. In Ferrara Professor für Philosophie und Medizin, dann Staatssekretär und Theaterintendant bei den Herzögen Ercole II. d'Este und Alfonso II. d'Este. Cinzio ist sein Beiname als Mitglied einer Akademie in Padua. Novellist und Tragödiendichter. Novellensammlung ›Ecatommiti‹ (1565); 9 Tragödien (u. a. ›Orbecche‹ 1541, ›Didone‹ 1542, ›Cleopatra‹ 1543); ferner literaturtheoretische Schriften, ein Poem ›Ercole‹ (1557) und eine Geschichte von Ferrara.

412 *Kriegsmannschaft ... in Cypern:* Cypern stand von 1489 bis 1571 unter venezianischer Herrschaft.

414 *Hektor ... Achilles:* Helden in dem in Homers ›Ilias‹ dargestellten Kampf um Troja; Hektor auf trojanischer, Achilles auf griechischer Seite.

ANTONFRANCESCO DONI

Geboren 1513 in Florenz, gestorben 1574 in Monselice bei Padua (als Sterbeort werden in der Sekundärliteratur auch Florenz und Arquà genannt). Begann als Mönch, reiste dann als Laienbruder jahrelang durch verschiedene italienische Städte, ließ sich 1546 als Verleger in Florenz und schließlich in Venedig nieder. Verfasser zahlreicher Schriften verschiedenen Inhalts, über die seine Novellen verstreut sind.

431 *Jupiter:* der höchste Gott der Römer.

FRANCESCO ANGELONI

Geboren um 1559 in Terni, gestorben 1652 in Rom. Kleriker; Verfasser von Komödien und Novellen, von denen achtunddreißig erhalten sind.

439 *Barfüßermönche:* vorwiegend Franziskaner, aber auch Angehörige bestimmter Zweige anderer Orden.
Superior: Vorsteher eines Klosters, hier identisch mit Pater Guardian.
440 *Carlini:* alte neapolitanische Münzen.

GIAMBATTISTA BASILE

Geboren um 1575 in Neapel, gestorben 1632 in Giugliano bei Neapel. Zuerst Soldat in venezianischen Diensten, später Sekretär, Verwalter und Diplomat an verschiedenen italienischen Fürstenhöfen, besonders am Hof von Neapel. Hauptwerk: die Märchensammlung ›Lo cunto de li cunti, ovvero trattenimiento de' peccerille‹, im Widmungsbrief als ›Pentamerone‹ (Fünftagewerk) bezeichnet, postum 1634 bis 1637 veröffentlicht. Daneben lyrische Dichtungen (Madrigale, Oden, Eklogen) im Geschmack des Barocks.

442 *La Varra:* Ort am Fuß des Vesuvs.
Resina: Ort am Fuß des Vesuvs, über dem antiken, durch

den Vesuvausbruch im Jahre 79 verschütteten Herkulaneum erbaut.

445 *Paß:* eine Gangart des Pferdes, wobei beide Füße einer Seite zu gleicher Zeit aufgehoben werden.
Volte: Reiten in kleinen Kreisen.
Pirouette: eine Volte, deren Kreis der Länge des Pferdes entspricht.
Courbette: ein sehr kurzer Galopp.
Skanderbeg: albanischer Nationalheld im Kampf gegen die Türken (um 1405–1468).

446 *die Feige weisen:* Zeichen der Verhöhnung.
auf den besagten Hammel zurückkommen: sprichwörtlich gewordenes Zitat aus der französischen Farce vom ›Maître Pathelin‹ (um 1465) in der Bedeutung ›zur Sache kommen‹.

GIANFRANCESCO LOREDANO

Geboren 1606 in Venedig, adliger Herkunft, gestorben 1661. Inhaber öffentlicher Ämter, Gründer einer Akademie in Venedig. Werke: ›Novelle amorose‹ (1661, daraus ›Dercella‹); ›Scherzi geniali‹; ›Bizzarrerie accademiche‹; ›Dianea‹ (heroisch-galanter Roman).

450 *Tithonen:* Tithonos, in der griechischen Mythologie Gatte der Eos (bei den Römern: Aurora), für den diese von Zeus Unsterblichkeit, aber nicht ewige Jugend erbeten hatte, so daß sie an der Seite eines Greises leben mußte.

460 *Furien:* Rachegöttinnen.

GIOVANNI SAGREDO

Geboren 1616 in Venedig, gestorben nicht vor 1694. Podestà (s. Anm. zu S. 307) von Padua; dann Prokurator von San Marco in Venedig; in diplomatischer Mission bei Cromwell (1650) und Ludwig XIV. (1663) sowie in Deutschland (1665); Verfasser der ›Arcadia in Brenta‹ (1667), einer Sammlung von Novellen, Anekdoten und Schnurren in einem Rahmen boccaccesker Prägung.

466 *Hugenotten:* die französischen Protestanten.

heiliger Sebastian: christlicher Märtyrer unter Kaiser Diocletianus (um 300), der mit 1 000 Pfeilschüssen durchbohrt und dann zu Tode gestäupt worden sein soll.

FRANCESCO REDI

Geboren 1626 in Arezzo, gestorben 1698 in Pisa. Arzt in Florenz, Naturwissenschaftler (Schriften über Schlangengift, über Experimente mit Insekten u. dergl.), Gründer einer florentinischen Akademie; Lyriker (Oden, Sonette). Die Erzählung ›Der Bucklige von Peretola‹ stammt aus seinem Briefwechsel.

468 *Noce di Benevento:* Vogelkirschbaum, im italienischen Volksglauben Versammlungsort der Hexen in der Walpurgisnacht.

LORENZO MAGALOTTI

Geboren 1637 in Rom, aus alter florentinischer Adelsfamilie, gestorben 1712 in Florenz. Seit 1660 Sekretär der Accademia del Cimento in Florenz, seit 1665 im Dienst Cosimos III. Medici, vielfache diplomatische Missionen, u. a. 1675–1678 als toskanischer Gesandter in Wien. Vielseitige schriftstellerische Tätigkeit: naturwissenschaftliche und medizinische Schriften; Reiseberichte; ein Canzoniere ›La Donna Imaginaria‹; theologische Schriften, u. a. eine ›Lettera contro l'Ateismo‹; ein Kommentar zu den ersten fünf Gesängen von Dantes Inferno; Briefe; Übersetzungen (u. a. Milton, Saint-Evremont, Anakreon, Bibel).

470 *Amerigo Vespucci:* italienischer Seefahrer (1451–1512), 1499 Entdecker Südamerikas. Von seinem Vornamen wurde die Bezeichnung Amerika abgeleitet.
in unserer Stadt: Florenz.
Cade: Cádiz, Hafenstadt an der Südküste Spaniens.

GASPARO GOZZI

Geboren 1713 in Venedig, gestorben 1786 in Padua. Journalist, Bibliothekar und zeitweiliger Theaterintendant in Venedig, Leiter der beiden Zeitungen ›Gazzetta veneta‹ (1760/61) und ›L'Osservatore‹

(1761/62). Veröffentlichte darin u. a. seine Novellen. Eine Auswahl seiner Erzählungen gab er 1761 heraus: ›Scelta di novelle orientali‹. Vielseitige literarische Tätigkeit, u. a. eine ›Difesa di Dante‹; ›I Sermoni‹; Dramen und Komödien; eine Übersetzung von Longus' Roman ›Daphnis und Chloe‹; ›Favole esopiane‹; ›Lettere diverse‹; Übersetzungen (u. a. Plautus, Voltaire, Klopstock).

MICHELE COLOMBO

Geboren 1747 in Campo di Piera bei Treviso, gestorben ebenda 1838. Novellist und Übersetzer, Verfechter der Reinheit der italienischen Sprache mit seinen ›Lezioni sulle doti di una colta favella e sullo stile‹. Die vorliegende Novelle ›Der Mönch als Esel‹ wurde 1794 veröffentlicht.

488 *Sankt Benedikt:* Benedikt von Nursia (480–542), Begründer des Benediktinerordens.

Treviser Mark: Die Mark von Treviso wurde als befestigte Grenzlandschaft des karolingischen Reiches von Karl dem Großen im Jahr 776 gegründet.

GAETANO CIONI

Geboren um 1760 in Florenz, gestorben ebenda 1851; bekannter Arzt und Chemiker; bekleidete verschiedene politische Ämter und war Mitarbeiter an literarischen Zeitschriften. Seine Novellen veröffentlichte er 1796 unter dem Pseudonym G. Giraldi und gab sie als solche des 15. Jahrhunderts aus.

Für die Ermittlung der geographischen Lage kleinerer in den Erläuterungen erwähnter italienischer Ortschaften bin ich Frau Riccarda Buck (Marburg) zu Dank verpflichtet.

Rudolf Besthorn

QUELLENNACHWEISE

Zu S. 6: *Goethe:* Johann Peter Eckermann, Gespräche mit Goethe, 29.1.1827.
Tieck: Vgl. Hans Heinrich Borcherdt, Geschichte des Romans und der Novelle in Deutschland. Leipzig 1926, S. 6.
Jolles: Giovanni Boccaccio, Das Dekameron. Übersetzt von Albert Wesselski. Leipzig 1980, mit Einleitung zur deutschen Ausgabe 1921 von André Jolles, S. 62.
Borcherdt: H. H. Borcherdt, a a. O.
Hirsch: Arnold Hirsch, Der Gattungsbegriff ›Novelle‹. Berlin 1928 (Germanistische Studien, Heft 64), S. 59.
Kosch: Wilhelm Kosch, Deutsches Literaturlexikon, Bd. 3, Bern ³1956, S. 1907.
v. Wiese: Benno von Wiese, Novelle, Stuttgart ³1967, S. 4.

Zu S. 7: *J. Müller:* Joachim Müller, Novelle und Erzählung. In: Etudes germaniques, 16ᵉ année, Numéro 2, Avril–Juin 1961, S. 100.
Pabst: Walter Pabst, Die Theorie der Novelle in Deutschland (1920–1940). In: Romanistisches Jahrbuch II (1949), S. 81 ff., Zitat: S. 105; vgl. auch W. Pabst, Novellentheorie und Novellendichtung. Zur Geschichte ihrer Antinomie in den romanischen

Literaturen. Hamburg 1953 und Heidelberg ²1967.

Zu S. 9: *Buck:* August Buck, Die Kultur Italiens (Studienausgaben zur Kulturgeschichte), Frankfurt am Main 1964 und 1972, S. 108.

Zu S. 10: *Buck:* August Buck, a. a. O., S. 111.

Löhmann: Otto Löhmann, Die Rahmenerzählung des Decameron. Ihre Quellen und Nachwirkungen. Ein Beitrag zur Geschichte der Rahmenerzählung. Halle 1935, S. 8 ff.

Zu S. 11: *Engels:* Friedrich Engels, Brief an Margaret Harkness. In: Marx/Engels/Lenin, Über Kunst und Literatur. Ausgewählte Schriften, hrsg. von Maximilian Jakubietz und Dr. Hans Koch. Leipzig (Reclam). 2. Aufl. o. J., S. 40.

Zu S. 24: *Petronio:* Giuseppe Petronio, L'attività letteraria in Italia. Storia della letteratura. Nuova edizione o. O. (1974), S. 274.

Zu S. 27: *›il divino Boccaccio‹:* Tutte le opere di Matteo Bandello, a cura di Francesco Flora. Mondadori editore o. O. ³1952, Bd. 2, S. 20.

Zu S. 29: *›non favole ma vere istorie‹:* Tutte le opere, a. a. O., Bd. 1, S. 778.

Zu S. 31: *Tridentiner Konzil:* Letterio Di Francia, Novellistica, Bd. 2, Milano 1925, S. 62.

Zu S. 34: *Croce:* Il Pentamerone ossia la Fiaba delle Fiabe, tradotta dall'antico dialetto napoletano e corredata di note storiche da Benedetto Croce. Bari 1925, Bd. 1, S. XXVI.

Di Francia: L. di Francia, a. a. O., S. 371.

Sapegno: Natalino Sapegno, Compendio di storia della letteratura italiana. Firenze (1956), Bd. 2, S. 375.

INHALT

Einleitung 5

NOVELLE ANTICHE

Rauch mit Klang bezahlt
Übersetzt von Rudolf Besthorn 41
Was ist das Lieblichste?
Übersetzt von Rudolf Besthorn 42
Der Erzähler Azzolinos
Übersetzt von Rudolf Besthorn 43
Tristan und Isolde
Übersetzt von Rudolf Besthorn 44
Papirius
Übersetzt von Rudolf Besthorn 46
Der Tod des Narcissus
Übersetzt von Rudolf Besthorn 46
Der Arzt von Toulouse
Übersetzt von Rudolf Besthorn 47
Die drei Ringe
Übersetzt von Rudolf Besthorn 48
Pfarrer und Bischof
Übersetzt von Rudolf Besthorn 49

Trost der Witwe
Übersetzt von Adelbert von Keller 50

GIOVANNI BOCCACCIO

Der Jude Abraham
Übersetzt von Albert Wesselski 52

Die drei Ringe
Übersetzt von Albert Wesselski 57

Andreuccio
Übersetzt von Albert Wesselski 60

Der stumme Klostergärtner
Übersetzt von Albert Wesselski 76

Die Herzmäre
Übersetzt von Albert Wesselski 84

Der Falke
Übersetzt von Albert Wesselski 88

Tofano
Übersetzt von Albert Wesselski 95

Die Äbtissin
Übersetzt von Albert Wesselski 100

Griselda
Übersetzt von Albert Wesselski 103

FRANCO SACCHETTI

Der Müller und der Abt
Übersetzt von Karl Simrock 117

Die Entbindung
Übersetzt von Rudolf Besthorn 121

Die Casentiner Gesandten
Übersetzt von Adelbert von Keller 125

Der in die Enge getriebene Astrologe
Übersetzt von Rudolf Besthorn 130

Inhalt

GIOVANNI FIORENTINO

Galganos Entsagung
Übersetzt von Adelbert von Keller 134

Die Kunst zu lieben
Übersetzt von Adelbert von Keller 138

Der Kaufmann von Venedig
Übersetzt von Adelbert von Keller 151

GIOVANNI SERCAMBI

Amicus und Amelius
Übersetzt von Rudolf Besthorn 179

GENTILE SERMINI

Herr Pace
Übersetzt von Adelbert von Keller 190

MASUCCIO SALERNITANO

Der unschuldige Mörder
Übersetzt von Adelbert von Keller 197

Die Reliquien des heiligen Greif
Übersetzt von Christine Wolter 210

Der gestohlene Pokal
Übersetzt von Christine Wolter 222

Der Barkenführer
Übersetzt von Christine Wolter 227

GIOVANNI SABADINO DEGLI ARIENTI

Das vereitelte Testament
Übersetzt von Egon Wiszniewsky 234

Der Herzog von Mailand
Übersetzt von Adelbert von Keller 237

Inhalt

NICCOLÒ MACHIAVELLI

Belfagor
Übersetzt von Adelbert von Keller 243

BALDASSARE CASTIGLIONE

Der blinde Spieler
Übersetzt von Adelbert von Keller 257

GIANFRANCESCO STRAPAROLA

Simplicio di Rossi
Übersetzt von Adelbert von Keller 260

Der Satyr
Übersetzt von E.-A. Nicklas 267

MATTEO BANDELLO

Eine andere Lucretia
Übersetzt von Adelbert von Keller 281

Romeo und Julia
Übersetzt von Rudolf Besthorn 289

Ein Witwenleben in Mailand
Übersetzt von Rudolf Besthorn 340

Viel Lärmen um nichts
Übersetzt von Adelbert von Keller 352

AGNOLO FIRENZUOLA

Das Schneekind
Übersetzt von Rudolf Besthorn 391

ANTON FRANCESCO GRAZZINI

Des Fischers Glück und List
Übersetzt von Alfred Semerau 394

Inhalt

GIAMBATTISTA GIRALDI CINZIO

Der Mohr von Venedig
Übersetzt von Adelbert von Keller 412

ANTONFRANCESCO DONI

Der Ehemann als Beichtvater
Übersetzt von Adelbert von Keller 430

FRANCESCO ANGELONI

Der gestohlene Esel
Übersetzt von Rudolf Besthorn 438

GIAMBATTISTA BASILE

Der Knoblauchgarten
Übersetzt von Felix Liebrecht 442

GIANFRANCESCO LOREDANO

Dercella
Übersetzt von Adelbert von Keller 450

GIOVANNI SAGREDO

Der pfiffige Dieb
Übersetzt von Rudolf Besthorn 464

Der schlaue Schäfer
Übersetzt von Rudolf Besthorn 465

Tot oder lebend?
Übersetzt von Rudolf Besthorn 466

FRANCESCO REDI

Der Bucklige von Peretola
Übersetzt von Rudolf Besthorn 468

LORENZO MAGALOTTI

Die Katzen des Herrn Ansaldo
Übersetzt von Rudolf Besthorn 470

Inhalt

GASPARO GOZZI

Die vertauschten Frauen
Übersetzt von Adelbert von Keller   473

Weinselige Späße
Übersetzt von Rudolf Besthorn   485

MICHELE COLOMBO

Der Mönch als Esel
Übersetzt von Adelbert von Keller   488

GAETANO CIONI

Heilung eines argwöhnischen jungen Ehemannes
Übersetzt von Rudolf Besthorn   501

Anhang

Erläuterungen   509

Quellennachweis   527